"一带一路"工业文明

"THE BELT AND ROAD" INDUSTRIAL CIVILIZATION

"THE BELT AND ROAD" INDUSTRIAL CIVILIZATION
ENERGY CORPORATION

"一带一路"
工业文明

能源合作

李富兵　王建忠　颜春凤

白　羽　樊大磊　李宏宇　◎编著

电子工业出版社

Publishing House of Electronics Industry

北京·BEIJING

"一带一路"工业文明丛书编委会

"一带一路"工业文明丛书专家指导委员会

主　任：朱师君　　周子学

副主任：王传臣　　高素梅

委　员：刘元春　　荆林波　　顾　强　　黄群慧

　　　　赵丽芬　　陈甬军　　谢　康　　崔　凡

"一带一路"工业文明丛书编写委员会

主　任：刘九如

副主任：赵晨阳　　秦绪军　　李芳芳

委　员（以下按姓氏拼音排名）：

白　羽	常兴国	陈宝国	陈秋燕	陈喜峰	陈秀法	陈　忠
崔敏利	董亚峰	樊大磊	葛　涛	郭　杨	国立波	郝洪蕾
何学洲	黄建平	黄丽华	江飞涛	蒋　峥	李富兵	李昊源
李宏宇	李　杰	李金叶	李　鹛	李　敏	李　娜	李　强
李　燕	李竹青	刘昌贤	刘红玉	刘静烨	柳树成	陆丰刚
陆俊卿	玛尔哈巴·马合苏提	孟　静	聂晴晴	秦海波	覃　松
任旺兵	尚星嗣	宋　涛	田　斌	王　博	王建忠	汪礼俊
王靓靓	王璐璐	王秋舒	王喜莎	王杨刚	吴　烨	肖忠东
谢世强	许朝凯	颜春凤	杨雅琴	尹丽波	张　骋	张冬杨
张英民	张　宇	张振芳	赵三英	朱　健	祝　捷	郑世林

作者简介

李富兵

男，1971年10月出生，籍贯河北怀安，硕士研究生学历。1996年7月参加工作，现任自然资源部油气资源战略研究中心研究员。主要从事油气资源政策、战略、规划研究，以及煤层气资源评价、数据库建设等研究工作，主持、参与完成了国家及省部级各类科研项目20多项。曾参加《新一轮全国油气资源评价》研究工作，获2008年国土资源科学技术奖一等奖1次，该项目获国家科技进步二等奖。发表文章20多篇，其中在核心期刊以第一作者发表文章7篇。

王建忠

男，1984年10月出生，籍贯山东，中国地质大学（北京）矿产普查与勘探专业博士研究生毕业。现在自然资源部油气资源战略研究中心工作，主要从事油气资源信息化建设和信息分析、矿业权审批登记管理、矿产资源政策法规等方面的研究工作。

颜春凤

女，1986年1月出生，籍贯湖南邵阳，中国石油大学（北京）矿产普查与勘探专业硕士研究生毕业。现在北京油源恒业科技有限公司工作，研究方向为盆地综合地质研究和资源评价，主要工作方向为海外能源数据库平台建设，掌握了大量海外油气相关数据。

Preface
总序

　　2013 年 9 月和 10 月，习近平主席先后提出了共建"丝绸之路经济带"和"21世纪海上丝绸之路"的宏伟构想，这一构想跨越时空，赋予了古老的丝绸之路以崭新的时代内涵，得到了国际社会的高度关注。"一带一路"倡议是涵盖几十亿人口、惠及 60 多个国家的重大决策，是统筹国内国际两个大局、顺应地区和全球合作潮流、契合沿线国家和地区发展需要的宏伟构想，是促进沿线各国加强合作、共克时艰、共谋发展的伟大倡议，具有深刻的时代背景和深远的历史意义。

　　"一带一路"倡议提出以来，引起了世界各国的广泛共鸣，共商、共建、共享的和平发展、共同发展理念不胫而走，沿线 60 多个国家响应参与，将"一带一路"倡议与他们各自的发展战略积极对接，为打造利益共同体、责任共同体和人类命运共同体这个终极目标共同努力。

　　"一带一路"倡议作为增加经济社会发展新动力的新起点，适应经济发展新常态、转变经济发展方式的新起点，同世界深度互动、向世界深度开放的新起点，为我国更好地、更持续地走向世界、融入世界，开辟了崭新路径。首先，"一带一路"倡议其重要的特征之一就是"合作"，而工业作为最重要的合作方向，决定着沿线各国经济现代化的速度、规模和水平，在各国的国民经济中起着主导作用。"一带一路"建设将依托沿线国家基础设施的互联互通，对贸易和生产要素进行优化配置，为各国工业能力的持续发展提供出路。其次，"了解"和"理解"是合作的前提和关键，因此，对"一带一路"沿线各国工业生产要素、工业发展、特色产业、产业政策的理解和了解，对沿线各国的工业发展、产业转型升级及国际产能合作有着重要意义。

　　为了传承"一带一路"工业文明，加强"一带一路"国家和地区间的相互了解和理解，促进"一带一路"国家和地区的交流合作；为了让中国企业系统了解"一带一路"国家和地区的工业发展和产业特色，并挖掘合作机遇，助推中国企业"走出去"，使"一带一路"伟大构想顺利实施，在工业和信息化部的支持下，电子工业出版社组织行业管理部门及专家实施编写"一带一路"工业文明丛书。

"一带一路"工业文明丛书以"一带一路"沿线国家和地区的工业发展、产业特色、资源、能源等为主要内容，从横向（专题篇）和纵向（地域篇）两条主线分别介绍"一带一路"沿线国家和地区的整体状况，直接促进世界对"一带一路"沿线国家和地区的了解。其中，丛书横向从工业发展、产能合作、资源融通、能源合作、环境共护、中国制造、工业信息安全等方面展开介绍，探讨"一带一路"沿线国家和地区的横向联系及协调发展；纵向选择古丝绸之路经过、当前与中国有深入合作、未来与中国有进一步合作意向的地区和国家为研究对象，深入介绍其经济、工业、交通、基础设施、能源、重点产业等状况，挖掘其工业、产业发展现状和机遇，为创造世界范围内跨度较大的经济合作带和具有发展潜力的经济大走廊提供参考性窗口。

　　"一带一路"工业文明丛书以政府"宏观"视角、产业"中观"视角和企业"微观"视角为切入点，具有重大创新性；以"一带一路"工业文明为出发点，具有深远的现实意义。丛书分领域、分地区重点阐述，抓住了工业文明的要义，希望通过对"一带一路"沿线国家和地区工业文明脉络、产业发展特点和资源禀赋情况的分析，为国内优势企业挖掘"一带一路"沿线国家和地区的合作机遇提供参考，为促进国内特色产业"走出去"提供指导，为解决内需和外需矛盾提供依据，为"中国制造 2025"的顺利实施提供保障。

　　"一带一路"工业文明丛书立足于工业，重点介绍"一带一路"沿线国家和地区的产业需求和工业发展；同时，密切跟踪我国工业发展中的新趋势、新业态、新模式与"一带一路"的联系，并针对这些领域进行全面阐述。丛书致力于将国内资源、能源、工业发展、产能等现状和沿线国家特定需求紧密结合，立足高远，定位清晰，具有重大战略意义和现实意义。

Preface
序

在推进"一带一路"倡议的滚滚大潮中，中国开展与"一带一路"沿线国家的能源合作占有突出地位。能源合作包括两个层面：一是继续充分挖掘现有化石能源的潜力，把"一带一路"沿线国家经济发展与深度开发利用化石能源紧密结合，让化石能源在今后二三十年乃至更长时间内继续唱主角，继续造福人类；二是发展绿色经济、推进新能源的开发利用，让风能、太阳能、水电、核能等能源最终取代传统化石能源，从而革命性地改变人们的生产和生活方式，让经济质量及生活质量来一次新的飞跃。

2017 年 5 月 14 日，习近平主席在北京举办的"一带一路"国际合作高峰论坛的主旨演讲中发出号召，"要抓住新一轮能源结构调整和能源技术变革趋势，建设全球能源互联网，实现绿色低碳发展"；要求"我们要践行绿色发展的新理念，倡导绿色、低碳、循环、可持续的生产生活方式，加强生态环保合作，建设生态文明，共同实现 2030 年可持续发展目标"。习近平主席的演讲高瞻远瞩，为我们今后与"一带一路"沿线国家的能源合作指出了明确的方向。

可令国际社会愕然的是，美国总统特朗普竟然于 2017 年 6 月 2 日宣布美国退出 2015 年签署的遏制温室气体排放的《巴黎协定》。2017 年 7 月 8 日，在德国汉堡二十国集团（G20）峰会上 19 个成员国重申了对《巴黎协定》的支持，唯独美国仍然坚持其退出该协定的决定，固守对化石燃料的依赖。这种与国际社会疏离的立场有违能源发展绿色化的大趋势，无异于开历史倒车。

中国同国际社会一道，坚决捍卫《巴黎协定》，坚定致力于能源转型。低碳经济是发展方式上的自我约束，它同时包含开拓与创新，有着无限广阔的发展前景。2016 年全球可再生能源有 40% 来自中国，中国已超越美国，成为风力发电、水力发电等绿色能源的最大生产国。中国在与"一带一路"沿线国家大力发展现有化石能源合作的同时，愿分享中国发展绿色能源的经验及先进科技，共同把这项关乎人类未来发展的伟大事业推向前进。

为此，本书对"一带一路"沿线国家传统及非传统资源进行了精心梳理，对重点国家能源工业发展现状及前景进行了科学评估，对我国企业与"一带一路"沿线国家能源合作的现况、成就与教训进行了实事求是的总结，并在此基础上勾勒了我国与沿线国家未来能源合作的路线图。

本书以鲜活的资料见长，内容翔实，条分缕析，文字与图表并茂，堪称一部从事对外能源合作的指南，是践行"走出去"的能源企业家们必备的案头书，无论深研还是浅尝都会大有裨益。这正是本书编著者们的初衷。

李富兵研究员和他的团队为这本浩瀚的专著倾注了大量心血，用短短一年时间就奉上了足资点赞的成果。其中既有作者多年坚毅钻研、厚积薄发的精髓，又有青年才俊的新鲜思想火花，从而构成了本书厚重而超前的特色。

总之，这是一本专业性较强的好书，让我们在捧读的同时向编著者们致以深深的敬意！

傅全章

中国前驻外大使

2018 年 10 月

Preface
推荐序

公元前 140 多年，我国汉代张骞肩负着和平友好的使命，两次出使中亚，到达西亚，开辟出一条连接亚欧大陆的丝绸之路。15 世纪初，明代航海家郑和七次远洋航行，推动海上丝绸之路达到鼎盛时期。千百年来，陆上和海上丝绸之路同步发展。在这条彰显亚欧人民和睦相处、团结互助、包容互鉴的商贸大道上，各国人民共同谱写出许许多多千古流传的篇章。2013 年，习近平主席在访问中亚和东南亚期间，提出建设"丝绸之路经济带"和"21 世纪海上丝绸之路"的倡议，得到亚欧各国的积极响应。2017 年 5 月，在北京召开了"一带一路"国际合作高峰论坛，构建起"一带一路"国际合作大平台，给古丝绸之路赋予了新的含义、新的内容，古丝绸之路迎来了重新繁荣的新机遇。

为了推动"一带一路"建设，自然资源部油气资源战略研究中心李富兵同志组织各方面的专家，搜集整理了大量资料，对"一带一路"能源市场的现状和发展趋势做了认真研究；对"一带一路"沿线国家的油气资源分布情况做了详细介绍；对重点产油国、消费国、过境国的投资环境进行了初步评估，为我国企业"走出去"及积极参与"一带一路"建设，提供了比较完整的信息资料，以便全面综合评价投资风险、优选投资项目。在确保投资安全的前提下，我们将与各国人民一道，把"一带一路"建设成为发展现代经济的开放之路、合作之路、创新之路，释放出共同发展的潜力，促进"一带一路"相关国家的经济和社会发展。

"一带一路"是中国倡导的，"一带一路"也是世界共有的。搞好"一带一路"建设，对世界各国有着最广泛的实质性利益。如何搞好"一带一路"建设，至少应重点关注以下 4 个方面的问题。

（1）能源开发是"一带一路"建设的重要平台。

"一带一路"区域内油气资源十分丰富，据 IHS 数据，石油剩余可采储量超过1268 亿吨，占世界总储量的 55%；天然气剩余可采储量超过 173 万亿立方米，占世界总储量的 74%。西亚地区一直是世界石油市场供应的中心，中亚以哈萨克斯坦、土库曼斯坦、乌兹别克斯坦三国为主的里海地区被称为"21 世纪的新海湾"，有可能成为仅次于西亚的世界第二大油气生产地。塔吉克斯坦、吉尔吉斯斯坦有丰富的水利资源，水电潜力很大，塔吉克斯坦正在计划建设一个容量 500 千瓦的南北高压输电线网。东南亚地区，如印度尼西亚、马来西亚、缅甸、泰国、柬埔寨，油气资源亦十分丰富，深海、深层开发潜力很大。中国与南亚国家之间的能源合作步伐正在加快，中巴能源通道建设进展顺利。中俄之间的油气合作近年来快速发展，俄罗斯通过哈萨克斯坦管道向中国输送原油，已经形成资源国、消费国、过境国之间紧密合作的新格局。中国、中亚各国和俄罗斯，正在商讨进一步加快实施油气田开发合作项目，抓紧建设新的油气管道，扩大油气加工规模，唱好能源合作这台重头戏，建立起互利共赢的战略伙伴关系。

（2）发挥国际组织的协调作用，保障"一带一路"建设健康发展。

共同建设"一带一路"是一项造福各国人民的大事，其目标是实现政策、道路、贸易、货币、民心"五通"。以点带面，从线到片，逐步扩大合作区的设想，是一个庞大的系统工程。实现这个目标，要发挥区域内有关国际组织的协调作用。"一带一路"区域内现有上海合作组织、东南亚国家联盟等国际组织，可以在不同国际组织的框架内，利用现有机制，协调各方利益。在保障合作安全方面，通过合力打击"三股势力"，有效防范暴力恐怖主义、宗教极端主义、极端民族主义的破坏，为地区经济发展和人民安居乐业创造良好环境。在合作项目执行过程中，项目管理、建设和运营会遇到新的困难，可以及时协调解决。由于形势变化，合作各方利益的调整，会涉及诸多政策、法律问题，需要建立必要的常设性协调机构，有效解决各合作成员国之间的意见分歧。各国之间应加强文化沟通，做到市场研究常态化、经济论坛制度化，促进"一带一路"建设和谐发展、持续发展。

（3）创新合作方式，打造利益共同体。

"一带一路"地域辽阔，东部牵着正在崛起的亚太经济圈，西部连着发达的欧洲经济圈，南部面向广阔的太平洋、印度洋，被认为是"世界上最宽、最长、最具有发展潜力的经济大走廊"。古代丝绸之路是以丝绸、瓷器、香料等货物贸易为主，现代的经济大走廊则是连通亚欧大陆、影响全世界的商贸大动脉。"一带一路"沿线除油气资源之外，其他矿产资源、土地资源、旅游资源亦十分丰富。我们要创新思路，在现有能源合作的基础上，大力发展金融、制造、农业、纺织、医药、旅游等领域的合作。中国企业界要着力提高自身的经营管理水平，创新商业模式，以能源合作为先导，积极参与修建铁路、公路、航空、电信、电网、油气管道等工程项目，连通中国和"一带一路"沿线国家之间的资源流、物流、人流、信息流，为释放发展潜力夯实基础。在互惠互利的原则下，积极推进贸易和投资便利化，逐步规划建立自贸区、经济开发区，实现"一带一路"沿线国家共同繁荣。

（4）立足长远，科学规划，有序开展"一带一路"建设。

倡导建设"一带一路"是我国政府扩大对外开放、实行和平外交、履行国际责任所做出的重大决策，也是我国企业加快"走出去"步伐、提高国际化水平的需要。建设"一带一路"功在当代，利在千秋，是造福各国人民的大事，不能急功近利，要有长远打算。中国企业在"一带一路"建设中，前阶段取得了可喜的成果，以能源企业为主的产业合作不断拓展，其他产业参与合作的力度逐步加大，各国之间的贸易往来更加频繁。中国企业还要深化改革，加快转型升级的步伐，在"一带一路"建设中发挥更大作用。中国政府十分重视"一带一路"建设，相关部门按照科学发展观的要求，正在统筹规划，引导企业有序参与市场竞争。企业要遵循市场规律，合理配置资源，提高国内石油、天然气资源勘探、开发、加工、利用的转换能力。要调整国内产业布局，降低我国西部能源长输东部的压力。以"一带一路"建设为契机，发挥东部地区企业的优势，积极参与西部投资，广泛开展经济技术合作，扎实有效地推行"一带一路"建设。

中化集团原总地质师

2018 年 10 月 18 日

Preface
前言

　　本书从 2016 年 7 月开始酝酿，直到 2017 年 7 月才全部完成，用时整整一年，非常感谢电子工业出版社的信任和资助。本书能如此顺利完成，也得益于中国地质调查局 2015 年《全球重点地区能源数据库建设》子项目的支持，感谢项目为本书的编著提供的基础。

　　本书编写人员较年轻，多数为刚参加工作不久的博士和硕士研究生，对他们来说，是难得的锻炼机会。各篇章编写人员如下：全球能源供需能源合作的新形势和新格局（李富兵）、"一带一路"能源资源盘点（颜春凤、李富兵）、重点国家和地区能源产业现状（白羽、李宏宇、樊大磊、李富兵）、产业合作典型案例分析（王建忠）、"一带一路"能源产业合作构想（李富兵），李富兵研究员对全书进行了统稿。

　　感谢中国石油大学（北京）白国平教授、王志欣副教授、王伟洪副教授、中国地质调查局刘大文研究员、元春华研究员等给予的大力支持和帮助，中化集团原总地质师曾兴球教授级高工、中国国际问题研究所研究员夏义善等审阅了部分稿件，并对本书提出了许多建设性意见。

　　最后，本书还特请中国前驻外大使傅全章对各篇章进行了审阅和修改。傅大使虽不是能源专家，但熟谙国际事务，治学严谨，悉心审阅，匡正了一些错讹，补充了一些最新内容，特别对新能源合作中的涉外内容进行了政策性把关，使本书提升良多，在此特致谢忱。

　　鉴于作者专业背景、水平所限，不当之处，敬请读者批评指正。

编者

2018 年 9 月

Contents
目录

Contents
目录

第四篇 产业合作典型案例分析

Contents
目录

第一篇

全球能源供需、合作的新形势和新格局

第一章
影响全球能源供需格局的关键因素

当前，影响国际能源供需格局的因素很多，如世界经济走势、国际油价高低、页岩油气革命冲击、煤炭的清洁化利用、可再生能源迅猛发展、温室气体排放、环境污染、清洁能源利用、超高压电力输送、能源互联网的兴起等，但哪些是影响当前世界能源供需格局的关键因素，可谓仁者见仁、智者见智，而本章则主要从油气行业的视角，探寻、梳理影响当前全球能源供需格局的几个关键因素，这对研判全球未来能源供需走向有极其重要的现实意义。

第一节

世界经济疲软是目前能源市场低迷的主要原因

当前，世界经济复苏势头依然脆弱，引发全球金融危机的深层次矛盾远未解决。全球贸易和投资低迷，国际原油、天然气价格低位震荡，能源市场供大于需的局面短期内难有大的改变，能源投资大幅下滑。尽管世界各大机构预测总体向好，2017 年上半年世界石油供需呈现平衡趋势，但仍有许多不确定因素，如特朗普的"美国优先新政"、美联储加息、欧洲民粹主义抬头、中东乱局等。

以下主要通过世界权威机构对未来经济走势的预测，勾勒世界经济的未来发展趋势。

自 2008 年全球金融危机以来，世界经济艰难复苏，中东局势动荡，恐怖势力横行，国际油价暴跌后逐步趋稳。2017 年 5 月，联合国发布的《2017 年世界经济形势与展望》显示，2016 年世界经济依然蹒跚前行，生产总值仅增长 2.3%，同比下降 0.3%，2017 年世界经济增长 2.7%；发达国家对全球经济增长的贡献率将会有所增加，2017 年经济增长率为 1.8%；以中国、印度为代表的发展中国家经济增速放缓，但仍然是世界经济增长的主力，2017 年经济增长率为 4.2%，如表 1-1 所示。

表 1-1 世界主要国家及地区经济增长率

	2014 年	2015 年	2016 年	2017 年	2018 年
世界	2.6	2.6	2.3	2.7	2.9
发达经济体	1.7	2.2	1.6	1.8	1.8
美国	2.4	2.6	1.6	2.1	2.1
欧元区	1.5	2.2	1.9	1.7	1.7
日本	-0.1	1.2	1.0	1.1	0.9
转型经济体	0.9	-2.3	0.4	1.8	2.0
俄罗斯	0.7	-3.0	-0.2	1.5	1.5
发展中经济体	4.3	3.8	3.6	4.2	4.8
非洲	3.8	3.0	1.6	2.9	3.6
中国	7.3	6.9	6.7	6.5	6.5
印度	7.3	7.6	7.0	7.3	7.9
巴西	0.1	-3.8	-3.6	0.1	2.6

资料来源：United Nations. *World Economic Situation and Prospects 2017*，May 2017。

据世界银行数据，随着制造业和贸易回暖、市场信心增强、大宗商品价格趋稳，新兴市场和发展中经济体的经济得以恢复增长，2017 年 GDP 增长率提高至 4.4%，较 2016 年增长 0.9%。未来几年，世界经济预期向好，新兴市场和发展中经济体成为世界经济增长的动力，增长主要来自中国、印度、印度尼西亚等国家；而发达经济体经济增长缓慢，2017 年实际 GDP 增长率为 1.7%；受低油价影响，俄罗斯、委内瑞拉、沙特阿拉伯、伊朗、伊拉克等主要产油国经济增长乏力，如表 1-2 所示。

表 1-2 世界主要国家及地区实际 GDP 增长率

	2013 年	2014 年	2015 年	2016 年	2017 年	2018 年
世界	2.4	2.6	2.5	2.2	2.7	2.9
发达经济体	1.1	1.7	2.1	1.5	1.7	1.8
美国	1.5	2.4	2.6	1.5	1.9	2.0
欧元区	-0.3	1.5	2.2	1.8	1.8	1.8
日本	1.4	-0.1	0.6	0.5	0.9	0.9

续表

	2013 年	2014 年	2015 年	2016 年	2017 年	2018 年
新兴市场和发展中经济体	4.7	4.3	3.8	3.6	4.4	4.7
中国	7.7	7.3	6.9	6.6	6.5	6.5
俄罗斯	1.3	0.7	−3.7	−0.8	1.0	1.5
印度	6.6	7.3	7.3	7.6	7.7	7.6
巴西	3.0	0.1	−3.9	−3.2	0.6	1.6

资料来源：World Bank. *Global Economic Prospects*，June 2017。

　　近几年，受世界经济低迷拖累，全球石油消费量增速变缓。据 BP 数据，2010 年世界石油消费量为 40.9 亿吨，同比增长 3.3%；之后，年增长率均不超过 2%；2016 年石油消费量为 44.2 亿吨，较 2015 年增长了 1.8%（见表 1-3）。

表 1-3　世界石油消费量及增长率

	2010 年	2011 年	2012 年	2013 年	2014 年	2015 年	2016 年
石油消费量（亿吨）	40.9	41.3	41.8	42.2	42.5	43.4	44.2
同比增长（%）	3.3	1.0	1.2	1.1	0.8	2.0	1.8

资料来源：BP. *Statistical Review of World Energy*，June 2017。

第二节

美国页岩油气革命催生全球能源供需新格局

　　美国页岩油气革命是划时代的，是常规油气向非常规油气发展的里程碑，是国际原油价格暴跌的导火索，对世界能源供需格局产生了深远影响。

一、油气资源潜力

　　2013 年 6 月，据美国能源信息署（EIA）公布的《世界 41 个国家页岩油和页岩气技术可采资源报告》，美国页岩油地质资源量为 1306.8 亿吨，可采资源量为 65.3 亿吨，居世界第 2 位。

　　美国页岩气地质资源量为 131.5 万亿立方米，技术可采资源量为 32.9 万亿立方米，居世界第 1 位。

二、页岩油气发展现状

2000 年以来，美国原油产量逐年下滑，2008 年到达谷底 25068 万吨，然而由于页岩油产量的不断提高，原油产量开始止跌回升，2010 年产量为 27376 万吨，2015 年猛增到了 47041 万吨。其中，美国致密油产量 2000 年仅为 1794 万吨，2012 年上升为 10370 万吨，2016 年产量为 21373 万吨。受低油价的影响，2016 年美国原油产量为 44371 万吨，同比减少了 2670 万吨（见表 1-4）。2017 年 1—6 月，美国致密油产量为 11146 万吨，同比增加 374 万吨。

表 1-4　美国 2000—2016 年油气产量和进出口情况

年　份	原油（万吨）			天然气（亿立方米）			致密油产量（万吨）	页岩气产量（亿立方米）	煤层气产量（亿立方米）
	产　量	进口量	出口量	产　量	进口量	出口量			
2000 年	29188	45477	251	5432	1071	69	1794	118	390
2001 年	29007	46642	101	5555	1126	106	1741	132	442
2002 年	28720	45701	45	5360	1137	146	1681	152	457
2003 年	28247	48325	62	5409	1117	193	1661	170	453
2004 年	27279	50576	134	5265	1206	242	1726	186	487
2005 年	25919	50630	159	5112	1229	206	1888	217	490
2006 年	25429	50590	123	5240	1185	205	1985	279	498
2007 年	25383	50156	137	5456	1305	233	2167	366	496
2008 年	25068	49051	143	5709	1128	273	2628	599	557
2009 年	26765	45064	219	5841	1062	304	3014	881	542
2010 年	27376	46067	208	6037	1059	322	3986	1511	534
2011 年	28229	44677	235	6486	982	426	6218	2264	499
2012 年	32522	42750	338	6806	889	458	10370	2937	469
2013 年	37338	38650	671	6855	816	445	14728	3232	415
2014 年	43818	36721	1757	7332	763	429	19799	3808	398
2015 年	47041	36814	2325	7663	770	505	22909	4249	359
2016 年	44371	39495	2606	7493	851	661	21373	4470	320

资料来源：EIA。

注：天然气产量含页岩气和煤层气。

美国页岩油气革命真正被公众认知也是近几年的事，突出表现就是美国天然气产量的大幅攀升。2000 年以来，美国天然气产量逐年降低；2005 年达到最低谷 5112 亿立方米，然而由于页岩油气产量的飙升，美国天然气产量快速上升，2010 年突破 6000 亿立方米，2014 年产量为 7332 亿立方米，跃上7000 亿立方米台阶。2000 年，美国页岩气产量仅为 118 亿立方米，2015 年达到了 4249 亿立方米，翻了 36 倍（见表 1-4）。2017 年 1—6 月，美国页岩气产量为 2285 亿立方米，同比增长了 69 亿立方米。

三、页岩油气未来发展趋势

（一）致密油（含页岩油）

据 EIA 预测，美国致密油产量将持续攀升，预计 2025 年致密油产量将达到 4.2 亿吨，2040 年为 6.0 亿吨，分别占原油总产量的 63.0% 和 70.6%。当然，这只是 EIA 当前对致密油发展前景的预估，随着美国页岩油气勘探开发的不断深入、勘探技术的不断进步，页岩油气的发展前景将不断变化（见表 1-5）。

表 1-5　美国原油 2016—2050 年产量及供给量预测　　单位：万吨

产量和供给量	2016 年	2025 年		2040 年		2050 年	
		高油气资源潜力和技术	高资源潜力，"清洁电力计划"不实施	高油气资源潜力和技术	高资源潜力，"清洁电力计划"不实施	高油气资源潜力和技术	高资源潜力，"清洁电力计划"不实施
原油总产量	44371	66600	66250	84600	84550	86200	86600
致密油产量（含页岩油）	21373	41950	41600	59700	59700	64450	64800
占原油总产量的比例（%）	48.2	63.0	62.8	70.6	70.6	74.8	74.8
原油进口量	39495	31600	31900	22300	22500	21400	20500

资料来源：EIA. *Annual Energy Outlook 2017*.

（二）页岩气

据 EIA 预测，2025 年美国国内天然气产量将超过 10000 亿立方米，较 2016 年增加 3000 亿立方米，增长主要来自页岩气；2040 年天然气产量将达 13562 亿立方米，其中页岩气产量 9603 亿立方米，占总产量的 70%，并仍呈不断上升态势（见表 1-6）。

表 1-6　美国天然气 2016—2050 年产量及供给量预测　　单位：亿立方米

产量和供给量	2016 年	2025 年		2040 年		2050 年	
		高油气资源潜力和技术	高资源潜力，"清洁电力计划"不实施	高油气资源潜力和技术	高资源潜力，"清洁电力计划"不实施	高油气资源潜力和技术	高资源潜力，"清洁电力计划"不实施
干天然气产量	7493	10595	10612	13562	13554	14961	15131
致密气	1325	1490	1492	2002	2002	2356	2396
页岩气	4470	6927	6941	9603	9592	10759	10878
煤层气	320	269	266	207	204	164	167
天然气净进口量	249	1776	1764	-3059	-2959	-3200	-3056
天然气总供给量	7802	8836	8864	10524	10609	11855	12093

资料来源：EIA. *Annual Energy Outlook 2017*。

四、页岩油气革命对全球能源供需格局的影响

页岩油产量的快速增长是国际原油维持中低位的重要因素之一。全球经济复苏乏力，油气供给宽松，美国页岩油产量大幅增长，导致国际油价持续下滑。受打击最大的是俄罗斯、沙特阿拉伯、委内瑞拉、伊朗等石油出口国。

页岩油气革命对全球能源供需格局带来深刻影响。中东、俄罗斯—中亚仍然是世界油气的主产区和供给区，中东、俄罗斯—中亚原油产量占世界原油产量的48%，占世界原油贸易量的51%，天然气产量占世界天然气总产量的39%。美国页岩油气开采技术的重大突破，使得以页岩气为代表的非常规油气逐步登上能源历史舞台，在能源供给中的占比逐年提高，成为常规油气向非常规油气发展的重要标志。

页岩油气革命使美国战略重心向亚太地区转移。全球能源消费重心由西方发达国家向亚太地区转移，中国、印度等国家能源消费量增长较快，中东是主要能源来源地；与此形成鲜明对比的是，页岩油气革命导致美国原油对中东的依存度逐年降低，这也是奥巴马时期美国对中东实行战略收缩，并将重心向亚太地区转移的重要因素之一。

第三节

国际油价对世界政经影响深远

中低油价将持续相当长时间，石油行业进入深度调整期。部分油气资源国不断调整能源政策，多家国际石油公司业绩大幅下滑，为应对低油价冲击，不得不优化资产结构、调整经营策略。受低油价和页岩油气革命影响，世界地缘政治迈向新格局。

一、国际油价运行轨迹

2014年年底国际油价开始暴跌。2014年11月以来，油价开始大幅跳水，2015年布伦特原油现货价格为52.5美元／桶，较2014年下跌了46.6美元／

桶，之后价格不断下跌，最低值为 2016 年 1 月 20 日的 26.01 美元 / 桶。

国际油价持续中低位震荡。2016 年布伦特原油现货价格为 26 ～ 55 美元 / 桶，均价 43.7 美元 / 桶，同比下降 8.7 美元 / 桶（见表 1-7）。2017 年上半年，国际油价回暖，纽约商品所轻质原油（WTI）、布伦特原油现货均价分别为 50.0 美元 / 桶和 51.7 美元 / 桶，同比增长了 27.3% 和 30.5%。受美国页岩油产量不断增加、美元升值、欧佩克减产执行不力等因素影响，目前国际油价仍呈中低位运行态势。欧佩克 2017 年 7 月 28 日一揽子价格为 49.46 美元 / 桶，WTI 2017 年 7 月 17 日现货价格为 46.02 美元 / 桶。

表 1-7　1999—2017 年国际主要原油现货平均价格　　单位：美元 / 桶

年　份	WTI	布伦特	迪　拜	米纳斯	塔皮斯	辛　塔	大　庆	欧佩克
1999 年	19.38	18.06	17.38	17.97	19.02	17.54	17.9	17.48
2000 年	30.5	28.63	26.36	28.97	29.95	28.29	28.97	27.6
2001 年	25.89	24.45	22.77	24.1	25.35	22.23	24.02	23.12
2002 年	26.1	25.01	23.73	25.68	25.72	24.67	25.5	24.36
2003 年	31.06	28.83	26.76	29.5	30.06	28.72	29.5	28.1
2004 年	41.41	38.21	33.63	36.85	41.11	35.89	36.73	36.05
2005 年	56.44	54.38	49.30	53.95	57.89	51.90	52.59	50.64
2006 年	66.28	65.40	61.75	65.41	70.40	62.78	63.65	61.08
2007 年	72.26	72.52	68.37	73.51	77.85	70.17	71.39	69.08
2008 年	100.06	97.26	94.18	101.00	104.90	93.74	96.73	94.45
2009 年	61.92	61.67	61.91	64.95	65.07	60.63	59.96	61.06
2010 年	79.45	79.50	78.08	82.27	82.72	78.10	78.45	77.45
2011 年	95.04	111.26	106.19	114.74	117.10	110.58	110.34	107.46
2012 年	94.16	111.58	109.07	116.58	116.99	113.70	113.40	109.45
2013 年	97.89	108.66	105.52	107.55	114.74	105.32	104.14	105.87
2014 年	93.17	99.01	96.61	98.60	103.06	94.95	94.09	96.29
2015 年	48.71	52.45	50.91	49.14	55.72	47.41	46.31	49.49
2016 年	43.21	43.71	41.26	40.29	46.26	38.35	37.39	40.68
2016 年 1 月	31.45	30.64	26.68	25.87	33.85	25.05	23.56	26.50
2016 年 2 月	30.46	32.48	29.30	27.77	35.29	27.36	25.77	28.72
2016 年 3 月	37.82	38.49	35.14	33.00	41.01	32.60	30.72	34.65
2016 年 4 月	40.99	41.48	39.03	36.08	43.44	35.68	33.75	37.86
2016 年 5 月	46.73	46.88	44.27	49.92	47.68	40.20	42.77	43.21
2016 年 6 月	48.73	48.33	46.26	45.96	50.19	42.51	41.91	45.84

续表

年　份	WTI	布伦特	迪　拜	米纳斯	塔皮斯	辛　塔	大　庆	欧佩克
2016 年 7 月	44.69	45.10	42.46	40.10	47.45	39.11	37.42	42.68
2016 年 8 月	44.87	46.09	43.72	41.41	48.28	40.12	38.78	43.10
2016 年 9 月	45.20	46.67	43.33	42.05	48.93	40.97	39.72	42.89
2016 年 10 月	49.89	49.66	48.98	46.29	53.34	44.98	43.87	47.87
2016 年 11 月	45.62	45.12	43.89	43.01	48.84	41.35	40.77	43.22
2016 年 12 月	52.03	53.60	52.10	51.96	56.83	50.21	49.65	51.67
2017 年 1 月	52.46	54.6	53.76	52.46	57.6	50.7	50.11	52.4
2017 年 2 月	53.37	53.40	55.11	54.44	52.08	57.20	50.27	53.37
2017 年 3 月	49.58	51.57	51.20	48.40	53.15	46.55	46.38	50.32
2017 年 4 月	51.27	52.54	52.31	49.02	53.98	47.16	46.74	51.34
2017 年 5 月	48.6	50.43	50.55	47.23	51.73	45.38	45.23	49.20
2017 年 6 月	45.22	46.52	46.38	43.87	48.09	42.02	42.08	51.37

资料来源：路透社普氏报价；OPEC；《国际石油经济》。

二、油价低迷原因分析

世界经济复苏乏力、需求疲弱。近期，国际货币基金组织、世界银行、联合国等多家机构预测，2018 年全球经济增速将小于 3%。未来全球经济复苏缓慢，进入低增长率的经济"新常态"。

世界油气供大于求，美国页岩油产量快速增长。OPEC 和俄罗斯牵头的非 OPEC 产油国将日均减产约 180 万桶原油的期限延长至 2018 年 4 月 1 日，减产期限延长 9 个月。尽管受尼日利亚、利比亚等国家不断增加原油产量的影响，但全球石油供应收紧迹象仍较明显。据国际能源署（IEA）数据，2017 年上半年，世界石油需求为 9740 万桶／日，石油供给量为 9680 万桶／日，缺口为 60 万桶／日。世界石油需求总体呈现小幅上涨态势，2017 年增长 140 万桶／日，达到 9800 万桶／日，2019 年将达到 9940 万桶／日。据美国能源信息署（EIA）数据，2016 年美国原油产量为 890 万桶／日，2017 年为 930 万桶／日，2018 年将达到 990 万桶／日。

美元进入升值通道。2014 年 10 月，美联储结束 QE3（第三轮量化宽松）。美元强势回归，美联储从过去 10 年的量化宽松周期转向紧缩周期，并进入不断上涨通道。截至 2017 年 7 月底，美联储已加息 4 次。由于原油和美元杠杆作用明显，美元升值成为油价长期低迷的助推剂。

节能减排是大趋势。由于各国节能减排政策的实施，能源技术不断进步，单位产值能耗不断降低，产业结构不断调整，大力发展电动汽车、新能源汽车等，荷兰、挪威、法国、德国、印度等纷纷宣布了全面禁售燃油车的时间表，未来世界石油消费量将大大减少。

总之，美元升值、页岩油气革命、节能减排等是造成国际油价低迷的主要因素，美国是幕后推手。其目的有二：一是打击政治及军事上的强大对手俄罗斯及桀骜不驯的委内瑞拉等资源国；二是通过美元升值，稳固美元霸权，打击以中国为代表的新兴国家，阻击人民币国际化步伐。

三、未来国际油价走势分析

未来 3 年，国际油价仍将中低位运行，预计价格主要在 50 ～ 70 美元 / 桶波动。但低油价长期化是不可能的，优质的资源要有优质的价格，美国并不总是喜欢低油价，低油价也对美国页岩油气的开采形成巨大压力，主要理由如下。

一是未来世界经济走势是影响国际油价的关键因素。世界经济前景不容乐观，核心是中美经济的真正复苏。主流观点认为 2017 年美国 GDP 增长率为 2%，2017 年上半年增速为 1.9%；而新常态下的中国经济，未来 5 年的 GDP 增速预计不低于 6.5%，2017 年上半年增速为 6.9%。尽管中美经济增长的不确定因素较多、增长率各异，但经济的低速增长却是新常态。

二是油气供大于需的基本面短期内难以改变。世界经济的不景气直接导致油气需求增长缓慢，但供给却持续不断增长。伊朗和美国原油出口解禁，哈萨克斯坦卡沙甘油田于 2016 年 10 月复产，主要产油国的"冻产协议"的限量相较于供大于需的产量简直是杯水车薪，OPEC 国家均伺机抢占市场份额，想击垮页岩油和电动车，使得世界原油供给仍在不断增加，势必造成恶性循环。

三是技术进步促使较低成本的非常规油气不断冲击世界油气市场。水平井技术、水力压裂技术、生态膜（ECO-Pad）钻井技术、规模化开发等使得页岩油气的操作成本逐年下降，对美国 4 家主要页岩油气公司年报数据分析得到，在 2015 年 WTI 年平均价格为 48.7 美元 / 桶的条件下，4 家公司中有 3 家亏损。2016 年美国页岩气产量为 4470 亿立方米，同比增加了 220 亿立方米，商业的驱动及公司油气生产成本的逐年下行，对世界油气市场的冲击不可估量。

另外，新能源、低碳理念、气候变化等对油价走高会产生一定影响。

四、低油价对我国的影响

当前的低油价是中国实现两个百年的机遇期，国际油气供给充足，且价格便宜，但对国内油气行业的冲击也不容忽视。总体来看，当前的低油价对我国经济发展和能源安全保障利大于弊。

（一）主要有利因素

一是油气进口的外部环境相对宽松。世界主要产油国亟待推销其油气产品，我国在政治、外交、油气价格等方面回旋余地大。2016 年 4 月，沙特阿拉伯向山东一家地炼公司出售 73 万桶原油，这是沙特阿拉伯首次向"茶壶"炼厂供油；但 2015 年，沙特阿拉伯等 OPEC 主要成员国拒绝中国增加原油进口量的要求。

二是原油进口金额大幅下降。2016 年我国原油进口量为 38101 万吨，同比增长 13.6%；进口金额为 7698 亿元，同比下降 7.5%。

三是增加战略石油储备的较佳时期。我国战略石油储备一期工程主要是利用 2008 年低油价时期填满的，储备量约 1243 万吨。当前是我国战略石油储备二期工程储油的相对合适时机，国际油价接近区间峰底。与此同时，也应加快石油储备三期工程建设。

四是收购国外油气资产的大好时机。2015 年以来，受低油价等因素影响，我国石油企业的国际合作进展缓慢。从长远来看，目前可能是我国石油企业"走出去"兼并重组购买区块的有利机会。

（二）主要不利因素

一是石油企业勘探开发投资下降幅度较大。2016 年，全国油气勘查、开采投资分别为 527.5 亿元、1333.4 亿元，同比下降 12.1%、29.6%，比 2007 年分别下降了 14.4 亿元、197.4 亿元，回到了 10 年前的水平（国土资源部，2016）。如果勘探投入继续下滑，3 ～ 5 年后必将影响油气储量和产量。

二是石油上游利润大幅下滑，尤其是低品位、低渗透、高含水油田。2016 年，中石化上游经营亏损 366.4 亿元，2015 年，中石化上游经营亏损 174.2 亿元；2016 年，中石油上游经营利润为 31.48 亿元，同比减少了 308.13 亿元；2016 年，中海油利润总额为 105.3 亿元，同比减少了 345.4 亿元。只有不断实施技术革新、降本增效，企业才能生存和发展。

三是油田技术服务企业效益大幅下降。受石油企业勘探开发投入大幅下滑影响，地球物理、钻井等技术服务企业工作量大幅下降，企业效益变差。

四是国家油气税费征收额下降。按国际财务报告准则，中石油 2016 年缴纳所得税 157.68 亿元，和 2015 年基本持平，所得税外税金 1896.08 亿元，同比下降 7.9%；中石化 2016 年缴纳所得税 207.07 亿元，同比增加 64.2%，所得税外税金 2320.06 亿元，同比下降 1.8%；中海油 2016 年缴纳所得税 741 亿元，同比下降 9.7%。由于低于规定的油价，石油特别收益金收入为 0。

五、低油价对世界能源市场的影响

低油价对世界能源市场的冲击是巨大的，能源供需格局发生较大变化，由卖方市场向买方市场转移。石油公司纷纷优化资产结构，调整发展方向。资源国政府不断调整其能源战略和政策，能源国际合作面临较多机遇，但不确定因素增多，能源合作风险增加。主要表现在如下方面。

（1）资源国收入大幅下降，石油消费国从中得利。

油气主要生产国石油收入锐减，尤其是油气产业在国民经济中占据重要地位的国家，经济较为困难。委内瑞拉、俄罗斯等资源国受原油开采成本高、对能源过度依赖等因素影响，经济出现危机。委内瑞拉经济处于崩溃边缘，俄罗斯 2015 年 GDP 下降 3.7%，是全球金融危机后的最大衰退，2016 年 GDP 下降 0.8%，经济呈萎缩态势。世界石油消费国因低油价和油气供给充足，既节省了大量外汇储备，又不需要四处寻找油源。此轮低油价的本质为美国利用页岩油气新技术和美元升值，打击俄罗斯、委内瑞拉等重要产油国。

（2）OPEC 组织面对当前低油价无计可施。

OPEC 国家逐步放弃"限产保价"的传统做法，实施"不减产，保市场份额"的策略，抵御美国页岩油产量的爆炸式增长。2016 年以来，OPEC、非 OPEC 产油国召开多次会议，均不能将减产协议有效落实。由此可见，对待当前的低油价，OPEC 确实难以招架，内部问题暴露无遗。

（3）部分产油国调整能源政策，应对低油价冲击。

2017 年以来，多个国家不断调整其能源政策，以应对低油价冲击。为吸引国外投资，伊朗政府批准新的石油合同，替代回购合同。海合会国家将自2018年1月1日起开征增值税，税率为5%，引入新税种有助于增加政府财政收入、降低石油收入依赖。俄罗斯自2016年4月1日起提高汽油消费税税率，这是年内第二次调高消费税，原因是低油价造成财政赤字，需要增加财政收入。印度政府四处出击，不断购买海外能源资产。

（4）国际石油公司收入锐减，企业投资出现低位反弹迹象。

2016年国际石油公司业绩继续下滑，上游业务普遍亏损，降本增效、减少勘探投入是石油公司的普遍做法。但是，有战略眼光的大石油公司仍在大胆投资，低价时建设油田，高价时出售资产。2016年7月，雪佛龙、埃克森美孚和它们的合作伙伴宣布将为哈萨克斯坦的田吉兹油田（Tengiz）扩建项目投资368亿美元，这是油价暴跌以来最大手笔投资之一，也是2016年第一笔超过100亿美元的投资。

本章小结

当前，世界经济正整体复苏。据联合国等多家机构数据显示，2017年全球经济增长速度达3.0%。全球油气供需基本平衡，国际油价回暖。未来相当长时间，世界经济走势、国际油价等因素仍是影响全球能源供给的关键。另外，绿色环保的理念正深入人心，中国因环境风暴引发的"气荒"将对世界能源供需格局产生重大影响，天然气、可再生能源和新能源扮演重要角色。

第二章
全球能源供需新形势和新格局

02 Chapter

受《巴黎协定》、美国页岩油气革命、德国弃核弃化石能源等影响，世界能源供需格局将日新月异。新能源备受青睐，低碳、绿色已成为世界潮流。尤其是发展中国家，饱受水、土地、空气污染等困扰，更是殷切希望消费更多的低碳、无碳能源。世界能源企业掀起了研发新技术、新装备的热潮，以应对看不到希望的低油价，石油企业只有不断创新、不断降低勘探开发成本、不断提高管理水平，才能生存下来。但很遗憾，未来30年，化石能源仍将是世界主要能源，可再生能源的发展任重道远。

第一节
化石能源在未来 30 年仍居主导地位

传统常规化石能源主要包括石油、天然气和煤炭等。以下主要参考 BP、EIA 等能源消费预测数据，阐明世界未来能源的发展趋势。

据 BP 数据，2015 年，世界化石能源消费约 113.1 亿吨油当量，占一次能源消费总量的 86.0%，2020 年化石能源将占 83.6%，2030 年占 79.8%。到 2035 年，世界 78.0% 的一次能源消费仍将依赖化石能源，煤炭占比仍接近 1/4，煤炭消费仍主要集中在亚太（见表 2-1）。

表 2-1　BP 预测 2015—2035 年世界一次能源消费　　单位：百万吨油当量

	2015 年	占比（%）	2020 年	占比（%）	2025 年	占比（%）	2030 年	占比（%）	2035 年	占比（%）
石油	4331.3	32.9	4557.6	31.8	4784.8	30.9	4921.7	30.0	5021.8	29.3
天然气	3135.2	23.9	3543.7	24.7	3797.6	24.5	4094.5	25.0	4318.5	25.2
煤炭	3839.9	29.2	3896.8	27.1	4067.0	26.2	4072.3	24.8	4032.5	23.5
化石能源	11306.4	86.0	11998.1	83.6	12649.4	81.6	13088.5	79.8	13372.8	78.0
核电	583.1	4.4	712.4	5.0	790.3	5.1	864.6	5.3	927.1	5.4
水电	892.9	6.8	997.5	7.0	1131.9	7.3	1201.9	7.3	1271.8	7.4
其他可再生能源	364.9	2.8	640.1	4.4	926.9	6.0	1244.6	7.6	1585.7	9.2
总计	13147.3	100	14348.1	100	15498.5	100	16399.6	100	17157.4	100

资料来源：BP. *Energy Outlook to 2035*，2017 Edition。

据 EIA 数据，2012 年，世界化石能源消费约 108.9 亿吨油当量，占一次能源消费总量的 83.9%，2020 年化石能源将占 81.3%，2030 年占 79.3%。到 2040 年，世界近 4/5 的一次能源消费仍将依赖化石能源，煤炭占比仍接近 1/4（见表 2-2）。

表 2-2　EIA 预测 2012—2040 年世界一次能源消费　　单位：百万吨油当量

	2012 年	占比（%）	2020 年	占比（%）	2030 年	占比（%）	2040 年	占比（%）
石油	4336.3	33.4	4822.9	32.5	5238.5	30.9	5810.1	30.2
天然气	2933.4	22.6	3266.4	22.0	4088.3	24.1	4992.9	25.9
煤炭	3620.7	27.9	3982.1	26.8	4119.0	24.3	4256.0	22.1
化石能源	10890.4	83.9	12071.4	81.3	13445.8	79.3	15059.0	78.2
核电	578.6	4.5	729.8	4.9	949.5	5.6	1086.4	5.7
其他	1506.8	11.6	2054.8	13.8	2553.1	15.1	3103.4	16.1
总计	12975.8	100	14856.0	100	16948.4	100	19248.8	100

资料来源：EIA，*International Energy Outlook 2016*。

通过以上多家能源机构（公司）的预测结果可知，未来 30 年，化石能源仍然是世界主要能源，但其所占消费比例将逐渐下降。

第二节

欧佩克的影响力将日渐降低

美国页岩油气革命的成功、可再生能源和电动汽车的迅猛发展、环境污染日益受关注、绿色环保成为世界潮流等，导致 OPEC 的影响力不断降低。以美国为代表的非常规油气已登上历史舞台，代表了以新技术为主导的一场能源革命，核心是页岩油气、可再生能源的生产成本不断降低，正不断冲击着传统能源市场，以 OPEC 为代表的传统能源联盟将无法阻挡。

一、欧佩克的起源

欧佩克，全称为石油输出国组织，成立于 1960 年 9 月 14 日，是由伊朗、伊拉克、沙特阿拉伯、科威特和委内瑞拉 5 个创始成员国建立的政府间组织，欧佩克目前的成员国达到了 14 个，除这 5 个国家外，还有卡塔尔（1961 年）、印度尼西亚（1962—2009 年，2016 年至今）、利比亚（1962 年）、阿联酋（1967 年）、阿尔及利亚（1969 年）、尼日利亚（1971 年）、厄瓜多尔（1973—1992 年，2007 年至今）、安哥拉（2007 年）、加蓬（1975—1995 年，2016 年至今）。

据 BP 数据，截至 2016 年年底，OPEC 石油探明剩余可采储量占全球的 71.5%，石油产量占全球的 42.5%，是最有影响力的石油生产国组织，对调控国际油价发挥着关键的作用。欧佩克的核心机制可以用"产量—配额—价格"六个字来概括。它从 1982 年开始采用配额制度，上、下半年各召开一次成员国大会，根据市场的变化，审议确定下一个半年的总产量上限和各成员国的产量配额，以通过调节供应量来调节价格。这种机制虽然并不总是有效，但影响很大。

欧佩克于 20 世纪 60 年代初成立时的主要目的是统一、协调中东海湾主要产油国与委内瑞拉等中东国家的石油政策，以集体的力量对抗西方跨国石油公司的垄断。中东海湾产油国从西方石油公司收回石油资源主权，控制石油标价权后，欧佩克在国际政治和世界能源市场上的影响力迅速蹿升；同时，中东地区局势的变化和地区产油国政策的调整都直接影响欧佩克在国际石油市场的运作。

二、欧佩克的性质

欧佩克是一个相对松散的政府间国际能源组织，它通过控制石油产量调节油价，并扩大市场份额，以维护成员国利益。欧佩克的宗旨是协调和统一各成员国的石油政策，促进石油市场的稳定与繁荣，保证各成员国获得稳定的石油收入。通常他们以"限产保价"的方式来抗衡西方发达国家。未来全球人口将不断增长，能源需求将不断增加，欧佩克将继续在全球石油供应中发挥关键作用。

三、欧佩克的影响力

从欧佩克成立到现在的 50 多年间，欧佩克对世界的石油市场产生了重要的影响。OPEC 成立以来，各成员国通过成立国有石油公司及对西方石油公司进行国有化，逐步收回本国油气资源的所有权和使用权，即石油主权，从而打破了西方国家"石油七姐妹"对中东石油上、中、下游的控制。

1973—1974 年，OPEC 为打击以色列及支持以色列的国家，宣布实施石油禁运，世界第一次石油危机爆发。1973 年，中东产油国通过减产、禁运手段，以石油为武器，对美国等西方国家的中东政策施加压力。从 1973 年 10 月到 1974 年 1 月，OPEC 的原油供应量从每天 3256 万桶减少到 1632 万桶；同期，国际油价从 2.89 美元 / 桶上涨到 11.65 美元 / 桶，上涨了 303%。OPEC 掌控世界石油的定价权。

为了对 OPEC 进行反制，发达的石油消费国于 1974 年在经济合作与发展组织（OECD）框架下，发起成立国际能源机构（IEA）。IEA 成立于国际石油危机、油价暴涨的背景下，其关注的目标主要是稳定油价、建立石油储备、保证石油安全。IEA 的成立标志着以美国和欧洲为首的西方石油消费大国决心在能源政策方面加强协调，在世界能源市场上采取一致行动，维护对西方有利的能源秩序和游戏规则，它是发达国家反制 OPEC 的重大举措。从此，无论是发展中的石油生产国，还是发达的石油消费国，都加强了各自的联合，更加注重通过国际组织进行竞争和合作，以维护对己有利的能源游戏规则（夏义善，陈德照，2012）。

2015 年下半年以来，国际油价呈断崖式下跌。面对当前的低油价，欧佩克和非欧佩克原油生产国多次商讨"冻产协议"，受原油生产国均想争夺世界原油市场份额的影响，"冻产协议"多次流产。这也间接印证了 OPEC 是一个松散的国际组织，虽有原油产量配额限制，但各成员国通常都各行其是。沙特阿拉伯是中东地区的领头羊，但沙特阿拉伯和伊朗之间矛盾较为突出，这是根深蒂固的。什叶派的伊朗认为逊尼派的沙特阿拉伯是不符合伊斯兰教规的，应该被推翻；而沙特阿拉伯认为伊朗是这个地区最大的威胁，强大后会在这个地区称霸。归根到底还是地区权力之争、宗教派别之争、石油利益之争。因此，欧佩克各成员国达成统一的"冻产协议"自然困难重重。

2016年11月30日，欧佩克终于在维也纳达成"冻产协议"，产量下调至3250万桶/日。伊拉克、叙利亚等战乱不断，影响原油生产的不确定因素较多，即使达成"冻产协议"，但每个成员国的原油生产量也是不确定的，例如，伊拉克对石油产量数据玩起了造假的"猫腻"。

2016年以来，沙特阿拉伯等中东产油国对美国页岩油生产商发起的"价格战"可谓杀敌一千、自损八百，低油价不仅导致美国许多页岩油生产商破产，也造成福利开支巨大的海湾国家财政收入锐减（闫桂花，王立夫，2016）。

自2017年起，世界的常规油气和非常规油气围绕价格、市场争夺开始了拉锯战，这场拉锯战也是以欧佩克、俄罗斯为代表的石油输出国和美国页岩油生产商之间的竞争。在低油价中幸存下来的美国页岩油生产商通过裁员、缩减开支、提高技术水平等降本增效措施，不仅提高了他们的企业效率，降低了非常规采油技术的成本，增强了市场竞争力，而且还利用欧佩克开足马力生产又被迫减产的举措，蚕食了欧佩克的市场份额。2017年1月，美国海运原油出口量从20万桶/日增加至62万桶/日，创历史纪录。

另外，随着油气开采技术的不断提高，世界可利用油气资源大幅增加，油气市场供应日趋宽松，导致欧佩克对石油市场的控制力日渐下降。

第三节

能源技术革命——科技决定能源未来

未来20年，全球人口将超过90亿，能源需求将增加30%，全世界正在寻找绿色、低碳、安全可靠、低成本、高效率的能源，如何做到？科技可能给出了答案。科技创新未来能源,科技决定能源未来,科技重塑能源格局。非常规油气、深海油气、可再生能源等发展迅猛,低碳、无碳能源越来越受到国际社会的青睐。无疑,科技是未来能源发展的关键和灵魂。世界能源如何更加清洁、安全和经济,将主要依赖未来的科技进步。

一、能源科技发展现状

人口增长、资源紧张、环境污染、气候变化是当今世界各国面临的重大挑战,化石能源长期、大规模的开发和利用给环境、气候造成巨大压力,已逼近天花板,当前日益严重的雾霾如影随形挥之不去,新一轮的能源结构变革正在酝酿。目前,新一轮能源技术革命已在蓬勃发展,科技成果日新月异,正在改变着世界能源供需格局,正在影响着我们的日常生活。

页岩油气勘探开发技术在美国率先取得突破,水平井技术、水力压裂技术、无水压裂技术、生态膜(ECO-Pad)钻井技术、震动射流技术的规模化开发等使得页岩油气的操作成本逐年下降。技术进步促使较低成本的非常规油气不断冲击世界油气市场。

能源互联网、物联网技术方兴未艾,电网与信息技术的深度融合,世界部分储能技术已实现商业化应用。

可再生能源正逐步成为新增电力重要来源,电网结构和运行模式都将发生重大变化。风电技术发展将深海、高空风能开发提上日程,太阳能电池组件效率不断提高,光热发电技术开始规模化示范,生物质能利用技术多元化发展(国家发展改革委等,2016)。

2016 年,我国"人造太阳"实验装置 EAST 再获重大突破,实现超过60 秒的稳态高约束模等离子体放电,成为世界首个实现稳态高约束模运行持续时间达到分钟量级的托卡马克核聚变实验装置。

二、世界各国重视能源科技

(一)中国

2015 年 9 月,习近平主席在联合国发展峰会上指出:"中国倡议探讨构建全球能源互联网,推动以清洁和绿色方式满足全球电力需求。"

　　2016 年 3 月，国家发展改革委和国家能源局出台了《能源技术革命创新行动计划（2016—2030 年）》，围绕"两个一百年"奋斗目标，提出了能源安全技术支撑计划；通过能源技术创新，加快构建绿色、低碳的能源技术体系，实现到 2030 年单位国内生产总值二氧化碳排放量比 2005 年下降 60% ～ 65%、非化石能源占一次能源消费比重达到 20% 左右、二氧化碳排放量 2030 年左右达到峰值的承诺目标。

（二）美国

　　2014 年 5 月，美国发布了《"全方位"能源战略——通向经济可持续增长之路》等战略计划，将"促进经济增长和创造就业""增强能源安全""发展低碳技术、为清洁能源未来发展奠基"作为战略支点，强调加快发展低碳技术，已陆续出台了提高能效、发展太阳能、四代和小型模块化核能等清洁电力等新计划。随着特朗普政府"美国第一能源计划"的推出，美国能源政策的方向将逐渐明朗化，但将明显有别于奥巴马政府的能源战略。

（三）欧盟

　　欧盟早在 2011 年 12 月就制定了《2050 能源技术路线图》等战略，将实现到 2050 年碳排放量比 1990 年下降 80% ～ 95% 的目标。为此，欧盟主要通过提高能源利用效率、发展可再生能源、使用核能、采用碳捕捉与储存技术（CCS）4 种路径实现这一目标。

三、未来发展方向

　　正如世界石油理事会主席约瑟夫·托特在第 22 届世界石油大会上所说："能源行业要秉承为全人类提供可靠、廉价能源资源的宗旨。油气依然是今后一个时期的能源需求主体，需要加大投资、推进技术进步、创新商业模式，实现可持续发展。"

　　页岩油气革命是世界对能源领域认知的一次大解放，并找到了规模巨大的非常规油气资源，使得能源供给出现了供大于求的宽松局面，石油产量"顶峰论"被打破。世界油气资源潜力预测也发生了颠覆性的改变，世界油气储量产量远远没有达到峰值，当人类减少或抛弃化石能源时，并不是世界没有了能源，而是因为世界能源技术取得了重大突破，找到了更清洁、更经济、更安全的能源替代物。2016 年，机器人"阿尔法狗"战胜韩国著名围棋手李世石；

2017 年，人工智能与人类展开更近距离的"肉搏战"。人工智能也将逐步融入能源领域。

结合当前能源的发展形势，未来能源科技的发展方向如下。

一是全球能源是充足的，能够满足未来 30 年的需求。届时，油气仍然是世界主要能源，但所占消费比例将逐步下降。技术有相当大的潜力能够提高化石能源和非化石能源的供应，并且生产成本会逐年降低。深海、极地、超深层等油气资源将被规模开发和利用，天然气水合物的勘探开发基础理论和关键技术取得突破，形成天然气水合物有效、安全和经济的开发能力，预计到 2050年可占全球天然气产量的 5%（BP，2015）。2017 年 5 月，我国南海神狐海域天然气水合物试采成功，取得了持续产气时间长、气流稳定、环境安全等多项重大突破性成果。中共中央、国务院贺电称："经过近 20 年的不懈努力，我国取得了天然气水合物勘查开发理论、技术、工程、装备的自主创新，实现了历史性突破。"

二是在相当长的低油价阶段，石油企业只有不断进行技术创新，通过新技术、新装备降低勘探开发成本，不断提高管理水平，才能在较长的低油价时期生存下来。

三是煤炭清洁高效利用技术。煤热解—燃烧、热解—气化系统集成技术研发、煤转化 / 合成关键技术、煤制油气、高值化工等关键技术，将大大促进煤炭的清洁、高效利用。但是，煤炭的使用将不断减少，逐步被新能源替代（中国科学院，2016）。

四是新能源、可再生能源越来越受青睐，低碳、绿色成为世界潮流。风能、太阳能等规模开发利用，可再生能源的规模储能、分布式供能等多项关键技术研发，核能的安全利用技术，这些都将扩大新能源和可再生能源的规模，使其更经济、更实用。

五是能源领域的人工智能将取得重大突破。信息和通信技术使得传统能源、新能源逐步交融，能源开发、发电、输电和配电、建筑、制造、运输等成为统一的、相互依存的大系统。能源系统越来越多地与水系统、物流、废物和金融市场相连，需要提高能源利用效率、降低能源运营成本（U.S. Department of Energy，2015）。

六是能源交叉学科将日益受关注，与能源相关的非能源、经济、环境、互联网、数字化技术、大规模储能、关键材料、先进能源装备等交叉复合型科技人才越来越受市场欢迎。

第四节

可再生能源已成为世界潮流

世界经济增长缓慢，但仍在稳步增长。如果世界各国，尤其是温室气体排放大国，不采取极其严格的经济、技术等措施，2030年前以化石能源为主体的能源结构难以改变全球温室气体排放量继续增加的趋势，大幅减排二氧化碳的设想也难以实现。

不断增加的二氧化碳排放量、越来越多的雾霾天气均在不断呼唤可再生能源的大规模使用，尽管目前可再生能源占一次能源消费的比重不足1/10，但未来发展前景非常广阔。

一、巴黎气候大会取得突破性进展

2015年12月12日，《联合国气候变化框架公约》196个缔约方在巴黎气候大会上一致同意通过《巴黎协定》，其要点如下。

将全球平均气温较工业化前升高的幅度控制在2℃之内，并承诺"尽一切努力"使其不超过1.5℃，从而避免"更灾难性的气候变化后果"。

《巴黎协定》具有法律约束力，但相关决议和各国减排目标不具备法律约束力。另外，针对各国承诺的调整机制是具有法律约束力的，目的是保证《巴黎协定》得到履行。

《联合国气候变化框架公约》196个缔约方中有187个缔约方提交了本国2020年生效的应对气候变化的承诺方案，将每五年上调一次；其余国家必须提交承诺方案才能成为缔约方。每个国家都要承诺采取必要措施，并利用市场机制（如排放量交易）来实现目标。

不会有惩罚，但会有一个透明的后续跟踪机制，以保证全世界都能言出必行，在期限来临之前以提醒相关国家执行协定的各项决议。

从 2020 年起，发达国家每年应动用至少 1000 亿美元来支持发展中国家减缓和适应气候变化，并从 2025 年起增加支持力度。

经排放量占全球 55% 的至少 55 个缔约方批准之后，新协定方正式生效。

据巴黎气候大会主席国法国提供的数据，截至 2016 年 11 月 1 日，共有 92 个缔约方批准了《巴黎协定》，其温室气体排放量占全球总排放量的 65.82%，超过了协定规定的门槛。2016 年 11 月 4 日，《巴黎协定》正式生效。

二、中国和美国在二氧化碳排放方面的承诺

中国和美国是世界能源消费大国，同时也是世界二氧化碳排放大国。据 BP 数据，2015 年，中国和美国分别消费一次能源 30.1 亿吨油当量和 22.8 亿吨油当量，分别占世界的 22.9% 和 17.3%，排名为世界第 1 位和第 2 位。2015 年，中国和美国二氧化碳排放量分别为 91.5 亿吨和 54.9 亿吨，分别占世界的 27.3% 和 16.4%，排名分别为世界第 1 位和第 2 位。中国和美国在世界气候变化行动中居重要地位，两国的态度是任何气候协定成败的关键，任何一方不参加，签署的有关气候协定将大打折扣。2016 年特朗普当选美国总统成为落实《巴黎协定》的最大不确定因素；2017 年 5 月，在意大利举行的七国集团峰会上，特朗普拒绝接受《巴黎协定》，坚称"对我特朗普来说，环境并不是特别重要"，他认为其前任确定的环境目标对美国经济的伤害太大。欧洲人表示"非常不满意"和"失望"，七国最后重申"迅速实施"这一协定。法国总统马克龙希望特朗普能再次确认美国对《巴黎协定》的承诺，德国总理默克尔说《巴黎协定》极其重要，没有讨价还价空间；特朗普表示，一周后将做出美国是否退出《巴黎协定》的决定。2017 年 6 月 1 日，特朗普正式宣布美国退出《巴黎协定》，世界同声谴责，欧洲拒绝特朗普重新谈判的要求。

2014 年 11 月 12 日，中美两国签署《中美气候变化联合申明》，宣布了两国自 2020 年起应对气候变化行动，美国计划于 2025 年实现在 2005 年基础上减排 26% ~ 28% 的减排目标并将努力减排 28%。中国计划 2030 年左右二氧化碳排放达到峰值且将努力早日达峰，并计划到 2030 年非化石能源占一次能源消费比重提高到 20% 左右。

2015 年 11 月，中国向《联合国气候变化框架公约》秘书处提交了应对气候变化国家自主贡献文件《强化应对气候变化行动——中国国家自主贡献》，明确提出 2030 年单位国内生产总值二氧化碳排放比 2005 年下降 60%～65% 的目标。

三、可再生能源发展新趋势

2015 年以来，世界可再生能源发展出现了一些新形势和新动向。

特朗普政府提出"美国第一能源计划"，反对"气候行动计划"。特朗普 2017 年 1 月 20 日宣誓就职后不久，列出了美国政府将要优先处理的六大"头号问题"，其中第一条就是"美国第一能源计划"。美国拥有大量未开发的能源储备，如页岩油气、石油和天然气等，预计总价值达 50 万亿美元；继续实施页岩油气革命，降低能源价格，尽量开发本土能源，减少外国石油进口等；承诺发展清洁煤技术，复兴美国煤炭产业；承诺实现能源独立，摆脱对欧佩克产油国与任何对美国利益持敌意国家的依赖；美国和海湾地区盟友将合作建立"积极的能源关系"；坚称推翻前任政府有关气候问题核心政策的"气候行动计划"。2017 年 6 月，美国总统特朗普宣布，美国将退出应对全球气候变化的《巴黎协定》，就气候变化问题可能要重新谈判。通过以上分析可以看出，美国此举并没有放弃绿色、低碳目标，进而重新强调化石能源，而是想利用其技术优势，降低油气成本，为开发可再生能源争取更多时间。

德国可再生能源发电量到 2025 年将超过德国发电总量的 40%。日本 2011 年核泄漏事故后，德国政府 2011 年 5 月 29 日决定放弃核能，率先宣布在 2022 年前关闭国内所有核电站。2016 年 6 月 8 日，德国通过了《可再生能源法》改革草案，调整可再生能源发电设施扩建及入网补贴政策，以期降低成本、鼓励竞争。根据改革草案，为平抑电价、降低成本，德国自 2017 年起将不再以政府指定价格收购绿色电力，而是通过市场竞价发放补贴。据 BP 数据，德国 2015 年可再生能源占一次能源消费的 13.9%。根据改革草案，德国可再生能源发电比例将在 2025 年增至 40%～45%，目前这一比例为 33%。

德国在 2011 年日本核危机之后，提出了能源转型战略，总体目标是将能源系统逐步转变成以可再生能源为支柱的能源系统，包括《能源理念》和《一揽子能源法案》两部分。根据该战略，到 2050 年前，德国可再生能源的使用比例将提高至能源消费总量的 80%，届时，德国将摆脱对核能和传统化石能源的依赖。

加拿大政府 2030 年前将关闭所有燃煤电站。2016 年 11 月，加拿大环境部宣布，加拿大政府计划在 2030 年彻底取缔全部煤炭燃料发电站，以完成在巴黎气候大会上的承诺——在 2030 年前温室气体排放量较 2005 年的排放量降低 30%。届时，加拿大将有 80% 的电力来自可再生能源。

日本节能技术和节能产业处于世界领先地位，日本政府系统制定了节能的法律、法规，建立了先进和合理的节能管理体系，节能广泛应用于建筑、钢铁、汽车、环保等各行各业，值得我国借鉴和学习。

面对全球变暖、环境污染等问题，世界各国均对气候变化极度关切，《巴黎协定》的正式生效印证了发展可再生能源已成为全球共识，但受技术和经济发展水平的制约，以及美国能源政策走向不明的影响，可再生能源最终取代化石能源仍需要相当长时间。德国、加拿大等国家率先垂范、先行先试，为世界可再生能源发展描绘了未来发展的蓝图。

本 章
小 结

世界原油供需重现平衡，以欧佩克和俄罗斯为代表的石油生产国商定石油减产协议将延长至 2018 年年底，美国 2017 年页岩油产量较 2016 年增长 1500 多万吨，未来增长潜力巨大。全球围绕石油价格、石油市场之间的竞争如火如荼。对全球未来能源格局判断如下：一是化石能源在未来 30 年仍居主导地位；二是低碳、绿色的可再生能源和新能源已成为世界潮流；三是科技创新未来能源，科技决定能源未来，科技重塑能源格局。

第三章　全球能源合作新形势 03

Chapter

能源合作可以解决不同国家和不同地区之间的资源禀赋、能源技术、能源市场等的差异，使得世界能源供需实现平衡。全球能源合作现状是分析未来全球能源合作新形势的基础。全球未来能源合作的影响因素很多，包括国际油价走势、能源政策等。

第一节

能源合作现状

受低油价影响，2015 年以来，全球能源并购、重组市场持续低迷，交易不活跃，上规模的能源并购交易较少。据 Ernst & Young 统计数据，2016 年全球油气交易金额 3950 亿美元，同比增加了 14%，交易量同比下降了 27%。以下主要以油气为主，阐述近几年全球能源合作的现状。

一、全球油气上游交易持续下降

据 Ernst & Young 统计数据，2016 年全球油气上游市场依然冷清，并购交易总额为 1300 亿美元，同比下降了 14%；石油上游共进行了 1024 宗交易，同比下降了 31%。美国是全球石油上游并购交易的引领者，有记录的二叠纪盆地交易金额超过了 760 亿美元，其中 2015 年的交易金额为 430 亿美元，占全球的 58%。2016 年 1 月，加拿大 Suncor Energy 公司宣布出价 66 亿加元（约 45 亿美元），收购阿尔伯塔省 Syncrude 油砂项目的最大股东加拿大油砂公司（Canadian Oil Sands Ltd.）。2016 年 10 月 31 日，美国通用电气（GE）宣布把旗下油气业务与贝克休斯（Baker Hughes）合并，创建全球第二大油田服务提供商。

除北美外，俄罗斯的上游并购较为显著。2016 年 12 月，俄罗斯政府为应对财政赤字，实施了迄今最大规模的私有化交易，以 6920 亿卢布（约 113 亿美元）的价格将俄罗斯国家石油公司（Rosneft）19.5% 的股份出售给瑞士大宗商品交易商嘉能可（Glencore）和卡塔尔投资局（Qatar Investment Authority）。

2016 年，中东、拉美、亚洲和非洲地区的油气资产交易较冷清，均延续了 2015 年交易少、金额小的趋势，油气交易不活跃，上规模的并购交易较少（见图 3-1）。但是，伊朗的油气对外合作活跃，主要原因是，在西方制裁解除后，伊朗政府急于摆脱经济和技术上的困境，在新版石油合同下推出了 16 个油气田和 15 个勘探区块，虽然目前招标活动尚未正式举行，但国际众多石油公司已纷纷进入伊朗，伊朗政府已与美国以外的外国公司签订了 20 多份谅解备忘录。

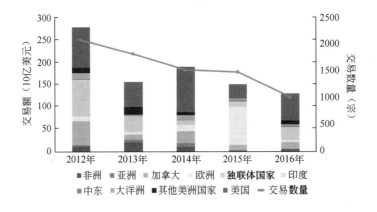

图 3-1 2012—2016 年全球油气上游交易情况

资料来源：Ernst & Young. *Global Oil and Gas Transactions Review 2016*。

二、全球油气中游交易

据 Ernst & Young 统计数据，2016 年全球油气中游市场较好，并购交易总额为 1460 亿美元，同比上升了 29%；石油中游共进行了 93 宗交易，同比下降了 28%（见图 3-2）。2016 年全球油气中游并购交易主要集中在美国和加拿大，占交易量的 89% 和交易总额的 93%，主要原因是 2016 年国际油价回升，北美页岩油气投资活跃，中游基础设施建设加快。

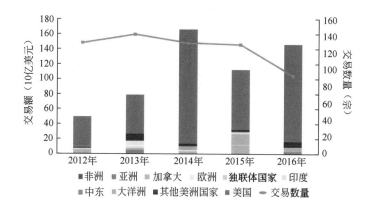

图 3-2　2012—2016 年全球油气中游交易情况

资料来源：Ernst & Young. *Global Oil and Gas Transactions Review 2016*。

2016 年全球油气中游主要有 3 宗大型交易，分别是：EPT 和 Sonoco Logistics 兼并，交易金额为 512 亿美元；恩桥（Enbridge）公司收购光谱能源（Spectra Energy），交易金额为 466 亿美元；加拿大横加集团（TransCanada）收购美国德州哥伦比亚管道集团（Columbia Pipeline Group），交易金额为 112 亿美元。

2017 年 1 月，特朗普重启美加"拱心石 XL"输油管道项目（Keystone XL）。由 TransCanada 负责修建的"拱心石 XL"全长约 3000 千米，连接加拿大艾伯塔省油砂产区和美国得克萨斯州的石油精炼厂，该项目设计运载能力为 80 万桶 / 日。

三、全球油气下游交易

据 Ernst & Young 统计数据，2016 年全球油气下游市场活跃，并购交易总额为 659 亿美元，同比上升了 30%；石油下游共进行了 131 宗交易，同比下降了 17%（见图 3-3）。

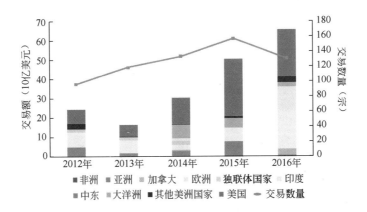

图 3-3　2012—2016 年全球油气下游交易情况

资料来源：Ernst & Young. *Global Oil and Gas Transactions Review 2016*。

2016 年全球油气下游有两宗交易超过 100 亿美元，占下游交易总额的 36%。2016 年 11 月，俄罗斯石油公司（Rosneft）以 130 亿美元收购印度埃萨石油公司（Essar Oil）49% 的股权。澳大利亚麦格理（Macquarie）领导的财团以 106 亿美元收购了 NGGD 公司在欧洲 61% 的股权。

第二节

能源合作面临的新形势

2015 年以来，国际油气市场进入调整期，国内外能源公司持续压缩上游投资，调整公司发展战略，降本增效，优化资产，使得部分优质能源资产价格处于低位，目前国际油价回升，北美石油市场率先展现复苏迹象。

一、特朗普新政对全球能源合作产生重大影响

特朗普宣誓就职后不久，就推出了"美国第一能源计划"，这标志着特朗

普新政能源政策的重大调整，不仅将延续页岩油气革命，还将进一步释放其油气潜能，而且逆潮流而动，激活煤炭产业，退出《巴黎协定》。结果是世界能源生产中心西移，美国成为世界最大的油气生产机动国，其石油、天然气、煤炭的出口不断增长，冲击着本已宽松的国际能源供需市场。可再生能源市场受价格影响，发展步伐减慢。能源合作的风险不断增加，只有掌握核心科技，不断降本增效，才能立于不败之地。

美国能源独立降低了其对中东等油气生产国的依赖，必然放松对中东等地区的管控，使得中东的安全局势更为严峻，恐怖极端组织短期内难以消亡，对中东产油国的油气安全生产、能源合作造成一定影响。

二、2017 年北美勘探市场回暖，能源合作升温

据 IHS Markit 2017 年 2 月公布的数据显示：2016 年全球油气资源发现量约 11 亿吨油气当量，创下过去 60 年以来的新低。2016 年全球仅有 174 个新油气发现，较 2013 年前的平均每年 400 ～ 500 个大幅下滑。

据 Baker Hughes 公司监测数据，北美地区受“美国第一能源计划”和油气价格回升的影响，油气钻机数量开始大幅增加。2017 年 2 月，美国钻机数为 744 台，同比增加了 212 台，如表 3-1 所示。

表 3-1　2010—2017 年世界分地区钻机统计　　单位：台

年 份	拉 美	欧 洲	非 洲	中 东	亚 太	合 计	加拿大	美 国	世界总计
2017 年 *	178	103	78	382	197	937	322	714	1973
1 月	176	98	79	382	198	933	302	683	1918
2 月	179	107	77	382	196	941	342	744	2027
2016 年	198	96	85	390	187	955	128	510	1593
1 月	243	108	94	407	193	1045	192	654	1891
2 月	237	107	88	404	182	1018	211	532	1761
2015 年	319	117	106	406	220	1167	193	977	2337
2014 年	397	145	134	406	254	1337	380	1862	3578
2013 年	419	135	125	372	246	1296	355	1761	3412
2012 年	423	119	96	356	241	1234	365	1919	3518
2011 年	424	118	78	291	256	1167	423	1875	3465
2010 年	383	94	83	265	269	1094	351	1541	2985

资料来源：Baker Hughes；* 表示仅为 2017 年 1—2 月数据。

根据 Wood Mackenzie 等机构预测，2017 年全球上游油气勘探开发投资总额将达 4500 亿美元，较 2016 年增加 3%～5%，但仍低于 2014 年上游投资峰值近 40%。2017 年以来，国际石油公司的油气并购、投资等大额交易开始增多。2017 年 2 月，壳牌计划投资 3 亿美元开发阿根廷页岩油气。2017 年 3 月，埃克森美孚 28 亿美元收购莫桑比克海上气田权益；壳牌 85 亿美元出售大部分加拿大油砂资产。

三、非洲能源合作风险增大，中东安全形势不容乐观

2015 年以来，油气国际合作、投资风险发生了较大变化，传统的风险因素依然存在，新的风险又增加了，持续的低油价使得油气生产国经济形势恶化，支付能力下降。伊拉克、尼日利亚等多国政府因资金短缺大量拖欠外国石油公司石油款项。非洲油气合作的风险主要是政局不稳、政策变化快、支付问题较为严重，如非洲部分石油资源国以出口申报、不合理避税等为由对石油公司开出巨额罚单。2016 年 9 月，尼日利亚政府起诉雪佛龙、壳牌、阿吉普、道达尔、巴西 Petrobras 等国际石油公司，因为其 2011—2014 年未向尼日利亚政府申报向美国出口 5700 万桶原油，索要 127 亿美元赔偿金；2016 年 10 月，乍得政府因埃克森美孚在过去 15 年内未尽纳税义务，要求其缴纳 740 亿美元巨额罚款，外加 8.19 亿美元税款。

中东地区油气资源潜力巨大，未来 30 多年，中东地区依然是世界重要的油气供给区。中东丰富的油气资源造成了其地缘政治复杂，各方争夺激烈，不安定因素较多，政局不稳定，安全风险上升。活跃在叙利亚和伊拉克的极端恐怖组织尽管在 2016 年遭到空前打击，但目前仍在负隅顽抗，并在世界各地不断制造暴恐事件，在法国、比利时、土耳其、沙特阿拉伯、阿富汗、美国、孟加拉国等地制造了多起血腥恐怖袭击。正如伊拉克中东问题专家迪拉尔·艾哈迈德所说，极端恐怖组织产生和坐大的土壤是大国博弈和地区动荡。由于极端恐怖组织呈现长期化、隐蔽化等特点，对其防范和打击难度增加。

四、中国民营企业积极走出国门

2016 年，中国民营企业借低油价之机，纷纷走出国门，全年并购金额超过 40 亿美元，中小企业逐渐成为中国油气对外合作的一支不可忽视的力量（刘朝全，姜学峰，2017）。2017 年 2 月，中国华信获阿布扎比陆上油田开发

项目 4% 的权益，合同期 40 年，投资金额 18 亿美元；2017 年 2 月，振华石油与雪佛龙签订初步协议，将购买后者位于孟加拉国的天然气田，交易额约 20 亿美元；2016 年 8 月，深圳中仁资本投资集团与俄罗斯能源部下属俄罗斯联邦外贸委员会工业物资进口国有企业签订了一份价值 50 亿美元的原油供应协议。

第三节
未来能源合作的方向

　　未来世界能源供给是多元的，页岩油气革命为能源供给打开了新的大门，解放思想，勇于实践，相信世界还会发现新的可用能源，能源利用技术将日新月异。特高压输电技术、石墨烯的应用、储能技术的突破等，将对能源供给产生重要影响。影响全球能源合作的因素很多，主要有国际油价走势、资源国法律法规及能源政策、能源科技发展方向、能源安全的要求与环境的治理、能源外交等，均对未来国家之间、公司之间等的能源合作产生重要影响。

一、可再生能源和新能源将是未来国际能源合作的热点

　　人类需要能源供给是永恒的主题，不同历史时期能源供给的主角均有所不同。纵观人类能源开发利用的历史和未来的发展，可分为薪柴、煤炭、石油、新能源及可再生能源 4 个不同的阶段，每个阶段均有交叉，正如 20 世纪 70 年代沙特阿拉伯石油部部长亚马尼留下的一句名言，"人类石器时代的结束并不是因为石头没有了。"石油时代的结束，不是因为没有了石油，而是人类找到了更好的能源。新能源及可再生能源将是 21 世纪能源发展最耀眼的明星。

二、天然气将是 21 世纪的主角

　　据 BP 数据，截至 2016 年年底，世界石油剩余可采储量为 2407 亿吨，

天然气剩余可采储量为 186.6 万亿立方米（1679 亿吨油当量）；2016 年世界石油消费量为 44.2 亿吨，天然气消费量为 32.0 亿吨油当量。2010—2016 年，世界天然气新增探明储量略高于石油，2016 年世界新增探明石油、天然气可采储量较 2010 年分别增加了 91 亿吨、93 亿吨油当量。天然气作为清洁能源，重要性将日益凸显。

三、非常规、深水、极地油气勘探开发将成为能源合作的热点

美国页岩油气革命已对世界能源格局产生了重要影响，随着地震成像、提高采收率、无水压裂等技术的不断进步，致密油气、煤层气、油砂、油页岩油、天然气水合物等非常规油气资源的勘探开发成本将不断降低，能源合作也将不断加强。

海域是发现大油气田的主要区域，大油气田的发现向深水区（水深超过 500 米）和超深水区（水深超过 2000 米）拓展（国土资源部油气资源战略研究中心，2016）。2006 年以来全球十大油气发现在深水区的占 70%。近 10 年来，全球深水油气勘探成果显著，相继发现了一批巨型、超巨型油气田，油气储量快速增长。据有关机构统计数据，2006—2015 年共发现深水油气田 911 个，其中，商业性油气田 354 个，总可采储为 430 亿桶（朱伟林，2017）。

2008 年，美国地质调查局（USGS）对北极油气资源潜力进行了评价，结果发现北极待勘探油气资源量为 4120 亿桶油当量，占全球待勘探油气资源总量的 22%，其中，俄罗斯境内资源约占 6 成。据俄罗斯能源部评估，俄罗斯可开采油气总量预计为 1000 亿吨油气当量，包括 130 亿吨石油和 87 万亿立方米天然气。近几年，俄罗斯在北极不断取得油气新发现。

四、国际油价影响能源合作节奏

当国际油价持续处于高位时，石油公司净利润大增，不断加大油气勘探投入，在全球寻找能源合作区块，收购能源资产；资源国不断调整税费政策，提高能源资产收购门槛。

当国际油价暴跌时，石油公司利润大幅下降，纷纷降本增效，提高企业管理水平，不断加大科技创新力度，千方百计降低企业的运营成本，部分中小石油公司破产、重组，能源合作大幅下降；资源国调整税费政策，鼓励国际石油公司进行资金和技术投资，不断调整产业布局，例如，中东不断延长石油产业链，提高资源回报率。

本章小结

全球未来能源合作主要集中在非常规、深水和极地油气勘探开发及可再生能源、新能源等领域，"一带一路"沿线国家已成为能源合作的热点区域。随着国际油价的中低位趋稳，能源并购将逐步升温，能源价格将越来越高，能源并购将越来越活跃。2017年，全球能源合作取得重要进展，例如，中国华信以约91亿美元收购俄罗斯石油公司14.16%的股份等。

第二篇

"一带一路"能源资源盘点

第四章 "一带一路"能源资源概况

　　到 2040 年，化石能源将占世界能源消费的 3/4 以上；石油将占世界能源消费的 30%，仍居主导地位。天然气 2030 年将超过煤炭成为世界第二大能源；煤炭在世界一次能源消费中的比例将持续下降，由 2015 年的 29% 下降到 2030 年的 25%；可再生能源发展最快，由 2015 年占世界一次能源消费的 2.8% 上升到 2030 年的 5% ～ 6%；非常规油气将逐步成为油气领域的主角。其中，"一带一路"国家能源资源丰富，在世界上有举足轻重的地位，在 2030 年之前，世界能源消费增长的重心将会在"一带一路"地区。

第一节

常规能源概况

　　常规能源又称为传统能源（Conventional Energy），是已大规模生产并广泛利用的能源，主要包括石油、天然气、煤炭、核能、水力。以下主要阐述石油、天然气、煤炭和核能。

一、石油

　　石油分为常规石油和非常规石油，非常规石油主要包括超重油[1]、页

---

[1] 超重油（Extra-heavy Oil）通常定义石油比重小于 10，储层石油黏度不超过 10Pa·s。世界超重油资源丰富，目前，在世界 21 个国家中发现了 162 个超重油矿藏。

岩油[①]、油砂油[②]、油页岩油[③]等。本节主要阐述常规石油和页岩油两种类型。

1. 常规石油

油气总资源量是最终可以被人类开采利用的油气资源总量，由3部分构成：已发现储量、待发现资源量、储量增长（见图4-1）。已发现储量泛称原始储量，包括两个部分，一部分是已经被人类开采并加以利用的累计产量；另一部分是还未被开采的油气资源，也称为剩余储量（可进一步细分为探明、控制和预测三级储量）。待发现的资源量又称为尚未发现的油气资源量。储量增长又被称为扩展储量或油气田储量增长。资源潜力在这里定义为剩余可采储量、待发现可采资源量、储量增长之和。

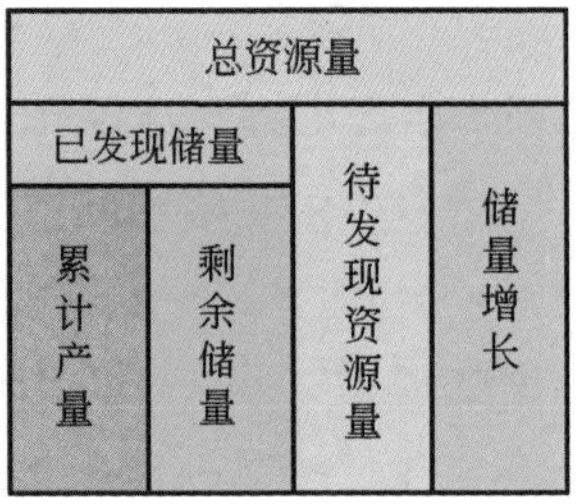

总资源量			
已发现储量		待发现资源量	储量增长
累计产量	剩余储量		

图4-1　油气资源量分类示意

油气资源包括常规油气资源和非常规油气资源。非常规油气资源通常指需要采用非常规技术、手段、方法来改善储层物性或降低原油黏度才能实现经济开采的、连续或准连续型聚集的油气资源。其中，非常规石油包括页岩油、致密油、油页岩油、超重油、油砂油等；非常规天然气包括页岩气、致密气、煤层气、水溶气、天然气水合物等。

"一带一路"主要位于特提斯构造域，油气地质条件优越，石油资源丰富，在全球石油资源中占有重要地位。"一带一路"发育主要沉积盆地159个，其中120个盆地内发现商业油气田（藏），大部分油气分布在西亚、俄罗斯和中亚地区。为了研究方便，将"一带一路"划分为8个区域，包括西亚、俄罗

---

① 页岩油是指以页岩为主的页岩层系中所含的石油资源。其中包括泥页岩孔隙和裂缝中的石油，也包括泥页岩层系中的致密碳酸盐岩或碎屑岩邻层和夹层中的石油资源。页岩油通常有效的开发方式为水平井和分段压裂技术。

② 油砂油定义为：在油藏条件下，石油黏度远大于10Pa·s，API小于10。油砂油又称为沥青砂或天然沥青（Natural Bitumen），主要分布在22个国家，目前发现了598个矿藏点。

③ 油页岩是含有大量有机物（干酪根）的细颗粒沉积物，通过低温干馏能获得油页岩油和可燃气体。

斯、中亚、南亚、东南亚、东北亚、北非和中东欧。其中，北非只包括埃及，东北亚包括中国和蒙古。

截至2015年年底，综合美国地质调查局（USGS，2008—2012年）、IHS（2016年）、国际能源署（IEA，2013年）、美国能源信息署（EIA，2013年）、BRG（2013年）等统计的数据结果，全球石油剩余可采储量达2008.61亿吨，其中"一带一路"区域内（不含中国）石油剩余可采储量为1226.11亿吨，占比61.0%；全球石油待发现可采资源量为1002.69亿吨，其中"一带一路"区域内（不含中国）石油待发现可采资源量为416.32亿吨，占比41.5%（见表4-1）；全球石油储量增长为1218.60亿吨，其中"一带一路"区域内（不含中国）石油储量增长为625.5亿吨，占比51.3%；全球石油资源潜力为4229.90亿吨，其中"一带一路"区域内（不含中国）石油资源潜力为2267.93亿吨，占比53.6%。"一带一路"8个区域内（不含中国）资源潜力排名第1位的是西亚、第2位的是俄罗斯、第3位的是中亚。

表4-1 "一带一路"石油可采资源现状（不含中国） 单位：亿吨

区 域	已发现可采储量	剩余可采储量	待发现可采资源量	储量增长	资源潜力	可采资源总量
北非	22.36	5.33	11.50	—	16.83	33.86
东北亚	0.27	—	—	—	—	0.27
东南亚	82.34	23.98	52.69	—	76.67	135.03
俄罗斯	428.23	195.74	97.84	—	293.58	526.07
南亚	22.06	8.37	7.63	—	16.00	29.69
西亚	1460.08	937.05	194.37	—	1131.42	1654.45
中东欧	25.80	9.06	3.40	—	12.46	29.20
中亚	72.19	46.58	48.89	—	95.47	121.08
"一带一路"合计	2113.33	1226.11	416.32	625.50	2267.93	3155.15
全球总计	3465.51	2008.61	1002.69	1218.60	4229.90	5686.80
"一带一路"占全球比例（%）	61.0	61.0	41.5	51.3	53.6	55.5

注：1. 资料来源于美国地质调查局（USGS，2008—2012年公开发表的评价数据）、IHS（截至2016年3月）、国际能源署（IEA，2013年）、美国能源信息署（EIA，2013年）、BRG（2013年）等。

2. 本表统计数据不包含中国的石油资源量数据，中国油气资源现状详见第六章。

全球已发现石油可采储量达3465.51亿吨，其中"一带一路"区域内（不含中国）已发现石油可采储量为2113.33亿吨，占比61.0%。全球石油可采资源总量为 5686.8 亿吨，其中"一带一路"区域内石油可采资源总量为 3155.15 亿吨，占比 55.5%。"一带一路" 8 个区域内（不含中国）石油可采资源总量排名第 1 位的是西亚（占比 65.4%）、第 2 位的是俄罗斯（占比 20.8%）、第 3 位的是东南亚（占比 5.3%），如表 4-1 所示。

在全球已发现石油可采储量最丰富的前 20 个资源国中，分布于"一带一路"区域内的国家有 10 个（见表 4-2）。其中，中国排名第 11 位；西亚的沙特阿拉伯、伊拉克、伊朗、科威特、阿联酋和卡塔尔分别排名第 1 位、第 6 位、第 7 位、第 8 位、第 9 位和第 16 位；俄罗斯排名第 3 位；中亚的哈萨克斯坦排名第 15 位；东南亚的印度尼西亚排名第 19 位。

表 4-2　全球已发现石油可采储量排名前 20 位的资源国

排　名	国　家	所属区域	已发现可采储量（亿吨）	占全球比例（%）
1	沙特阿拉伯	西亚	547.24	13.12
2	委内瑞拉	中南美	512.90	12.30
3	俄罗斯	欧洲	428.23	10.27
4	美国	北美	410.14	9.84
5	加拿大	北美	293.84	7.05
6	伊拉克	西亚	261.08	6.26
7	伊朗	西亚	259.54	6.22
8	科威特	西亚	135.21	3.24
9	阿联酋	西亚	123.47	2.96
10	巴西	中南美	122.07	2.93
11	中国	东北亚	106.39	2.55
12	尼日利亚	西非	92.13	2.21
13	墨西哥	中南美	83.07	1.99
14	利比亚	北非	76.65	1.84
15	哈萨克斯坦	中亚	58.06	1.39
16	卡塔尔	西亚	57.63	1.38
17	挪威	西欧	50.79	1.22
18	英国	西欧	49.72	1.19
19	印度尼西亚	东南亚	46.68	1.12
20	阿尔及利亚	北非	42.18	1.01
合计			3757.01	90.09
全球总计			4169.64	100.0

数据来源：IHS，数据截至 2015 年 9 月。

在"一带一路"区域内已发现石油可采储量排名前 20 位的资源国中，沙特阿拉伯排名第 1 位，其已发现石油可采储量为 547.24 亿吨，占"一带一路"区域内已发现石油可采总储量的份额为 24.65%；排名第 2 位的为俄罗斯，储量达 428.23 亿吨，占"一带一路"的份额为 19.29%；排名第 3 位的为伊拉克，储量达 261.08 亿吨，占"一带一路"的份额为 11.76%；中国排名第 7 位，已发现石油可采储量为 106.39 亿吨，占"一带一路"的份额为 4.79%（见表 4-3）。

表 4-3 "一带一路"地区已发现石油可采储量排名前 20 位的资源国

排　名	国　家	所属区域	已发现可采储量（亿吨）	占"一带一路"比例（%）
1	沙特阿拉伯	西亚	547.24	24.65
2	俄罗斯	俄罗斯	428.23	19.29
3	伊拉克	西亚	261.08	11.76
4	伊朗	西亚	259.54	11.69
5	科威特	西亚	135.21	6.09
6	阿联酋	西亚	123.47	5.56
7	中国	东北亚	106.39	4.79
8	哈萨克斯坦	中亚	58.06	2.62
9	卡塔尔	西亚	57.63	2.60
10	印度尼西亚	东南亚	46.68	2.10
11	阿塞拜疆	西亚	30.26	1.36
12	阿曼	西亚	24.00	1.08
13	埃及	北非	22.36	1.01
14	印度	南亚	20.09	0.91
15	马来西亚	东南亚	17.00	0.77
16	叙利亚	西亚	10.17	0.46
17	罗马尼亚	中东欧	9.87	0.44
18	土库曼斯坦	中亚	9.07	0.41
19	乌克兰	中东欧	8.46	0.38
20	越南	东南亚	6.91	0.31
合计			2181.72	98.28
"一带一路"（包含中国）总计			2219.72	100

数据来源：IHS，数据截至 2015 年 9 月。

在全球已发现石油可采储量最丰富的前 20 个盆地中，分布于"一带一路"区域内的有 6 个，包括阿拉伯盆地（排名第 1 位）、扎格罗斯盆地（排名第 2 位）、西西伯利亚盆地（排名第 3 位）、伏尔加—乌拉尔盆地（排名第 5 位）、滨里海盆地（排名第 11 位）和南里海盆地（排名第 17 位），如附表 3 所示。"一带一路"区域石油资源富集程度高，分布极其不均匀。

1985—2015 年，"一带一路"区域内已发现石油可采储量从 1965.02 亿吨增加到 2219.72 亿吨，提高了 12.96%，增幅为 254.70 亿吨，年均增长 8.49 亿吨。虽然石油可采储量总体上呈现递增的趋势，但是增长的速度却在逐年递减。1985—1995 年增长了 120.22 亿吨，2005—2015 年这最近的 10 年却只增长了 43.21 亿吨（见图 4-2）。

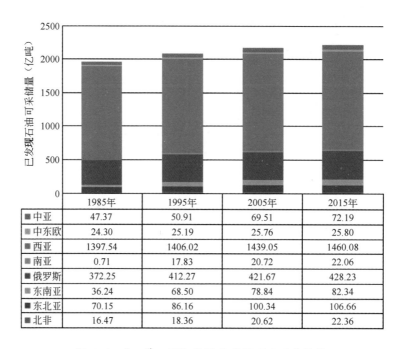

	1985年	1995年	2005年	2015年
■中亚	47.37	50.91	69.51	72.19
■中东欧	24.30	25.19	25.76	25.80
■西亚	1397.54	1406.02	1439.05	1460.08
■南亚	0.71	17.83	20.72	22.06
■俄罗斯	372.25	412.27	421.67	428.23
■东南亚	36.24	68.50	78.84	82.34
■东北亚	70.15	86.16	100.34	106.66
■北非	16.47	18.36	20.62	22.36

图 4-2　"一带一路"地区已发现石油可采储量

数据来源：IHS，数据截至 2015 年 9 月。

在全球石油剩余可采储量最丰富的前 20 个资源国中，分布于"一带一路"区域内的有 11 个（见表 4-4）。其中，西亚的沙特阿拉伯、伊拉克、伊朗、科威特、阿联酋、卡塔尔和阿塞拜疆分别排名第 2 位、第 4 位、第 6 位、第 8 位、第 9 位、第 12 位和第 18 位；俄罗斯排名第 5 位；中国排名第 13 位；中亚的哈萨克斯坦排名第 14 位；东南亚的印度尼西亚排名第 19 位。西亚地区依然是世界石油剩余可采储量最丰富的地区。

表 4-4　全球石油剩余可采储量排名前 20 位的资源国

排　名	国　家	所属区域	剩余可采储量（亿吨）	占全球比例（%）
1	委内瑞拉	中南美	416.26	17.97
2	沙特阿拉伯	西亚	345.85	14.93
3	加拿大	北美	237.09	10.24
4	伊拉克	西亚	206.16	8.90
5	俄罗斯	欧洲	195.74	8.45
6	伊朗	西亚	161.19	6.96
7	巴西	中南美	99.49	4.30
8	科威特	西亚	75.80	3.27
9	阿联酋	西亚	73.19	3.16
10	美国	北美	70.41	3.04
11	尼日利亚	西非	47.29	2.04
12	卡塔尔	西亚	42.54	1.84
13	中国	东北亚	41.81	1.81
14	哈萨克斯坦	中亚	40.15	1.73
15	利比亚	北非	35.73	1.54
16	安哥拉	南非	19.11	0.83
17	墨西哥	中南美	18.75	0.81
18	阿塞拜疆	西亚	16.55	0.71
19	印度尼西亚	东南亚	11.94	0.51
20	挪威	西欧	11.65	0.5
合计			2166.71	93.54
全球总计			2316.26	100.0

数据来源：IHS，数据截至 2015 年 9 月。

　　在"一带一路"区域内石油剩余可采储量排名前 20 位的资源国中，沙特阿拉伯排名第 1 位，其剩余可采储量达 345.85 亿吨，占"一带一路"区域内剩余石油可采总储量的 27.27%。从沙特阿拉伯历年石油剩余可采储量及产量趋势可以看出，1967 年之前，其剩余可采储量呈快速上升趋势，之后开始下滑，近年来下滑趋势越来越明显（见图 4-3）。排名第 2 位的为伊拉克，剩余可采储量达 206.16 亿吨，占"一带一路"的份额为 16.26%；排名第 3 位的为俄罗斯，剩余可采储量达 195.74 亿吨，占"一带一路"的份额为 15.44%；中国排名为第 8 位，石油剩余可采储量为 41.81 亿吨，占"一带一路"的份额为 3.30%（见表 4-5）。在"一带一路"区域内，西亚所占的地位显得更加突出了，远远领先于"一带一路"其他区域。

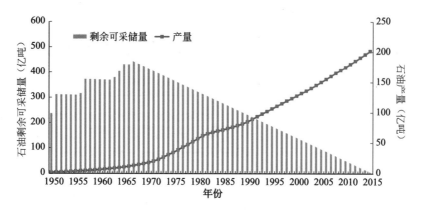

图 4-3 沙特阿拉伯历年石油剩余可采储量及产量

数据来源：IHS，数据截至 2015 年 9 月。

表 4-5 "一带一路"区域内石油剩余可采储量排名前 20 位的资源国

排 名	国 家	所属区域	剩余可采储量（亿吨）	占"一带一路"比例（%）
1	沙特阿拉伯	西亚	345.85	27.27
2	伊拉克	西亚	206.16	16.26
3	俄罗斯	俄罗斯	195.74	15.44
4	伊朗	西亚	161.19	12.71
5	科威特	西亚	75.80	5.98
6	阿联酋	西亚	73.19	5.77
7	卡塔尔	西亚	42.54	3.35
8	中国	东北亚	41.81	3.30
9	哈萨克斯坦	中亚	40.15	3.17
10	阿塞拜疆	西亚	16.55	1.31
11	印度尼西亚	东南亚	11.94	0.94
12	阿曼	西亚	8.85	0.70
13	印度	南亚	7.57	0.60
14	埃及	北非	5.33	0.42
15	马来西亚	东南亚	5.08	0.40
16	乌克兰	中东欧	4.31	0.34
17	土库曼斯坦	中亚	3.62	0.29
18	越南	东南亚	3.42	0.27
19	叙利亚	西亚	2.97	0.23
20	乌兹别克斯坦	中亚	2.44	0.19
合计			1254.51	98.94
"一带一路"（包含中国）总计			1268.14	100

数据来源：IHS，数据截至 2015 年 9 月。

1985—2015 年，"一带一路"区域内石油剩余可采储量从 1602.59 亿吨减少至 1268.04 亿吨，减少量为 334.45 亿吨，年均降低 11.15 亿吨，累计降低了 20.9%。从统计数据上来看，"一带一路"区域内石油剩余可采储量降低的速度在逐渐增大，第一个 10 年（1985—1995 年）降低了 49.43 亿吨，而最近的 10 年（2005—2015 年）降低了 185.51 亿吨（见图 4-4）。

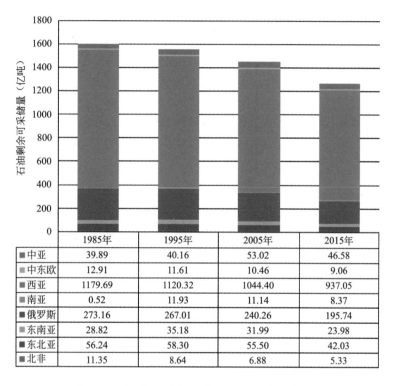

	1985年	1995年	2005年	2015年
■中亚	39.89	40.16	53.02	46.58
■中东欧	12.91	11.61	10.46	9.06
■西亚	1179.69	1120.32	1044.40	937.05
■南亚	0.52	11.93	11.14	8.37
■俄罗斯	273.16	267.01	240.26	195.74
■东南亚	28.82	35.18	31.99	23.98
■东北亚	56.24	58.30	55.50	42.03
■北非	11.35	8.64	6.88	5.33

图 4-4 "一带一路"区域内石油剩余可采储量

数据来源：IHS，数据截至 2015 年 9 月。

西亚地区是"一带一路"区域内石油剩余可采储量最丰富的地区。2005—2015 年，西亚地区石油剩余可采储量在全球所占的比例显著下降。到 2015 年年底，西亚地区的石油剩余可采储量占全球的份额为 40.0%，比 10 年前下降了 8.8 个百分点，但依然为世界石油资源最丰富的地区，依然可称为世界"石油库"。西亚在"一带一路"区域内的地位显得更突出（见图 4-4）。

相比之下，在过去的 30 年，中亚地区的石油剩余可采储量稳中有降，前 20 年呈增长趋势，后 10 年却呈现下降趋势，总体来看 30 年内增长了 6.69 亿吨，增长了 16.7%。其余几个区域也呈现逐年下降的趋势。

2. 页岩油

EIA 于 2013 年 6 月发布《全球最新页岩油气资源评价报告》，涉及除美国之外 41 个国家的 137 个页岩区带，评价领域和地区较 2011 年有所扩大；之后又陆续发布了 5 个国家的最新评价结果。评价结果显示，全球（含美国）技术可采页岩油资源量达 573.8 亿吨，较 2011 年的 43.8 亿吨增加了 530 亿吨，增长了十几倍，占全球原油资源量的 10%。

根据 EIA 于 2015 年公布的统计数据，在全球页岩油技术可采资源量排名前 10 位的资源国中，"一带一路"国家占 5 个。俄罗斯排名第 1 位，页岩油技术可采资源量达 102.19 亿吨；中国排名第 3 位，页岩油技术可采资源量达 44.11 亿吨；阿联酋排名第 6 位，页岩油技术可采资源量为 31.0 亿吨；哈萨克斯坦排名第 9 位，页岩油技术可采资源量为 14.50 亿吨（见表 4-6）。另外，俄罗斯的页岩油资源量独树一帜，表现出绝对的优势，如图 4-5 所示。随着全球剩余石油可采资源量逐年递减，在美国页岩油革命之后，推动全球非常规油气取得战略性突破，中国也不例外。美国 EIA 给出的中国页岩油评价结果为 44.11 亿吨，排名全球第 3 位，仅次于俄罗斯和美国。中国的页岩油资源储量较为丰富，但是勘探程度较低，大部分矿区尚处于详查和普查阶段，潜力较大。

表 4-6 全球页岩油技术可采资源量排名前 10 位的资源国

排　名	国　家	页岩油技术可采资源量（亿吨）	占全球比例（%）
1	俄罗斯	102.19	17.81
2	美国	79.45	13.85
3	中国	44.11	7.69
4	阿根廷	36.99	6.45
5	利比亚	35.75	6.23
6	阿联酋	31.1	5.42
7	委内瑞拉	18.36	3.21
8	墨西哥	17.95	3.08
9	哈萨克斯坦	14.50	2.53
10	巴基斯坦	12.47	2.18
合计		392.77	68.45
全球总计		573.80	100

数据来源：美国能源信息署（EIA）2015 年 8 月公布的全球页岩油气最新资源评价。

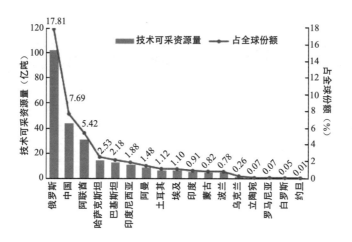

图 4-5 "一带一路"区域内页岩油技术可采资源量序列

数据来源：美国能源信息署（EIA）2015 年 8 月公布的全球页岩油气最新资源评价。

　　"一带一路"区域内页岩油地质资源量达到 4944.6 亿吨，占全球份额为 47.80%；页岩油技术可采资源量达到 253.4 亿吨，占全球份额为 44.16%（见表 4-7）。"一带一路"分区统计结果表明：俄罗斯页岩油地质资源量排名第 1 位，其页岩油地质资源量为 1702.7 亿吨，占全球份额为 16.51%；其次是东北亚，其页岩油地质资源量为 998.6 亿吨，占全球份额为 9.68%；排名第 3 位的是西亚，其页岩油地质资源量为 915.3 亿吨，占全球份额为 8.87%；排名第 4 位的是南亚，其页岩油地质资源量为 430.2 亿吨，占全球份额为 4.17%；排名靠后的依次为东南亚、中亚、北非和中东欧（见图 4-6）。从页岩油技术可采资源量上进行比较，"一带一路"区域内俄罗斯排名第 1 位，技术可采储量为 102.2 亿吨，占全球份额为 17.81%；其次是东北亚，其技术可采储量为 48.8 亿吨，占全球份额为 8.50%；排名第 3 位的是西亚，其技术可采储量为 46.1 亿吨，占全球份额为 8.03%；排名第 4 位的是南亚，其技术可采储量为 17.7 亿吨，占全球份额为 3.08%；排名靠后的依次为东南亚、中亚、北非和中东欧（见图 4-7）。相比于常规石油来说，在当前技术水平下，页岩油可采系数偏低，基本上在 5% 左右。

表 4-7 "一带一路"区域内页岩油资源潜力

"一带一路"地区		页岩油地质储量（亿吨）	占全球比例（%）	页岩油技术可采储量（亿吨）	占全球比例（%）
中东欧	波兰	89.0	0.86	4.5	0.78
	立陶宛	6.9	0.07	0.4	0.07
	白罗斯	5.5	0.05	0.3	0.05

续表

"一带一路"地区		页岩油地质储量（亿吨）	占全球比例（%）	页岩油技术可采储量（亿吨）	占全球比例（%）
中东欧	罗马尼亚	8.2	0.08	0.4	0.07
	乌克兰	31.5	0.31	1.5	0.27
	小计	141.1	1.37	7.1	1.24
中亚	哈萨克斯坦	280.0	2.72	14.5	2.53
	小计	280.0	2.72	14.5	2.53
俄罗斯	俄罗斯	1702.7	16.51	102.2	17.81
西亚	约旦	5.5	0.05	0.1	0.02
	土耳其	128.8	1.25	6.4	1.12
	阿曼	161.0	1.56	8.5	1.48
	阿联酋	620.0	6.01	31.0	5.41
	小计	915.3	8.87	46.0	8.03
北非	埃及	156.2	1.37	6.3	1.10
	小计	156.2	1.37	6.3	1.10
东南亚	泰国	0.0	0.0	0.0	0.0
	印度尼西亚	320.5	3.11	10.8	1.89
	小计	320.5	3.11	10.8	1.89
南亚	印度	119.2	1.15	5.2	0.90
	巴基斯坦	311.0	3.02	12.5	2.18
	小计	430.2	4.17	17.7	3.08
东北亚	蒙古	116.4	1.13	4.7	0.82
	中国	882.2	8.55	44.1	7.68
	小计	998.6	9.68	48.8	8.50
"一带一路"合计		4944.6	47.80	253.4	44.16
全球总计（46个国家）		10312	100.0	573.8	100.0

数据来源：美国能源信息署（EIA）2015年8月公布的全球页岩油气最新资源评价。

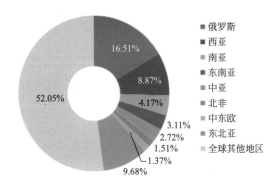

图4-6 "一带一路"区域内页岩油地质资源量各分区比例

数据来源：美国能源信息署（EIA）2015年8月公布的全球页岩油气最新资源评价。

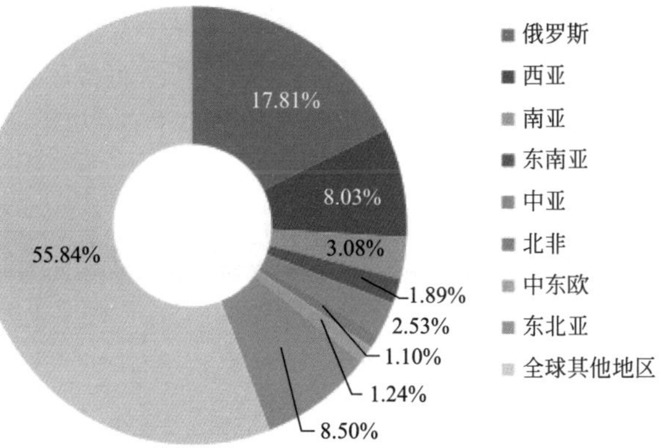

图 4-7 "一带一路"区域内页岩油技术可采资源量各分区比例

数据来源：美国能源信息署（EIA）2015 年 8 月公布的全球页岩油气最新资源评价。

二、天然气

天然气分为常规天然气和非常规天然气，非常规天然气主要包括页岩气、煤层气等。

1. 常规天然气

截至 2015 年年底，综合美国地质调查局（USGS，2008—2012 年）、IHS（2016 年）、国际能源署（IEA，2013 年）、美国能源信息署（EIA，2013 年）、BRG（2013 年）等的统计数据结果，全球天然气剩余可采储量达 221.03 万亿立方米，其中"一带一路"区域内为 165.63 万亿立方米，占全球份额为 74.9%；全球天然气待发现可采资源量为 158.73 万亿立方米，其中"一带一路"区域内为 91.96 万亿立方米，占全球份额为 57.9%；全球天然气储量增长值为 58.8 万亿立方米，其中"一带一路"区域内为 34.00 万亿立方米，占全球份额为 57.8%；全球天然气资源潜力合计为 438.56 万亿立方米，其中"一带一路"区域内为 291.58 万亿立方米，占全球份额为 66.5%。从占全球份额的角度来看，"一带一路"区域内天然气的地位高于石油。"一带一路"8 个区域内天然气资源潜力排名第 1 位的是西亚，排名第 2 位的是俄罗斯，排名第 3 位的是中亚（见表 4-8）。

全球天然气已发现可采储量达 301.28 万亿立方米，其中"一带一路"区域内为 217.54 万亿立方米，占全球份额为 72.2%。全球天然气可采资源总量为 518.81 万亿立方米，其中"一带一路"区域内为 343.50 亿吨，占全球份额为 66.2%。"一带一路"8 个区域内天然气可采资源总量排名第 1 位的是西亚，排名第 2 位的是俄罗斯，排名第 3 位的是中亚（见表 4-8）。

表 4-8　"一带一路"天然气资源量（不含中国）　　单位：万亿立方米

"一带一路"区域	已发现可采储量	剩余可采储量	待发现可采资源量	储量增长	资源潜力	总可采资源量
北非	3.47	2.55	6.30	—	8.85	9.77
东北亚	0.00	0.00	0.00	—	0.00	0.00
东南亚	14.77	9.33	11.35	—	20.68	26.12
俄罗斯	64.20	42.29	36.62	—	78.91	100.82
南亚	4.95	2.74	2.16	—	4.90	7.11
西亚	97.82	85.79	26.66	—	112.45	124.48
中东欧	5.45	1.45	0.50	—	1.95	5.95
中亚	26.88	21.48	8.37	—	29.85	35.25
"一带一路"合计	217.54	165.63	91.96	34.00	291.58	343.50
全球总计	301.28	221.03	158.73	58.80	438.56	518.81
"一带一路"占全球比例 (%)	72.2	74.9	57.9	57.8	66.5	66.2

注：1. 资料来源于美国地质调查局（USGS，2008—2012 年公开发表的评价数据）、IHS（数据截至 2016 年 3 月）、国际能源署（IEA，2013 年）、美国能源信息署（EIA，2013 年）、BRG（2013 年）等。
　2. 本表统计数据不包含中国的天然气资源量数据，中国油气资源现状见第六章。

在全球已发现天然气可采储量最丰富的前 20 个资源国中，分布于"一带一路"区域内的有 10 个（见表 4-9）。其中，俄罗斯排名第 1 位；西亚的伊朗、卡塔尔、沙特阿拉伯、阿联酋、伊拉克分别排名第 3 位、第 4 位、第 6 位、第 13 位、第 15 位；中国排名第 7 位；中亚的土库曼斯坦和哈萨克斯坦分别排名第 5 位和第 19 位；东南亚的印度尼西亚排名第 11 位。

表 4-9　全球已发现天然气可采储量排名前 20 位的资源国

排　名	国　家	所属区域	已发现可采储量（万亿立方米）	占全球份额（%）
1	俄罗斯	欧洲	64.20	18.2
2	美国	北美	43.48	12.3
3	伊朗	西亚	33.28	9.5
4	卡塔尔	西亚	29.20	8.3
5	土库曼斯坦	中亚	19.10	5.4
6	沙特阿拉伯	西亚	11.54	3.3

续表

排 名	国 家	所属区域	已发现可采储量（万亿立方米）	占全球份额（%）
7	中国	东北亚	8.80	2.5
8	澳大利亚	大洋洲	8.65	2.5
9	加拿大	北美	7.76	2.2
10	委内瑞拉	中南美	7.25	2.1
11	印度尼西亚	东南亚	7.02	2.0
12	尼日利亚	西非	6.90	2.0
13	阿联酋	西亚	6.39	1.8
14	阿尔及利亚	北非	6.26	1.8
15	伊拉克	西亚	6.14	1.7
16	挪威	西欧	5.07	1.4
17	荷兰	西欧	4.61	1.3
18	巴西	中南美	4.39	1.2
19	哈萨克斯坦	中亚	4.29	1.2
20	莫桑比克	南非	4.28	1.2
合计			288.61	81.9
全球总计			352.55	100.0

数据来源：IHS，数据截至 2015 年 9 月。

在"一带一路"区域内已发现天然气可采储量排名前 20 位的资源国中，俄罗斯排名第 1 位，已发现天然气储量达 64.20 万亿立方米，占"一带一路"区域内已发现天然气可采总储量份额为 28.4%；排名第 2 位的为伊朗，已发现天然气储量达 33.28 万亿立方米，占"一带一路"区域内份额为 14.7%；排名第 3 位的为卡塔尔，已发现天然气储量达 29.20 万亿立方米，占"一带一路"份额为 12.9%；中国排名第 6 位，已发现天然气储量为 8.80 万亿立方米，占"一带一路"份额为 3.9%（见表 4-10）。

表 4-10 "一带一路"地区已发现天然气可采储量排名前 20 位的资源国

排 名	国 家	所属区域	已发现可采储量（万亿立方米）	占"一带一路"份额（%）
1	俄罗斯	欧洲	64.20	28.4
2	伊朗	西亚	33.28	14.7
3	卡塔尔	西亚	29.20	12.9
4	土库曼斯坦	中亚	19.10	8.5
5	沙特阿拉伯	西亚	11.54	5.1

续表

排名	国 家	所属区域	已发现可采储量（万亿立方米）	占"一带一路"份额（%）
6	中国	东北亚	8.80	3.9
7	印度尼西亚	东南亚	7.02	3.1
8	阿联酋	西亚	6.39	2.8
9	伊拉克	西亚	6.14	2.7
10	哈萨克斯坦	中亚	4.29	1.9
11	科威特	西亚	4.18	1.9
12	马来西亚	东南亚	4.07	1.8
13	埃及	北非	3.47	1.5
14	乌兹别克斯坦	中亚	3.46	1.5
15	乌克兰	中东欧	2.91	1.3
16	印度	南亚	2.58	1.1
17	阿塞拜疆	西亚	2.43	1.1
18	阿曼	西亚	1.89	0.8
19	巴基斯坦	南亚	1.58	0.7
20	罗马尼亚	中东欧	1.45	0.6
合计			217.98	96.3
"一带一路"总计			226.34	100

数据来源：IHS，数据截至 2015 年 9 月。

在全球已发现天然气可采储量最丰富的前 20 个盆地中，分布于"一带一路"区域内的有 10 个，包括阿拉伯盆地（排名第 1 位）、西西伯利亚盆地（排名第 2 位）、扎格罗斯盆地（排名第 3 位）、卡拉库姆盆地（排名第 4 位）、滨里海盆地（排名第 7 位）、东巴伦支海盆地（排名第 12 位）、东西伯利亚盆地（排名第 13 位）、伏尔加—乌拉尔盆地（排名第 16 位）、南里海盆地（排名第 19 位）和第聂伯—顿涅次盆地（排名第 20 位），如附表 4 所示。天然气富集程度同样很高，但分布极其不均匀。

1985—2015 年，"一带一路"区域内已发现天然气可采储量从 154.95 万亿立方米增加到 225.34 万亿立方米，提高了 46.1%，增幅为 71.39 万亿立方米，年均增长 2.38 万亿立方米。从天然气已发现可采储量来看，近 30 年呈现上升趋势，但是增速在逐渐减缓。1985—1994 年这 10 年增长了 29.8 万亿立方米，最近的这 10 年（2006—2015 年）只增长了 12.57 万亿立方米（见图 4-8）。

　　近30年以来，"一带一路"区域内天然气已发现可采储量呈上升趋势，且增幅比较平稳。西亚天然气已发现可采储量增幅从1995年后比较平稳，每年的增幅维持在0.5万亿立方米左右；俄罗斯与西亚情况相似，1995年后天然气已发现可采储量平稳增长，每10年增长约1万亿立方米；中亚1996—2005年这10年天然气已发现可采储量有一个大的跨越，之后保持平稳增长；东南亚近30年天然气已发现可采储量增长较平稳，年平均增长约0.2万亿立方米；东北亚近10年来天然气已发现可采储量的增速有放缓的趋势（见图4-8）。

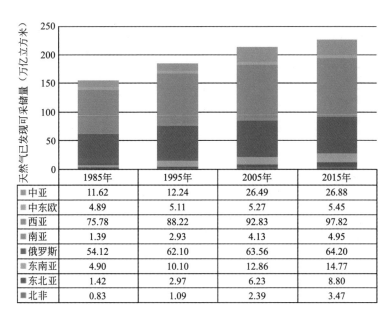

	1985年	1995年	2005年	2015年
■中亚	11.62	12.24	26.49	26.88
□中东欧	4.89	5.11	5.27	5.45
■西亚	75.78	88.22	92.83	97.82
□南亚	1.39	2.93	4.13	4.95
■俄罗斯	54.12	62.10	63.56	64.20
■东南亚	4.90	10.10	12.86	14.77
■东北亚	1.42	2.97	6.23	8.80
□北非	0.83	1.09	2.39	3.47

图4-8 "一带一路"地区天然气已发现可采储量

数据来源：IHS，数据截至2015年9月。

　　在全球天然气剩余可采储量最丰富的前20个资源国中，分布于"一带一路"区域内的有12个（见表4-11）。其中，俄罗斯排名第1位，剩余可采储量占世界的18.2%；西亚的伊朗、卡塔尔、沙特阿拉伯、伊拉克、阿联酋、科威特分别排名第2位、第3位、第6位、第10位、第12位、第17位；中国排名第8位；中亚的土库曼斯坦和哈萨克斯坦分别排名第4位和第16位；东南亚的印度尼西亚和马来西亚分别排名第13位和第20位。

表4-11　全球天然气剩余可采储量排名前20位的资源国

排　名	国　家	所属区域	剩余可采储量（万亿立方米）	占世界份额（%）
1	俄罗斯	欧洲	42.29	18.2
2	伊朗	西亚	30.17	13.0
3	卡塔尔	西亚	27.85	12.0
4	土库曼斯坦	中亚	16.50	7.1
5	美国	北美	9.57	4.1
6	沙特阿拉伯	西亚	8.79	3.8
7	澳大利亚	大洋洲	7.50	3.2
8	中国	东北亚	6.99	3.0
9	委内瑞拉	中南美	5.62	2.4
10	伊拉克	西亚	5.50	2.4
11	尼日利亚	西非	4.98	2.1
12	阿联酋	西亚	4.57	2.0
13	印度尼西亚	东南亚	4.49	1.9
14	莫桑比克	南非	4.25	1.8
15	巴西	中南美	3.98	1.7
16	哈萨克斯坦	中亚	3.69	1.6
17	科威特	西亚	3.63	1.5
18	阿尔及利亚	北非	3.22	1.4
19	挪威	西欧	2.95	1.3
20	马来西亚	东南亚	2.73	1.2
合计			199.27	85.7
全球总计			232.63	100.0

数据来源：IHS，数据截至2015年9月。

西亚依然是世界天然气剩余可采储量最丰富的地区，占世界份额为38.2%，排在首位。过去的10年，西亚天然气剩余可采储量在全球所占比例有所下降，截至2015年年底，西亚天然气剩余可采储量比10年前下降了1个百分点。

俄罗斯的天然气剩余可采储量同样十分丰富，西西伯利亚盆地、伏尔加—乌拉尔盆地、季曼—伯朝拉盆地的天然气剩余可采储量都很丰富。

在"一带一路"区域内天然气剩余可采储量排名前20位的资源国中，俄罗斯排名第 1 位，剩余可采储量达 42.29 万亿立方米，占"一带一路"区域内总剩余可采储量的份额为 24.5%；排名第 2 位和第 3 位的是伊朗和卡塔尔，占"一带一路"的份额分别为 17.5% 和 16.1%；中国排名第 6 位，天然气剩余可采储量为 6.99 万亿立方米，占"一带一路"区域内份额为 4.0%（见表 4-12）。

表 4-12 "一带一路"地区天然气剩余可采储量排名前 20 位的资源国

排 名	国 家	所属区域	剩余可采储量（万亿立方米）	占"一带一路"比例（%）
1	俄罗斯	俄罗斯	42.29	24.5
2	伊朗	西亚	30.17	17.5
3	卡塔尔	西亚	27.85	16.1
4	土库曼斯坦	中亚	16.50	9.6
5	沙特阿拉伯	西亚	8.79	5.1
6	中国	东北亚	6.99	4.0
7	伊拉克	西亚	5.50	3.2
8	阿联酋	西亚	4.57	2.6
9	印度尼西亚	东南亚	4.49	2.6
10	哈萨克斯坦	中亚	3.69	2.1
11	科威特	西亚	3.63	2.1
12	马来西亚	东南亚	2.73	1.6
13	埃及	北非	2.55	1.5
14	阿塞拜疆	西亚	1.94	1.1
15	印度	南亚	1.71	1.0
16	阿曼	西亚	1.36	0.8
17	乌兹别克斯坦	中亚	1.26	0.7
18	以色列	西亚	1.05	0.6
19	乌克兰	中东欧	1.00	0.6
20	越南	东南亚	0.65	0.4
合计			168.72	97.7
"一带一路"总计			172.61	100

数据来源：IHS，数据截至 2015 年 9 月。

从俄罗斯历年天然气剩余可采储量及产量变化趋势上可以看出，1965 年之后，俄罗斯天然气剩余可采储量呈快速上升趋势，到 1987 年开始下滑，近年来下滑趋势越来越明显（见图 4-9）。

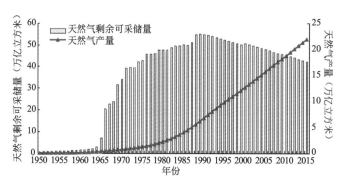

图 4-9 俄罗斯历年天然气剩余可采储量和产量

数据来源：IHS，数据截至 2015 年 9 月。

1985—2015 年，"一带一路"区域内天然气剩余可采储量从 142.94 万亿立方米增加到 172.61 万亿立方米，增幅为 29.67 万亿立方米，年均增长 0.99 万亿立方米，累计增长了 20.8%。从图 4-10 可以看出，在 2005 年以前"一带一路"区域内剩余天然气可采储量呈上升趋势，之后表现出下降趋势。与石油剩余可采储量不同的是，天然气剩余可采储量出现拐点的时间比石油晚，近10 年内降幅约为 7 万亿立方米。

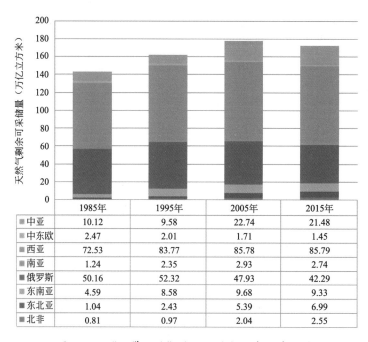

	1985年	1995年	2005年	2015年
中亚	10.12	9.58	22.74	21.48
中东欧	2.47	2.01	1.71	1.45
西亚	72.53	83.77	85.78	85.79
南亚	1.24	2.35	2.93	2.74
俄罗斯	50.16	52.32	47.93	42.29
东南亚	4.59	8.58	9.68	9.33
东北亚	1.04	2.43	5.39	6.99
北非	0.81	0.97	2.04	2.55

图 4-10 "一带一路"地区天然气剩余可采储量

数据来源：IHS，数据截至 2015 年 9 月。

从"一带一路"区域分布来看，近 30 年来，西亚的天然气剩余可采储量先稳步上升，后达到一个平衡点，近 10 年（2005—2015 年）来维持在 85 万亿立方米左右；俄罗斯天然气剩余可采储量也是先升后降，从 1995 年以后逐渐降低，降幅比较稳定，每 10 年降幅在 5 万亿立方米左右；中亚的天然气剩余可采储量稳中有升，前 10 年略有下降，后 20 年呈增长趋势，30 年内增长了 11.3 万亿立方米，增长了 112%；东北亚的天然气剩余可采储量保持持续上升的势头，近 10 年增幅有所下降；东南亚、南亚、北非的天然气剩余可采储量同样呈上升趋势；只有中东欧的天然气剩余可采储量近 30 年来持续走低（见图 4-10）。

2. 页岩气

页岩气是指赋存于富有机质泥页岩及其夹层中以吸附或游离状态为主要存在方式的非常规天然气，成分以甲烷为主，是一种清洁、高效的能源资源（国家发展改革委，等，2012）。

根据 EIA（2013 年，2015 年）最新公布数据统计，在全球页岩气技术可采资源量排名前 10 位的国家中，"一带一路"区域内的国家占 3 个。其中，中国排名第 1 位，页岩气技术可采资源量达 31.6 万亿立方米；俄罗斯排名第 7 位，页岩气技术可采资源量达 8.1 万亿立方米；西亚的阿联酋排名第 9 位，页岩油技术可采资源量为 5.8 万亿立方米（见表 4-13）。从"一带一路"区域页岩气技术可采资源量分布可以看出，中国近几年在页岩气的勘探方面取得了卓越的成绩，遥遥领先于其他几个国家（见图 4-11）。

表 4-13 2015 年全球页岩气技术可采资源量排名前 10 位的资源国

排　名	国　家	页岩气技术可采资源量（万亿立方米）	占全球份额（%）
1	中国	31.6	14.7
2	阿根廷	22.7	10.6
3	阿尔及利亚	20.0	9.3
4	加拿大	16.2	7.6
5	墨西哥	15.4	7.2
6	南非	11.0	5.1
7	俄罗斯	8.1	3.8
8	巴西	6.9	3.2
9	阿联酋	5.8	2.7
10	委内瑞拉	4.7	2.2
合计		142.4	66.4
全球总计		214.6	100

注：数据来源于美国能源信息署（EIA）2015 年 8 月公布的全球页岩油气最新资源评价。

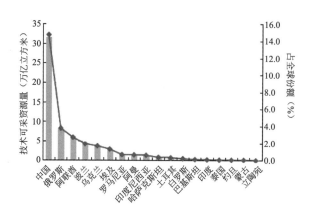

图 4-11　"一带一路"地区页岩气技术可采资源量分布

注：数据来源于美国能源信息署（EIA）2015 年 8 月公布的全球页岩油气最新资源评价。

　　"一带一路"区域内页岩气地质资源量达到 317.6 万亿立方米，占全球份额为 30.1%；页岩气技术可采资源量达到 63.0 万亿立方米，占全球份额为 29.4%（见表 4-14）。按"一带一路"分区统计，东北亚页岩气地质资源量排名第 1 位，地质资源量为 136.8 万亿立方米，占全球份额为 12.9%；俄罗斯的页岩气地质资源量为 54.4 万亿立方米，排名第 2 位，占全球份额为 5.2%；排名第 3 位的是中东欧，其地质资源量为 46.4 万亿立方米，占全球份额为 4.4%；排名第 4 位的是西亚，占全球份额为 4.0%；排名靠后的依次为北非、东南亚、南亚和中亚（见图 4-12）。从页岩气技术可采资源量上来看，按"一带一路"分区统计，东北亚同样排名第 1 位，其页岩气技术可采资源量为 31.7 万亿立方米，占全球份额为 14.7%；中东欧排名第 2 位，其页岩气技术可采储量为 9.7 万亿立方米，占全球份额为 4.6%；俄罗斯和西亚排名并列第 3 位，其页岩气技术可采储量均为 8.1 万亿立方米，占全球份额均为 3.8%；排名靠后的依次为北非、东南亚、中亚和南亚（见图 4-13）。另外，页岩气的可采系数较页岩油的可采系数要高 0.2 左右。

表 4-14　"一带一路"地区页岩气资源潜力

"一带一路"地区		地质储量 （万亿立方米）	占世界比例 （%）	技术可采储量 （万亿立方米）	占世界比例 （%）
中东欧	波兰	21.6	2.1	4.2	2.0
	立陶宛	0.1	0.0	0.0	0.0
	白罗斯	1.9	0.2	0.5	0.2
	罗马尼亚	6.6	0.6	1.4	0.7
	乌克兰	16.2	1.5	3.6	1.7
	小计	46.4	4.4	9.7	4.6

续表

"一带一路"地区		地质储量（万亿立方米）	占世界比例（%）	技术可采储量（万亿立方米）	占世界比例（%）
中亚	哈萨克斯坦	4.1	0.4	0.8	0.4
俄罗斯	俄罗斯	54.4	5.2	8.1	3.8
西亚	约旦	1.0	0.1	0.2	0.1
	土耳其	4.6	0.4	0.7	0.3
	阿曼	7.1	0.7	1.4	0.7
	阿联酋	30.0	2.8	5.8	2.7
	小计	42.7	4.0	8.1	3.8
北非	埃及	15.1	1.4	2.8	1.3
东南亚	泰国	0.6	0.1	0.1	0.1
	印度尼西亚	8.6	0.8	1.3	0.6
	小计	9.2	0.9	1.4	0.7
南亚	印度	2.5	0.2	0.1	0.1
	巴基斯坦	6.4	0.6	0.3	0.1
	小计	8.9	0.8	0.4	0.2
东北亚	蒙古	2.4	0.2	0.1	0.0
	中国	134.4	12.7	31.6	14.7
	小计	136.8	12.9	31.7	14.7
"一带一路"合计		317.6	30.1	63.0	29.4
世界总计（46个国家）		1054.4	100.0	214.6	100.0

注：数据来源于美国能源信息署（EIA）2015年8月公布的全球页岩油气最新资源评价。

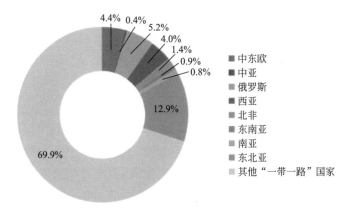

4.4% 0.4% 5.2% 4.0% 1.4% 0.9% 0.8%

12.9%

69.9%

■ 中东欧
■ 中亚
■ 俄罗斯
■ 西亚
■ 北非
■ 东南亚
■ 南亚
■ 东北亚
■ 其他"一带一路"国家

图4-12 "一带一路"区域内页岩气地质资源量

注：数据来源于美国能源信息署（EIA）2015年8月公布的全球页岩油气最新资源评价。

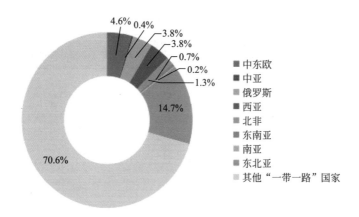

图 4-13 "一带一路"区域内页岩气技术可采资源量

注：数据来源于美国能源信息署（EIA）2015 年 8 月公布的全球页岩油气最新资源评价。

3. 煤层气

煤层气资源量，一般是指赋存于地下煤储层中的甲烷估算量，这些甲烷在目前或将来技术和经济条件下可供开采，并能获得社会效益和经济效益。根据对煤储层的地质认识程度和储层工程数据的获得情况，将经过钻探工程控制的，以及用所获得的有关煤层几何形态、含气量等方面的实测数据计算的已发现的煤层甲烷量称为储量；将根据地质、地球物理、地球化学资料用统计或类比方法所估算的尚未发现的煤层甲烷量称为远景资源量；储量和远景资源量的总和称为煤层气总资源量，简称煤层气资源量。

由于煤炭开采伴随着大量气体泄放到大气层，造成了大气严重污染，并浪费了大量洁净能源，预计今后全球将开展广泛的煤层气勘探，并掀起煤层气开发和利用的热潮。除世界主要产煤国加强对煤层气开发和利用外，其他一些发达国家也正在进行煤层气资源的勘探。煤层气在亚太和北美已经有商业开采，按区域统计，煤层气资源潜力最大的地区为亚太、俄罗斯和北美。全球煤层气资源量为 49.66 万亿立方米（USGS，2012）。"一带一路"区域内煤层气资源量为 60.6 万亿～ 156.6 万亿立方米，其中俄罗斯煤层气资源潜力最大，居世界第 1 位（见表 4-15）。目前对进行开采的煤层气计算，俄罗斯和乌克兰合计储量为 1.8 万亿立方米，而煤层气的利用率仅为 3.2%。波兰的煤层气资源量为 3 万亿立方米，其中 60% 的烟煤矿井是高瓦斯矿井。波兰煤层气资源量是天然气储量的 10 倍，波兰政府准备把开采煤层气作为减少进口天然气的主要手段。

表 4-15 "一带一路"区域内煤层气资源分布

序 号	国 家	煤炭资源量(万亿吨)	煤层气资源量(万亿立方米)
1	俄罗斯	6.5	17～113
2	中国	5.95	36.8
3	波兰	0.16	3
4	乌克兰	0.117	2
5	哈萨克斯坦	0.17	1
6	印度	0.16	0.8
"一带一路"合计		13.057	60.6～156.6
全球总计		76.387	113.5～273.6

注:资料来源于 IEA,有修改。

三、煤炭

煤炭在世界一次能源消费量中占 25%,是重要的一次能源。世界煤炭探明可采储量约为 9842 亿吨,主要集中在美国(2466.43 亿吨)、俄罗斯(1570 亿吨)、中国(1145 亿吨)、澳大利亚(904 亿吨)、印度(747.33 亿吨)、德国(670 亿吨)、南非(553.33 亿吨)等国家。

据 BP(2016 年)的统计数据,全球 2015 年煤炭储量为 8915.31 亿吨,其中"一带一路"煤炭储量为 4684.26 亿吨,占全球份额为 52.54%(见表 4-16)。BGR(2015 年)统计结果表明,全球 2014 年煤炭储量为 9846.24 亿吨,其中"一带一路"煤炭储量为 5365.48 亿吨,占全球份额为 54.5%。其中,"一带一路"硬煤储量为 3822.74 亿吨,褐煤储量为 1557.03 亿吨。"一带一路"分区统计结果表明,煤炭储量排在前 3 位的分别是俄罗斯(1603.64 亿吨)、东北亚(1341.34 亿吨)和南亚(936.34 亿吨),分别占"一带一路"煤炭储量的份额为 29.89%、25.0% 和 17.45%(见图 4-14)。"一带一路"区域内国家煤炭储量统计结果表明,排名前 5 位的国家分别为俄罗斯、中国、印度、乌克兰和印度尼西亚,分别占"一带一路"煤炭储量的份额为 29.89%、24.53%、16.83%、6.41% 和 4.78%(见表 4-16)。

据 BGR(2015 年)公布数据统计表明,全球 2014 年煤炭待发现资源量为221320.34 亿吨,其中"一带一路"煤炭待发现资源量为 112161.48 亿吨,占全球份额为 50.68%。其中,"一带一路"硬煤待发现资源量为 87641.66 亿吨,褐煤储量为 24519.82 亿吨(见表 4-16)。"一带一路"煤炭待发现资源量主要

表4-16　"一带一路"煤炭资源储量统计　单位：百万吨

国家及地区	2014年储量 硬煤	褐煤	小计	2015年储量	2014年待发现资源量 硬煤	褐煤	小计	2014年剩余资源潜量 硬煤	褐煤	小计
埃及	16	0	16	0	166		166	182		182
北非	16	0	16	0	166		166	182		182
蒙古	1170	1350	2520	2520	39854	119426	159280	41024	120776	161800
中国	124059	7555	131614	114500	5338613	325097	5663710	5462672	332652	5795324
东北亚	125229	8905	134134	117020	5378467	444523	5822990	5503696	453428	5957124
印度尼西亚	17394	8274	25668	28017	92431	32365	124796	109825	40639	150464
老挝	4	499	503	0	58	22	80	62	521	583
马来西亚	141	39	180	0	1068	412	1480	1209	451	1660
缅甸	3	3	6	0	248	2	250	252	5	257
菲律宾	211	105	316	1239	1012	912	1924	1223	1017	2240
泰国	0	1063	1063	0	0	826	826		1889	1889
越南	3116	244	3360	150	3519	199876	203395	6635	200120	206755
东南亚	20869	10227	31096	29406	98336	234415	332751	119206	244642	363848
俄罗斯	69634	90730	160364	157010	2658281	1288894	3947175	2727915	1379623	4107538
孟加拉国	293	0	293	0	2967	3	2970	3260	3	3263
不丹	0	0	0	0	0	0	0	0	0	0
印度	85562	4714	90276	60600	174981	37932	212913	260544	42645	303189
尼泊尔	1	0	1	0	7	0	7	8	0	8
巴基斯坦	207	2857	3064	2070	5789	176739	182528	5996	179596	185592
南亚	86063	7571	93634	62670	183744	214674	398418	269808	222244	492052
阿富汗	66	0	66	0	0	0	0	66	0	66
格鲁吉亚	201	0	201	0	700	0	700	901	0	901
伊朗	1203	0	1203	0	40000	0	40000	41203	0	41203
土耳其	380	12466	12846	8702	802	362	1164	1182	12828	14010
西亚	1850	12466	14316	8702	41502	362	41864	43352	12828	56180
阿尔巴尼亚	0	522	522		0	205	205	0	727	727

续表

国家及地区	2014年储量			2015年储量	2014年待发现资源量			2014年剩余资源潜量		
	硬煤	褐煤	小计		硬煤	褐煤	小计	硬煤	褐煤	小计
白罗斯	0	0	0	0	0	1500	1500	0	1500	1500
玻利维亚	1	0	1	0	0	0	0	0	—	1
波黑	0	2264	2264	0	0	3010	3010	0	5274	5274
保加利亚	192	2174	2366	2366	3920	2400	6320	4112	4574	8686
克罗地亚	0	0	0	0	0	300	300	0	300	300
捷克	1107	2604	3711	1052	15419	7163	22582	16526	9767	26293
匈牙利	276	2633	2909	1660	5075	2704	7779	5351	5337	10688
波兰	16203	5429	21632	5465	162709	222458	385167	178913	227886	406799
罗马尼亚	11	280	291	291	2435	9640	12075	2446	9920	12366
塞尔维亚	402	7112	7514	13411	453	13074	13527	855	20816	21671
斯洛伐克	0	135	135	0	19	938	957	19	1073	1092
斯洛文尼亚	56	315	317	0	39	341	380	95	656	751
乌克兰	32039	2336	34375	33873	49006	5381	54387	81045	7717	88762
中东欧	50287	25804	76037	58118	239075	269114	508189	289363	295547	584910
哈萨克斯坦	25605	0	25605	33600	123090	0	123090	148695	0	148695
吉尔吉斯斯坦	971	0	971	0	27528	0	27528	28499	0	28499
塔吉克斯坦	375	0	375	0	3700	0	3700	4075	0	4075
土库曼斯坦	0	0	0	0	800	0	800	800	0	800
乌兹别克斯坦	1375	0	1375	1900	9477	0	9477	10852	0	10852
中亚	28326	0	28326	35500	164595	0	164595	192921	0	192921
"一带一路"合计	382274	155703	536548	468426	8764166	2451982	11216148	9146443	2608312	11754755
全球总计	698660	285964	984624	891531	17713376	4418658	22132034	18412036	4704622	23116658
占全球份额（%）	54.72	54.45	54.49	52.54	49.48	55.49	50.68	49.68	55.44	50.85

注：1. 2014年储量、资源量及剩余资源潜力数据来自BGR，2015年储量数据来自BP发布的 Statistical Review of World Energy 2016。
2. 硬煤定义为热值≥16500kJ/kg煤的总称，是烟煤和无烟煤的总称；褐煤，又名次烟煤，是煤化程度较低的一类煤，此处定义热值＜16500kJ/kg煤的总称，其特点是高含水。

分布在东北亚（58229.9 亿吨）、俄罗斯（39471.75 亿吨）、中东欧（5081.89 亿吨），分别占"一带一路"份额为 51.92%、35.19%、4.53%（见图 4-14）。"一带一路"煤炭待发现资源量排名前 5 位的国家分别为中国、俄罗斯、波兰、印度和越南，分别占"一带一路"煤炭待发现资源量的份额为 50.5%、35.2%、3.4%、1.9% 和 1.8%。

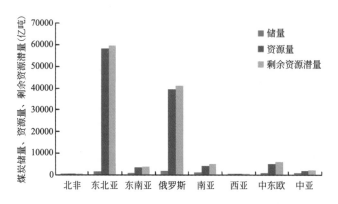

图 4-14　"一带一路"煤炭储量、资源量、剩余资源潜量

数据来源：BP. *Statistical Review of World Energy 2016*。

　　另外，BGR（2015 年）的数据统计表明，全球 2014 年煤炭剩余资源潜量为 231166.58 亿吨，"一带一路"煤炭剩余资源潜量为 117547.55 亿吨，占全球份额 50.85%。其中，"一带一路"硬煤剩余资源潜量为 91464.43 亿吨，褐煤剩余资源潜量为 26083.12 亿吨（见表 4-16）。"一带一路"煤炭剩余资源潜量主要分布在东北亚（59571.24 亿吨）、俄罗斯（41075.38 亿吨）、中东欧（5849.1 亿吨）、南亚（4920.52 亿吨），分别占"一带一路"份额为 50.68%、34.94%、4.98%、4.19%（见图 4-14）。"一带一路"煤炭剩余资源潜力排名前 5 位的国家分别为中国、俄罗斯、波兰、印度和越南，其煤炭剩余资源潜量分别占"一带一路"煤炭剩余资源潜量的 49.3%、34.9%、3.46%、2.58% 和 1.76%。

四、核能

　　目前核能的利用主要是发电。据世界核能组织公布的资料显示，2016 年全球铀发电量为 2490 太瓦时，其中"一带一路"区域内铀发电量为 602.6 太瓦时，占全球份额为 24.2%（见表 4-17）。2006—2016 年，全球铀发电量出现波动，整体呈现先降后升的趋势。2006 年，全球铀发电量为 2658 太瓦时；2006 年以后全球铀发电量持续下滑；直到 2012 年出现拐点，之后开始回升；2016 年，全球铀发电量达到 2490 太瓦时，但仍未回到 2006 年的水平（见表 4-17）。

表4-17 "一带一路"铀历年发电量

分区	国家	历年发电量（太瓦时）										
		2006年	2007年	2008年	2009年	2010年	2011年	2012年	2013年	2014年	2015年	2016年
俄罗斯	俄罗斯	144.3	148	152.1	152.8	159.4	162	166.3	161.8	169.1	182.8	179.7
东北亚	中国	51.8	59.3	65.3	65.7	71	82.6	92.7	104.8	123.8	161.2	210.5
	小计	51.8	59.3	65.3	65.7	71	82.6	92.7	104.8	123.8	161.2	210.5
南亚	印度	15.6	15.8	13.2	14.8	20.5	28.9	29.7	30	33.2	34.6	35
	巴基斯坦	2.6	2.3	1.7	2.6	2.6	3.8	5.3	4.4	4.6	4.3	5.1
	小计	18.2	18.1	14.9	17.4	23.1	32.7	35	34.4	37.8	38.9	40.1
西亚	亚美尼亚	2.4	2.35	2.3	2.3	2.3	2.4	2.1	2.2	2.3	2.6	2.2
	伊朗	0	0	0	0	0	0	1.3	3.9	3.7	3.2	5.9
	小计	2.4	2.35	2.3	2.3	2.3	2.4	3.4	6.1	6	5.8	8.1
中东欧	保加利亚	18.1	13.7	14.7	14.2	14.2	15.3	14.9	13.3	15	14.7	15.8
	捷克	24.5	24.6	25	25.7	26.4	26.7	28.6	29	28.6	25.3	22.7
	匈牙利	12.5	13.9	14	14.3	14.7	14.7	14.8	14.5	14.8	15	15.2
	立陶宛	8	9.1	9.1	10	0	0	0	0	0	0	0
	罗马尼亚	5.2	7.1	7.1	10.8	10.7	10.8	10.6	10.7	10.8	10.7	10.4
	斯洛伐克	16.6	14.2	15.5	13.1	13.5	14.3	14.4	14.6	14.4	14.1	13.7
	斯洛文尼亚	5.3	5.4	6	5.5	5.4	5.9	5.2	5	6.1	5.4	5.4
	乌克兰	84.8	87.2	84.3	77.9	84	84.9	84.9	78.2	83.1	82.4	81
	小计	175	175.2	175.7	171.5	168.85	172.6	173.4	165.3	172.8	167.6	164.2
"一带一路"合计		391.7	403	410.3	409.7	424.7	452.3	470.8	472.4	509.5	556.3	602.6
全球总计		2658	2608	2601	2560	2630	2518	2346	2359	2411	2441	2490
占全球份额（%）		14.7	15.5	15.8	16	16.1	18	20.1	20	21.1	22.8	24.2

数据来源：世界核能组织（World Nuclear Association）2017 年 8 月公布的数据，见 http://world-nuclear.org/。

　　2016年，全球核能年发电量排名前20位的国家中，属于"一带一路"范围内的国家共有7个。美国排名第1位，2016年铀发电量为505.3太瓦时，占全球份额为32.3%；法国排名第2位，占全球份额为15.4%；"一带一路"区域内的中国和俄罗斯列居第3位和第4位，占全球份额分别为8.5%和7.2%（见表4-18）。

表4-18　全球铀年发电量排名前20位的国家

排　名	2015年			2016年			排名变化
	国　家	铀发电量（太瓦时）	占全球份额（%）	国　家	铀发电量（太瓦时）	占全球份额（%）	
1	美国	798	32.7	美国	805.3	32.3	—
2	法国	419	17.2	法国	384	15.4	—
3	俄罗斯	182.8	7.5	中国	210.5	8.5	↑
4	中国	161.2	6.6	俄罗斯	179.7	7.2	↓
5	韩国	157.2	6.4	韩国	154.2	6.2	—
6	加拿大	95.6	3.9	加拿大	97.4	3.9	—
7	德国	86.8	3.6	乌克兰	81	3.3	↓
8	乌克兰	82.4	3.4	德国	80.1	3.2	↑
9	英国	63.9	2.6	英国	65.1	2.6	—
10	西班牙	54.8	2.2	瑞典	60.6	2.4	↑
11	瑞典	54.5	2.2	西班牙	56.1	2.3	↓
12	印度	34.6	1.4	比利时	41.3	1.7	↑
13	捷克	25.3	1	印度	35	1.4	↓
14	比利时	24.8	1	捷克	22.7	0.9	↓
15	芬兰	22.3	0.9	芬兰	22.3	0.9	—
16	瑞士	22.2	0.9	瑞士	20.3	0.8	—
17	匈牙利	15	0.6	日本	17.5	0.7	↑
18	保加利亚	14.7	0.6	巴西	15.9	0.6	↑
19	斯洛伐克	14.1	0.6	保加利亚	15.8	0.6	↓
20	巴西	13.9	0.6	匈牙利	15.2	0.6	↓

数据来源：世界核能组织（World Nuclear Association）2017年8月公布的数据，见 http://world-nuclear.org/。

　　"一带一路"区域内铀发电量从2006年开始持续稳步上升（见图4-15），从2006年的391.7太瓦时逐渐上升到2016年的602.6太瓦时；"一带一路"

区域内铀发电量占全球份额也稳步上升。

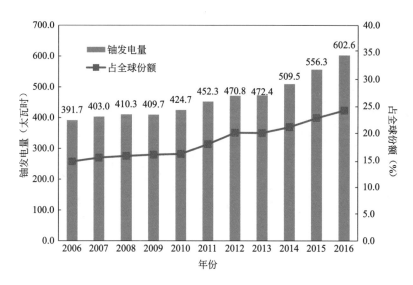

图 4-15 "一带一路"历年铀发电量

数据来源：世界核能组织（World Nuclear Association）2017 年 8 月公布的数据，见 http://world-nuclear.org/。

　　从"一带一路"分区统计角度来看，2016 年核能发电量排在第 1 位的是东北亚，总铀发电量为 210.5 太瓦时，占"一带一路"份额为 34.9%；排在第 2 位的是俄罗斯，总铀发电量为 179.7 太瓦时，占"一带一路"份额为 29.8%；排在第 3 位的是中东欧，总铀发电量为 164.2 太瓦时，占"一带一路"份额为 27.2%；排在第 4 位的是南亚，总铀发电量为 40.1 太瓦时，占"一带一路"份额为 6.6%；排在第 5 位的是西亚，总铀发电量为 8.1 太瓦时，占"一带一路"份额为 1.3%；其他分区（中亚、东南亚和东北非）尚未在铀发电领域取得进展。从"一带一路"区域内国家的角度来看，排在第 1 位的是中国，占"一带一路"份额为 34.9%；排在第 2 位的是俄罗斯，总铀发电量为 179.7 太瓦时，占"一带一路"份额为 29.8%；排在第 3 位的是乌克兰，总铀发电量为 81 太瓦时，占"一带一路"份额为 13.4%；排在第 4 位的是印度，总铀发电量为 35 太瓦时，占"一带一路"份额为 5.8%；排在第 5 位的是捷克，总铀发电量为 22.7 太瓦时，占"一带一路"份额为 3.8%，如表 4-19 所示。

表4-19　"一带一路"铀发电量及占全球总发电量份额

国家	占全球总发电量份额（%）										发电量（太瓦时）		发电量增量（太瓦时）
	2007年	2008年	2009年	2010年	2011年	2012年	2013年	2014年	2015年	2016年	2015年	2016年	
俄罗斯	16	16.9	17.8	17.1	17.6	17.8	17.5	18.6	18.6	17.1	182.8	179.7	-3.1
中国	1.9	2.2	1.9	1.8	1.8	2	2.1	2.4	3	3.6	161.2	210.5	49.3
孟加拉国	0	0	0	0	0	0	0	0	0	0	0	0	0
印度	2.5	2	2.2	2.9	3.7	3.6	3.4	3.5	3.5	3.4	34.6	35	0.4
巴基斯坦	2.34	1.9	2.7	2.6	3.8	5.3	4.4	4.3	4.4	4.4	4.3	5.1	0.8
亚美尼亚	43.5	39.4	45	39.4	33.2	26.6	29.2	30.7	34.5	31.4	2.6	2.2	-0.4
伊朗	0	0	0	0	0	0.6	1.5	1.5	1.3	2.1	3.2	5.9	2.7
保加利亚	32	32.9	35.9	33.1	32.6	31.6	30.7	31.8	31.3	35	14.7	15.8	1.1
捷克	30.3	32.5	33.8	33.2	33	35.3	35.9	35.8	32.5	29.4	25.3	22.7	-2.6
匈牙利	37	37.2	43	42.1	43.2	45.9	50.7	53.6	52.7	51.3	15	15.2	0.2
立陶宛	64.4	72.9	76.2	0	0	0	0	0	0	0	0	0	0
波兰	0	0	0	0	0	0	0	0	0	0	0	0	0
罗马尼亚	13	17.5	20.6	19.5	19	19.4	19.8	18.5	17.3	17.1	10.7	10.4	-0.3
斯洛伐克	54	56.4	53.5	51.8	54	53.8	51.7	56.8	55.9	54.1	14.1	13.7	-0.4
斯洛文尼亚	42	41.7	37.9	37.3	41.7	53.8	33.6	37.2	38	35.2	5.4	5.4	0
乌克兰	48	47.4	48.6	48.1	47.2	46.2	43.6	49.4	56.5	52.3	82.4	81	-1.4
全球总计	15	15	14	13.8	13.5	11	11	11.5	11.5	10.6	2441	2490	49

数据来源：世界核能组织（World Nuclear Association）2017年8月公布的数据，见 http://world-nuclear.org/。

根据世界核能组织 2017 年公布的数据:"一带一路"区域内 2016 年铀发电量比 2015 年有所增加,其中中国、印度、巴基斯坦、伊朗、保加利亚和匈牙利的铀发电量有所增加,增幅最大的是中国。俄罗斯 2016 年铀发电量比 2015 年少,降幅为 3.1 太瓦时,由"一带一路"区域内铀发电量排名第 1 位滑落到第 2 位,中国跃居第 1 位。2007—2016 年,全球铀发电量占全球总发电量的份额逐年下降,从 15% 减少到了 10.6%。2016 年,"一带一路"区域内铀发电量占全球总发电量份额排位靠前的国家的依次为斯洛伐克(54.1%)、乌克兰(52.3%)、匈牙利(51.3%)、斯洛文尼亚(35.2%)和亚美尼亚(31.4%)。相对而言,中东欧的发达国家比较重视核能的应用。

据世界核能组织 2017 年公布的数据,"一带一路"区域内铀需求量逐年递增(见表 4-20)。2017 年"一带一路"区域内铀需求量达到 22010 吨铀,占全球份额为 32.4%。2017 年,在全球铀需求量排名前 20 位的国家中,属于"一带一路"区域内的国家有 8 个,分别为俄罗斯(排名第 3 位)、中国(排名第 4 位)、乌克兰(排名第 7 位)、印度(排名第 13 位)、阿联酋(排名第 15 位)、捷克(排名第 16 位)、斯洛伐克(排名第 19 位)、匈牙利(排名第 20 位),如表 4-21 所示,占全球铀需求量份额分别为 11.4%、11.4%、2.9%、1.6%、1.3%、0.8%、0.5%、0.5%。"一带一路"区域内铀需求量排名前 3 位的分别是俄罗斯、中国和乌克兰,占"一带一路"区域铀需求量的份额分别为 35.3%、35.2% 和 8.8%(见图 4-16)。

全球铀矿产量整体呈现上升趋势,其中"一带一路"区域内铀矿产量也在逐年递增(见表 4-22),所占全球份额也处于逐渐上升阶段(见图 4-17)。2014 年,全球铀矿产量排名第 1 位的是哈萨克斯坦,其铀矿产量达到 23127 吨铀,占全球铀矿产量的份额为 41.1%,处于遥遥领先的地位。"一带一路"区域内其他几个国家近 10 年铀矿产量维持在较平稳的水平,占全球份额也较稳定(见图 4-18 和表 4-23)。中国的铀矿产量在 2012 年之后有大的突破,相对 2011 年来说,铀矿产量翻了近一倍,并维持在 2012 年的水平。

表4-20　"一带一路"区域内铀需求量

所属区域	国家	历年铀需求量（吨）铀									
		2008年	2009年	2010年	2011年	2012年	2013年	2014年	2015年	2016年	2017年
俄罗斯	俄罗斯	3365	3537	4135	4912	5488	5090	5456	4206	6264	7767
东北亚	中国	1396	2010	2875	4079	6550	6711	6296	8161	5338	7757
	小计	1396	2010	2875	4079	6550	6711	6296	8161	5338	7757
南亚	印度	978	961	908	1305	937	1326	913	1579	997	1091
	巴基斯坦	65	65	68	113	117	117	99	101	270	101
	小计	1043	1026	976	1418	1054	1443	1012	1680	1267	1192
西亚	亚美尼亚	51	51	55	63	64	86	87	88	88	88
	阿联酋	0	0	0	0	0	0	0	0	0	865
	伊朗	143	143	148	168	170	172	174	176	178	178
	小计	194	194	203	231	234	258	261	264	266	1131
中东欧	保加利亚	261	260	272	309	313	317	321	324	327	327
	捷克	619	610	678	591	583	574	563	566	565	570
	匈牙利	271	274	295	331	331	357	357	357	356	356
	立陶宛	225	0	0	0	0	0	0	0	0	0
	罗马尼亚	174	174	175	175	177	177	179	179	179	179
	斯洛伐克	313	251	269	299	307	675	392	466	917	367
	斯洛文尼亚	141	137	145	137	137	137	137	137	137	137
	乌克兰	1974	1977	2031	2288	2348	2352	2359	2366	2251	1945
	小计	3978	3683	3865	4130	4196	4589	4308	4395	4732	3881
东南亚	马来西亚	0	0	0	0	0	0	0	0	0	282
	小计	0	0	0	0	0	0	0	0	0	282
"一带一路"合计		9976	10450	12054	14770	17522	18091	17333	18706	17867	22010
全球总计		64615	65405	68646	62552	67990	64978	65908	66883	63404	67867
"一带一路"占全球比例（%）		15.4	16	17.6	23.6	25.8	27.8	26.3	28	28.2	32.4

数据来源：世界核能组织（World Nuclear Association）2017 年 8 月公布的数据，见 http://world-nuclear.org/。

表 4-21 全球铀需求量排名前 20 位的资源国

排 名	2016 年			2017 年			排名变化
	国 家	铀需求量（吨铀）	占全球份额（%）	国 家	铀需求量（吨铀）	占全球份额（%）	
1	美国	18161	28.6	美国	17847.0	26.3	—
2	法国	9211	14.5	法国	9216.0	13.6	—
3	俄罗斯	6264	9.9	俄罗斯	7767.0	11.4	—
4	中国	5338	8.4	中国	7757.0	11.4	—
5	韩国	5013	7.9	韩国	4816.0	7.1	—
6	乌克兰	2251	3.6	日本	2517.0	3.7	↓
7	英国	1734	2.7	乌克兰	1945.0	2.9	↓
8	德国	1689	2.7	加拿大	1750.0	2.6	↑
9	加拿大	1630	2.6	英国	1734.0	2.6	↓
10	瑞典	1471	2.3	德国	1480.0	2.2	↓
11	西班牙	1271	2.0	瑞典	1471.0	2.2	↓
12	芬兰	1126	1.8	西班牙	1271.0	1.9	↓
13	比利时	1015	1.6	印度	1091.0	1.6	↑
14	印度	997	1.6	比利时	1015.0	1.5	↓
15	斯洛伐克	917	1.4	阿联酋	865.0	1.3	↑
16	日本	680	1.1	捷克	570.0	0.8	↑
17	捷克	565	0.9	瑞士	521.0	0.8	↑
18	瑞士	521	0.8	芬兰	480.0	0.7	↓
19	匈牙利	356	0.6	斯洛伐克	367.0	0.5	↓
20	巴西	329	0.5	匈牙利	356.0	0.5	↓

数据来源：世界核能组织（World Nuclear Association）2017 年 8 月公布的数据，见 http://world-nuclear.org/。

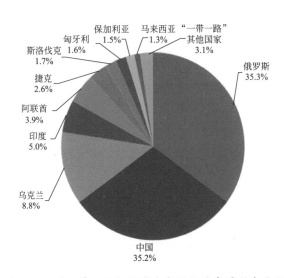

图 4-16 "一带一路"区域内各国铀需求量所占份额

数据来源：世界核能组织（World Nuclear Association）2017 年公布的数据，见 http://world-nuclear.org/。

表 4-22 全球各国历年铀矿产量

国　家	铀矿产量（吨铀）										
	2004 年	2005 年	2006 年	2007 年	2008 年	2009 年	2010 年	2011 年	2012 年	2013 年	2014 年
哈萨克斯坦	3719	4357	5279	6637	8521	14020	17803	19451	21317	22567	23127
加拿大	11597	11628	9862	9476	9000	10173	9873	9145	8998	9332	9134
澳大利亚	8982	9516	7593	8611	8430	7982	5900	5983	6991	6350	5001
尼日尔	3282	3093	3434	3135	3032	3243	4198	4351	4667	4528	4057
纳米比亚	3038	3147	3077	2879	4366	4626	4496	3258	4495	4315	3255
俄罗斯	3200	3431	3430	3413	3521	3564	3562	2993	2872	3135	2990
乌兹别克斯坦	2016	2300	2270	2320	2338	2429	2400	3000	2400	2400	2400
美国	878	1039	1692	1654	1430	1453	1660	1537	1596	1835	1919
中国	750	750	750	712	769	750	827	885	1500	1450	1500
乌克兰	800	800	800	846	800	840	850	890	960	1075	962
南非	755	674	534	539	655	563	583	582	465	540	573
印度	230	230	230	270	271	290	400	400	385	400	385
马拉维	0	0	0	0	0	104	670	846	1101	1132	369
巴西	300	110	190	299	330	345	148	265	231	198	231
捷克	412	408	359	306	263	258	254	229	228	225	193
罗马尼亚	90	90	90	77	77	75	77	77	90	80	77
巴基斯坦	45	45	45	45	45	50	45	45	45	41	45
德国	77	94	65	41	0	0	0	52	50	27	33
法国	7	7	0	4	5	8	7	6	3	0	3
总计	40178	41719	39700	41264	43853	50773	53753	53995	58394	59630	56254

数据来源：世界核能组织（World Nuclear Association）2015 年 7 月公布的数据，见 http://world-nuclear.org/ information-library/facts-and-figures/uranium-production-figures.aspx。

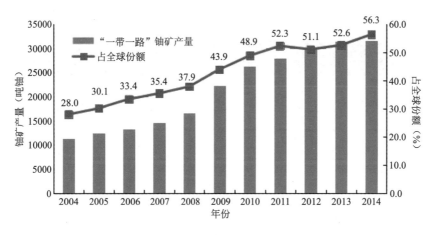

图 4-17 2004—2014 年"一带一路"铀矿产量及占全球份额

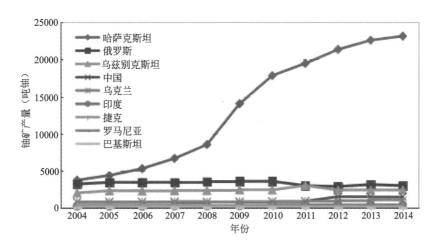

图 4-18 "一带一路"区域内各国铀矿产量

表 4-23 "一带一路"区域各国铀矿产量占全球份额

国 家	铀矿产量占全球份额（%）										
	2004 年	2005 年	2006 年	2007 年	2008 年	2009 年	2010 年	2011 年	2012 年	2013 年	2014 年
哈萨克斯坦	9.3	10.6	13.3	16.1	19.4	27.6	33.2	36.4	36.5	37.8	41.1
俄罗斯	8.0	8.3	8.6	8.3	8.0	7.0	6.6	5.6	4.9	5.3	5.3
乌兹别克斯坦	5.0	5.6	5.7	5.6	5.3	4.8	4.5	5.6	4.1	4.0	4.3
中国	1.9	1.8	1.9	1.7	1.8	1.5	1.5	1.7	2.6	2.4	2.7
乌克兰	2.0	1.9	2.0	2.0	1.8	1.7	1.6	1.7	1.6	1.8	1.7

续表

国 家	铀矿产量占全球份额（%）										
	2004年	2005年	2006年	2007年	2008年	2009年	2010年	2011年	2012年	2013年	2014年
印度	0.6	0.6	0.6	0.7	0.6	0.6	0.7	0.7	0.7	0.7	0.7
捷克	1.0	1.0	0.9	0.7	0.6	0.5	0.5	0.4	0.4	0.4	0.3
罗马尼亚	0.2	0.2	0.2	0.2	0.2	0.1	0.1	0.1	0.2	0.1	0.1
巴基斯坦	0.1	0.1	0.1	0.1	0.1	0.1	0.1	0.1	0.1	0.1	0.1
总计	28.1	30.1	33.3	35.4	37.8	43.9	48.8	52.3	51.1	52.6	56.3

第二节

新能源和可再生能源概况

新能源是指传统能源之外的各种能源。可再生能源包括太阳能、水力、风力、生物质能、波浪能、潮汐能、海洋温差能等，它们在自然界可以循环再生，是取之不尽、用之不竭的能源。本节主要从太阳能、风能、地热能、生物质能、固体垃圾能等几个方面来阐述。

一、太阳能

国际可再生能源组织（IRENA，2016）和 BP（2016 版）的数据统计结果表明：全球 2015 年太阳能总发电量为 223.9 太瓦时，其中，"一带一路"区域内太阳能总发电量约为 40.5 太瓦时，占全球份额为 18.1%（见表 4-24）。

太阳能发电主要有两种方式，一种是光伏发电，另一种是聚光发电。目前采用的方式主要是光伏发电，其所占份额超过 95%。2016 年全球太阳能装机容量为 227010 兆瓦，"一带一路"太阳能装机容量为 59145 兆瓦，占全球份额为 26.1%。"一带一路"区域内太阳能装机容量排在首位的是东北亚，其太阳能装机容量占全球总装机容量的 19.3%；排在第 2 位的是中东欧，其太阳能装机容量占全球总装机容量的 2.62%；排在第 3 位的是南亚，其太阳能装机容量占全球总装机容量的 2.46%；排在其后的依次是东南亚（占全球份额为

0.87%)、西亚（占全球份额为 0.55%）、俄罗斯（占全球份额为 0.17%）、中亚（占全球份额为 0.024%）和北非（占全球份额为 0.02%）。

表 4-24 2016 年"一带一路"太阳能发电量

国家及地区	太阳能装机容量（兆瓦）			太阳能发电消费量（吉瓦时）**	太阳能总发电量（吉瓦时）*
	光伏发电	聚光发电	小 计		
埃及	25	20	45	70	40
北非	25	20	45	70	40
蒙古	5	0	5	0	1
中国大陆地区	43050	12	43062	39200	25007
中国台湾地区	800	0	800	875	552
东北亚	43855	12	43867	40075	25560
文莱	1	0	1	0	2
印度尼西亚	12	0	12	0	11
老挝	1	0	1	0	0
马来西亚	184	0	184	125	160
菲律宾	132	0	132	128	7
新加坡	57	0	57	51	40
泰国	1600	5	1605	2423	1564
东南亚	1987	5	1992	2727	1784
俄罗斯	407	0	407	54	7
孟加拉国	167	0	167	230	212
印度	4964	204	5167	6600	4910
尼泊尔	32	0	32	0	48
巴基斯坦	210	0	210	1172	241
斯里兰卡	16	0	16		18
南亚	5389	204	5592	8002	5429
阿富汗	1	0	1	0	1
阿塞拜疆	3	0	3	0	1
巴林	5	0	5	0	9
伊朗	0	17	17	104	19
以色列	766	6	772	1048	770
约旦	26	0	26	0	14
黎巴嫩	4	0	4	0	7
卡塔尔	3	0	3	56	5
沙特阿拉伯	25	0	25	0	43
土耳其	249	0	249	250	17

续表

国家及地区	太阳能装机容量（兆瓦）			太阳能发电消费量（吉瓦时）**	太阳能总发电量（吉瓦时）*
	光伏发电	聚光发电	小 计		
阿联酋	33	100	133	327	300
西亚	1115	123	1238	1785	1186
阿尔巴尼亚	1	0	1	0	1
玻利维亚	7	0	7	0	0
波黑	11	0	11	0	5
保加利亚	1040	0	1040	1401	1252
克罗地亚	44	0	44	0	35
捷克	2075	0	2075	2262	2123
马其顿	16	0	16	0	14
匈牙利	96	0	96	107	56
拉脱维亚	2	0	2	0	0
立陶宛	71	0	71	73	73
摩尔多瓦	3	0	3	0	1
波兰	71	0	71	57	7
罗马尼亚	1301	0	1301	1987	1616
塞尔维亚	6	0	6	10	6
斯洛伐克	533	0	533	550	597
斯洛文尼亚	240	0	240	0	257
乌克兰	432	0	432	402	483
中东欧	5949	0	5949	6849	6526
哈萨克斯坦	55	0	55	0	1
中亚	55	0	55	0	1
"一带一路"合计	58782	364	59145	59562	40533
全球总计	222360	4650	227010	253000	223948
占全球份额（%）	26.4	7.8	26.1	23.5	18.1

注：1. "*"的数据项表示数据来源于国际可再生能源组织（IRENA，2016）；
　　2. 标注"**"的数据项表示数据来源于BP发布的 Statistical Review of World Energy 2016。

"一带一路"太阳能发电量集中分布在东北亚、中东欧和南亚，分别占全球总太阳能发电量的 11.41%、2.91% 和 2.42%（见图 4-19）。

据 BP 发布的 Statistical Review of World Energy 2016 数据：全球太阳能发电消费量为 253 太瓦时，其中"一带一路"区域内总消费量为 59.56 太瓦时，占全球总消费量的 23.5%（见表 4-24）。整体上看，太阳能发电量和消费量处于比较平衡的状态。

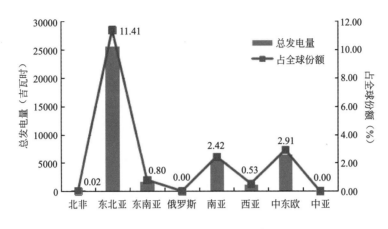

图 4-19 "一带一路"太阳能发电量及占全球份额

二、风能

全球风电市场逐渐兴起，新增风电装机容量持续增长，从 2006 年的 15197 兆瓦上升到 2016 年的 54642 兆瓦，近 10 年来新增风电装机容量增长了近 4 倍（见表 4-25）。

2016 年，全球新增风电装机容量排在第 1 位的是中国，新增风电装机容量为 23405 兆瓦，占全球新增风电装机容量的 42.83%，占了将近半壁江山；排在第 2 位的是美国，新增风电装机容量为 8203 兆瓦，占全球新增风电装机容量的 15.01%；排在第 3 位的是德国，新增风电装机容量为 5443 兆瓦，占全球新增风电装机容量的 9.96%；"一带一路"区域内的印度排在第 4 位（占全球份额为 6.61%）、土耳其和波兰分别居第 7 位和第 10 位（见图 4-20）。

"一带一路"区域内新增风电装机容量整体呈波动上升趋势，2015 年达到新高，2016 年有所下降。2016 年"一带一路"区域内新增风电装机容量达到 30497 兆瓦，占全球新增风电装机容量的 55.8%（见图 4-21）。

表4-25 "一带一路"新增风电装机容量 单位：兆瓦

区域	国家及地区	2006年	2007年	2008年	2009年	2010年	2011年	2012年	2013年	2014年	2015年	2016年
北非	埃及	85	80	55	65	120	0	0	0	60	200	0
	小计	85	80	55	65	120	0	0	0	60	200	0
东北亚	蒙古	0	0	0	0	0	0	0	0	0	0	0
	中国大陆地区	1347	3304	6300	13803	18928	17631	12960	16088	23196	30753	23370
	中国台湾地区	84	100	81	78	83	45	0	43	18	14	35
	小计	1431	3404	6381	13881	19011	17676	12960	16131	23214	30767	23405
东南亚	菲律宾	0	0	8	0	0	0	0	0	150	0	0
	越南	0	0	0	0	8	29	0	111	0	0	0
	泰国	0	0	0	0	0	0	112	0	0	0	0
	小计	0	0	8	0	8	29	112	111	150	0	0
南亚	印度	1840	1575	1800	1271	2139	3019	2336	1729	2315	2623	3612
	巴基斯坦	0	0	0	0	0	0	50	50	150	8	282
	斯里兰卡	0	0	0	0	0	0	0	0	0	0	0
	小计	1840	1575	1800	1271	2139	3019	2386	1779	2465	2631	3894
西亚	伊朗	27	19	17	7	0	3	0	0	0	0	0
	约旦	0	0	0	0	0	0	0	0	2	117	0
	土耳其	0	0	286	343	528	470	506	646	804	956	1387
	小计	27	19	303	350	528	473	506	646	806	1073	1387
中东欧	波兰	69	123	196	181	382	436	880	894	444	1266	682
	罗马尼亚	0	0	0	0	0	982	923	695	354	23	52
	其他	192	263	362	304	1070	966	1106	832	835	833	1077
	小计	261	386	558	485	1452	2384	2909	2421	1633	2122	1811
"一带一路"合计		3644	5464	9105	16052	23258	23581	18873	21088	28328	36793	30497
全球总计		15197	19865	27051	38343	38265	40564	44799	35289	51473	63467	54642
占全球份额（%）		24	27.5	33.7	41.9	60.8	58.1	42.1	59.8	55.0	58.0	55.8

数据来源：全球风能协会（GWEC），Global Wind Report 2016。

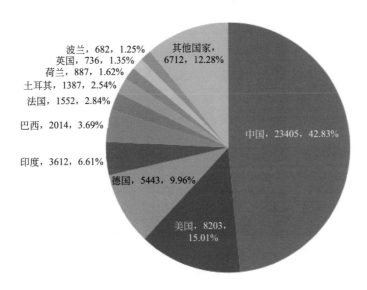

图 4-20 2016 年全球新增风电装机容量排名前 10 位的国家

数据来源：全球风能协会（GWEC）发布的 *Global Wind Report 2016*，下载网址为 www.gwec.net。

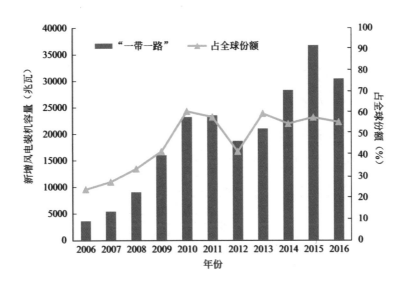

图 4-21 "一带一路"新增风电装机容量

数据来源：全球风能协会（GWEC）发布的 *Global Wind Report 2016*，下载网址为 www.gwec.net。

　　按"一带一路"分区统计发现："一带一路"区域内新增风电装机容量排在首位的是东北亚，2016 年新增风电装机容量为 23405 兆瓦，占"一带一路"份额为 76.7%；排在第 2 位的是南亚，新增风电装机容量为 3894 兆瓦，占"一带一路"份额为 12.8%；排在第 3 位的是中东欧，新增风电装机容量为 1811 兆瓦，占"一带一路"份额为 5.9%；排在后面的依次是西亚（占"一带一路"份额为 4.5%）、东南亚、中亚、俄罗斯和北非。从新增风电装机容量的历史趋势上看，东北亚新增风电装机容量曲折上升，2015 年出现拐点；中东欧、南亚和西亚比较平稳；北非、中亚和俄罗斯未增长（见图 4-22）。

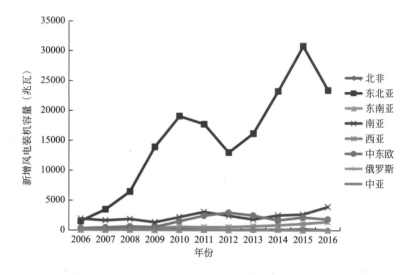

图 4-22　"一带一路"分区新增风电装机容量

数据来源：全球风能协会（GWEC）发布的 *Global Wind Report 2016*，下载网址为 www.gwec.net。

　　全球累计风电装机容量持续增长，从 2005 年的 59091 兆瓦增加到 2016 年的 486790 兆瓦。"一带一路"区域内年度累计风电装机容量处于快速上升阶段，截至 2016 年累计风电装机容量达到 223029 兆瓦，占全球累计风电装机容量的份额为 45.8%（见表 4-26）。2016 年，排在全球累计风电装机容量前 3 位的国家是中国、美国和德国，占全球份额分别为 34.8%、16.9% 和 10.3%；其次是西班牙、英国和加拿大（见图 4-23）。排在"一带一路"区域内累计风电装机容量前 3 位的国家是中国（169414 兆瓦）、印度（28700 兆瓦）和土耳其（6081 兆瓦），其累计装机容量占"一带一路"区域内份额分别为 75.9%、12.9% 和 2.7%（见表 4-26）。

表4-26 "一带一路"累计风电装机容量　单位：兆瓦

区域	国家及地区	2005年	2006年	2007年	2008年	2009年	2010年	2011年	2012年	2013年	2014年	2015年	2016年
北非	埃及	145	230	310	365	430	550	550	550	550	610	810	810
	小计	145	230	310	365	430	550	550	550	550	610	810	810
东北亚	蒙古	0	0	0	0	0	0	0	0	0	0	0	0
	中国大陆地区	1260	2607	5911	12211	26014	44942	62573	75533	91621	114817	145362	168732
	中国台湾地区	104	188	288	369	447	530	575	575	618	636	647	682
	小计	1364	2795	6199	12580	26461	45472	63148	76108	92239	115453	146009	169414
东南亚	菲律宾	25	25	25	33	33	33	33	33	33	183	216	216
	越南	0	0	0	0	0	8	37	37	37	37	37	37
	泰国	0	0	0	0	0	0	0	112	223	223	223	223
	小计	25	25	25	33	33	41	70	182	293	443	476	476
南亚	印度	4430	6270	7845	9645	10916	13055	16074	18410	20139	22454	25088	28700
	巴基斯坦	0	0	0	0	0	0	0	50	100	250	308	282
	小计	4430	6270	7845	9645	10916	13055	16074	18460	20239	22704	25396	28982
西亚	伊朗	23	50	69	86	93	93	96	96	96	96	96	96
	约旦	0	0	0	0	0	0	0	0	0	2	119	119
	土耳其	0	0	147	433	776	1304	1774	2280	2926	3730	4694	6081
	小计	23	50	216	519	869	1397	1870	2376	3022	3828	4909	6296
中东欧	波兰	83	152	275	471	652	1034	1470	2350	3244	3688	5100	5782
	罗马尼亚	0	0	0	0	0	0	982	1905	2600	2954	2976	3028
	其他	364	556	819	1181	1485	2555	3521	4627	5459	6294	7220	8241
	小计	447	708	1094	1652	2137	3589	5973	8882	11303	12936	15296	17051
"一带一路"合计		6434	10078	15689	24794	40846	64104	87685	106558	127646	155974	192896	223029
全球总计		59091	74288	94153	121204	159547	197812	238376	283175	318464	369937	432680	486790
占全球份额（%）		10.9	13.6	16.7	20.5	25.6	32.4	36.8	37.6	40.1	42.2	44.6	45.8

数据来源：全球风能协会（GWEC）发布的 Global Wind Report 2016，下载网址为 www.gwec.net。

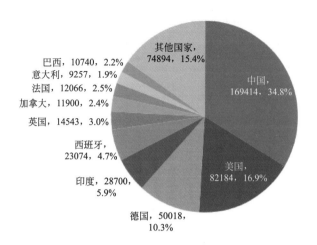

图 4-23　2016 年全球累计风电装机容量排名前 10 位的国家

数据来源：全球风能协会（GWEC）发布的 *Global Wind Report 2016*，下载网址为 www.gwec.net。

　　2005—2016 年，"一带一路"区域内累计风电装机容量整体呈上升趋势，目前处于平稳上升阶段；"一带一路"区域内累计风电装机容量占全球份额持续上升，上升速度先快后慢，在 2011 年出现拐点。2016 年，"一带一路"区域内累计风电装机容量为 223029 兆瓦，占全球份额达到 45.8%（见图 4-24）。

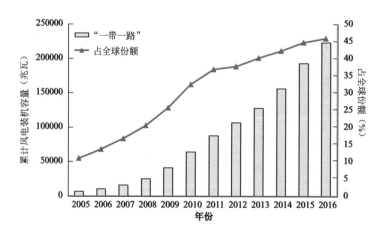

图 4-24　"一带一路"累计风电装机容量

数据来源：全球风能协会（GWEC）发布的 *Global Wind Report 2016*，下载网址为 www.gwec.net。

　　按"一带一路"分区统计发现："一带一路"区域内累计风电装机容量排在首位的是东北亚，2016 年累计风电装机容量为 169414 兆瓦，占"一带一路"

份额为 76.0%；排在第 2 位的是南亚，累计风电装机容量为 28982 兆瓦，占"一带一路"份额为 13.0%；排在第 3 位的是中东欧，累计风电装机容量为 17051 兆瓦，占"一带一路"份额为 7.6%；排在后面的依次是西亚（占"一带一路"份额为 2.8%）、北非（占"一带一路"份额为 0.4%）、东南亚、中亚和俄罗斯（见图 4-25）。从累计风电装机容量的历史趋势上看，东北亚累计风电装机容量上升速率最快；中东欧、南亚和西亚区域稳步上升；北非、中亚和俄罗斯地区近年来风能发电实施力度较弱，在风能发电上进展缓慢（见图 4-26）。

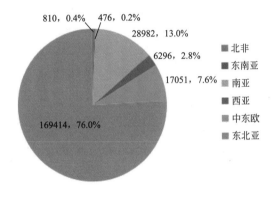

图 4-25　2016 年"一带一路"累计风电装机容量

数据来源：全球风能协会（GWEC）发布的 Global Wind Report 2016，下载网址为 www.gwec.net。

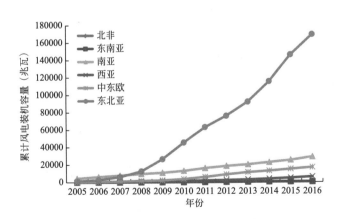

图 4-26　"一带一路"分区累计风电装机容量

数据来源：全球风能协会（GWEC），Global Wind Report 2016。

2015 年，全球风能发电量为 713.8 太瓦时，其中，"一带一路"风能发电量为 224.3 太瓦时，占全球份额为 31.4%。2015 年全球风电消费量为 841.2 太瓦时，其中，"一带一路"风电消费量为 265.6 太瓦时，占全球份额为 31.6%（见表 4-27）。按"一带一路"分区统计，2015 年风能发电量排在首位的是东北亚，风能发电量为 159.9 太瓦时，占"一带一路"总风能发电量的 22.4%；其次是南亚，其风能发电量为 34.1 太瓦时，占"一带一路"总风能发电量的 4.8%；排在第 3 位的是中东欧，其风能发电量为 19.7 太瓦时，占"一带一路"总风能发电量的 2.8%。2015 年风电消费量排在首位的是东北亚，其风电消费量为 186.6 太瓦时，占"一带一路"总风电消费量的 22.2%；排在第 2 位的是南亚，风电消费量为 42.0 太瓦时，占"一带一路"总风电消费量的 5.0%；排在第 3 位的是中东欧，风电消费量为 22.4 太瓦时，占"一带一路"总风电消费量的 2.7%。对比风能发电量和风电消费量发现，2015 年风电消费量基本上保持平衡，风电消费量略大于风能发电量（见表 4-27）。

表 4-27 "一带一路"风能发电量及风电消费量情况

区 域	国家及地区	装机容量（兆瓦）			风电消费量（吉瓦时）	风能发电量（吉瓦时）	风能发电量占总装机容量份额（%）
		总 计	陆 上	海 上			
北非	埃及	610	610	0	1505	1332	—
	小计	610	610	0	1505	1332	0.2
东北亚	蒙古	51	51	0	0	125	—
	中国大陆地区	145104	144086	1018	185100	158271	33.4
	中国台湾地区	647	647	0	1525	1501	0.1
	小计	145802	144784	1018	186625	159897	—
东南亚	印度尼西亚	1	1	0	0	1	—
	菲律宾	387	387	0	641	152	—
	泰国	223	223	0	427	305	0.1
	越南	135	135	0	204	68	—
	小计	746	746	0	1272	526	—
俄罗斯	俄罗斯	103	103	0	0	5	—
南亚	孟加拉国	2	2	0	0	4	—
	印度	25088	25088	0	41404	33455	5.8
	巴基斯坦	256	256	0	639	459	0.1
	斯里兰卡	76	76	0	0	147	—
	小计	25422	25422	0	42043	34065	—
西亚	阿塞拜疆	66	66	0	0	2	—
	巴林	1	1	0	0	1	—
	伊朗	117	117	0	245	256	—

续表

区域	国家及地区	装机容量（兆瓦）			风电消费量（吉瓦时）	风能发电量（吉瓦时）	风能发电量占总装机容量份额（%）
		总　计	陆　上	海　上			
西亚	以色列	6	6	0	0	9	—
	约旦	119	119	0	0	2	—
	黎巴嫩	1	1	0	0	1	—
	叙利亚	1	1	0	0	1	—
	土耳其	4694	4694	0	11552	8520	1
	阿联酋	1	1	0	0	1	—
	小计	5006	5006	0	11797	8793	
中东欧	白罗斯	3	3	0	0	11	
	玻利维亚	3	3	0	0	8	
	保加利亚	700	700	0	1450	1331	0.2
	克罗地亚	423	423	0	0	730	—
	捷克	281	281	0	572	477	1.3
	爱沙尼亚	341	341	0	0	604	—
	匈牙利	329	329	0	696	657	0.1
	拉脱维亚	69	69	0	0	141	—
	立陶宛	424	424	0	808	639	—
	摩尔多瓦	1	1	0	0	1	—
	波兰	5100	5100	0	10800	7676	1.2
	罗马尼亚	3244	3244	0	7044	6201	0.7
	塞尔维亚	10	10	0	0.42		0.14
	斯洛伐克	3	3	0	0	6	—
	斯洛文尼亚	4	4	0	0	4	—
	乌克兰	426	426	0	1025	1172	—
	小计	11361	11361	0	22395	19658	
中亚	哈萨克斯坦	68	68	0	0	13	
	小计	68	68	0	0	13	
"一带一路"合计		189118	188100	1018	265637	224289	
全球总计		431948	419787	12161	841231	713846	
"一带一路"占全球比例（%）		43.8	44.8	8.4	31.6	31.4	

注：装机容量和风能发电量数据来自 IRENA，*Renewable Energy Statistics 2016*；风电消费量和风能发电量数据来自 BP，*Statistical Review of World Energy 2016*。

三、地热能

2006—2016 年，全球累计地热发电装机容量整体呈缓慢上升趋势，从 2006 年的 9655 兆瓦上升到 2016 年的 13438 兆瓦，年均增长 378 兆瓦。同样，"一带一路"区域内累计地热发电装机容量呈递增趋势，从 2006 年的 2963 兆瓦上升到 2016 年的 4403 兆瓦，年均增长 144 兆瓦，增长速度低于全球增长速度（见表 4-28）。

表 4-28　"一带一路"区域历年累计地热发电装机容量　　　单位：兆瓦

年　份	中　国	印度尼西亚	菲律宾	俄罗斯	土耳其	"一带一路"合计	全球总计	占全球份额（%）
2006 年	28	850	1978	79	28	2963	9655	30.7
2007 年	28	980	1958	82	28	3076	10121	30.4
2008 年	24	1052	1958	82	35	3151	10575	29.8
2009 年	24	1189	1953	82	82	3330	10928	30.5
2010 年	24	1193	1966	82	94	3359	11152	30.1
2011 年	24	1209	1783	82	114	3212	11071	29.0
2012 年	24	1339	1848	82	114	3407	11397	29.9
2013 年	27	1339	1868	82	226	3542	11917	29.7
2014 年	27	1401	1917	82	405	3832	12492	30.7
2015 年	27	1401	1917	82	624	4051	12995	31.2
2016 年	27	1590	1929	82	775	4403	13438	32.8
2016 年占"一带一路"份额（%）	0.6	36.1	43.8	1.9	17.6	100.0		

数据来源：BP. *Statistical Review of World Energy 2017*。

"一带一路"区域内采用地热发电的国家有 5 个，分别为中国、印度尼西亚、菲律宾、俄罗斯和土耳其。2016 年，地热发电装机容量排在首位的是菲律宾，装机容量为 1929 兆瓦，占"一带一路"地热发电装机容量的 43.8%；排在第 2 位的是印度尼西亚，装机容量为 1590 兆瓦，占"一带一路"装机容量的 36.1%；排在第 3 位的是土耳其，装机容量为 775 兆瓦，占"一带一路"装机容量的 17.6%（见表 4-28）。东南亚在利用地热能方面领先于"一带一路"其他区域，中国和俄罗斯近 10 年几乎未新增地热发电设备。

　　"一带一路"历年累计地热发电装机容量逐渐递增，占全球份额几乎持平，维持在 30% 左右（见图 4-27）。

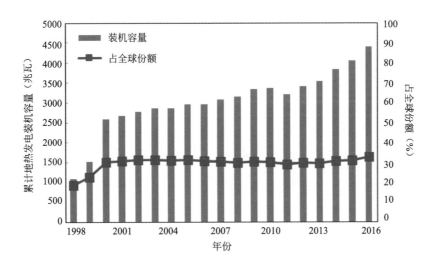

图 4-27 "一带一路"历年累计地热发电装机容量

数据来源：BP. *Statistical Review of World Energy 2017*。

　　据国际可再生能源机构（IRENA）等统计，2014 年全球地热发电装机容量达 70023.77 兆瓦，其中，"一带一路"区域内地热发电装机容量为 25110.4 兆瓦，占全球的 35.8%（见表 4-29）。2014 年全球地热作为直接能源使用量达 162.6 太瓦时，其中，"一带一路"区域内使用量达 72.5 太瓦时，占全球份额为 44.6%。

　　"一带一路"区域内地热发电装机容量排名前 5 位的国家有中国（17870 兆瓦）、土耳其（2886.3 兆瓦）、匈牙利（905.6 兆瓦）、印度（986.0 兆瓦）、波兰（488.8 兆瓦），分别占全球份额为 25.52%、4.12%、1.29%、1.41%、0.70%（见表 4-29）。

　　"一带一路"区域内地热作为直接能源使用排名前 5 位的国家有中国（48.43 太瓦时）、土耳其（12.53 太瓦时）、匈牙利（2.85 太瓦时）、俄罗斯（1.71 太瓦时）、印度（1.20 太瓦时），分别占全球份额为 29.79%、7.71%、1.75%、1.05%、0.74%（见表 4-29）。

表 4-29 2014 年地热作为直接能源使用情况

区 域	国 家	装机容量（兆瓦）	装机容量占全球份额（%）	使 用 量（吉瓦时）	使用量占全球份额（%）
俄罗斯	俄罗斯	308.2	0.44	1706.66	1.05
东北亚	中国	17870	25.52	48434	29.79
	小计	17870	25.52	48434	29.79
东南亚	印度尼西亚	2.3	0.003	11.83	0.005
	菲律宾	3.3	0.007	11	0.005
	泰国	128.51	0.18	328.14	0.20
	越南	31.2	0.04	25.65	0.02
	小计	165.31	0.24	376.62	0.23
南亚	印度	986.0	1.41	1195.1	0.74
	尼泊尔	3.32	0.00	22.53	0.01
	巴基斯坦	0.54	0.00	0.68	0.00
	小计	989.86	1.41	1218.31	0.75
西亚	格鲁吉亚	73.42	0.10	193.12	0.12
	伊朗	81.5	0.12	306.45	0.19
	以色列	82.4	0.12	609.22	0.37
	约旦	153.3	0.22	427.81	0.26
	沙特阿拉伯	44	0.06	42.47	0.03
	土耳其	2886.3	4.12	12536	7.71
	也门	1	0.00	4.17	0.00
	小计	3321.92	4.74	14119.24	8.68
中东欧	阿尔巴尼亚	16.23	0.02	29.89	0.02
	白罗斯	4.73	0.01	31.54	0.02
	波黑	23.92	0.03	70.1	0.04
	保加利亚	93.11	0.13	340.14	0.21
	克罗地亚	79.94	0.11	190.16	0.12
	爱沙尼亚	63	0.09	98.9	0.06
	匈牙利	905.6	1.29	2852.47	1.75
	拉脱维亚	1.63	0.00	8.84	0.01
	立陶宛	94.6	0.14	198.04	0.12
	波兰	488.8	0.70	761.89	0.47
	罗马尼亚	245.13	0.35	529.3	0.33
	塞尔维亚	115.64	0.17	500.73	0.31
	斯洛伐克	149.4	0.21	686.05	0.42
	斯洛文尼亚	152.75	0.22	315.93	0.19
	乌克兰	10.9	0.02	33	0.02
	小计	2445.4	3.49	6646.98	4.09

续表

区 域	国 家	装机容量（兆瓦）	装机容量占全球份额（%）	使 用 量（吉瓦时）	使用量占全球份额（%）
北非	埃及	6.8	0.01	24.45	0.02
	小计	6.8	0.01	24.45	0.02
中亚	塔吉克斯坦	2.93	0.00	15.39	0.01
	小计	2.93	0.00	15.39	0.01
"一带一路"合计		25110.42	35.83	72541.65	44.62
全球总计		70023.77	100.00	162573.83	100.00

数据来源：IRENA，*Renewable Energy Statistics 2016*；BP，*Statistical Review of World Energy 2016*；REN21，*Renewables 2016 Global Status Report*。

四、生物质能

全球生物质能产能在逐年增加，近 10 年来，从 2007 年的 3747 万吨油当量增加到 2016 年的 8231 万吨油当量。2015 年，全球生物质产能排名前 10 位的国家依次为美国、巴西、德国、法国、中国、阿根廷、荷兰、泰国、印度尼西亚和加拿大。其中，属于"一带一路"区域内的国家仅有中国、泰国和印度尼西亚，在全球中的排名分别为第 5 位、第 8 位和第 9 位，占全球生物质产能的份额分别为 3.25%、2.02% 和 1.79%（见表 4-30），所占全球份额均较小。

表 4-30 全球生物质产能排名前 10 位的国家

排 名	国 家	生物质产能（万吨油当量）				
		2011 年	2012 年	2013 年	2014 年	2015 年
1	美国	2852	2727	2846	3012	3098
2	巴西	1321	1352	1569	1652	1764
3	德国	283	289	263	337	313
4	法国	186	207	222	260	259
5	中国	167	193	210	221	243
6	阿根廷	222	228	201	258	196
7	荷兰	65	125	145	175	175
8	泰国	72	99	125	140	151
9	印度尼西亚	110	139	174	253	134
10	加拿大	85	100	97	110	106
	全球总计	6116	6228	6726	7421	7485

资料来源：BP．*Statistical Review of World Energy 2016*。

五、固体垃圾能

国际可再生能源机构（IRENA，2016）公布数据显示，2016 年，全球固体垃圾发电装机容量为 12912 兆瓦，其中，"一带一路"区域内装机容量为 1285 兆瓦，占全球份额为 9.95%；"一带一路"区域中以南亚和东南亚领先。

欧盟统计局（Eurostat）2016 年数据显示，"一带一路"区域内 2016 年城市固体垃圾人均生产能力为 2971 千克，可获得发电量为 4.47 太瓦时，占全球城市固体垃圾总发电量份额为 11.15%，如表 4-31 所示。

表 4-31　2016 年"一带一路"固体垃圾发电量

国家及地区	发电装机容量 *（兆瓦）	城市固体垃圾发电量 *（吉瓦时）	城市固体垃圾人均生产能力 **（千克）
中国台湾地区	629	1596	—
东北亚	629	1596	—
印度尼西亚	7	32	190*
马来西亚	16	17	555
新加坡	128	963	544*
泰国	75	201	624*
东南亚	226	1213	1913*
印度	274	1090	124*
南亚	274	1090	124*
阿塞拜疆	37	174	0
以色列	6	14	774*
卡塔尔	25	110	485*
西亚	68	298	1259*
捷克	45	88	310
匈牙利	22	137	385
拉脱维亚			281
立陶宛	10	29	433
波兰			272
斯洛伐克	11	22	321
斯洛文尼亚			414
中东欧	88	276	2416
"一带一路"合计	1285	4473	2971
全球总计	12912	40131	
占全球份额（%）	9.95	11.15	

资料来源：* 表示数据来源于国际可再生能源机构（IRENA），2016；** 表示数据来源于欧盟统计局（Eurostat），2016。

第三节

电 力

发电方式主要有水电、煤电、气电、油电、可再生能源发电、核电等。世界银行 2013 年统计结果表明：全球总发电量为 23354.4 太瓦时，其中，"一带一路"区域内总发电量为 11052.4 太瓦时，占全球份额为 47.3%（见表 4-32）。其中，"一带一路"区域内煤电量为 5920.2 太瓦时，气电量为 2151.8 太瓦时，油电量为 396.0 太瓦时，水电量为 1631.7 太瓦时，可再生能源发电量为 336.4 太瓦时，核电量为 507.3 太瓦时，其他类型发电量为 108.9 太瓦时，分别占全球相应类型发电量的份额为 61.7%、42.5%、47.1%、43.4%、26.7%、20.5%、31.1%（见图 4-28）。

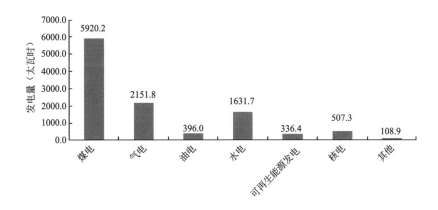

图 4-28 "一带一路"区域内不同类型发电量

数据来源：世界银行，2013 年。

按"一带一路"分区统计结果表明：排在第 1 位的是东北亚，其总发电量为 5427.20 太瓦时，占全球总发电量份额为 23.24%；排在第 2 位的是南亚，其总发电量为 1359.90 太瓦时，占全球总发电量份额为 5.82%；排在第 3 位的是西亚，其总发电量为 1285.5 太瓦时，占全球总发电量份额为 5.50%（见表 4-32 和图 4-29）。按"一带一路"国家排名来看，排在第 1 位的是中国，其总发电量为 5422.20 太瓦时，占全球总发电量份额为 23.22%，其中以煤电为主，占其总发电量份额为 75.4%；排在第 2 位的是印度，其总发电量为 1193.5 太瓦时，占全球总发电量份额为 5.11%，同样以煤电为主，占其总发电量份额为 72.8%；排在第 3 位的是俄罗斯，其总发电量为 1057.6 太瓦时，占全球总发电量份额为 4.53%，其中以气电量为主，占其总发电量的份额为 50.1%（见表 4-32）。

表 4-32 "一带一路"区域内不同类型发电量统计 单位：太瓦时

区 域	国 家	总发电量	煤 电	气 电	油 电	水 电	可再生能源发电	核 电	其 他
北非	埃及	167.80	0.00	128.87	24.33	12.92	1.51	0.00	0.17
	小计	167.80	0.00	128.87	24.33	12.92	1.51	0.00	0.17
东北亚	蒙古	5.00	4.65	0.00	0.27	0.00	0.09	0.00	0.00
	中国	5422.20	4088.34	97.60	5.42	910.93	195.20	113.87	10.84
	小计	5427.20	4092.98	97.60	5.69	910.93	195.28	113.87	10.84
东南亚	文莱	4.40	0.00	4.36	0.04	0.00	0.00	0.00	0.00
	柬埔寨	1.80	0.17	0.00	0.59	1.03	0.01	0.00	0.00
	印度尼西亚	215.60	110.39	51.74	26.73	17.03	9.70	0.00	0.00
	老挝	0.00	0.00	0.00	0.00	0.00	0.00	0.00	0.00
	马来西亚	138.30	53.38	67.63	5.39	10.65	1.24	0.00	0.00
	缅甸	11.90	0.51	2.44	0.06	8.89	0.00	0.00	0.00
	菲律宾	75.30	32.08	18.83	4.52	10.01	9.86	0.00	0.00
	新加坡	48.00	0.38	43.92	2.35	0.00	0.72	0.00	0.62
	泰国	165.70	32.97	116.98	1.66	5.80	8.29	0.00	0.00
	东帝汶	0.00	0.00	0.00	0.00	0.00	0.00	0.00	0.00
	越南	127.00	24.77	42.67	2.29	57.15	0.13	0.00	0.00
	小计	788.00	254.65	348.57	43.63	110.56	29.96	0.00	0.63
俄罗斯	俄罗斯	1057.60	160.76	529.86	8.46	180.85	0.00	172.39	5.29
南亚	阿富汗	0.00	0.00	0.00	0.00	0.00	0.00	0.00	0.00
	孟加拉国	53.00	1.22	44.04	6.68	0.90	0.16	0.00	0.00
	不丹		0.00	0.00	0.00	0.00	0.00	0.00	0.00
	印度	1193.50	868.87	65.64	22.68	142.03	59.68	34.61	0.00
	尼泊尔	3.60	0.00	0.00	0.01	3.59	0.00	0.00	0.00
	巴基斯坦	97.80	0.10	25.72	35.99	31.20	0.00	4.79	0.00
	斯里兰卡	12.00	1.46	0.00	3.35	6.90	0.28	0.00	0.01
	小计	1359.90	871.65	135.41	68.70	184.61	60.11	39.40	0.01
西亚	阿塞拜疆	23.40	0.00	21.76	0.02	1.50	0.07	0.00	0.05
	巴林	25.90	0.00	25.90	0.00	0.00	0.00	0.00	0.00
	伊朗	270.40	0.54	178.46	70.57	15.14	0.27	5.41	0.00
	伊拉克	73.60	0.00	40.19	14.13	5.81	0.00	0.00	13.47
	以色列	59.90	32.05	25.10	2.16	0.00	0.60	0.00	0.00
	约旦	17.30	0.00	4.34	12.89	0.05	0.02	0.00	0.00
	科威特	61.00	0.00	22.45	38.55	0.00	0.00	0.00	0.00
	黎巴嫩	18.20	0.00	0.00	17.00	1.20	0.00	0.00	0.00
	阿曼	26.20	0.00	25.52	0.68	0.00	0.00	0.00	0.00

续表

区　域	国　家	总发电量	煤　电	气　电	油　电	水　电	可再生能源发电	核　电	其　他
西亚	卡塔尔	34.70	0.00	34.70	0.00	0.00	0.00	0.00	0.00
	沙特阿拉伯	284.00	0.00	149.95	68.16	0.00	0.00	0.00	65.89
	叙利亚	25.90	0.00	16.11	6.81	2.98	0.00	0.00	0.00
	土耳其	240.20	63.89	105.21	1.68	59.33	9.85	0.00	0.24
	阿联酋	106.20	0.00	104.82	1.38	0.00	0.00	0.00	0.00
	也门	8.50	0.00	2.72	5.78	0.00	0.00	0.00	0.00
	格鲁吉亚	10.10	0.00	1.80	0.00	8.30	0.00	0.00	0.00
	小计	1285.5	96.5	759.0	239.8	94.3	10.8	5.4	79.6
中东欧	阿尔巴尼亚	7.00	0.00	0.00	0.00	7.00	0.00	0.00	0.00
	白罗斯	31.50	0.00	31.00	0.19	0.13	0.13	0.00	0.06
	波黑	17.50	10.17	0.04	0.04	7.26	0.00	0.00	0.00
	保加利亚	43.10	19.40	2.33	0.22	4.09	2.84	14.18	0.04
	克罗地亚	13.30	2.42	2.02	0.23	7.98	0.65	0.00	0.00
	捷克	86.20	44.31	1.72	0.09	2.76	6.55	30.77	0.00
	爱沙尼亚	13.30	0.29	0.09	0.13	0.03	1.20	0.00	11.56
	匈牙利	30.30	6.39	5.54	0.06	0.21	2.58	15.39	0.12
	拉脱维亚	6.20	0.00	2.67	0.00	2.91	0.62	0.00	0.01
	立陶宛	4.20	0.00	2.21	0.21	0.52	1.00	0.00	0.26
	马其顿	6.10	4.03	0.36	0.12	1.59	0.01	0.00	0.01
	摩尔多瓦	4.50	0.00	4.17	0.02	0.31	0.00	0.00	0.00
	黑山	3.90	1.42	0.00	0.00	2.48	0.00	0.00	0.00
	波兰	164.00	139.73	5.25	1.80	2.46	14.60	0.00	0.16
	罗马尼亚	58.50	16.91	9.24	0.59	14.98	5.21	11.58	0.00
	塞尔维亚	39.20	28.66	0.31	0.00	10.19	0.04	0.00	0.00
	斯洛伐克	28.50	3.53	2.39	0.43	4.85	1.51	15.70	0.09
	斯洛文尼亚	15.80	4.88	0.51	0.00	4.61	0.47	5.31	0.02
	乌克兰	193.70	80.97	13.95	0.39	13.75	1.36	83.29	0.00
	小计	766.80	363.10	83.80	4.49	88.10	38.76	176.23	12.32
中亚	哈萨克斯坦	95.40	77.56	9.54	0.57	7.73	0.00	0.00	0.00
	吉尔吉斯斯坦	14.00	0.78	0.03	0.10	13.09	0.00	0.00	0.00
	塔吉克斯坦	17.10	0.00	0.05	0.00	17.05	0.00	0.00	0.00
	土库曼斯坦	18.90	0.00	18.90	0.00	0.00	0.00	0.00	0.00
	乌兹别克斯坦	54.20	2.22	40.16	0.27	11.54	0.00	0.00	0.00
	小计	199.60	80.57	68.68	0.94	49.41	0.00	0.00	0.00
"一带一路"合计		11052.4	5920.2	2151.8	396.0	1631.7	336.4	507.3	108.9
全球总计		23354.4	9598.7	5067.9	840.8	3760.1	1261.1	2475.6	350.3
占全球份额（%）		47.3	61.7	42.5	47.1	43.4	26.7	20.5	31.1

数据来源：世界银行，2013 年。

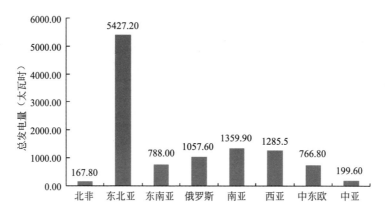

图 4-29   "一带一路"区域内发电量分布

数据来源：世界银行，2013 年。

据 BP 统计数据表明，"一带一路"区域内总发电量整体呈逐年上升趋势，在 2000 年以后处于快速上升阶段，占全球总发电量份额也稳步上升，到 2015 年占全球份额接近 50%（见图 4-30）。

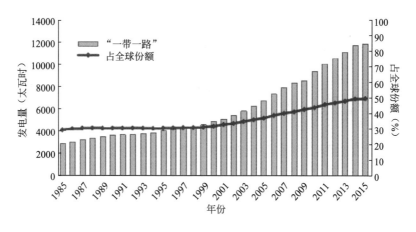

图 4-30   "一带一路"区域发电量

数据来源：BP. Statistical Review of World Energy 2016。

1. 水电

世界能源理事会（World Energy Council）2016 年公布的数据表明：在全球前 20 位未动用水力发电潜力的国家中，属于"一带一路"区域内的国家有俄罗斯（排名第 1 位）、中国（第 2 位）、印度（第 4 位）、印度尼西亚（第 6

位)、塔吉克斯坦(第9位)、巴基斯坦(第13位)、土耳其(第15位)、缅甸(第19位)和玻利维亚(第20位)。俄罗斯未动用水力发电潜力为1509.83太瓦时/年,其中,总水力发电潜力为1670.00太瓦时/年,当前未动用率仅为10%;中国未动用水力发电潜力为1013.60太瓦时/年,其中,总水力发电潜力为2140.00太瓦时/年,当前未动用率为41%;印度未动用水力发电潜力为540.00太瓦时/年,其中,总水力发电潜力为660.00太瓦时/年,当前未动用率为21%(见表4-33)。

表4-33 全球前20位未动用水力发电潜力的国家

排　名	国　家	未动用水力发电潜力 (太瓦时/年)	总水力发电潜力 (太瓦时/年)	当前未动用率 (%)
1	俄罗斯	1509.83	1670.00	10
2	中国	1013.60	2140.00	41
3	加拿大	805.11	1180.74	32
4	印度	540.00	660.00	21
5	巴西	435.54	817.60	48
6	印度尼西亚	388.29	401.65	3
7	秘鲁	369.06	395.12	6
8	刚果	306.51	314.38	2
9	塔吉克斯坦	299.27	317.00	5
10	美国	278.78	528.92	52
11	尼泊尔	205.78	209.34	2
12	委内瑞拉	181.16	260.72	31
13	巴基斯坦	172.82	20400	14
14	挪威	161.00	300.00	45
15	土耳其	149.10	216.00	27
16	哥伦比亚	151.00	200.00	22
17	安哥拉	147.05	150.00	3
18	智利	137.43	162.00	12
19	缅甸	134.22	140..00	4
20	玻利维亚	123.66	126.00	2

数据来源:World Energy Council. *World Energy Resources 2016*。

世界能源理事会2016年公布的数据表明:2015年全球总水力发电装机容量为1212300兆瓦,其中,"一带一路"区域内水力发电装机容量为571621兆瓦,占全球份额为47.2%(见表4-34)。按"一带一路"分区统计,水力发电装机容量排在首位的是东北亚,其水力发电装机容量达324053兆瓦，占"一带一路"区域份额为 56.7%；其次是南亚，其水力发电装机容量为 56929 兆瓦，占"一带一路"区域份额为 9.96%；排在第 3 位的是俄罗斯，其水力发电装机容量为 50624 兆瓦，占"一带一路"区域份额为 8.86%；排在后面的依次是西亚（占"一带一路"区域份额为 8.02%）、东南亚（占"一带一路"区域份额为 7.35%）、中东欧（占"一带一路"区域份额为 6.5%）、中亚（占"一带一路"区域份额为 2.15%）和北非（占"一带一路"区域份额为 0.49%）。按"一带一路"区域国家统计，水力发电装机容量排在前 5 位的分别是中国（占"一带一路"区域份额为 56.7%）、俄罗斯（占"一带一路"区域份额为 8.86%）、印度（占"一带一路"区域份额为 8.23%）、土耳其（占"一带一路"区域份额为 4.53%）、越南（占"一带一路"区域份额为 2.66%）。

水力发电装机容量包括蓄电站蓄电容量和非蓄电站蓄电容量两部分。"一带一路"区域水力发电装机容量为 571621 兆瓦，其中，蓄电站蓄电容量为 42761 兆瓦，占全球蓄电站蓄电容量的份额为 29.6%；非蓄电站蓄电容量为 528860 兆瓦，占全球非蓄电站蓄电容量的份额为 49.5%（见表 4-34）。

净水力发电估算量和水电消费量对比发现，二者相差不大，损失值较小。2015 年，全球净水力发电估算量为 3969115 吉瓦时，其中，"一带一路"区域净水力发电量为 1840274 吉瓦时，占全球净水力发电量的份额为 46.4%；全球水电消费量为 3946250 吉瓦时，其中，"一带一路"区域水电消费量为 1703999 吉瓦时，占全球水电消费量的份额为 43.2%。

按"一带一路"分区统计，2015 年水电消费量排在首位的是东北亚，其水电消费量达 1130890 吉瓦时，占"一带一路"区域份额为 66.4%；其次是俄罗斯，其水电消费量为 169941 吉瓦时，占"一带一路"区域份额为 9.97%；排在第 3 位的是南亚，其水电消费量为 159826 吉瓦时，占"一带一路"区域份额为 9.38%；排在后面的依次是东南亚（占"一带一路"区域份额为 6.35%）、西亚（占"一带一路"区域份额为 4.03%）、中东欧（占"一带一路"区域份额为 2.03%）、中亚（占"一带一路"区域份额为 1.10%）和北非（占"一带一路"区域份额为 0.77%）。按"一带一路"区域国家统计，2015 年水电消费量排在前 5 位的分别是中国（占"一带一路"区域份额为 66.4%）、俄罗斯（占"一带一路"区域额为 9.97%）、印度（占"一带一路"区域份额为 7.3%）、土耳其（占"一带一路"区域份额为 3.93%）和越南（占"一带一路"区域份额为 3.75%)(见表 4-34）。

表4-34 2015年"一带一路"区域内水力发电装机容量和水电消费量对比

国家及地区	装机容量（兆瓦）	蓄电站蓄电容量（兆瓦）	非蓄电站蓄电容量（兆瓦）	净水力发电估算量（吉瓦时）	水电消费量（吉瓦时）
埃及	2800	—	2800	13700	13063
北非	2800	—	2800	13700	13063
中国大陆地区	319370	23060	296310	1126420	1126420
中国台湾地区	4683	2602	2081	4193	4470
东北亚	324053	25662	298391	1130613	1130890
印度尼西亚	5258	—	5258	13741	16039
老挝	4168	—	4168	18700	—
马来西亚	5472	—	5472	11984	14741
缅甸	3140	—	3140	5776	—
菲律宾	4235	685	3550	9951	9824
泰国	4510	1000	3510	11684	3761
越南	15211	—	15211	62627	63821
东南亚	41994	1685	40309	134463	108186
俄罗斯	50624	1360	49264	160171	169941
孟加拉国	230	—	230	1491	898
不丹	1	—	1	1	—
印度	47057	4786	42271	129000	124374
尼泊尔	753	—	753	3635	—
巴基斯坦	7264	—	7264	31180	34554
斯里兰卡	1624	—	1624	5121	—
南亚	56929	4786	52143	170428	159826
阿富汗	400	—	400	911	145
阿塞拜疆	1116	—	1116	2444	1638
格鲁吉亚	2727	—	2727	8807	—
伊朗	11196	1040	10156	13785	—
伊拉克	2753	240	2513	4403	—
以色列	7	—	7	28	—
约旦	12	—	12	59	—
黎巴嫩	221	—	221	658	—
叙利亚	1505	—	1505	2769	—
土耳其	25886	—	25886	66900	66903
西亚	45823	1280	44543	100764	68686
阿尔巴尼亚	1527	—	1527	4000	—
白罗斯	33	—	33	111	121

续表

国家及地区	装机容量（兆瓦）	蓄电站蓄电容量（兆瓦）	非蓄电站蓄电容量（兆瓦）	净水力发电估算量（吉瓦时）	水电消费量（吉瓦时）
玻利维亚	1615	—	1615	7781	—
波黑	494	—	494	2337	—
保加利亚	3129	864	2265	3968	5788
克罗地亚	2141	293	1848	6314	—
捷克	2259	1172	1087	3070	—
爱沙尼亚	8	—	8	27	—
匈牙利	56	—	56	230	233
拉脱维亚	1576	—	1576	3175	—
立陶宛	876	760	116	508	—
摩尔多瓦	76	—	76	373	—
黑山	658	—	658	1800	—
波兰	2351	1782	569	2361	1832
罗马尼亚	6705	92	6613	14482	16332
塞尔维亚	2835	614	2221	11500	—
斯洛伐克	2522	916	1606	3792	4067
斯洛文尼亚	1479	180	1299	4106	—
乌克兰	6785	1315	5470	11021	6294
中东欧	37125	7988	29137	80956	34667
哈萨克斯坦	2260	—	2260	7325	7907
吉尔吉斯斯坦	3091	—	3091	13809	—
塔吉克斯坦	5190	—	5190	17731	—
土库曼斯坦	1	—	1	3	—
乌兹别克斯坦	1731	—	1731	10311	10833
中亚	12273	0	12273	49179	18740
"一带一路"合计	571621	42761	528860	1840274	1703999
全球总计	1212300	144500	1067900	3969115	3946250
占全球份额（%）	47.2	29.6	49.5	46.4	43.2

数据来源：World Energy Council. *World Energy Resources 2016*。

2. 可再生能源发电

可再生能源发电不包括水力发电。根据美国能源信息署 2016 年公布的数据统计表明：2014 年全球可再生能源总发电量达 1479.5 太瓦时，其中，"一带一路"区域内可再生能源发电量为 419.9 太瓦时，占全球份额为 28.4%（见表 4-35）。

表4-35 "一带一路"区域内历年可再生能源发电量　　单位：大瓦时

国家及地区	2005年	2006年	2007年	2008年	2009年	2010年	2011年	2012年	2013年	2014年
埃及	0.6	0.6	0.8	0.9	1.1	1.7	1.7	1.5	1.5	1.6
北非	0.6	0.6	0.8	0.9	1.1	1.7	1.7	1.5	1.5	1.6
蒙古	0.0	0.0	0.0	0.0	0.0	0.0	0.0	0.0	0.1	0.2
中国大陆地区	4.6	6.5	8.3	30.0	48.0	80.0	111.0	143.0	206.0	243.0
中国台湾地区	3.1	3.4	3.8	4.1	4.2	4.7	5.2	5.1	5.5	5.7
中国香港地区	0.0	0.0	0.0	0.0	0.0	0.1	0.1	0.1	0.1	0.1
东北亚	7.7	9.9	12.1	34.1	52.2	84.8	116.3	148.2	211.7	249.0
菲律宾	9.9	11	10	11	10	10	10	11	9.9	11
印度尼西亚	6.6	6.7	7.1	8.4	9.4	9.5	9.6	9.7	9.7	11
泰国	1.5	1.5	1.8	2.6	3.1	3.4	4.3	5.2	8.4	10
新加坡	0.9	1	1	1	1.1	1.2	1.2	1.3	1.4	1.5
马来西亚	0	0	0.01	0.01	1.2	1	1.1	0.9	1.2	0.9
越南	0.05	0.07	0.08	0.06	0.07	0.1	0.1	0.1	0.1	0.1
柬埔寨	0.02	0.02	0.02	0.02	0.02	0.02	0.02	0.02	0.01	0.02
文莱	0	0	0	0	0	0	0	0	0	0
东南亚	18.97	20.28	20.01	23.09	24.89	25.22	26.32	28.23	30.72	34.52
俄罗斯	3.1	3.2	2.5	3	3.1	3.3	3.3	3.5	3.4	3.7
印度	8.5	11	14	23	30	34	43	53	60	68
巴基斯坦	0	0	0	0	0.01	0.01	0.02	0	0.4	0.4
斯里兰卡	0.02	0.02	0.02	0.03	0.04	0.1	0.1	0.2	0.3	0.3
孟加拉国	0.01	0.01	0.02	0.02	0.03	0.07	0.06	0	0.1	0.1
尼泊尔	0	0	0.01	0.01	0.01	0.02	0.02	0.03	0.04	0.05
南亚	8.52	11.03	14.05	23.06	30.1	34.2	43.2	53.23	60.84	68.85
土耳其	0.3	0.4	0.7	1.2	2.3	4	5.9	7.5	9.9	12
以色列	0.01	0.01	0.01	0.02	0.08	0.1	0.3	0.5	0.5	0.9
伊朗	0.07	0.1	0.1	0.2	0.2	0.2	0.3	0.2	0.4	0.4

续表

国家及地区	2005年	2006年	2007年	2008年	2009年	2010年	2011年	2012年	2013年	2014年
阿联酋	0	0	0	0	0.01	0.02	0.03	0.04	0.1	0.3
阿塞拜疆	0	0	0	0	0	0	0	0	0.1	0.2
沙特阿拉伯	0	0	0.01	0	0	0	0	0.01	0.03	0.04
约旦	0.01	0.01	0.01	0.01	0.01	0.01	0.01	0.01	0.01	0.01
西亚	0.39	0.52	0.82	1.43	2.6	4.34	6.55	8.25	11.04	13.85
波兰	1.9	2.5	3.3	4.5	6.3	8	11	15	15	18
罗马尼亚	0.01	0	0.04	0.03	0.02	0.4	1.6	2.9	5.1	8.3
捷克	0.8	1	1.3	1.7	2.2	3.1	5.4	6	6.6	7.3
匈牙利	1.7	1.4	1.8	2.3	2.8	3	2.6	2.6	2.7	3
保加利亚	0.02	0.03	0.05	0.1	0.2	0.7	1	2.1	2.8	2.8
斯洛伐克	0.06	0.4	0.5	0.5	0.6	0.7	1.2	1.4	1.5	2
乌克兰	0.04	0.04	0.05	0.3	0.2	0.2	0.3	0.7	1.3	1.7
爱沙尼亚	0.09	0.1	0.1	0.2	0.5	1	1.1	1.4	1.3	1.4
立陶宛	0.01	0.04	0.2	0.2	0.3	0.4	0.6	0.8	1	1.2
克罗地亚	0.02	0.03	0.04	0.06	0.08	0.2	0.3	0.4	0.7	0.9
拉脱维亚	0.09	0.09	0.1	0.1	0.1	0.1	0.2	0.4	0.6	0.8
斯洛文尼亚	0.1	0.1	0.1	0.3	0.2	0.2	0.3	0.4	0.5	0.5
玻利维亚	0.06	0.06	0.06	0.1	0.1	0.1	0.1	0.1	0.06	0.2
白罗斯	0.03	0.09	0.09	0.03	0.06	0.09	0.1	0.1	0.2	0.2
塞尔维亚	0	0	0	0	0	0	0	0.01	0.03	0.03
摩尔多瓦	0	0	0	0	0	0	0	0	0	0.02
中东欧	4.93	5.87	7.73	10.42	13.66	18.19	25.8	34.31	39.39	48.35
"一带一路"合计	44.2	51.4	58.0	96.0	127.7	171.8	223.2	277.2	358.6	419.9
全球总计	392.3	435.2	495.4	574.6	661.9	802.9	951.1	1115.4	1306.3	1479.5
占全球份额（%）	11.3	11.8	11.7	16.7	19.3	21.4	23.5	24.9	27.4	28.4

注：1. 数据来源：U.S. Energy Information Administration（EIA，2016 年 11 月更新数据）。2. 本数据表统计的可再生能源发电量不包水力发电量。

按"一带一路"分区统计：2014 年可再生能源发电量排在第 1 位的是东北亚，其可再生能源发电量为 249.0 太瓦时，占全球份额为 16.8%，与 2013 年相比增幅为 37.3 太瓦时，增长率为 17.6%；排在第 2 位的是南亚，其可再生能源发电量为 68.85 太瓦时，占全球份额为 4.7%，与 2013 年相比增幅为 8.01 太瓦时，增长率为 13.2%；排在第 3 位的是中东欧，其可再生能源发电量为 48.35 太瓦时，占全球份额为 3.3%，与 2013 年相比增幅为 8.96 太瓦时，增长率为 22.7%；"一带一路"区域内排位靠后的分区依次是东南亚、西亚、俄罗斯、北非，占全球份额分别为 2.3%、0.9%、0.3%、0.1%（见图 4-31）。

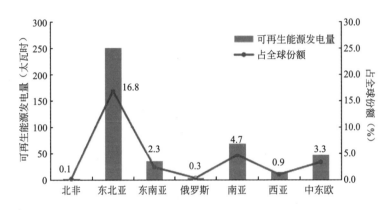

图 4-31 2014 年"一带一路"区域内可再生能源发电量

数据来源：U.S. Energy Information Administration（EIA，2016 年 11 月更新数据）。
注：本数据表统计的可再生能源发电量不包括水电量。

对"一带一路"65 个国家统计发现：2014 年可再生能源发电量排在第 1 位的是中国，可再生能源发电量为 248.8 太瓦时，占全球份额为 59.2%，与 2013 年相比增幅为 37.2 太瓦时，增长率为 17.6%；排在第 2 位的是印度，可再生能源发电量为 68.0 太瓦时，占全球份额为 16.2%，与 2013 年相比增幅为 8.0 太瓦时，增长率为 13.3%；排在第 3 位的是波兰，可再生能源发电量为 18.0 太瓦时，占全球份额为 4.3%，与 2013 年相比增幅为 3.0 太瓦时，增长率为 20%；排在第 4 位的是土耳其，可再生能源发电量为 12.0 太瓦时，占全球份额为 2.9%，与 2013 年相比增幅为 2.1 太瓦时，增长率为 21.2%；排在第 5 位的是菲律宾和印度尼西亚，可再生能源发电量均为 11.0 太瓦时，占全球份额均为 2.6%，与 2013 年相比增幅分别为 1.1 太瓦时和 1.3 太瓦时，增长率分别为 11.1% 和 13.4%。

近10年来，由于全球环境污染越来越严重，清洁能源越来越被认可，全球可再生能源发电量逐年攀升，从2005年的392.3太瓦时增加到2014年的1479.5太瓦时，翻了近5倍。除可再生能源发电量在增长外，可再生能源发电量占全球份额也在逐年攀升。2005—2014年，"一带一路"区域可再生能源发电量和所占全球份额也处于快速上升阶段。2005年"一带一路"区域可再生能源发电量为44.2太瓦时，2014年可再生能源发电量上升到419.86太瓦时，10年来可再生能源发电量上升了375.7太瓦时。另外，"一带一路"区域可再生能源发电量增速超过了全球平均水平。"一带一路"区域可再生能源发电量占全球份额从2005年的11.3%上升到2014年的28.4%（见图4-32）。

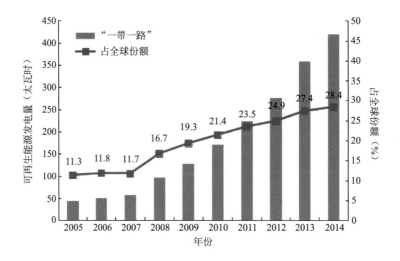

图4-32　"一带一路"区域历年可再生能源发电量

数据来源：U.S. Energy Information Administration（EIA，2016年11月更新数据）。
注：本数据表统计的可再生能源发电量不包括水电量。

从"一带一路"分区统计来看，可再生能源发电量整体呈上升趋势。其中，东北亚处于遥遥领先的地位，且处于快速增长阶段；南亚保持平稳增长；东南亚基本维持在同一水平，增速不太明显；西亚近5年才启动可再生能源发电项目，其增长势头较大；中亚在可再生能源发电领域尚处于空白状态（见图4-33）。

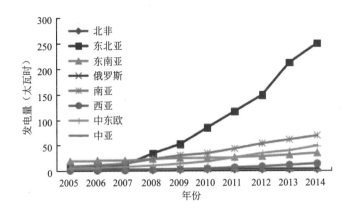

图4-33 "一带一路"区域可再生能源发电量

数据来源：U.S. Energy Information Administration（EIA，2016年11月更新数据）。

注：本数据表统计的可再生能源发电量不包括水电量。

本 章 小 结

　　"一带一路"能源资源非常丰富，石油可采资源量占全球的1/2以上，天然气可采资源量占全球的2/3左右，煤炭探明剩余可采储量约占全球的1/2。在全球已发现石油、天然气可采储量最丰富的前20个资源国中，分布于"一带一路"区域内的均有10个；"一带一路"煤炭资源主要分布在俄罗斯、中国和印度；"一带一路"太阳能发电量集中在东北亚和中东欧，占全球的18%。

第五章　中国能源资源概况

中国能源资源丰富，主要有煤炭、常规油气、非常规油气、核能、可再生能源等，但分布十分不均，经济发达地区远离能源产地，导致交通运输成本高、压力大。据国家统计局数据，2015年中国能源消费总量为43亿吨标准煤，其中，煤炭占64%，石油占18.1%，天然气占5.9%，非化石能源占12%。据BP数据，2016年中国煤炭消费量和二氧化碳排放量均居世界第1位，分别占世界总量的50.6%和27.3%；原油进口量和石油消费量分别居世界第2位，分别占世界总量的18.1%和13.1%；天然气消费量占世界消费总量的5.9%；非化石能源消费量占世界消费总量的20.7%。

第一节

煤　炭

煤炭资源占中国化石能源资源的90%以上，是稳定经济、自主保障程度最高的能源。据BP统计数据，截至2016年年底，中国煤炭剩余开采储量仅次于美国，居世界第2位；煤炭产量为33.6亿吨，居世界第1位。

一、中国煤炭资源概况

中国煤炭资源丰富，分布面积约60万平方千米，约占国土面积的6%。中国煤炭资源主要分布在华北、西北地区，集中在昆仑山—秦岭—大别山以北的北方地区，山西、陕西、内蒙古、新疆4个省（自治区）的煤炭资源最丰富，约占中国煤炭探明资源储量的80%。

据《全国煤炭资源潜力评价（2013）》的统计结果，中国 2000 米以内煤炭资源总量为 5.9 万亿吨，探明煤炭资源储量为 2.02 万亿吨，圈定预测区 2880 个，面积近 45 万平方千米，预测资源量为 3.88 万亿吨（自然资源部，2013）。

二、煤炭资源勘探开发进展

截至 2015 年年底，中国共有煤炭探矿权 1770 个，登记面积 9.76 万平方千米；煤炭采矿权 9480 个，登记面积 5.81 万平方千米。"十二五"期间，新立煤炭探矿权 199 个，登记面积 2.73 万平方千米；新立煤炭采矿权 283 个，登记面积 0.66 万平方千米。

截至 2015 年年底，中国煤炭探明资源储量为 15663.1 亿吨，较 2010 年的 13408.3 亿吨增加了 16.8%；新增探明资源储量为 390.3 亿吨。煤炭探明资源储量在 1000 亿吨以上的省份有 4 个，合计资源储量 12073 亿吨，占全国煤炭探明资源储量的 78.8%；探明资源储量在 100 亿～ 1000 亿吨的省份有 10 个，合计资源储量 2893 亿吨，占全国煤炭探明资源储量的 18.9%（国土资源部，2016）。

我国煤炭探明资源储量主要分布在西部[1]和中部[2]，分别占全国煤炭探明资源储量的 72.3% 和 21.8%。西部主要集中在内蒙古（26.5%）、新疆（24.0%）和陕西（10.7%），中部主要集中在山西（17.6%）。

2015 年，我国煤炭产量为 37.5 亿吨，主要分布在西部和中部，产量分别为 19.7 亿吨和 12.95 亿吨，分别占全国煤炭产量的 52.5% 和 34.5%。西部主要集中在内蒙古（24.3%）和陕西（13.4%），中部主要集中在山西（26.0%）。

煤炭产业的生产集约化、规模水平明显提升。截至 2015 年年底，中国千万吨级煤矿有 53 个，煤炭产量为 7.3 亿吨；亿吨级煤炭企业有 9 家，煤炭产量为 15 亿吨；大型煤炭基地煤炭产量为 35 亿吨，占全国的 93%；年产 30 万吨以下的小煤矿有 6500 个（国家发展改革委，国家能源局，2016）。

[1] 西部地区包括内蒙古自治区、新疆维吾尔自治区、宁夏回族自治区、陕西省、甘肃省、青海省、重庆市、四川省、西藏自治区、广西壮族自治区、贵州省、云南省。

[2] 中部地区包括山西省、河南省、湖北省、安徽省、湖南省、江西省。

三、煤炭储量、产量规划

到 2020 年，中国新增煤炭探明资源储量为 2000 亿吨，煤炭产量为 39 亿吨，煤炭消费量为 41 亿吨；全国煤矿控制在 6000 个左右，120 万吨／年及以上大型煤矿占 80% 以上，30 万吨／年及以下小型煤矿占 10% 以下。产业集中度进一步提高，全国煤炭企业控制在 3000 家以内，5000 万吨及以上大型企业占 60% 以上。

资源综合利用水平提升，煤层气（煤矿瓦斯）产量达 240 亿立方米，煤层气利用量为 160 亿立方米。

第二节

石油和天然气

中国油气资源较丰富，据 BP 统计数据，截至 2016 年年底，中国石油剩余开采储量居世界第 13 位，天然气剩余开采储量居世界第 9 位。2016 年中国原油产量居世界第 7 位，天然气产量居世界第 6 位。

一、中国油气资源概况

中国常规油气资源总量丰富，资源潜力大且分布集中，非常规资源潜力可观（国土资源部油气资源战略研究中心，2015）。目前，中国共有 505 个沉积盆地，沉积岩面积为 670 平方千米，其中，陆相沉积盆地有 424 个，海相沉积盆地有 12 个，海陆相叠合盆地有 69 个。全国已钻探盆地有 86 个，发现油气盆地 79 个，其中 32 个盆地具有工业油气流。

中国油气资源特点表现为"总量较丰富，分布不均，品质一般，人均不足，气比油多"的特点（国土资源部，2016）。据 2015 年全国油气资源动态评价结果显示，中国石油地质、可采资源量分别为 1257 亿吨、301 亿吨，中国天然气地质、可采资源量分别为 90 万亿立方米、50 万亿立方米。预计 2030 年之前，中国年均探明石油地质储量为 10 亿吨，产量保持在 2 亿吨左右。综合考虑天然气、煤层气和页岩气，预计 2030 年之前，我国年均探明天然气地质储量达 7000 亿立方米，2020 年产量突破 2000 亿立方米，2030 年产量达 3000 亿立方米。

二、油气资源潜力及分布

1. 石油地质资源量 1257 亿吨、可采资源量 301 亿吨

石油地质资源量 1257 亿吨、可采资源量 301 亿吨。其中，陆上石油地质资源量 1018 亿吨、可采资源量 230 亿吨；近海石油地质资源量 239 亿吨、可采资源量 71 亿吨。与 2007 年全国油气资源评价结果相比，石油地质资源量、可采资源量分别增加了 492 亿吨、89 亿吨，增幅分别为 64%、42%。

石油地质资源量大于 20 亿吨的盆地有 9 个，包括渤海湾盆地、鄂尔多斯盆地、松辽盆地、塔里木盆地、准噶尔盆地、珠江口盆地、羌塘盆地、柴达木盆地、北部湾盆地，石油地质资源量合计达 1057.84 亿吨，占全国石油地质总资源量的 84%，其中资源量最丰富的是渤海湾盆地（陆上 + 海域），其资源量占全国总资源量的 28%。

2. 天然气地质资源量 90.3 万亿立方米、可采资源量 50.1 万亿立方米

天然气地质资源量 90.3 万亿立方米、可采资源量 50.1 万亿立方米。其中，陆上天然气地质资源量 69.4 万亿立方米、可采资源量 37.9 万亿立方米，近海天然气地质资源量 20.9 万亿立方米、可采资源量 12.2 万亿立方米。

天然气地质资源量大于 3 万亿立方米的盆地有 8 个，包括四川盆地、塔里木盆地、鄂尔多斯盆地、琼东南盆地、松辽盆地、莺歌海盆地、柴达木盆地、珠江口盆地，天然气地质资源量合计 73.33 万亿立方米，占全国的 81%，资源量最丰富的是四川盆地，其资源量占全国总资源量的 23%。

3. 煤层气地质资源量 30.1 万亿立方米、可采资源量 12.5 万亿立方米

煤层气地质资源量 30.1 万亿立方米、可采资源量 12.5 万亿立方米。综合考虑煤层气资源开发需要的规模性、可靠性和可采性，具有现实可开发价值的有利区域可采资源量为 4 万亿立方米。

地质资源量大于 1 万亿立方米的盆地有 10 个，包括鄂尔多斯盆地、沁水盆地、滇东黔西盆地、准噶尔盆地、天山盆地、川南黔北盆地、塔里木盆地、

海拉尔盆地、二连盆地、吐哈盆地，合计地质资源量达 25.55 万亿立方米，占全国总资源量的 85%，其中资源最丰富的是鄂尔多斯盆地，其资源量占全国总资源量的 24%。

4. 页岩气地质资源量 121.8 万亿立方米、可采资源量 21.8 万亿立方米

页岩气地质资源量 121.8 万亿立方米、可采资源量 21.8 万亿立方米。综合分析，具有现实可开发价值的有利区域可采资源量为 5.5 万亿立方米。上扬子及滇黔桂地区页岩气资源丰富，地质资源量为 71.80 万亿立方米，占全国总资源量的 59%。

5. 海域天然气水合物资源量 800 亿吨油当量

目前，通过重点地区普查，圈定了 11 个有利远景区、19 个成矿区带，经过钻探验证圈定了 2 个千亿方级的矿藏[1]。

三、油气资源储量、产量趋势预测

1. 油气资源储量趋势预测

截至 2016 年年底，中国累计探明石油地质储量 381 亿吨，待探明石油资源量 876 亿吨，探明程度达 30.3%，处于勘探中期。中国西部待探明石油地质资源量最多，其次是东部。预计 2030 年前，中国探明石油地质储量仍将保持当前水平，年均探明石油地质储量 10 亿吨。

截至 2016 年年底，中国累计探明天然气地质储量 13.7 万亿立方米，待探明天然气资源量 76.6 万亿立方米，探明程度为 15.2%，尚处于勘探早期。中国中部探明的天然气地质储量最多，探明程度最高，资源潜力也最大；西部居于第 2 位，海域探明程度仅为 3.9%，勘探前景广阔。综合考虑常规天然气、煤层气和页岩气，预计 2030 年前，中国探明天然气地质储量还将保持增长，年均探明天然气地质储量达 7000 亿立方米。

2. 油气产量趋势预测

2016 年，全国石油产量稳中有降，全年石油产量为 1.996 亿吨，是 2011 年以来石油产量首次降至 2 亿吨以下。预计 2030 年前，中国石油产量仍能保持在 2 亿吨左右。到 2020 年，预计原油净进口量为 4.5 亿吨，原油表观消费量为 6.5 亿吨。

---

[1] 2017 年 6 月 2 日，国土资源部《南海神狐海域天然气水合物试采成功》新闻发布会。

常规天然气产量快速上升，2011 年突破 1000 亿立方米，2016 年产量达到 1232 亿立方米，预计 2017—2030 年全国常规天然气产量保持较快增长，但增长速度有所下降。到 2020 年常规天然气产量可达 1700 亿立方米，到 2025 年达到 2100 亿立方米，到 2030 年达到 2400 亿立方米。

3. 非常规天然气储量、产量趋势预测

"十三五"期间全国页岩气新增探明地质储量 10000 亿立方米，预计到 2020 年累计探明地质储量超过 15000 亿立方米；全国煤层气新增探明地质储量 4200 亿立方米，预计到 2020 年累计探明地质储量超过 10000 亿立方米。

到 2020 年，全国地面煤层气产量为 100 亿立方米，利用量为 90 亿立方米；全国煤矿井下瓦斯产量为 240 亿立方米，利用量为 160 亿立方米。预计到 2030 年全国地面煤层气产量为 200 亿立方米。到 2020 年，全国页岩气产量力争实现 300 亿立方米；到 2030 年全国页岩气产量实现 800 亿～ 1000 亿立方米。

第三节

可再生能源

中国提出了到 2020 年、2030 年非化石能源占一次能源消费比重分别达到 15%、20% 的能源发展战略目标，为此，可再生能源已成为中国能源的重要发展方向。

一、中国可再生能源概况

可再生能源包括水能、风能、太阳能、生物质能、地热能和海洋能等。中国可再生能源丰富，水能的可开发装机容量和年发电量均居世界首位，水能的消费量占世界水能的消费总量的 28.5%；其他可再生能源（除水能外）的消费量仅次于美国，居世界第 2 位，占世界消费总量的 17.2%；太阳能消费量居世界第 1 位，占世界太阳能消费总量的 15.5%；风能消费量仅次于美国，居世

界第 2 位，占世界风能消费总量的 22.0%。

二、可再生能源开发利用进展

2015 年，中国商品化可再生能源利用量为 4.36 亿吨标准煤，占一次能源消费总量的 10.1%；如将太阳能热利用等非商品化可再生能源考虑在内，2015 年全部可再生能源利用量达到 5.0 亿吨标准煤；计入核电的贡献，全部非化石能源利用量占一次能源消费总量 12%。全部可再生能源发电量达 1.38 万亿千瓦时，约占全社会用电量的 25%，其中非可再生能源发电量占 5%（国家发展改革委，2016）。

据最新统计数据，我国水能的可开发装机容量约 6.6 亿千瓦，年发电量约 3 万亿千瓦时。截至 2015 年年底，中国水电装机总容量达到 31954 万千瓦，其中，大中型水电装机总容量 22151 万千瓦，小型水电装机总容量 7500 万千瓦，抽水蓄能装机总容量 2303 万千瓦。水电装机总容量占全国发电装机总容量的 20.9%。2015 年全国水电发电量约 1.1 万亿千瓦时，占全国发电总量的 19.4%，在非化石能源中的比重达 73.7%。我国水电开发程度为 37%（按发电量计算），与发达国家相比仍有较大差距，还有较广阔的发展前景（国家能源局，2016）。

据中国风能协会统计数据，2016 年，全国（不包括中国台湾地区）新增装机容量 2337 万千瓦，同比下降 24%，累计装机容量达 1.69 亿千瓦。其中，海上风电新增装机容量为 59 万千瓦，累计装机容量为 163 万千瓦。

据国家能源局统计数据，2016 年，我国光伏发电新增装机容量 3454 万千瓦，累计装机容量 7742 万千瓦，新增和累计装机容量均居全球第 1 位。其中，光伏电站累计装机容量 6710 万千瓦，分布式累计装机容量 1032 万千瓦；全年发电量 662 亿千瓦时，占我国全年总发电量的 1%。

三、可再生能源发展规划

到 2020 年，中国可再生能源年利用量将达 7.3 亿吨标准煤。其中，商品化可再生能源利用量为 5.8 亿吨标准煤。

到 2020 年，中国可再生能源发电装机容量为 6.8 亿千瓦，其中水电（不含抽水蓄能）、并网风电、光伏发电、太阳能发电、生物质发电的装机容量分别为 3.4 亿千瓦、2.1 亿千瓦、1.05 亿千瓦、0.05 亿千瓦、0.15 亿千瓦（见表 5-1）。

表 5-1　2010 年、2015 年、2020 年可再生能源装机容量对比

项　目	2010 年	2015 年	2020 年	"十三五"年均增长（%）
水电（万千瓦）	21606	31954	34000	1.2
并网风电（万千瓦）	3100	12900	21000	10.2
光伏发电（万千瓦）	80	4318	10500	19.4
生物质发电（万千瓦）	550	1030	1500	7.8

资料来源：国家发展改革委，《可再生能源发展"十三五"规划》，2016 年 12 月。

到 2020 年，中国可再生能源发电量为 1.9 万亿千瓦时，占全国总发电量的 27%，其中水电（不含抽水蓄能）、并网风电、光伏发电、太阳能发电、生物质发电的装机容量分别为 12500 亿千瓦时、4200 亿千瓦时、1245 亿千瓦时、200 亿千瓦时、900 亿千瓦时。

本章小结

中国能源资源禀赋不高，石油、天然气等优质能源资源相对短缺，需大量依赖进口，对外依存度逐年攀升。目前，中国已成为世界上最大的能源生产国和消费国。能源始终是中国实现"两个一百年"奋斗目标、实现中华民族伟大复兴的重大战略问题，要摸清中国能源资源"家底"，积极推动能源生产和消费革命，确保国家能源安全。

第六章 "一带一路"能源供需格局

按照能源的生产、消费和进出口情况，将"一带一路"国家分为5类：生产国与净出口国、生产国与净进口国、消费国、贸易国、过境国，然后分别加以阐述，本章主要通过图表来阐明"一带一路"石油、天然气和煤炭等能源的供需格局。

第一节

一次能源供需格局

一次能源是指自然界中以天然形式存在未经过加工或转换的能源，一次能源包括煤炭、石油、天然气、核能和可再生能源。其中，可再生能源包括水能、太阳能、风能、地热能、海洋能、生物质能等。

据 BP《世界能源统计年鉴2017》显示，2015年全球一次能源消费保持低速增长，能源结构从以煤炭为主转向以更低碳能源为主；2016年全球一次能源消费仅增长1.0%，远低于10年平均水平1.9%。除2009年的衰退外，这是自1998年以来全球一次能源消费增长最低的一年。石油仍然是世界的主要燃料，而煤炭的市场份额跌至2005年以来的最低点。另外，可再生能源发电占全球一次能源消费的比重高达2.8%。

一、一次能源供需格局概述

　　"一带一路"区域内一次能源产量和消费量呈现逐年递增的趋势，2000年之后处于快速上升期（见图6-1和表6-1），2010年后增速开始变缓。整体上看，一次能源产量和消费量基本保持平衡增长态势，产量大于消费量。

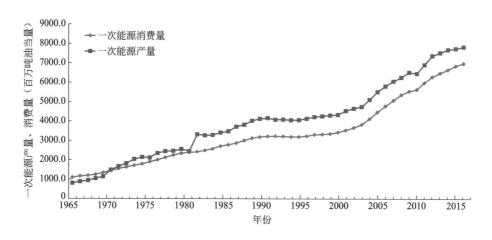

图6-1　"一带一路"区域内历年一次能源产量、消费量对比

数据来源：BP. *Statistical Review of World Energy 2017*。

注：核电量、水电量及可再生能源发电量近似于它们的消费量，用消费量数据代替产量数据。

　　随着人口的增多和经济的增长，"一带一路"区域内一次能源消费量逐年增大。1985—2016年，一次能源消费量从2828.7百万吨油当量增加到了7089.4百万吨油当量，翻了近3倍。随着技术的进步及投入的增加，一次能源的产量也在逐年增加。1985—2016年，一次能源产量从3461.1百万吨油当量增长到了7675.6百万吨油当量，翻了1倍多。"一带一路"区域内一次能源消费量和产量占世界的份额也在逐年上升。2016年，一次能源消费量和产量分别占世界的53.4%和57.3%。

　　"一带一路"分区统计的一次能源产量显示（见图6-2）：东北亚的一次能源产量增速明显，2001年以后快速增长，2011年后增速开始放缓；西亚、东南亚和南亚的一次能源产量稳步上升；俄罗斯的一次能源产量在曲折中略有下降；中亚的一次能源产量在曲折中略有上升；而中东欧的一次能源产量逐年降低。2016年，"一带一路"区域内一次能源产量最多的是东北亚，占"一带一路"一次能源产量的份额为32.9%；其次是西亚，占"一带一路"一次能源

表6-1 "一带一路"区域内一次能源产量和消费量 单位：百万吨油当量

分区及国家	类别	1985年	1990年	1995年	2000年	2005年	2010年	2014年	2015年	2016年
东北非	消费量	27.9	34	37.9	49.3	62.1	80.7	85.5	86.2	91
	产量	51.5	55	60.4	61.1	74.5	93.9	82.7	80.3	75.8
东北亚	消费量	572.8	742.9	966	1107.4	1920.4	2623.5	3108.8	3152.6	3193.7
	产量	604.2	732.7	904.3	962.8	1588.6	2196.4	2598.5	2611	2529.2
东南亚	消费量	144.7	198.7	265.9	336.1	430.4	526.6	631.8	658.8	655.5
	产量	204.3	248.3	310.2	384.5	479.8	592	722.7	692.6	734.5
俄罗斯	消费量	819.4	865.4	662.4	620.3	647.2	673.3	689.8	666.8	673.9
	产量	1163	1297	977.4	990.8	1205.6	1269.6	1315.1	1324	1355.4
南亚	消费量	157.9	229.3	298.4	372.7	471.7	635.3	768.4	809.4	839.5
	产量	133.9	188.5	233.1	266.3	338.3	447.8	474.6	492.5	498.8
西亚	消费量	255.8	334.1	424.4	509.2	668	863.8	985.2	1029.7	1047.5
	产量	597.7	973.9	1142.1	1367.1	1547.1	1716.3	1933.4	2027.4	2177.3
中东欧	消费量	725.5	733.7	497.4	466.3	499	486.1	444.2	433.8	439.4
	产量	513.1	445.9	351.9	315.9	329.5	342.5	327	317.7	275.6
中亚	消费量	124.7	133.6	106.2	96.4	108.4	118.2	139.2	143.8	148.9
	产量	193.4	206.3	141.6	175	226.3	243.4	275.2	274.5	29
"一带一路"合计	消费量	2828.7	3271.7	3258.6	3557.7	4807.2	6007.5	6852.9	6981.1	7089.4
	产量	3461.1	4147.6	4121.0	4523.5	5789.7	6901.9	7729.2	7820.0	7675.6
世界总计	消费量	7179	8136.1	8588.9	9388.3	10940	12181.4	13020.6	13147.3	13276.3
	产量	7190	8245.3	8624.6	9425	10964.6	12310.6	13515	13672.2	13400.5
消费量占世界份额（%）		39.4	40.2	37.9	37.9	43.9	49.3	52.6	53.1	53.4
产量占世界份额（%）		48.1	50.3	47.8	48	52.8	56.1	57.2	57.2	57.3

数据来源：BP. *Statistical Review of World Energy 2017*。

产量的份额为 28.4%；排在第 3 位的是俄罗斯，占"一带一路"一次能源产量的份额为 17.6%；随后依次是东南亚、南亚、中亚、中东欧和东北非，占"一带一路"一次能源产量的份额分别为 9.6%、6.5%、3.6%、1.0% 和 0.4%。

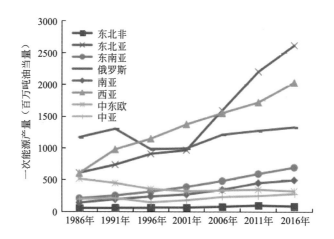

图 6-2　"一带一路"区域内一次能源产量

数据来源：BP. *Statistical Review of World Energy 2017*。

"一带一路"分区统计的一次能源消费量显示（见图 6-3）：东北亚的一次能源消费量增速明显，2001 年以后快速增长，2011 年后增速开始变缓；西亚、东南亚、南亚和中亚的一次能源消费量稳步上升；俄罗斯和中东欧的一次能源

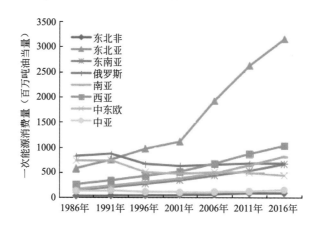

图 6-3　"一带一路"区域内一次能源消费量

数据来源：BP. *Statistical Review of World Energy 2017*。

产量从 1991 年以后逐年降低。2016 年,"一带一路"区域内一次能源消费量排在第 1 位的是东北亚,占"一带一路"一次能源消费量的份额为 45.1%;其次是西亚,占"一带一路"一次能源消费量的份额为 14.8%;排在第 3 位的是南亚,占"一带一路"一次能源消费量的份额为 11.8%;随后依次是俄罗斯、东南亚、中东欧、中亚和东北非,占"一带一路"一次能源消费量的份额分别为 9.5%、9.2%、6.2%、2.1% 和 1.3%。

2016 年,"一带一路"区域内一次能源消费格局为"四进四出":西亚、俄罗斯、中亚和东南亚为输出地区,东北亚、东北非、中东欧和南亚为进口地区(见图 6-4)。

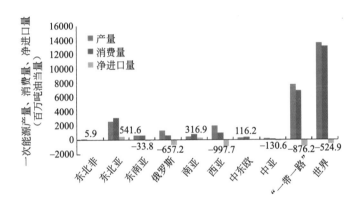

图 6-4 "一带一路"区域内一次能源产量、消费量和净进口量对比

数据来源:BP. *Statistical Review of World Energy 2017*。
注:1. 净进口量定义为消费量和产量的差值,负值表示净出口量;
　　2. 一次能源的产量为石油产量、天然气产量、煤炭产量、核电量、水电量及可再生能源发电量之和;
　　3. 在统计该数据时,核电量、水电量及可再生能源发电量近似于它们的消费量,用消费量数据代替产量数据。

二、一次能源消费结构

2016 年,"一带一路"区域内一次能源的消费总量为 7089.4 百万吨油当量,消费结构以石油、天然气、煤炭为主,其次是水电,分别占"一带一路"一次能源消费总量的份额为 28.0%、22.0%、39.7% 和 6.2%。随着环境污染问题日益凸显,人们对核电和可再生能源的认可度近年来逐渐提高,到 2016 年,核电和其他可再生能源发电消费量占"一带一路"一次能源消费量的份额为 2.2% 和 1.9%(见表 6-2 和图 6-5)。相对于世界一次能源消费结构来看,"一带一路"区域对煤炭的需求较高,而对石油和天然气的需求相对较低。

表6-2　"一带一路"区域内一次能源消费量　　　单位：百万吨油当量

分区	国家及地区	2015年								2016年							
		石油	天然气	煤炭	核电	水电	其他可再生能源	总计	占世界份额（%）	石油	天然气	煤炭	核电	水电	其他可再生能源	总计	占世界份额（%）
东北非	埃及	39.2	43.0	0.7	—	3.0	0.4	86.3	0.7	40.6	46.2	0.4	—	3.2	0.6	91.0	0.7
	小计	39.2	43.0	0.7	—	3.0	0.4	86.3		40.6	46.2	0.4	—	3.2	0.6	91.0	
东北亚	中国大陆地区	559.7	177.6	1920.4	38.6	254.9	62.7	3013.9	24.0	578.7	189.3	1887.6	48.2	263.1	86.1	3053.0	24.1
	中国香港地区	18.3	2.9	6.7	—	—	—	27.9		18.9	3.0	6.7	—	—	—	28.6	
	中国台湾地区	46.0	16.5	37.8	8.3	1.0	1.0	110.7		46.7	17.2	38.6	7.2	1.5	1.0	112.2	
	小计	624.0	197.0	1964.9	46.9	255.9	63.7	3152.4		644.3	209.5	1932.9	55.4	264.6	87.1	3193.8	
东南亚	印度尼西亚	73.5	35.8	80.3	—	3.6	2.4	195.6	5.0	72.6	33.9	62.7	—	3.3	2.6	175.1	4.9
	马来西亚	36.2	35.8	17.6	—	3.3	0.2	93.1		36.3	38.7	19.9	—	4.2	0.3	99.4	
	菲律宾	18.4	3.0	11.4	—	2.2	2.7	37.7		19.9	3.4	13.5	—	2.1	3.1	42.0	
	新加坡	69.5	10.2	0.4	—	—	0.2	80.3		72.2	11.3	0.4	—	—	0.2	84.1	
	泰国	56.6	47.6	17.6	—	0.9	2.3	125.0		59.0	43.5	17.7	—	0.8	2.8	123.8	
	越南	19.5	9.6	22.2	—	14.4	0.1	65.8		20.1	9.6	21.3	—	13.7	0.1	64.8	
	其他	20.6	7.1	19.3	—	14.1	0.3	61.4		24.4	7.2	20.6	—	13.8	0.1	66.3	
	小计	294.3	149.1	168.8	—	38.5	8.2	658.9	5.1	304.5	147.6	156.1	—	37.9	9.4	655.5	
南亚	俄罗斯	143.0	352.3	88.7	44.2	38.5	0.1	666.8	5.1	148.0	351.8	87.3	44.5	42.2	0.2	673.9	5.1
	孟加拉国	5.5	24.1	0.8	—	0.2	0.1	30.7	6.2	6.6	24.8	0.8	—	0.2	—	32.4	6.3
	印度	195.5	45.5	407.2	8.6	28.1	15.5	700.4		212.7	45.1	411.9	8.6	29.1	16.5	723.9	

续表

分区	国家及地区	2015年								2016年							
		石油	天然气	煤炭	核电	水电	其他可再生能源	总计	占世界份额（%）	石油	天然气	煤炭	核电	水电	其他可再生能源	总计	占世界份额（%）
南亚	巴基斯坦	25.2	39.0	4.7	1.1	7.8	0.4	78.2	6.2	27.5	40.9	5.4	1.3	7.7	0.4	83.2	6.3
	小计	226.2	108.6	412.7	9.7	36.1	16.0	809.3		246.8	110.8	418.1	9.9	37.0	16.9	839.5	
西亚	阿塞拜疆	4.5	8.8	—	—	0.4	—	13.7	7.8	4.6	9.4	—	—	0.4	—	14.4	7.9
	土耳其	38.8	39.2	34.4	—	15.1	3.8	131.3		41.2	37.9	38.4	—	15.2	5.2	137.9	
	伊朗	88.9	172.1	1.2	0.8	4.1	0.1	267.2		83.8	180.7	1.7	1.4	2.9	0.1	270.6	
	以色列	11.0	7.6	6.7	—	—	0.3	25.6		11.6	8.7	5.7	—	—	0.4	26.4	
	科威特	23.6	17.5	—	—	—	—	41.1		22.0	19.7	—	—	—	—	41.7	
	卡塔尔	10.9	40.6	—	—	—	—	51.5		11.7	37.5	—	—	—	—	49.2	
	沙特阿拉伯	168.1	95.8	0.1	—	—	—	264.0		167.9	98.4	0.1	—	—	—	266.4	
	阿联酋	40.0	62.2	1.6	—	—	0.1	103.9		43.5	69.0	1.3	—	—	0.1	113.9	
	其他	83.3	45.4	0.8	—	1.8	0.1	131.4		77.3	47.1	0.5	—	1.8	0.2	126.9	
	小计	469.1	489.2	44.8	0.8	21.4	4.4	1029.7		463.6	508.4	47.7	1.4	20.3	6.0	1047.4	
中东欧	白罗斯	7.1	15.5	0.8	—	—	0.1	23.5	3.3	7.5	15.3	0.8	—	—	0.1	23.7	3.3
	保加利亚	4.2	2.6	6.7	3.5	1.3	0.7	19.9		4.5	2.7	5.7	3.6	0.9	0.7	18.1	
	捷克	9.4	6.5	15.6	6.1	0.4	1.7	39.7		8.4	7.0	16.9	5.5	0.5	1.7	40.0	
	匈牙利	7.0	8.0	2.2	3.6	0.1	0.7	21.6		7.1	8.0	2.3	3.6	0.1	0.8	21.9	
	立陶宛	2.6	2.1	0.2	—	0.1	0.3	5.3		3.0	1.8	0.2	—	0.1	0.4	5.5	

续表

分区	国家及地区	2015年								2016年							
		石油	天然气	煤炭	核电	水电	其他可再生能源	总计	占世界份额(%)	石油	天然气	煤炭	核电	水电	其他可再生能源	总计	占世界份额(%)
中东欧	波兰	25.1	15.1	49.8	—	0.4	4.6	95.0	3.3	27.2	15.6	48.8	—	0.5	4.6	96.7	3.3
	罗马尼亚	9.1	9.3	6.1	2.6	3.7	2.2	33.0		9.5	9.5	5.4	2.6	4.1	2.0	33.1	
	斯洛伐克	3.8	3.9	3.3	3.4	0.9	0.5	15.8		4.0	4.0	3.1	3.3	1.0	0.5	15.9	
	乌克兰	8.4	25.9	29.2	19.8	1.4	0.3	85.1		9.1	26.1	31.5	18.3	1.6	0.3	86.9	
	其他	33.1	13.7	23.4	1.9	21.5	2.3	95.9		34.5	13.9	23.0	1.8	21.7	2.5	97.4	
	小计	109.8	102.6	137.3	40.9	29.8	13.4	433.8		114.8	103.9	137.7	38.7	30.5	13.6	439.4	
中亚	哈萨克斯坦	12.7	7.8	32.6	—	1.8	—	54.9	1.1	13.2	12.0	35.6	—	2.1	0.1	63.0	1.1
	土库曼斯坦	6.4	30.9	—	—	—	—	37.3		6.7	26.6	—	—	—	—	33.3	
	乌兹别克斯坦	2.8	45.3	1.1	—	2.5	—	51.7		2.8	46.2	1.0	—	2.7	—	52.7	
	小计	21.9	83.9	33.7	—	4.3	—	143.9		22.6	84.8	36.6	—	4.8	0.1	149.0	
"一带一路"合计		1927.5	1525.8	2851.6	142.5	427.5	106.2	6981.1	53.1	1985.3	1562.9	2816.8	149.9	440.5	133.9	7089.4	53.4
世界总计		4331.3	3135.2	3839.9	583.1	892.9	364.9	13147.3		4418.2	3204.1	3732.0	592.1	910.3	419.6	13276.3	
占世界份额(%)		44.5	48.7	74.3	24.4	47.9	29.1	53.1		44.9	48.8	75.5	25.3	48.4	31.9	53.4	

数据来源：BP．Statistical Review of World Energy 2017。

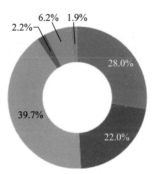

图 6-5 "一带一路"区域内一次能源消费结构

数据来源：BP. *Statistical Review of World Energy 2017*。

从"一带一路"各分区一次能源消费结构可以看出（见表 6-3）：东北亚和南亚对煤炭的依存度高；俄罗斯对天然气的依存度高；而西亚、东南亚和东北非对石油的依存度较高。在中东欧的一些发达国家，如乌克兰、斯洛伐克、捷克、匈牙利和保加利亚，其核电消费量占一次能源消费总量的比例超过了15%。中国水力发电量首屈一指，2015 年占世界水力发电总量的 28.7%，居世界第 1 位，但水力发电量仅占一次能源消费总量的 8.1%。天然气在一次能源消费中的比例增长最快，美国靠页岩气的成功开采拉动天然气消费；而中国依靠进口天然气拉动天然气消费。当化石燃料开采到一定程度时，其产量不再能满足人类的需求，可再生能源随之补充。尽管目前化石燃料仍然占据主导地位，但可再生能源的发展态势不容小觑。

表 6-3 2016 年"一带一路"区域内一次能源消费结构

分 区	国家及地区	一次能源消费量（百万吨油当量）	一次能源消费结构					
			石油（%）	天然气（%）	煤炭（%）	核电（%）	水电（%）	其他可再生能源（%）
东北非	埃及	91.0	44.7	50.7	0.5	—	3.5	0.6
	小计	91.0	44.7	50.7	0.5	—	3.5	0.6
东北亚	中国大陆地区	3053.0	19.0	6.2	61.8	1.6	8.6	2.8
	中国香港地区	28.6	66.0	10.5	23.4	—	—	0.1
	中国台湾地区	112.1	41.6	15.3	34.4	6.5	1.3	0.9
	小计	3193.7	20.2	6.6	60.5	1.7	8.3	2.7
东南亚	印度尼西亚	175.0	41.5	19.4	35.8		1.8	1.5
	马来西亚	99.5	36.5	39.0	20.0		4.2	0.3
	菲律宾	42.1	47.4	8.2	32.1	—	5.0	7.3

续表

分区	国家及地区	一次能源消费量（百万吨油当量）	一次能源消费结构					
			石油（%）	天然气（%）	煤炭（%）	核电（%）	水电（%）	其他可再生能源（%）
东南亚	新加坡	84.1	85.8	13.4	0.5	—	—	0.3
	泰国	123.8	47.6	35.1	14.3	—	0.6	2.3
	越南	64.8	31.0	14.9	32.9	—	21.1	0.1
	其他	66.3	36.8	10.9	31.0	—	20.9	0.5
	小计	655.6	46.5	22.5	23.8	—	5.8	1.4
俄罗斯		673.9	22.0	52.2	13.0	6.6	6.2	—
南亚	孟加拉国	32.5	20.3	76.5	2.5	—	0.6	0.1
	印度	723.9	29.4	6.2	56.9	1.2	4.0	2.3
	巴基斯坦	83.2	33.0	49.2	6.5	1.5	9.3	0.5
	小计	839.5	29.4	13.2	49.8	1.2	4.4	2.0
西亚	阿塞拜疆	14.5	31.8	64.8	—	—	3.1	0.3
	土耳其	137.9	29.9	27.5	27.9	—	11.0	3.7
	伊朗	270.7	31.0	66.8	0.6	0.5	1.1	—
	以色列	26.4	44.0	32.9	21.6	—	—	1.5
	科威特	41.7	52.7	47.3	—	—	—	—
	卡塔尔	49.2	23.8	76.2	—	—	—	—
	沙特阿拉伯	266.5	63.1	36.9	—	—	—	—
	阿联酋	113.8	38.2	60.6	1.1	—	—	0.1
	其他	126.8	61.0	37.1	0.4	—	1.4	0.1
	小计	1047.5	44.3	48.5	4.6	0.1	1.9	0.6
中东欧	白罗斯	61.7	51.5	22.5	4.8	16.0	0.1	5.1
	保加利亚	18.1	24.9	14.8	31.7	19.8	4.8	4.0
	捷克	39.9	21.1	17.6	42.4	13.6	1.1	4.2
	匈牙利	21.9	32.4	36.7	10.4	16.6	0.3	3.6
	立陶宛	5.5	54.5	33.5	3.5	—	1.9	6.6
	波兰	96.7	28.1	16.1	50.5	—	0.5	4.8
	罗马尼亚	33.1	28.7	28.8	16.3	7.7	12.3	6.2
	斯洛伐克	15.9	25.1	24.8	19.5	21.0	6.4	3.2
	乌克兰	87.0	10.4	30.0	36.2	21.1	1.9	0.4
	其他	97.6	35.4	14.3	23.5	1.9	22.3	2.6
	小计	477.4	28.9	21.5	29.5	10.2	6.4	3.5
中亚	哈萨克斯坦	63.0	20.9	19.1	56.6	—	3.3	0.1
	土库曼斯坦	33.2	20.1	79.9	—	—	—	—
	乌兹别克斯坦	52.7	5.2	87.8	1.9	—	5.1	—
	小计	148.9	15.2	56.9	24.6	—	3.2	0.1
"一带一路"合计		7127.5	28.1	21.9	39.6	2.3	6.2	1.9
世界总计		13276.3	33.2	24.1	28.1	4.5	6.9	3.2

三、中国一次能源消费结构

随着全球经济的发展，能源消费量逐年增加。我国在 GDP 高速增长的背景下，能源消费量也随之不断增加，增速保持在世界平均增速之上。2010 年起，中国超越美国成为世界一次能源消费第一大国。2016 年，我国一次能源消费量为 3193.7 百万吨油当量，占世界一次能源消费总量份额为 24.1%（见图 6-6）。

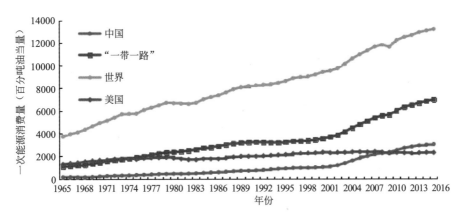

图 6-6　中国与世界一次能源消费量

数据来源：BP. *Statistical Review of World Energy 2017*。

在我国一次能源消费结构中，煤炭的消费量占比最大，占我国一次能源消费总量的比例为 60.5%；其次是石油的消费量，占我国一次能源消费总量的份额为 20.2%；排在第 3 位的是水电，占我国一次能源消费总量的比例为 8.3%；天然气消费量排在第 4 位，占比为 6.6%（见图 6-7 和表 6-4）。

我国油气消费量增速高于全球水平。1995—2016 年，我国一次能源消费量由 966.0 百万吨油当量增加至 3193.7 百万吨油当量，增长了 2227.7 百万吨油当量，年平均增速为 5.9%；我国原油、天然气消费量增速均显著高于全球平均水平；可再生能源消费量增速明显。1995—2016 年，我国石油消费量由 206.8 百万吨增加至 644.2 百万吨，增长了 437.4 百万吨，年平均增速为 5.6%；天然气消费量由 20.1 百万吨油当量增加至 209.5 百万吨油当量，增长了 189.4 百万吨油当量，年平均增速为 11.8%；煤炭消费量由 683.1 百万吨油当量增加至 1932.8 百万吨油当量，增长了 1249.7 百万吨油当量；核电消费量增长了 44.5 百万吨油当量；水电消费量增长了 220.4 百万吨油当量；其他可再生能源消费量由 80.9 百万吨油当量增加至 87.2 百万吨油当量，增加了 6.3 百万吨油当量，年平均增速为 24.3%。

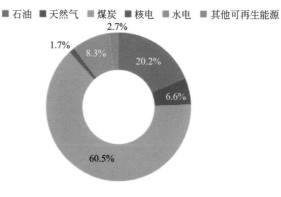

■ 石油　■ 天然气　■ 煤炭　■ 核电　■ 水电　■ 其他可再生能源

图 6-7　中国一次能源消费结构（2016 年）

数据来源：BP. *Statistical Review of World Energy 2017*。

表 6-4　中国一次能源消费量

年　份	消费量（百万吨油当量）						
	石油	天然气	煤炭	核电	水电	其他可再生能源	合计
1995 年	206.8	20.1	683.1	10.9	44.2	0.9	966.0
2000 年	278.4	31.1	733.1	12.5	51.4	1.9	1108.4
2005 年	391.8	54.3	1360.4	21.1	90.7	4.8	1923.1
2010 年	512.9	116.2	1787.3	26.1	164.4	34.7	2641.6
2015 年	624.0	197.1	1964.9	46.9	255.9	130.0	3218.8
2016 年	644.2	209.5	1932.8	55.4	264.6	87.2	3193.7

数据来源：BP. *Statistical Review of World Energy 2017*。

从一次能源不同种类消费量来看，尽管中国煤炭在一次能源消费中的比例在逐年降低，但煤炭的地位依然遥遥领先，2016 年出现了负增长；石油在一次能源消费中的比例经历了先减后增的趋势；天然气、核电、水电及其他可再生能源在一次能源消费中的比例都在逐年上升（见图 6-8 和表 6-5）。

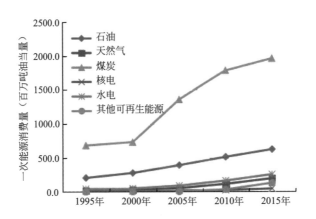

图 6-8　中国一次能源消费趋势

数据来源：BP. *Statistical Review of World Energy 2017*。

表 6-5　中国一次能源消费结构

年 份	一次能源总量（百万吨油当量）	一次能源消费结构					
		石油（%）	天然气（%）	煤炭（%）	核电（%）	水电（%）	其他可再生能源（%）
2006 年	2102.2	19.8	3.1	71.0	1.0	4.8	0.3
2007 年	2281.7	19.2	3.4	71.1	1.0	4.9	0.4
2008 年	2359.1	18.6	3.8	69.8	1.0	6.2	0.6
2009 年	2464.1	18.5	3.9	69.9	1.0	5.7	1.0
2010 年	2641.6	19.4	4.4	67.7	1.0	6.2	1.3
2011 年	2850.9	18.5	4.9	68.2	1.0	5.6	1.8
2012 年	2964.3	18.5	5.2	66.3	1.1	6.7	2.2
2013 年	3088.8	18.5	5.6	65.1	1.1	6.7	3.0
2014 年	3163.9	18.6	5.9	63.1	1.3	7.7	3.4
2015 年	3218.8	19.4	6.1	61.0	1.5	8.0	4.0
2016 年	3193.7	20.2	6.6	60.5	1.7	8.3	2.7

数据来源：BP. *Statistical Review of World Energy 2017*。

第二节

石油供需格局

　　本节主要从"一带一路"石油供需、炼厂分布格局等方面进行阐述，按

照原油生产、消费和进出口，将"一带一路"国家分成5类进行分析，着重对
我国原油的供需形势进行剖析。

一、石油供需格局

近年来，"一带一路"区域内原油产量和消费量逐年平稳递增，产量大于
消费量（见图6-9），但消费量的增长速度明显大于产量的增长速度，目前原
油的供需基本可以达到平衡，但今后有可能出现供不应求的现象。2016年，
世界原油产量为43.8亿吨，较2015年增加了0.2亿吨；其中，"一带一路"
原油产量为26.1亿吨，占世界原油产量的份额为59.6%。2016年，世界原油
消费量为44.2亿吨，较2015年增加了0.9亿吨；其中，"一带一路"原油消
费量为19.9亿吨，占世界原油消费量的份额为45.0%（见表6-6）。

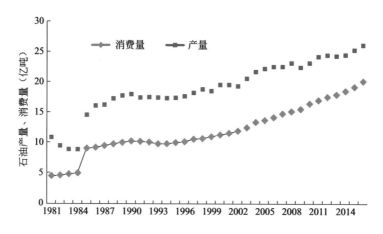

图6-9 "一带一路"区域内历年原油产量和消费量对比

数据来源：BP. Statistical Review of World Energy 2017。

表6-6 "一带一路"和世界历年原油产量、消费量及其份额

年 份	"一带一路"		世 界		产量占世界份额（%）	消费量占世界份额（%）
	产量（亿吨）	消费量（亿吨）	产量（亿吨）	消费量（亿吨）		
2000年	19.5	11.3	36.2	35.9	53.9	31.5
2001年	19.5	11.5	36.2	36.2	53.9	31.8
2002年	19.3	11.9	36.0	36.5	53.6	32.6
2003年	20.6	12.5	37.4	37.4	55.1	33.4
2004年	21.7	13.4	39.0	38.8	55.6	34.5

续表

年 份	"一带一路"		世 界		产量占世界份额（%）	消费量占世界份额（%）
	产量（亿吨）	消费量（亿吨）	产量（亿吨）	消费量（亿吨）		
2005 年	22.2	13.7	39.4	39.3	56.3	34.9
2006 年	22.5	14.1	39.6	39.8	56.8	35.4
2007 年	22.5	14.8	39.5	40.3	57.0	36.7
2008 年	23.1	15.1	39.9	40.2	57.9	37.6
2009 年	22.4	15.5	38.9	39.5	57.6	39.2
2010 年	23.1	16.4	39.8	40.8	58.0	40.2
2011 年	24.2	17.0	40.1	41.2	60.3	41.3
2012 年	24.4	17.5	41.2	41.7	59.2	42.0
2013 年	24.3	17.9	41.3	42.1	58.8	42.5
2014 年	24.5	18.5	42.3	42.5	57.9	43.5
2015 年	25.2	19.3	43.6	43.3	57.8	44.6
2016 年	26.1	19.9	43.8	44.2	59.6	45.0

数据来源：BP. *Statistical Review of World Energy 2017*。

近 30 年来，"一带一路"区域内原油产量和消费量都呈上升趋势。其中，西亚是最大的原油输出区，西亚 2016 年的原油产量达 1538.0 百万吨，而消费量为 463.6 百万吨，超过 60% 的原油用于出口，主要出口方向为欧洲、美国及亚太地区；东北亚是最大的原油进口区，1985—2016 年，其原油产量从 124.9 百万吨增加到 199.7 百万吨，而原油消费量从 113.6 百万吨增加到 644.2 百万吨，原油进口量逐年递增（见图 6-10 和表 6-7）。

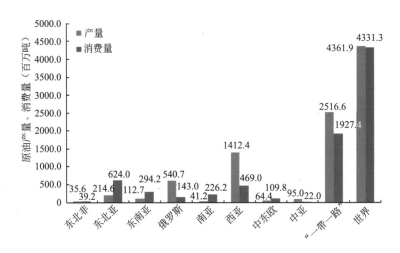

图 6-10 "一带一路"不同分区原油产量和消费量对比

数据来源：BP. *Statistical Review of World Energy* 2017。

表6-7 "一带一路"不同分区原油产量和消费量对比

分区	类别	1985年	1990年	1995年	2000年	2005年	2010年	2014年	2015年	2016年
东北非	产量（百万吨）	45.1	45.5	46.6	38.9	33.2	35	35.1	35.6	33.8
	消费量（百万吨）	20.8	23.8	23.3	27.2	29.8	36.3	38.3	39.2	40.6
东北亚	产量（百万吨）	124.9	138.3	149	162.6	181.4	203	211.4	214.6	199.7
	消费量（百万吨）	113.6	147.6	206.8	278.4	391.8	512.9	588.8	624	644.2
东南亚	产量（百万吨）	97.7	116.5	129.4	138.3	128.8	120.1	111.6	112.7	127.6
	消费量（百万吨）	73.8	112.4	158.3	185.5	218.9	249.3	286.2	294.2	304.4
俄罗斯	产量（百万吨）	542.3	515.9	310.7	326.6	474.8	511.8	534.1	540.7	554.3
	消费量（百万吨）	247.4	251.7	150.6	123.2	125	133.3	150.8	143	148
南亚	产量（百万吨）	30.2	34.2	36.6	34.2	34.9	41.3	41.6	41.2	40.2
	消费量（百万吨）	52.5	70.5	93.8	128.3	141	180.6	209.3	226.2	246.7
西亚	产量（百万吨）	516.5	851.8	979.2	1151.1	1227.4	1220.7	1340.3	1412.4	1538
	消费量（百万吨）	173.1	202.8	251.4	280.1	337.6	403.3	456	469	463.6
中东欧	产量（百万吨）	61	53.8	43.7	42.7	49.7	74.3	65.3	64.4	22
	消费量（百万吨）	216.3	208	109.1	99.9	116.7	116.6	108.4	109.8	114.9
中亚	产量（百万吨）	31.8	34.3	32.3	49.9	76.4	94.1	96	95	94.6
	消费量（百万吨）	37.2	36.3	21.3	18.2	19.1	18.5	22.6	22	22.6
"一带一路"总计	产量（百万吨）	1449.5	1790.3	1727.5	1944.3	2206.6	2300.3	2435.4	2516.6	2610.2
	消费量（百万吨）	934.7	1053.1	1014.6	1140.8	1379.9	1650.8	1860.4	1927.4	1985.0
世界总计	产量（百万吨）	2796.6	3175.6	3286.4	3617.9	3937.8	3979.1	4228.7	4361.9	4382.4
	消费量（百万吨）	2824.8	3157.7	3295.5	3587.7	3933.9	4079.9	4251.6	4331.3	4418.2

数据来源：BP. *Statistical Review of World Energy 2017*。

从"一带一路"分区来看，原油产量和消费量呈现"五进三出"的局势。其中，东北亚、东北非、东南亚、中东欧和南亚是"进口区"，西亚、俄罗斯和中亚是"出口区"。

从世界角度来看，随着人口和经济的增长，中国原油的进口量持续增加；而美国和日本的原油进口量有下降趋势；欧洲各国的原油进口量在2007年达到峰值，受能源转型及全球经济危机的影响，其原油进口量快速下降，随着近年来经济的复苏，进口量又开始呈上升趋势（见图6-11）。世界原油出口最多的地区是中东地区，其次是俄罗斯和亚太地区。世界原油出口量基本维持在一个较平稳的增长速度（见图6-12）。

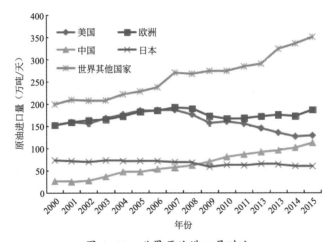

图 6-11 世界原油进口量对比

数据来源：BP. *Statistical Review of World Energy 2016*。

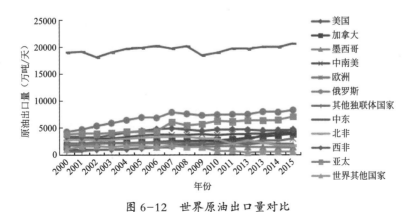

图 6-12 世界原油出口量对比

数据来源：BP. *Statistical Review of World Energy 2016*。

二、炼厂分布格局

"一带一路"区域总炼厂数为 255 座，占全球炼厂比例约为 50%，大部分炼厂分布在西亚、东北亚、俄罗斯和东南亚。据《油气杂志》2016 年 1 月数据，"一带一路"西亚地区有炼厂 64 座，其原油加工能力为 5.01 亿吨；东北亚地区有炼厂 49 座，年原油加工能力为 4.15 亿吨，这些炼厂全部位于中国，主要分布在东部沿海城市及西气东输管线沿线。俄罗斯拥有炼厂 39 座，年原油加工能力为 2.73 亿吨；南亚地区有炼厂 31 座，年原油加工能力为 2.51 亿吨；东南亚地区有炼厂 30 座，年原油加工能力为 2.10 亿吨；"一带一路"其他地区有炼厂 42 座。世界上年炼油能力在 2000 万吨以上的炼厂有 39 座，其中"一带一路"区域内有 16 座（见表 6-8）。

表 6-8　"一带一路"炼厂及其加工能力统计

分 区	国家及地区	炼厂数（座）	年加工能力（万吨）				
			原油加工	减压蒸馏	催化裂化	催化重整	催化加氢
东北非	埃及	8	3813.6	249.1	—	267.6	1287.9
	小计	8	3813.6	249.1	—	267.6	1287.9
东北亚	中国	49	41478	2660	5359.9	1987.1	9854.6
	小计	49	41478	2660	5359.9	1987.1	9854.6
东南亚	印度尼西亚	7	5035.4	1409.7	527.5	399.8	652.7
	泰国	4	3225	1068	4705	416.1	2703
	马来西亚	8	3634.2	983.2	379.6	446.2	1705.5
	越南	1	652.7	—	326.2	81.3	100.2
	新加坡	3	6722.5	1815.3	416	612.6	4714.4
	菲律宾	3	1380	323.3	98.8	219.3	980.4
	缅甸	3	285	21.2	—	—	0
	文莱	1	43	—	—	24.5	0
	小计	30	20977.8	5620.7	6453.1	2199.8	10856.2
俄罗斯	俄罗斯	39	27258.6	11090.3	1900	3326	12914.6
南亚	印度	23	23757.1	4303.5	2643.7	222.2	1957
	巴基斯坦	6	911	105	—	50.1	290.8
	孟加拉国	1	150.6	21.3	—	6	16.7
	斯里兰卡	1	250	127.2	—	22.8	102.3
	小计	31	25068.7	4557	2643.7	301.1	2366.8
西亚	阿塞拜疆	2	602.5	376.5	300.3	105.2	357.7
	沙特阿拉伯	9	14535	2363.5	538.7	1034.2	3330.8
	阿联酋	5	5891.3	492.2	178.6	266.1	2643

续表

分 区	国家及地区	炼厂数（座）	年加工能力（万吨）				
			原油加工	减压蒸馏	催化裂化	催化重整	催化加氢
西亚	阿曼	1	425	—	—	68.8	111.3
	伊朗	14	10195	2334.1	182	580.9	1519.3
	土耳其	6	3315	1069.4	150.5	282.3	1689.8
	以色列	2	1100	625.4	257.4	114	508.8
	科威特	3	4680	1737.1	187.2	200.5	3733.5
	伊拉克	14	4900	768.5	—	378.4	1941.1
	卡塔尔	2	1415	—	312	126.4	314.6
	约旦	1	452	114	20.8	46.9	119.4
	巴林	1	1300	1051.3	182.5	580.9	1519.3
	也门	2	700	55.7	—	62.4	—
	叙利亚	2	1199.3	334.6	—	134.3	568.7
	小计	64	50710.1	11322.3	2310	3981.3	18357.3
中东欧	波兰	2	2464.8	1405.2	171.5	290.3	2148.7
	罗马尼亚	7	1901.6	1097.5	526.1	192.5	1375.6
	斯洛伐克	1	575	291.5	93.6	90.3	687.9
	保加利亚	1	975	407.6	192.9	61.9	884.6
	匈牙利	1	805	410.8	124.8	127.3	639.7
	立陶宛	1	950	473.3	224.6	197.4	815.7
	斯洛文尼亚	1	67.5	—	—	—	0
	克罗地亚	3	1072.6	482.5	265.2	212.3	426.8
	阿尔巴尼亚	2	150	55.7	—	15.1	92.2
	乌克兰	6	4398.8	1817.9	364.5	631	1707.7
	小计	25	13360.3	6442	1963.2	1818.1	8778.9
中亚	哈萨克斯坦	3	1700	641.5	199.5	221.8	942.8
	乌兹别克斯坦	3	1121.4	242.1	—	101	163.3
	土库曼斯坦	2	1184.9	485.7	78.8	225.9	336.6
	吉尔吉斯坦	1	50	—	—	—	0
	小计	9	4056.3	1369.3	278.3	548.7	1442.7
"一带一路"合计		255	186723.4	43310.7	20908.2	14429.7	65859.0
世界总计		634	451216	149763	75280.7	48511.1	275938.0

数据来源：美国《油气杂志》，2015 年 12 月。

　　据《油气杂志》统计，2015 年是炼油行业周期性的高峰，油价暴跌，原料成本下降，毛利大幅增加；2016 年，世界炼油行业总体运行状况并未延续 2015 年的良好态势。2015 年较好的盈利形势促使欧美等主要地区炼厂加工量大幅增加，再加上中东等地区新建装置的投产，世界油品库存大幅增加，而世界油品需求并未增加太多，库存压力迫使各地区炼油行业降低开工率，炼油毛利下降。

2016 年，世界新增年炼油能力约 7000 万吨，主要来自中国、伊朗、印度和土库曼斯坦等国家。其中，伊朗 2007 年就开始建设的"波斯湾之星"大型炼厂一期工程终于建成，新增年凝析油加工能力约 600 万吨。2016 年，世界各地减少的年炼油能力约为 3400 万吨，主要因为中国和欧洲淘汰和关停了部分炼厂。

三、不同类别国家原油供需分析

按照原油的生产、消费和进出口情况，将"一带一路"国家分为 5 类：生产国与净出口国、生产国与净进口国、消费国、贸易国、过境国。生产国与净出口国指世界重要的原油生产地（国），生产原油多数用于出口换汇，本国消费相对较少；生产国与净进口国指既是原油生产国，又是原油进口和消费国；消费国指原油消费主要依赖进口的国家；贸易国指不是原油生产国，但是油气进口国和石油产品出口国的国家；过境国指原油或成品油重要的贸易通道经过的国家。

1. 生产国与净出口国

"一带一路"区域原油生产国与净出口国包括：西亚的沙特阿拉伯、伊朗、伊拉克、科威特、卡塔尔、阿联酋和阿塞拜疆，中亚的土库曼斯坦和哈萨克斯坦，以及俄罗斯和东南亚的越南。

西亚是世界重要的原油生产地区，2015 年西亚七国生产原油达 13.94 亿吨，其中出口原油 8.40 亿吨，消费原油 5.54 亿吨，生产原油的 60% 用于出口（见表 6-9）。

表 6-9　2016 年西亚七国石油产量、消费量、出口量

国 家	产量（万吨）	进口量（万吨）	出口量（万吨）	出口量占产量比例（%）	消费量（万吨）	消费量占产量比例（%）
沙特阿拉伯	56849	0	35817	63	21032	37
伊朗	18258	0	5406	30	12852	70
伊拉克	19702	0	15025	76	4677	24

续表

国　家	产　量 （万吨）	进口量 （万吨）	出口量 （万吨）	出口量占产量 比例（％）	消 费 量 （万吨）	消费量占产量 比例（％）
科威特	14911	0	9819	66	5092	34
卡塔尔	7928	0	2454	31	5474	69
阿联酋	17546	0	12208	70	5338	30
阿塞拜疆	4166	0	3250	78	916	22
西亚七国合计	139360	0	83979	60	55381	40

数据来源：BP. *Statistical Review of World Energy 2017*。

西亚地区的原油主要出口欧洲、美国、中国、印度、日本等地区或国家，成品油出口欧洲、非洲、日本、印度和新加坡等地区或国家（见表6-10）。

表6-10　西亚地区原油及成品油出口方向及出口量

国家或地区	西亚地区原油及成品油出口量	
	原油（百万吨）	成品油（百万吨）
美国	74.1	0.9
加拿大	4.1	0.0
墨西哥	—	0.0
中南美	4.9	1.7
欧洲	108.3	23.5
俄罗斯	0.0	0.0
其他独联体国家	—	0.3
非洲	12.9	15.8
澳大利亚	6.3	0.9
中国	170.4	3.4
印度	114.5	15.2
日本	139.7	17.8
新加坡	37.5	14.3
其他亚太国家	206.9	47.3
总计	879.6	141.1

数据来源：BP. *Statistical Review of World Energy 2016*。

2. 生产国与净进口国

"一带一路"区域原油生产国与净进口国包括南亚的印度、东南亚的印度尼西亚和马来西亚、东北非的埃及、中亚的乌兹别克斯坦等。

3. 消费国

"一带一路"区域原油消费国主要有中东欧国家和南亚国家（印度除外）。近10年来，中东欧的原油消费量基本维持在同一水平，近年来略有缩水（见表6-11）。其中，罗马尼亚原油产量占其消费量的40%左右，大部分需要进口。

表6-11　中东欧国家原油消费量　　单位：百万吨

国家或地区	2006年	2007年	2008年	2009年	2010年	2011年	2012年	2013年	2014年	2015年	2016年
白罗斯	8.8	8.0	7.9	9.3	7.5	8.6	10.4	7.1	7.3	7.1	7.5
保加利亚	5.0	4.8	4.8	4.3	3.9	3.8	3.9	3.6	3.9	4.2	4.5
捷克	9.8	9.7	9.9	9.7	9.2	9.0	8.9	8.5	9.1	9.4	8.4
匈牙利	7.8	7.7	7.5	7.1	6.7	6.3	5.9	5.8	6.5	7.0	7.1
立陶宛	2.8	2.8	3.1	2.6	2.7	2.6	2.7	2.6	2.6	2.6	3.0
波兰	23.3	24.2	25.3	25.3	26.7	26.6	25.7	23.8	23.9	25.1	27.2
罗马尼亚	10.3	10.3	10.4	9.2	8.8	9.1	9.2	8.4	9.0	9.1	9.5
斯洛伐克	3.4	3.6	3.9	3.7	3.9	3.9	3.6	3.6	3.4	3.8	4.0
乌克兰	14.2	14.4	14.2	13.5	12.6	13.1	12.5	11.9	10.0	8.4	9.1
其他欧洲国家	34.4	35.6	35.8	35.0	34.7	34.5	33.4	32.6	32.8	33.1	34.5
合计	119.8	121.1	122.8	119.7	116.7	117.5	116.2	107.9	108.5	109.8	114.8

数据来源：BP. *Statistical Review of World Energy 2017*。

南亚的孟加拉国和巴基斯坦几乎不生产原油，二者原油消费量在2000年以后呈上升趋势。2015年，孟加拉国的原油消费量为5.5百万吨，巴基斯坦的原油消费量为25.2百万吨，原油消费主要依赖进口。

4. 贸易国

新加坡既不是原油生产国，也不完全是原油消费国。另外，新加坡不但是油气进口国，还是成品油出口国。新加坡原油进口来源主要为西亚地区，原油进口量占其总原油进口量的比例为82%；新加坡加工后的成品油主要出口到邻近的亚太地区，成品油出口量占其总出口量的比例为92%（见表6-12）。

表6-12　新加坡2015年原油进口量和成品油出口量　　单位：百万吨

出口/进口国家或地区	原油进口量	成品油进口量	原油出口量	成品油出口量
美国	0.1	4.6	—	0.9
加拿大	0.0	0.0	—	0.1
墨西哥	—	2.3	—	0.0
中南美	0.1	9.7	—	0.1

续表

出口/进口国家或地区	原油进口量	成品油进口量	原油出口量	成品油出口量
欧洲	0.0	23.0	—	0.5
俄罗斯	0.9	13.9	—	0.0
其他独联体国家	0.1	0.6	—	0.0
中东	37.5	14.3	—	0.6
非洲	0.3	1.2	—	5.1
澳大利亚	0.9	1.3	0.0	8.6
中国	0.0	7.0	0.0	9.6
印度	0.0	6.0	—	1.2
日本	0.0	4.0	—	0.9
其他亚太国家	5.8	37.8	0.1	61.1
总计	45.7	125.7	0.1	88.7

数据来源：BP. *Statistical Review of World Energy 2016*。

5. 过境国

"一带一路"区域内的缅甸、新加坡、马来西亚、印度尼西亚等国家是中国原油进口重要的过境国。另外，巴基斯坦、土库曼斯坦、哈萨克斯坦、乌兹别克斯坦、塔吉克斯坦等国家是我国重要的潜在过境国。

四、中国原油供需分析

1. 现状

2014年，中国原油进口量达到30839万吨，其中，从"一带一路"区域进口原油量达到20281万吨，占总进口量比例为65.8%；从其他地区进口原油量为10558万吨，占总进口量比例为34.2%。"一带一路"区域的西亚地区是我国重要的原油进口地区，其次是中亚地区和东南亚地区（见表6-13）。

2015年，中国从"一带一路"区域进口原油的份额为67%，比2014年所占份额略有提高。中国86%的进口原油是通过海上运输的，其中70%的原油是经过印度洋—马六甲海峡—南海通道运输的。2015年，中国原油进口量为33430万吨，国内原油产量为21508万吨，原油出口量为287万吨，对外依存度为61.3%（见表6-13）。

2016 年，中国从"一带一路"区域进口原油的份额为 66%，比 2014 年所占份额略有下降。2016 年，中国原油进口量为 38102.92 万吨，国内原油产量为 19964 万吨，出口量为 294 万吨，对外依存度为 65.4%。2016 年我国原油进口的主要来源为西亚（占原油进口总量的 48.3%）、非洲（占总进口量的 17.6%）、中亚—俄罗斯（占总进口量的 14.6%）、西半球（占总进口量的 13.8%）等。原油进口来源国主要为俄罗斯（占总进口量的 13.77%）、沙特阿拉伯（13.39%）、安哥拉（11.50%）、伊拉克（9.50%）、阿曼（9.20%）、伊朗（8.20%）、委内瑞拉（5.30%）、巴西（5.00%）、科威特（4.29%）、阿联酋（3.20%）等（见表 6-13）。

表 6-13 我国原油进口来源及进口量

分 区	国家及地区	2014 年		2015 年		2016 年	
		进口量（万吨）	占比（%）	进口量（万吨）	占比（%）	进口量（万吨）	占比（%）
"一带一路"区域	沙特阿拉伯	4967	16.10	5054	15.12	5100.50	13.39
	俄罗斯	3311	10.74	4243	12.69	5247.88	13.77
	阿曼	2974	9.64	3206	9.59	3507.13	9.20
	伊拉克	2858	9.27	3211	9.61	3621.31	9.50
	伊朗	2746	8.9	2662	7.96	3129.72	8.20
	阿联酋	1165	3.78	1257	3.76	1218.18	3.20
	科威特	1062	3.44	1443	4.32	1634.04	4.29
	哈萨克斯坦	569	1.85	499	1.49	323.40	0.85
	也门共和国	250	0.81	156	0.47	40.26	0.11
	越南	148	0.48	212	0.63	426.59	1.12
	蒙古	103	0.33	110	0.33	108.67	0.29
	印度尼西亚	38	0.12	162	0.48	284.89	0.75
	卡塔尔	36	0.12	27	0.08	47.96	0.13
	阿塞拜疆	22	0.07	28	0.08	95.31	0.25
	马来西亚	22	0.07	27	0.08	240.77	0.63
	文莱	8	0.03	16	0.05	35.90	0.09
	巴基斯坦	2	0.01	0	0	0	0
	"一带一路"其他国家	0	0	42	0.13	154.6	0.41
	"一带一路"合计	20281	65.76	22355	67.87	25217.11	66.18

续表

分 区	国家及地区	2014 年		2015 年		2016 年	
		进口量（万吨）	占比（%）	进口量（万吨）	占比（%）	进口量（万吨）	占比（%）
其他地区	非洲	6804	22.06	6303	18.85	6720.81	17.64
	中南美洲	3248	10.53	4167	12.47	5198.70	13.64
	澳大利亚	273	0.89	239	0.72	323.74	0.85
	英国	122	0.4	197	0.59	495.51	1.30
	北美	88	0.28	128	0.38	64.57	0.17
	挪威	15	0.05	17	0.05	82.48	0.22
	巴布亚新几内亚	8	0.03	24	0.07	0.00	0.00
	其他地区合计	10558	34.24	11075	33.13	12885.81	33.82
总计		30839	100	33430	100	38102.92	100.00

数据来源：中华人民共和国海关总署。

海上原油运输通道主要有印度洋—马六甲海峡—南海通道（西亚、非洲）、太平洋通道（北美、南美）等。陆上原油运输通道主要有中哈原油管道、中缅原油管道、中俄原油管道（见表 6-14）。

表 6-14 中国陆上原油运输通道建设现状

管道名称	管输能力（万吨/年）	投产时间	起点和终点
中哈原油管道	2000	2009 年 7 月	里海阿特劳—新疆阿拉山口
中缅原油管道	2200	2015 年 1 月	若开邦马德岛—中国西南地区
中俄原油管道	1500（最大 3000）	2011 年 1 月	远东管道斯科沃罗季诺分输站—大庆

2. 主要认识

我国原油对外依存度逐年提高。预计到 2020 年，我国原油需求量为 6.5 亿～7.0 亿吨，其中，国内原油产量为 2 亿吨，原油需要进口量为 4.5 亿～5.0 亿吨，原油对外依存度为 69%～71%。西亚地区是我国原油进口的重要来源地，占据我国原油进口来源的"半壁江山"。我国油气企业在伊拉克、伊朗等投资巨大，在中东安全形势不容乐观的情况下，我国油气供应面临较大不确定性。

目前，国际油气市场供给较为宽松，我国应不断开拓新油气供应基地，力争原油进口多元化。我国未来原油进口增长应主要挖掘潜力地区——中东地区，稳健增加从伊拉克、伊朗的油气进口量，提高中亚—俄罗斯的油气进口总量。

第三节

天然气供需格局

　　本节主要从"一带一路"天然气供需方面进行阐述，按照天然气生产、消费和进出口，将"一带一路"国家分成 5 类进行分析，着重对我国天然气的供需形势进行剖析。

一、天然气供需格局

　　近年来，"一带一路"区域内天然气产量和消费量逐渐平稳递增，产量大于消费量。2016 年，世界天然气产量为 35515.9 亿立方米，其中，"一带一路"天然气产量为 19543.3 亿立方米，占世界份额为 55.0%；世界天然气消费量为 35428.8 亿立方米，其中，"一带一路"天然气消费量为 17367.8 亿立方米，占世界份额为 49.0%（见表 6-15 和图 6-13）。

表 6-15　"一带一路"历年天然气产量、消费量及其份额

年 份	"一带一路"		世 界		"一带一路"产量占世界份额（%）	"一带一路"消费量占世界份额（%）
	产量（亿立方米）	消费量（亿立方米）	产量（亿立方米）	消费量（亿立方米）		
2000 年	11559.9	9931.1	24210.0	24217.8	47.7	41.0
2001 年	11946.5	10444.3	24873.7	24628.3	48.0	42.4
2002 年	12480.6	10803.6	25381.0	25329.5	49.2	42.7
2003 年	13132.5	11286.2	26315.4	26021.3	49.9	43.4
2004 年	13819.9	11867.7	27174.9	26961.7	50.9	44.0
2005 年	14522.8	12456.6	27908.8	27743.3	52.0	44.9
2006 年	15215.4	13172.0	28912.0	28577.4	52.6	46.1
2007 年	15730.8	13716.0	29645.4	29691.9	53.1	46.2
2008 年	16426.6	14270.0	30716.8	30512.4	53.5	46.8

续表

年 份	"一带一路"		世 界		"一带一路"产量占世界份额（%）	"一带一路"消费量占世界份额（%）
	产量（亿立方米）	消费量（亿立方米）	产量（亿立方米）	消费量（亿立方米）		
2009 年	15776.4	13943.9	29832.9	29711.4	52.9	46.9
2010 年	17553.5	15241.2	32085.4	32014.4	54.7	47.6
2011 年	18293.2	15815.4	32998.9	32491.7	55.4	48.7
2012 年	18441.2	16099.5	33625.8	33325.2	54.8	48.3
2013 年	18935.1	16410.6	34107.0	33928.8	55.5	48.4
2014 年	18977.2	16714.2	34631.7	34102.1	54.8	49.0
2015 年	19251.4	16952.8	35386.5	34686.5	54.4	48.9
2016 年	19543.3	17367.8	35515.9	35428.8	55.0	49.0

数据来源：BP. *Statistical Review of World Energy 2017*。

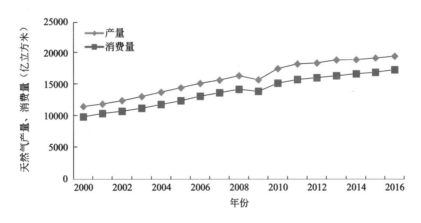

图 6-13 "一带一路"历年天然气产量和消费量对比

数据来源：BP. *Statistical Review of World Energy 2017*。

近 30 年来，"一带一路"各分区的天然气产量和消费量都呈上升趋势。其中俄罗斯是最大的天然气输出地区。2016 年，俄罗斯天然气产量达 5793.9 亿立方米，而消费量为 3908.5 亿立方米，超过 30% 的天然气用于出口，主要出口方向是欧洲和中亚。中东欧是"一带一路"区域最大的天然气进口区，1985—2016 年，天然气产量从 974..8 亿立方米下降到 396.2 亿立方米，其天然气消费量从 1901.8 亿立方米下降到 1155.3 亿立方米，天然气进口量同样逐年递减（见表 6-16）。

表6-16　"一带一路"天然气产量和消费量对比　单位：亿立方米

分区	类别	1985年	1990年	1995年	2000年	2005年	2010年	2014年	2015年	2016年
东北非	产量	49.3	80.7	125.0	210.0	425.0	613.2	487.9	455.8	418.2
	消费量	49.3	80.7	126.0	200.0	316.0	451.1	480.2	478.1	512.8
东北亚	产量	133.6	158.1	185.4	281.4	510.2	990.9	1316.0	1379.6	1383.9
	消费量	145.0	176.9	223.2	345.1	602.9	1291.1	2081.3	2189.5	2327.7
东南亚	产量	652.4	850.6	1199.7	1616.5	2043.3	2345.7	2456.8	2536.8	2536.7
	消费量	228.0	335.4	573.9	879.2	1246.2	1504.4	1662.4	1655.1	1641.3
俄罗斯	产量	4181.2	5900.5	5325.8	5285.1	5800.9	5888.6	5817.4	5733.0	5793.9
	消费量	3504.2	4076.0	3665.2	3603.6	3940.3	4141.5	4118.8	3914.8	3908.5
南亚	产量	159.9	290.3	413.9	572.6	824.6	1116.0	962.0	979.6	966.8
	消费量	159.9	290.3	413.9	572.6	885.0	1237.9	1164.4	1207.9	1231.0
西亚	产量	724.5	1140.2	1550.3	2157.5	3261.8	5106.9	6166.7	6360.7	6552.6
	消费量	693.9	1158.4	1555.4	2102.7	3148.1	4459.3	5154.9	5435.8	5648.9
中东欧	产量	974.8	724.8	539.5	448.4	456.6	419.4	383.1	380.7	396.2
	消费量	1901.8	2373.7	1643.6	1598.3	1676.7	1476.5	1211.2	1139.2	1155.3
中亚	产量	1115.3	1220.3	769.9	988.4	1200.5	1072.8	1387.2	1425.1	1494.8
	消费量	486.7	574.0	593.7	629.4	641.4	679.3	840.9	932.3	942.5
"一带一路"合计	产量	7991.0	10365.5	10109.5	11559.9	14522.9	17553.5	18977.1	19251.3	19543.1
	消费量	7168.8	9065.4	8794.9	9930.9	12456.6	15241.1	16714.1	16952.7	17368.0
世界总计	产量	16470.1	19817.4	21098.4	24210.0	27908.8	32085.4	34631.7	35386.5	35515.9
	消费量	16427.6	19561.8	21316.5	24217.8	27743.3	32014.4	34102.1	34686.5	35428.8

数据来源：BP. *Statistical Review of World Energy 2017*。

从"一带一路"不同分区来看，天然气产量和消费量呈现"四进四出"的局势。其中，东北亚、东北非、南亚和中东欧是"进口区"，西亚、俄罗斯、东南亚和中亚是"出口区"（见图6-14）。

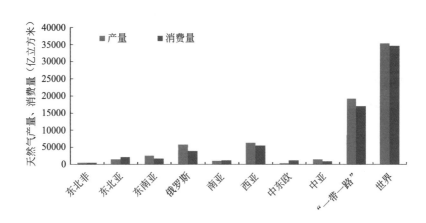

图6-14 "一带一路"不同分区天然气产量和消费量对比

数据来源：BP. *Statistical Review of World Energy 2017*。

天然气的贸易主要有两种方式：一种是通过管道运输，一种是将天然气转化为液化天然气（LNG）通过海上运输。"一带一路"区域内天然气的出口方式以管道运输为主。2015年，"一带一路"区域内出口管道天然气量为2047亿立方米，其中，俄罗斯出口管道天然气总量为1930亿立方米，出口至"一带一路"区域内的天然气总量为882亿立方米，所占比例为45.7%。2015年，"一带一路"区域内出口液化天然气量为592亿立方米，其中，俄罗斯出口液化天然气总量为1064亿立方米，出口至"一带一路"区域内的液化天然气总量为390亿立方米，所占比例为36.7%（见表6-17和表6-18）。

表6-17 "一带一路"主要国家管道天然气出口量　　　单位：亿立方米

进口国家	"一带一路"主要管道天然气出口国家								
	阿塞拜疆	哈萨克斯坦	俄罗斯	土库曼斯坦	乌兹别克斯坦	伊朗	卡塔尔	印度尼西亚	缅甸
奥地利	—	—	56	—	—	—	—	—	—
比利时	—	—	54	—	—	—	—	—	—
捷克	—	—	42	—	—	—	—	—	—

续表

进口国家	"一带一路"主要管道天然气出口国家								
	阿塞拜疆	哈萨克斯坦	俄罗斯	土库曼斯坦	乌兹别克斯坦	伊朗	卡塔尔	印度尼西亚	缅甸
芬兰	—	—	23	—	—	—	—	—	—
法国	—	—	105	—	—	—	—	—	—
德国	—	—	460	—	—	—	—	—	—
希腊	—	—	25	—	—	—	—	—	—
匈牙利	—	—	51	—	—	—	—	—	—
意大利	—	—	227	—	—	—	—	—	—
荷兰	—	—	147	—	—	—	—	—	—
波兰	—	—	102	—	—	—	—	—	—
斯洛伐克	—	—	34	—	—	—	—	—	—
土耳其	65	—	232	—	—	77	—	—	—
英国	—	—	—	—	—	—	—	—	—
其他欧洲国家	21	—	103	—	—	—	—	—	—
白罗斯	—	—	166	—	—	—	—	—	—
哈萨克斯坦	—	—	36	11	15	—	—	—	—
俄罗斯	—	161	—	—	56	—	—	—	—
乌克兰	—	—	—	—	—	—	—	—	—
其他独联体国家	—	—	45	—	—	7	—	—	—
伊朗	2	—	—	67	—	—	—	—	—
阿曼	—	—	—	—	—	—	21	—	—
阿联酋	—	—	—	—	—	—	179	—	—
澳大利亚	—	—	—	—	—	—	—	—	—
中国	—	4	—	294	43	—	—	—	39
马来西亚	—	—	—	—	—	—	—	6	—
新加坡	—	—	—	—	—	—	—	82	—
泰国	—	—	—	—	—	—	—	—	88
"一带一路"合计	88	165	811	372	114	84	200	88	127
总计	88	165	1908	372	114	84	200	88	127

数据来源：BP. *Statistical Review of World Energy 2017*。

表 6-18 "一带一路"主要国家液化天然气出口量　　单位：亿立方米

进口国家及地区	"一带一路"主要天然气（LNG）出口国家								
	俄罗斯	阿曼	卡塔尔	阿联酋	也门	埃及	文莱	印度尼西亚	马来西亚
美国	—	—	—	—	—	—	—	—	—
加拿大	—	—	—	—	—	—	—	—	—
墨西哥	—	—	—	—	—	—	—	3	—
阿根廷	—	—	11	—	—	—	—	—	—
巴西	—	—	7	—	—	—	—	—	—
智利	—	—	1	—	—	—	—	—	—
其他中南美国家	—	—	—	—	—	—	—	—	—
比利时	—	—	27	—	—	—	—	—	—
法国	—	—	8	—	—	—	—	—	—
意大利	—	—	52	—	—	—	—	—	—
西班牙	—	—	25	—	—	—	—	—	—
土耳其	—	—	10	—	—	1	—	—	—
英国	—	—	96	—	—	—	—	—	—
其他欧洲及欧亚国家	—	—	19	1	—	—	—	—	—
中东	—	13	45	—	—	2	—	1	—
非洲	—	—	64	—	—	—	—	—	1
中国大陆地区	3	1	65	—	—	1	1	37	34
印度	—	3	140	7	—	1	—	—	1
日本	95	33	158	65	—	1	55	87	202
马来西亚	—	1	1	—	—	1	5	—	—
巴基斯坦	—	—	29	—	—	—	—	—	—
新加坡	—	—	8	1	—	1	—	—	1
韩国	24	24	156	—	—	—	18	57	50
中国台湾地区	17	17	82	1	—	—	4	26	33
泰国	—	1	41	—	—	—	—	—	—
"一带一路"合计	20	35	440	3	0	7	10	64	69
总计	139	93	1045	75	0	8	83	211	322

数据来源：BP. *Statistical Review of World Energy 2017*。

二、不同类别国家天然气供需分析

按照天然气的生产、消费和进出口情况，将"一带一路"国家分为5类：生产国与净出口国、生产国与净进口国、生产国与消费国、消费国、过境国。

1. 生产国与净出口国

"一带一路"区域内的天然气生产国与净出口国包括：俄罗斯，西亚的卡塔尔，中亚的土库曼斯坦、哈萨克斯坦和乌兹别克斯坦，东南亚的印度尼西亚、马来西亚和缅甸。以上国家均为世界重要的原油生产地（国），生产的原油多数用于出口换汇，本国消费相对较少。

2. 生产国与净进口国

"一带一路"区域内的天然气生产国与净进口国包括：西亚的伊朗、科威特、阿联酋，南亚的印度，东北亚的埃及。这些国家生产的天然气不足以供给本国消费，还需要部分进口。

3. 生产国与消费国

"一带一路"区域内的天然气生产国与消费国包括：西亚的沙特阿拉伯和伊拉克，东南亚的越南。

4. 消费国

"一带一路"区域内的天然气消费国主要为中东欧国家（罗马尼亚除外）和南亚国家（印度除外）。

上述地区或国家天然气产量均不是很高，称不上天然气的生产国，具体可以分为3种情况：第一，产量为零，消费量完全依赖进口，如中东欧的白罗斯、保加利亚、捷克、匈牙利、立陶宛和斯洛伐克；第二，本国能生产少量的天然气，尚不能满足消费，需要部分进口，如中东欧的波兰和南亚的巴基斯坦；第三，本国能生产少量的天然气，且能满足本国需求，不需要进口，如罗马尼亚和南亚的孟加拉国（见表6-19和图6-15）。

表6-19 天然气消费国的天然气产量和消费量

分　区	国　家	产量（亿立方米）	消费量（亿立方米）
中东欧	白罗斯	0	170.1
	保加利亚	0	29.9
	捷克	0	78.0
	匈牙利	0	89.2
	立陶宛	0	20.5

续表

分　区	国　家	产量（亿立方米）	消费量（亿立方米）
中东欧	波兰	39.5	173.1
	罗马尼亚	91.5	105.9
	斯洛伐克	—	43.9
	乌克兰	177.8	289.7
	中东欧其他国家	87.5	155.0
南亚	孟加拉国	275.2	275.2
	巴基斯坦	415.3	454.8

数据来源：BP. *Statistical Review of World Energy 2017*。

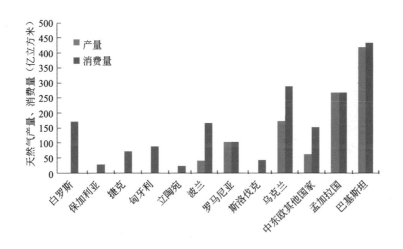

图 6-15　天然气消费国的天然气产量和消费量

数据来源：BP. *Statistical Review of World Energy 2017*。

5. 过境国

　　"一带一路"区域内的缅甸、新加坡、马来西亚、印度尼西亚、哈萨克斯坦、乌兹别克斯坦等国家是中国天然气进口重要的过境国；另外，巴基斯坦、土库曼斯坦等国家将是中国重要的潜在过境国。

三、中国天然气供需分析

1. 现状

　　2014 年，中国从"一带一路"国家进口天然气总量占中国天然气进口总量的份额为 85.7%，陆上天然气管道进口的份额为 51.7%。2014 年我国天然气进口量为 587 亿立方米，其中，LNG 进口量为 274 亿立方米，管道天然气进口量为 313 亿立方米。进口天然气主要来自土库曼斯坦（占总进口量的43.5%）、卡塔尔（占 15.7%）、澳大利亚（占 8.9%）、马来西亚（占 7%）、印度尼西亚（占 6%）和缅甸（占 5.1%）等（见表 6-20）。

表 6-20 我国天然气进口来源

类 型	国 家	2014 年		2015 年		2016 年	
		进口量（亿立方米）	占比（%）	进口量（亿立方米）	占比（%）	进口量（亿立方米）	占比（%）
管道气	土库曼斯坦	255	43.5	277.5	46	294.2	40.0
	缅甸	30	5.1	39.2	6.5	38.9	5.3
	乌兹别克斯坦	24	4.1	15.4	2.6	43.0	5.8
	哈萨克斯坦	4	0.7	3.6	0.6	4.3	0.6
LNG	卡塔尔	92	15.7	65.5	10.9	67.6	9.2
	马来西亚	41	7	44.2	7.3	35.2	4.8
	印度尼西亚	35	6	39	6.5	37.9	5.2
LNG	也门共和国	14	2.4	3.6	0.6	0.0	0.0
	俄罗斯	2	0.3	2.6	0.4	3.5	0.5
	阿曼	2	0.3	0.9	0.1	0.8	0.1
	埃及	2	0.3	0	0	0.9	0.1
	新加坡	0	0	0	0	1.6	0.2
	文莱	2	0.3	0	0	0.8	0.1
"一带一路"合计		503	85.7	491.5	81.5	528.7	71.9
LNG	澳大利亚	52	8.9	75.3	12.5	163.3	22.2
	赤道几内亚	10	1.7	2.7	0.5	0.0	0.0
	尼日利亚	6	1.1	4.3	0.7	3.6	0.5
	巴布亚新几内亚	4	0.7	21.6	3.6	29.1	4.0
	阿尔及利亚	3	0.5	5.1	0.9	0.0	0.0
	西班牙	3	0.5	0	0		0.0
	安哥拉	2	0.3	0	0		0.0
	挪威	2	0.3	0.8	0.1	2.6	0.4
	特立尼达和多巴哥	2	0.3	0.8	0.1	1.6	0.2
	比利时	0	0	0	0	0.4	0.0
	秘鲁	0	0	0	0	3.4	0.5
	美国	0	0	0.9	0.1	2.7	0.4
其他地区合计		84	14.3	111.5	18.5	206.7	28.1
总计		587	100	603	100	735.4	100.0

数据来源：中华人民共和国海关总署。

2015 年，中国从"一带一路"国家进口天然气总量占中国天然气进口总量的份额为 82%，陆上天然气管道进口的份额为 56%。2015 年我国天然气进口量为 603 亿立方米，相对于 2014 年有所增加，其中，LNG 进口量为 267.3 亿立方米，管道天然气进口量为 335.7 亿立方米。进口天然气主要来自土库曼斯坦（占总进口量的 46%）、澳大利亚（占 12.5%）、卡塔尔（占 10.9%）、马来西亚（占 7.3%）、印度尼西亚（占 6.5%）、缅甸（占 6.5%）等（见表 6-20）。

2016 年，中国从"一带一路"国家进口天然气总量占进口总量的份额为 71.9%，其中陆上天然气管道进口的份额为 51.7%，较 2015 年有所下降。中国天然气进口量为 735.4 亿立方米，相对于 2015 年增长率为 22%（见表 6-20）。2016 年我国天然气产量为 1231.72 亿立方米，出口量为 33.3 亿立方米，对外依存度为 37.4%。其中，LNG 进口量为 355.0 亿立方米，管道天然气进口量为 380.4 亿立方米。进口天然气主要来自土库曼斯坦（占总进口量的 40.0%）、澳大利亚（占 22.2%）、卡塔尔（占 9.2%）、缅甸（占 5.3%）、印度尼西亚（占 5.2%）、马来西亚（占 4.8%）等（见表 6-20）。

目前陆上天然气进口线路主要为中国—中亚天然气管道、中缅天然气管道（见表 6-21）。海上 LNG 进口线路和原油相同。2015 年中国—中亚天然气管道输气 297 亿立方米，中缅天然气管道输气 39 亿立方米。另外，在中国—中亚天然气管道 A 线、B 线、C 线、D 线中，A 线、B 线、C 线已建成通气，D 线于 2016 年投产。D 线建成后中国—中亚天然气管道成为中亚地区规模最大的输气系统，总输气规模为 850 亿立方米。

表 6-21　"一带一路"区域内重要天然气管道

管道名称	管输能力（亿立方米/年）	投产时间	建设情况
中国—中亚天然气管道	850		
中国—中亚天然气管道 A 线	300	2009 年 12 月	建成
中国—中亚天然气管道 B 线	—	2010 年 10 月	建成
中国—中亚天然气管道 C 线	250	2014 年 6 月	建成
中国—中亚天然气管道 D 线	300	2016 年	建成
中缅天然气管道	120	2013 年开始供气	建成
中俄东线天然气管道	380	2018 年开始供气	在建
中俄西线天然气管道	300	供气量渐增期 4～6 年	拟建

2. 主要认识

我国天然气需求量大，进口量大。预计到 2020 年，我国天然气需求量将达到 3000 亿～3500 亿立方米，其中，国内天然气产量可达 1500 亿～1600 亿立方米，需要进口天然气量为 1500 亿～1900 亿立方米。按照目前在建、规划管线和 LNG 接收站的乐观估计，到 2020 年，我国陆上管线输气能力为 1650 亿立方米，LNG 进口能力为 800 亿立方米。我国天然气进口还存在许多不确定因素，如中俄天然气管道届时输气量、土库曼斯坦天然气存在"一女多嫁"的情况、中缅天然气管道的资源落实状况、LNG 价格偏贵等。

俄罗斯管道天然气进口是关键。中俄西线天然气管道谈判进展慢，主要是由于价格问题。中国要抓紧落实中俄东线天然气供应协议，加紧推进中俄西线天然气管道谈判进程。目前，国际油价低迷，俄罗斯经济面临较大困难，需要大额资金渡过难关，正是签署天然气长期供应协议的最好时机。

以中亚为基础，连通俄罗斯、中东地区，构建中国—中亚天然气运输网络；加快中国—中亚天然气管道 E 线建设；逐步实现中国—中亚天然气运输网络，将天然气运输网络和伊朗等中东国家管道、俄罗斯管道联网。

第四节

煤炭供需格局

近年来，"一带一路"区域内煤炭产量和消费量逐年平稳递增，产量略低于消费量。2016 年，世界煤炭产量为 36.56 亿吨油当量，其中，"一带一路"煤炭产量为 26.88 亿吨油当量，占世界份额为 73.5%；世界煤炭消费量为 37.32 亿吨油当量，其中，"一带一路"煤炭消费量为 27.85 亿吨油当量，占全球份额为 74.6%（见表 6-22）。

表6-22 "一带一路"区域和世界历年煤炭产量和消费量

年　份	"一带一路"		世　界		产量占世界份额（%）	消费量占世界份额（%）
	产量（亿吨油当量）	消费量（亿吨油当量）	产量（亿吨油当量）	消费量（亿吨油当量）		
2000 年	12.76	12.66	23.26	23.79	54.9	53.2
2001 年	13.41	13.11	24.24	24.16	55.3	54.2
2002 年	13.97	13.93	24.51	25.11	57.0	55.5
2003 年	15.73	15.83	26.27	27.33	59.9	57.9
2004 年	17.65	17.55	28.54	29.14	61.8	60.2
2005 年	19.26	19.66	30.34	31.31	63.5	62.8
2006 年	20.62	21.24	31.89	32.92	64.7	64.5
2007 年	21.99	22.89	33.27	34.76	66.1	65.8
2008 年	22.94	23.47	34.36	35.24	66.8	66.6
2009 年	23.54	24.21	34.35	34.74	68.5	69.7
2010 年	25.20	25.19	36.28	36.34	69.5	69.3
2011 年	27.77	27.08	38.91	38.00	71.4	71.3
2012 年	28.30	27.69	39.30	38.14	72.0	72.6
2013 年	28.92	28.26	39.86	38.91	72.6	72.6
2014 年	28.65	28.56	39.89	39.11	71.8	73.0
2015 年	27.88	28.51	38.30	38.40	72.8	74.2
2016 年	26.88	27.85	36.56	37.32	73.5	74.6

数据来源：BP. *Statistical Review of World Energy 2017*。

随着人口和经济的增长，"一带一路"区域内煤炭产量和消费量逐年增长（见图6-16）。1981—2016 年，"一带一路"区域煤炭消费量从 5.96 亿吨

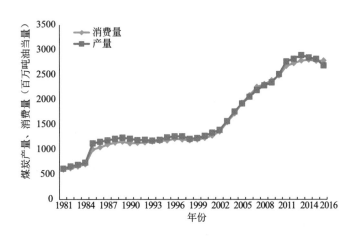

图6-16 "一带一路"区域内煤炭产量和消费量

数据来源：BP. *Statistical Review of World Energy 2017*。

油当量增加到 27.85 亿吨油当量，增加了 21.89 亿吨油当量，年平均增长率为 4.5%；煤炭的产量从 6.16 亿吨油当量增长到了 26.88 亿吨油当量，增长了 20.72 亿吨油当量，年平均增长率为 4.3%。

"一带一路"区域内煤炭消费格局为"五进二出一平衡"：东南亚和俄罗斯为输出区；东北亚、东北非、西亚、中东欧和南亚为进口区；中亚自给自足，煤炭消费量和产量保持平衡。另外，中东欧的煤炭消费量和产量均逐年递减，其他地区的煤炭消费量和产量呈上升趋势（见表 6-23）。

表 6-23 "一带一路"区域内煤炭产量、消费量对比

分 区	国家及地区	消费量			产 量		
		2014 年	2015 年	2016 年	2014 年	2015 年	2016 年
东北非	埃及	0.7	0.7	0.4	—	—	—
	小计	0.7	0.7	0.4	—	—	—
东北亚	中国大陆地区	1949.3	1920.4	1887.6	1864.2	1827.0	1685.7
	中国台湾地区	39.0	37.8	38.6	—	—	—
	中国香港地区	8.1	6.7	6.7	—	—	—
	蒙古	—	—	—	15.4	14.9	22.8
	小计	1996.4	1964.9	1932.9	1879.6	1841.9	1708.5
东南亚	印度尼西亚	69.8	80.3	62.7	281.7	241.1	255.7
	马来西亚	15.4	17.6	19.9	—	—	—
	菲律宾	10.6	11.4	13.5	—	—	—
	新加坡	0.4	0.4	0.4	—	—	—
	泰国	17.9	17.6	17.7	5.2	4.4	4.3
	越南	19.3	22.2	21.3	23.4	23.3	22.0
	东南亚其他国家	18.8	19.3	20.6	28.5	28.1	33.9
	小计	152.2	168.8	156.1	338.8	296.9	315.9
俄罗斯	俄罗斯	87.6	88.7	87.3	176.6	184.5	192.8
南亚	印度	388.7	407.2	411.9	271.0	283.9	288.5
	巴基斯坦	4.7	4.7	5.4	1.5	1.5	1.8
	孟加拉国	0.9	0.8	0.8	—	—	—
	小计	394.3	412.7	418.1	272.5	285.4	290.3
西亚	阿塞拜疆	—	—	—	—	—	—
	伊朗	1.2	1.2	1.7	—	—	—
	以色列	6.9	6.7	5.7	—	—	—
	沙特阿拉伯	0.1	0.1	0.1	—	—	—
	阿联酋	1.6	1.6	1.3	—	—	—
	土耳其	36.1	34.4	38.4	16.4	11.7	15.2
	西亚其他国家	0.8	0.8	0.5	—	—	0.8
	小计	46.7	44.8	47.7	17.1	11.7	16.0

续表

分 区	国家及地区	消费量			产 量		
		2014 年	2015 年	2016 年	2014 年	2015 年	2016 年
中东欧	白罗斯	1.0	0.8	0.8	—	—	—
	保加利亚	6.4	6.7	5.7	—	—	5.1
	捷克	15.9	15.6	16.9	16.7	16.4	16.3
	匈牙利	2.2	2.2	2.3	1.6	1.5	1.5
	立陶宛	0.2	0.2	0.2	—	—	—
	波兰	49.4	49.8	48.8	54.0	53.7	52.3
	罗马尼亚	5.8	6.1	5.4	4.4	4.8	4.3
	斯洛伐克	3.4	3.3	3.1	—	—	—
	乌克兰	35.6	29.2	38.4	25.9	16.4	17.1
	中东欧其他国家	22.0	23.4	23.0	17.2	15.3	22.3
	小计	141.9	137.3	144.6	119.8	108.1	118.9
中亚	哈萨克斯坦	41.0	35.8	35.6	48.9	46.2	44.1
	乌兹别克斯坦	1.2	1.1	1.0	1.2	1.1	1.1
	小计	42.2	36.9	36.6	50.1	47.3	45.2
"一带一路"合计		2862.0	2854.8	2823.7	2854.6	2775.8	2687.6
全球总计		3911.2	3839.9	3732.0	3988.9	3830.1	3656.4
占全球份额（%）		73.2	74.3	75.7	71.6	72.5	73.5

数据来源：BP. *Statistical Review of World Energy 2017*。

本 章
小 结

全球能源供需格局正在发生重大变化，"一带一路"既是世界能源生产中心，也是世界能源消费中心。"一带一路"区域内 2016 年一次能源供需格局呈现"四进四出"特征，西亚、俄罗斯、中亚和东南亚为输出地区，东北亚、东北非、中东欧和南亚为进口地区。"一带一路"既是当今经济发展最快的地区，也是全球最受关注、变数最多的地区。未来世界能源消费增长的重心仍在"一带一路"。

第三篇

重点国家和地区能源产业现状

第七章　俄罗斯和中亚

　　俄罗斯和中亚是中国的近邻，其能源资源十分丰富，截至 2017 年年底，石油、天然气探明剩余可采储量分别为 196.0 亿吨、58.1 万亿立方米，分别占全球探明剩余可采总储量的 8.2%、30.0%；俄罗斯和中亚 2017 年原油、天然气产量分别为 7.0 亿吨、7958 亿立方米，分别占全球产量的 15.8%、21.6%；俄罗斯出口原油 2.8 亿吨，出口天然气 2310 亿立方米，分别占全球出口量的 12.7%、20.4%。

第一节

俄罗斯

　　俄罗斯地跨欧亚两洲，国土面积 1709.82 万平方千米；东西最长 9000 千米，南北最宽 4000 千米，海岸线长 33807 千米；人口为 1.463 亿（截至 2015 年年底）。2015 年俄罗斯 GDP 为 13247.3 亿美元（International Monetary Fund，2016）。据俄罗斯联邦统计局数据，2016 年俄罗斯 GDP 负增长 0.2%。据俄罗斯海关署统计，能源产品（原油、石油产品、天然气、烟煤、焦炭和半焦炭、电力）是 2015 年俄罗斯主要的出口产品，出口总额为 2095 亿美元，占俄罗斯出口总额的 61%（2014 年为 67.8%）。俄罗斯地大物博，自然资源十分丰富，是世界能源资源大国、生产大国和出口大国。俄罗斯石油、天然气探明储量分别居世界第 6 位、第 2 位，煤炭储量居世界第 2 位。

一、能源资源潜力

1. 油气资源潜力

俄罗斯拥有丰富的油气资源，据 USGS 2012 年评价数据，俄罗斯待发现石油资源量为 30.0 亿吨、天然气液量为 9.2 亿吨、天然气量为 6.7 万亿立方米，分别占世界总量的 3.9%、4.0%、4.2%（USGS，2012）。

表 7-1 俄罗斯待发现油气资源潜力

国家及地区	石油（亿吨）	天然气液（亿吨）	天然气（亿立方米）
俄罗斯	30.0	9.2	67375
世界	774.4	228.3	1587513
占世界比例（%）	3.9	4.0	4.2

数据来源：USGS. *An Estimate of Undiscovered Conventional Oil and Gas Resources of the World*，2012。

2. 油气储量

据 BP 数据，截至 2015 年年底，俄罗斯石油剩余可采储量为 140.2 亿吨，分别占独联体国家、世界石油剩余可采总储量的 73.2%、6.0%，居世界第 6 位；天然气剩余可采储量为 32.3 万亿立方米，分别占独联体国家、世界石油剩余可采总储量的 60.3%、17.3%，仅次于伊朗居世界第 2 位，如表 7-2 所示（BP，2016）。

表 7-2 俄罗斯油气剩余可采储量

国家及地区	石油（亿吨）	天然气（万亿立方米）
俄罗斯	140.2	32.3
独联体国家	191.5	53.6
世界	2393.6	186.9
占独联体国家比例（%）	73.2	60.3
占世界比例（%）	6.0	17.3

数据来源：BP. *Statistical Review of World Energy 2016*。

2015 年 9 月，美国能源信息署（EIA）公布了《世界页岩资源评价》（*World Shale Resource Assessments*），其对俄罗斯 1 个盆地[①]、2 套页岩层系进行的页岩油气评价结果显示，俄罗斯页岩气地质资源量为 54.4 万亿立方

---

① 1 个盆地位于西西伯利亚中部和北部。

米，技术可采资源量为 8.1 万亿立方米，居世界第 9 位；俄罗斯页岩油地质资源量为 1702.7 亿吨，技术可采资源量为 102.2 亿吨，居世界第 2 位。

　　此外，俄罗斯拥有丰富的煤炭资源，核能利用率很高。据 BP 数据，截至 2015 年年底，俄罗斯煤炭剩余可采储量为 1570.1 亿吨，占世界煤炭剩余可采总储量的 17.6%（见表 7-3），仅次于美国，居世界第 2 位；但煤炭产量很低，2015 年仅为 3.7 亿吨。

表 7-3　俄罗斯煤炭剩余可采储量　　单位：亿吨

国家及地区	无烟煤和烟煤	次烟煤和褐煤	煤炭剩余可采储量	储 采 比
俄罗斯	490.9	1079.2	1570.1	421.8
世界	4032.0	4883.3	8915.3	113.9
占世界比例（%）	12.2	22.1	17.6	

数据来源：BP. *Statistical Review of World Energy 2016*。

　　俄罗斯很早就开始利用核能，是世界核技术领先国家之一，核电产业是俄罗斯支柱产业之一。在政府支持下，俄罗斯核电产业特别重视技术研发，并大力推动核电出口。俄罗斯还拥有丰富的铀矿资源。据经合组织核能机构（OECD/NEA）和国际原子能机构（IAEA）数据，截至 2015 年 1 月，俄罗斯可靠铀资源（可采）回收成本 ≤ 80 美元 / 千克的资源量为 2.73 万吨铀，回收成本 ≤ 130 美元 / 千克的资源量为 22.84 万吨铀，分别占世界资源总量的 2.2% 和 6.6%。

　　1986 年 4 月，发生在乌克兰境内的切尔诺贝利核事故，被认为是历史上最严重的核电事故，成为人类黑色的记忆。2011 年日本福岛核电站发生核泄漏，再次引起全球对核电安全的担心。

　　据世界核协会（World Nuclear Association）数据，2015 年俄罗斯核能发电量为 182.8 太瓦时，占俄罗斯总发电量的 18.6%。截至 2016 年 8 月，俄罗斯运行的核电机组为 35 台，发电能力为 26053 兆瓦；在建核电机组为 8 台，发电能力为 7104 兆瓦；计划建设核电机组为 25 台，发电能力为 27755 兆瓦。

　　俄罗斯水电资源丰富。据 BP 数据，俄罗斯 2015 年水电消费量为 169.9 太瓦时，占世界水电消费量的 4.3%。据世界能源理事会数据，俄罗斯水电总潜力为 1670 太瓦时 / 年，未开发资源为 1510 太瓦时 / 年，目前的利用率仅为 10%。2015 年俄罗斯水电装机容量为 50624 兆瓦。俄罗斯水电潜在资源主要分布在西伯利亚和远东地区。

二、能源供需形势

俄罗斯是世界能源消费大国，也是能源生产大国。俄罗斯一次能源消费量居世界第4位，原油和天然气的产量分别居世界第3位和第2位，同时也是世界重要的油气输出国。

1. 能源消费量和消费结构较稳定

2000年以来，俄罗斯一次能源消费量一直比较稳定，为6.2亿～6.95亿吨油当量，2011年的能源消费量为2000年以来的最高值，达69490万吨油当量。受西方国家经济制裁影响，俄罗斯2015年一次能源消费总量出现下滑，为6.67亿吨油当量，同比下降3.3%，占世界一次能源消费总量的5.1%（见表7-4），被印度超越，居中国、美国和印度之后，列第4位。

表7-4　俄罗斯2015年和2005年一次能源消费结构对比　　单位：万吨油当量

	石油	天然气	煤炭	核能	水电	其他可再生能源
2015年一次能源消费量	14299	35234	8874	4417	3845	13
占消费总量的比例（%）	21.4	52.8	13.3	6.6	5.8	0.01
2005年一次能源消费量	13000	36460	11160	3390	3960	0
占消费总量的比例（%）	19.1	53.6	16.4	5.1	5.8	0

数据来源：BP. *Statistical Review of World Energy 2016*。

2000年以来，俄罗斯一次能源消费结构变化不大，主要以天然气和石油为主。2015年俄罗斯一次能源消费结构如下：石油占21.4%、天然气占52.8%、煤炭占13.3%、核能占6.6%、水电占5.8%。相对于2005年，石油（占19.1%）、核能（占5.0%）占一次能源消费比重有所上升，而天然气（占53.6%）和煤炭（占16.4%）比重则有所下降。

2. 原油产量稳中有增，天然气产量约6000亿立方米

2015年俄罗斯原油产量为5.41亿吨。1987年原油产量达到最高峰5.69亿吨；1991年受外界因素影响，产量大幅调低；1996年原油产量仅为3.03亿吨；1993—1996年，俄罗斯为激励投资对石油工业实行股份制和私有化改造，1999年石油产量开始恢复增长；但是直到2003年才恢复到4亿吨以上，之后呈平稳增长态势，如表7-5所示。2015年俄罗斯原油出口量为2.55亿吨，中国从俄罗斯进口原油量为4243万吨。

表 7-5　2000—2015 年俄罗斯油气生产、出口和消费情况

年　份	原油（万吨）				天然气（亿立方米）			
	产量	出口量	进口量	消费量	产量	出口量	进口量	消费量
1985 年	54231				4181			3505
1990 年	51589				5901			4076
1995 年	31075	12519	847	19403	5326	1922	82	3665
2000 年	32665	15750	577	17492	5285	1866	89	3604
2001 年	35168	16500	200	18868	5262	1789	0	3662
2002 年	38370	19767	612	19214	5388	1755	22	3707
2003 年	42572	22602	574	20543	5615	1923	138	3795
2004 年	46329	26056	420	20693	5733	2044	225	3893
2005 年	47481	26112	363	21733	5801	2226	274	3940
2006 年	48563	25531	232	23264	5952	2379	535	4150
2007 年	49677	25858	269	24089	5920	2319	515	4220
2008 年	49367	24310	246	25303	6017	2373	562	4160
2009 年	50082	24890	178	25370	5277	2017	373	3896
2010 年	51179	24326		27011	5889	2247	382	4141
2011 年	51883	24449		27434	6070	2212	301	4246
2012 年	52604	23672		28932	5923	2089	298	4162
2013 年	53110	23369		29741	6047	2255	278	4135
2014 年	53411	24117	148	29442	5817	2021	242	4119
2015 年	54072	25468	286	28890	5733	2075	169	3915

数据来源：BP. *Statistical Review of World Energy 2016*；1995—2013 年油气进出口量数据来自 IEA。

　　2015 年俄罗斯天然气产量为 5733 亿立方米，较 2014 年的 5817 亿立方米减少了 1.4%。2015 年俄罗斯出口天然气量为 2075 亿立方米，占当年产量的 36.2%。在北极，俄罗斯在亚马尔半岛勃万涅科夫凝析油气田（天然气储量约为 4.9 万亿立方米）的开发具有里程碑意义。

3. 天然气出口主要流向欧洲、亚太地区

　　据 BP 数据，2015 年俄罗斯天然气出口量为 2075 亿立方米，其中，管道出口量为 1930 亿立方米，LNG 出口量为 145 亿立方米。俄罗斯通过管道主要出口到欧洲及独联体国家。2015 年俄罗斯 LNG 主要出口到亚太地区的日本、韩国等国家，出口量为 145 亿立方米（见表 7-6）。

表 7-6 俄罗斯 2015 年天然气出口去向

国家及地区	天然气（亿立方米）	占总量的份额（%）	国家及地区	LNG（亿立方米）	占总量的份额（%）
欧洲	1598	82.8	日本	105	72.4
德国	452	23.4	韩国	35	24.1
土耳其	266	13.8	中国台湾地区	3	2.1
意大利	240	12.4	中国大陆地区	2	1.4
比利时	109	5.7			
其他国家	531	27.5			
独联体国家	332	17.2			
白罗斯	168	8.7			
乌克兰	70	3.6			
哈萨克斯坦	50	2.6			
其他国家	44	2.3			
总计	1930	100	总计	145	100

数据来源：BP. *Statistical Review of World Energy 2016*。

三、能源管理体制

1. 政府管理部门

1991 年 2 月 28 日俄罗斯组建了能源部，1991 年 8 月俄罗斯总统令决定终止原能源和电力部、原煤炭部、原石油天然气部等的权利。

俄罗斯油气工业的政府主管部门有能源部、自然资源部、经济发展部、贸易部、财政部等，这些部门从不同角度对油气行业的整体发展进行规划和监督。俄罗斯还通过国有公司控制全国油气运输体系。

2004 年 6 月，俄罗斯第 284 号决议案确定能源部的职能是：保障国家能源安全，确保燃料—能源的生产和有效利用；协调和组织制订能源部门发展规划；对燃料—能源综合领域的投资项目、油气开发和利用的规划及其实施措施提出建议；研究油气、油品长输管道系统使用建议及其实施措施；负责制定和执行产量分成协议的政策。

2. 国家掌控的能源公司

俄罗斯 10 家大型一体化公司在石油勘探开发中占主导地位，其石油产量占全国总产量的 50% 以上；此外，还有 160 多家中小石油公司（地方公司、私营公司、合资公司等）。政府通过俄罗斯石油公司（Rosneft Oil）和俄罗斯天然气工业股份公司（Gazprom）实施对油气工业的控制。在2016年《财富》世界500强排名中，俄罗斯共有3家能源企业上榜，其中，Gazprom排名第56位，Rosneft Oil排名第118位，卢克石油公司（LUKOIL）排名第76位。

负责俄罗斯国家电网的是俄罗斯统一电力系统股份有限公司（RAO UESR）。

下面对俄罗斯主要的能源公司进行介绍。

（1）俄罗斯石油公司。

俄罗斯石油公司成立于1993年，是在俄罗斯原石油工业部的基础上建立起来的国有石油企业。根据俄罗斯政府令，该公司于1995年改组为国有股份公司。目前，俄罗斯石油公司国家控股超过75%。该公司是俄罗斯最大的一体化石油公司，主要从事石油勘探、生产、加工方面的工作。公司拥有530多个子公司，包括17个开采公司、7个大型炼厂、4个港装码头。公司勘探开发业务遍布俄罗斯所有油气区，国际业务主要分布在哈萨克斯坦、阿尔及利亚、委内瑞拉、阿联酋、哥伦比亚、阿富汗及伊拉克等国家。俄罗斯石油公司是最大的对中国原油出口商。

（2）俄罗斯天然气工业股份公司。

俄罗斯天然气工业股份公司是1989年在俄罗斯原天然气工业部基础上成立的天然气企业，并在1992年改组为股份公司。该公司是全球最大的天然气工业公司，也是俄罗斯天然气工业的垄断性国有公司，国家控股50.01%。该公司主要从事天然气勘探、开采、运输、加工和销售方面的工作，其生产规模和天然气产量在俄罗斯天然气工业中占有绝对优势。该公司的天然气储量占俄罗斯天然气总储量的60%，拥有70%的气田开发许可证，天然气产量占俄罗斯天然气总产量的84%以上。该公司拥有世界上最大的输气系统——俄罗斯统一供气系统，负责运营和维护15万千米的输气干线管道和50万千米的配气管网，同时负责俄罗斯油气的流向及地下储气库的调控，不仅保障俄罗斯的天然气安全供应，还向32个国家出口天然气。

该公司拥有油气生产、运输、工程建设等全资子公司62家，控股50%

以上的公司有 44 家，控股小于 50% 的公司有 59 家。该公司是最大的对中国天然气出口商。

2008 年俄罗斯统一电力系统股份公司拆分重组后，俄罗斯天然气工业股份公司逐步控制了俄罗斯国内的发电市场。目前，该公司具有 38 吉瓦的发电能力，占俄罗斯总发电能力的 14%。2015 年，该公司生产了 1472 亿千瓦时的电能和 1.17 亿百万卡的热能，同时在亚美尼亚生产了 7 亿千瓦时电能，发电总量达到 1479 亿千瓦时。该公司的子公司——Mezhregionenergosby 是俄罗斯国内具有领导地位的电力贸易公司，其业务分布于俄罗斯 47 个地区，在莚售和零售市场都具有重要的影响力。

Gazprom 公司是俄罗斯电力工业的最大投资者。2011 年，该公司在俄罗斯建成 1.9 吉瓦热电发电能力。Gazprom 公司在俄罗斯电力市场占据领先地位，占俄罗斯发电总量的 17%、热电总量的 8%（Gazprom，2015）。

（3）国家控股的油气运输企业。

俄罗斯有 4 家国家控股的油气运输公司，分别是：俄罗斯石油运输公司（Transneft，国家拥有 75% 股份），其垄断经营的原油运输管道覆盖俄罗斯 96% 的用户（该公司下设 11 家地区石油管道运输公司，各自负责石油运输管网的一段，每段管网运费不同，但构成统一的供油系统，内部实行各地区分公司分段管理）；油品管道运输公司，成立于 1993 年，负责俄罗斯油品运输业务的管理与经营，在俄罗斯下设 8 家油品运输分公司；液化天然气运输公司，包括铁路运输；天然气运输公司（俄罗斯天然气工业股份公司 100% 拥有），管道运输系统由天然气运输公司垄断经营，该公司下设 13 家天然气运输子公司，并分别经营管理（国土资源部油气资源战略研究中心，2016）。

（4）俄罗斯水电集团（Rushydro）。

俄罗斯水电集团成立于 2004 年。2005—2008 年，该集团陆续取得俄罗斯统一电力系统股份公司（RAO UES）的水力发电站资产。截至目前，俄罗斯水电集团具有 38.9 吉瓦的装机容量，是俄罗斯最大的电力生产企业之一。除了俄罗斯最大的 Sayano-Shushenskaya 水电站，该集团还拥有伏尔加河—卡马河流域的总装机容量超过 10273 兆瓦的 9 座水电站、远东地区最大的

Zeiskaya 水电站（1330 兆瓦）、Bureiskaya 水电站（2010 兆瓦）及北高加索地区的数十座水电站。

四、能源工业发展历程

俄罗斯油气资源非常丰富，油气勘探开发已有 150 多年的历史，现已建成完整的石油和天然气工业体系。

19 世纪中后期至 1930 年，苏联勘探开发巴库和北高加索两个老采油基地。1865 年发现比比埃巴特油田，采用人工挖井开采方式，相继于 1869 年在阿塞拜疆阿普歇伦半岛发现特大型巴拉汉—萨蓬奇—拉马纳油田。1864 年在北高加索卡拉斯诺达尔地区阿纳普附近采用机械化生产方式打了第一口油井，发现了库达克油田，这标志着苏联石油工业正式诞生。巴库油区是当时苏联的产油中心，1880 年石油产量达 51.6 万吨，1890 年石油产量增加至 401.6 万吨，约占当年世界石油总产量的 40%。1901 年石油产量达 1200 万吨，约占世界石油总产量的 51%，形成了巴库和北高加索两个采油区。1922 年完成了石油工业国有化，1928 年石油产量达 1163 万吨，1932 年石油产量达 2141 万吨，当时巴库油区石油产量占苏联石油总产量的 70%。

1930—1960 年，苏联大力勘探开发伏尔加—乌拉尔盆地（又称第二个巴库油区）和蒂曼—伯朝拉盆地，进一步扩大北高加索油区勘探。1929 年在伏尔加—乌拉尔盆地上丘索夫城发现上古生界二叠系中的工业油流，1930 年在蒂曼—伯朝拉盆地发现古生界油田，标志着新油区发现，进入第二个油气发展阶段。20 世纪 30—40 年，苏联加强对伏尔加—乌拉尔地区油气勘探，又发现古比雪夫、彼尔姆和巴什基尔地区石炭系油田，并投入开发。1944 年和 1948 年相继发现了杜马兹和罗马什金特大型油田，此后又发现一批大型油田。1944—1960 年先后将这批大型高产油田投入开发，杜马兹（1944 年）、穆哈诺夫（1952 年）、罗马什金（1948 年）、什卡波夫（1955 年）、巴甫雷（1956 年）、阿尔兰（1958 年）、叶尔霍夫（1958 年）、帮久日（1957 年）和库列绍夫（1968 年）9 个大型油田采用边内外注水方式投入开发，建成伏尔加—乌拉尔油区，石油产量大幅增加，1950 年石油产量为 3800 万吨，1975 年该油区石油产量达到高峰，为 2.17 亿吨。

1960—1980 年大力勘探开发西西伯利亚含油气盆地，油气出产量高速增长，建成西西伯利亚富油气区。自 1960 年发现西西伯利亚地区别列佐夫等气田后，相继发现盆地中部秋明地区一系列下白垩统特大型油田，如萨莫特洛尔（1965 年）、费杰罗沃（1963 年）、马蒙托夫（1965 年）等，同时在西西伯利亚盆地北部发现乌连戈伊等 4 个巨型气田，后又在亚马尔半岛发现包瓦林科、哈拉萨伊和克鲁津什捷尔恩巨型气田，证实了北部普尔—塔佐夫和亚马尔地区为富气区。1965—1970 年油气田先后投入开发，1975 年石油产量达 1.4 亿吨，天然气产量达 240 亿立方米，建成苏联主要产油气区。此外，蒂曼—伯朝拉盆地油气勘探有新突破，发现武克蒂尔和拉亚沃兹大型凝析气田和乌辛油田，同时在东西伯利亚南部突破古生界碳酸盐岩找油气关，发现了马尔科夫油气田，在东西伯利亚前陆盆地发现中维柳伊等大型气田。1980 年苏联石油产量达 6.03 亿吨，天然气产量达 4350 亿立方米。

1981—1991 年，滨里海盆地、西西伯利亚北部亚马尔半岛及东西伯利亚盆地和沿海陆架油气勘探有了新进展，发现一系列大型油气田。在滨里海盆地发现了阿斯特拉罕和卡拉恰格纳克两个高含硫化氢巨型凝析气田，证实该区为富气区。在苏联北极海发现什托克马诺夫（1988 年）、卢萨诺夫（1991 年）等特大型气田，在巴伦支海和喀拉海发现卢萨诺夫（1991 年）和列宁格勒（1991 年）等巨型气田，1985 年在远东萨哈林陆架发现皮利通—阿斯托赫、阿尔库图—达金等一批油气田。在东西伯利亚盆地南部涅普—博图奥滨和卡莫夫两大隆起发现尤罗渤钦、中博图奥滨、塔拉坎和科维克金等特大型油气田，证实苏联沿海陆架和东西伯利亚盆地是油气勘探开发的远景地区。同时，在这一时期大力开发西西伯利亚等地区高产大型油气田，使苏联油气产量进一步增加，1987 年石油产量达到历史最高峰 56948 万吨，1990 年天然气产量达到 5900 亿立方米，为 2006 年前的历史最高峰。

近些年，俄罗斯在境内包括北冰洋深水区的北极水域，进行了地震作业。在对巴伦支海、伯朝拉海及喀拉海大陆架地质勘探工作的基础上，发现了 400 余个有潜力的项目。

1992 年至今，由于经济恶化等原因，俄罗斯油气勘探投入大幅减少，新增油气储量不能弥补当年产量，加上大型油气田进入开发后期，探明油气田储量结构变差，俄罗斯油气产量不断下降，石油产量从 1990 年的 51589 万吨降到 1995 年的 31075 万吨，天然气产量则由 1990 年的 5901 亿立方米降至 1995 年的 5326 亿立方米。直到 1999 年后，俄罗斯经济有所好转，油气产量开始回升。2015年俄罗斯石油重新站到5亿多吨高位，达到54072万吨，天然气产量达到5733亿立方米，虽未回到1990年的水平，但1995—2015年共有5年超过了1990年的水平。

五、能源产业特色和布局

能源（尤其是石油与天然气）是俄罗斯的经济支柱，俄罗斯的能源产业主要有油气上游勘探开发、管道、炼油化工，以及煤炭、水电、核电等。据俄罗斯联邦统计局数据，2016年俄罗斯的GDP增长为 -0.2%，比2015年的 -3.7% 有明显好转，但出口贸易额下降幅度仍较大，油气出口尤为明显。俄罗斯海关统计数据表明，2016年俄罗斯进出口贸易总额为4712亿美元，同比下降11.2%。其中，俄罗斯出口贸易总额为2876亿美元，同比下降17.0%。2016年1—11月，俄罗斯石油、天然气出口总额分别为663.8亿美元、273亿美元，同比分别降低20.3%、27.33%。据俄罗斯财政部2017年发布的《2017—2019年俄罗斯国家债务政策基本方向》称，油价波动及地缘政治紧张局势是俄罗斯经济面临的主要潜在风险。2017年俄罗斯经济开始缓慢回升。

1. 能源产业现状

（1）输油管道。

俄罗斯国内和出口油气管道网络几乎被国有石油公司垄断，但有两条管道例外：一条是里海管道财团（Caspian Pipeline Consortium，CPC），该管道从哈萨克斯坦田吉兹油田到俄罗斯黑海海岸的港口新罗西斯克，俄罗斯政府拥有24%的份额，哈萨克斯坦国家石油天然气公司拥有19%的份额，雪佛龙占15%的份额；另一条是俄罗斯东部的跨萨哈林管道，由萨哈林 -2 财团拥有（见表7-7）。

（2）原油出口港口。

俄罗斯至少有20个港口可以出口原油，可运输到欧洲、美洲和亚太等地区。俄罗斯2014年通过港口出口原油18685万吨，主要港口有Novorossiysk（6660万吨/年）、Primorsk（4075万吨/年）、Ust-Luga（2780万吨/年）、Kozmino（2435万吨/年）、De Kastri（805万吨/年）、Prigorodnoye（560万吨/年）、Varandey（505万吨/年）等，其中前4个港口的原油出口量占俄罗斯海运原油出口总量的85%（EIA，2015）。

表 7-7　俄罗斯主要原油管道

名　称	运行状态	输油能力（万吨/年）	长度（千米）	供应地区	目　的　地	备　注
西部管道						
德鲁日巴（Druzhba）	运行	10000	4023	西西伯利亚和乌拉尔—伏尔加地区	欧洲	1964 年建成
波罗的海管道系统 1	运行	6500	1175	连接到德鲁日巴	芬兰湾的普里莫尔斯克港（Primorsk）	2001 年建成
波罗的海管道系统 2	运行	3000	998	连接到德鲁日巴	芬兰湾的乌斯季—卢加港	2012 年建成
西北管道系统	待用	1500	80	连接到德鲁日巴	波罗的海立陶宛的布廷格和拉脱维亚的文茨皮尔斯	2006 年始待用
里海管道财团	运行	3500	1512	哈萨克斯坦吉兹油田	俄罗斯黑海海岸，新罗西斯克	2016 年运油能力提高为 17.8 万吨/日
巴库—新罗西斯克管道	运行	500	1335	阿塞拜疆 Sanga-chal 港	俄罗斯黑海海岸，新罗西斯克	1996 年建成
东部管道						
跨萨哈林管道	运行	1000	500	萨哈林油田（萨哈林岛北部）	普里戈罗德那的太平洋海港（萨哈林岛南部）	2008 年建成
东西伯利亚—太平洋（ESPO）管道	运行	ESPO-1: 6000 万吨/年，2020 年达到 8000 万吨/年，ESPO-2: 2500 万吨/年，2020 年达到 5000 万吨/年，中国支线: 1500 万吨/年，2018 年达到 3000 万吨/年	ESPO-1: 2735; ESPO-2: 2092; 大庆支线: 1062	东西伯利亚油田，通过管道连接西西伯利亚油田和亚马尔—涅涅茨地区	太平洋海港科兹米诺和中国大庆支线	ESPO-1: 2009 年建成; ESPO-2: 2012 年建成; 斯科沃罗诺—中国大庆支线 2010 年建成
Purpe-Samotlor 管道	运行	2500	435	亚马尔—涅涅茨和鄂毕盆地	连接到 ESPO 管道	2011 年建成
Zapolyarye-Purpe 石油管道	在建	3000（可扩展到 4500）	482	Zapolyarye 地区	连接 Purpe-Samotlor 和 ESPO 管道	计划 2016 年完成，已推迟 2～3 年
Kuyumba-泰舍特石油管道	在建	800	692	Kuyumba 油田	连接到 ESPO 管道	计划 2016 年完成，已推迟

资料来源：EIA. *Country Analysis Briefs: Russia*，2015。

（3）天然气管道。

截至 2013 年年底，俄罗斯天然气运输系统包括超过 16 万千米的高压输气管道和 26 座地下储气库。从 2000 年年底开始，为满足新的天然气供给需求，俄罗斯天然气工业公司已增加了一些新的天然气管道，包括通向亚马尔和东西伯利亚气田的管道、对华天然气出口管道，以及为避开乌克兰新开设的通向欧洲的管道等。

统一供气系统（UGS）是俄罗斯西部天然气管道互联互通系统的总称。该系统包括俄罗斯国内管道和出口欧洲管道的国内部分，但不包括俄罗斯东部的天然气管道。2007 年，俄罗斯政府指示 Gazprom 建设东部天然气项目（EGP），拓展东西伯利亚和俄罗斯远东地区的天然气基础设施。EGP 主干网目前正在建设。

俄罗斯萨哈林液化天然气（LNG）出口设施自 2009 年开始运转，年产液化天然气能力达 960 万吨（约 131 亿立方米），大部分液化天然气已经根据长期供货协议签约日本和韩国。全球最大的 LNG 项目——亚马尔液化天然气（LNG）是俄罗斯北极地区积极推进的重大项目，已探明天然气储量为 1.3 万亿立方米，凝析油储量为 6018.4 万吨，预计 2019 年投产，每年可生产 1650 万吨 LNG 和 100 万吨凝析油。俄罗斯主要天然气管道如表 7-8 所示。

表 7-8　俄罗斯主要天然气管道

名　称	运行状态	输气能力（亿立方米/年）	长　度（千米）	供应地区	目 的 地	备　注
西部管道						
亚马尔—欧洲	运行	340	>1603	西西伯利亚气田，包括乌连戈伊地区	通过波罗的海到波兰、德国及北欧地区	
南流	运行	170	1202	同上	通过黑海到土耳其	2003 年开工建设
北流	运行	538	1218	同上	通过波罗的海到德国及北欧地区	2011 年开工建设
乌连戈伊—乌赫塔、博瓦年科沃—乌赫塔、乌赫塔—托尔若克	运行在建	1699	>2405	亚马尔半岛的博瓦年科沃气田和乌连戈伊地区气田	俄罗斯西部和欧洲	乌连戈伊—乌赫塔—托尔若克线 2006 年开工，Bovanenkovo—乌赫塔线一期 2012 年开工

续表

名　称	运行状态	输气能力（亿立方米/年）	长　度（千米）	供应地区	目 的 地	备　注
西部管道						
联盟和兄弟情谊管道（乌连戈伊—帕玛里—乌兹戈拉德）	运行	>991	>4490	西西伯利亚气田，包括乌连戈伊地区、乌拉尔气田和中亚	经过乌克兰到达俄罗斯西部和欧洲	出口到欧洲最主要的天然气管道，已建成
南方走廊管道	在建	623	西线：882；东线：1620	西西伯利亚油田，包括乌连戈伊地区	通过土耳其流管道到土耳其和欧洲	2012 年开始建设西线
土耳其流—1 号线	计划	170	>802	同上	土耳其	2016 年竣工
土耳其流—2～4 号线	计划	481	>802	同上	通过土耳其到欧洲东南部	2019 年
南溪	取消	623	898（海上）	同上	通过黑海到欧洲东南部	2014 年取消，由土耳其流取代
东部管道						
跨萨哈林	运行	85	802	萨哈林气田（萨哈林岛北部）	萨哈林 LNG 工厂、普里戈罗德诺耶、库页岛南部	2008 年投产
萨哈林—哈巴罗夫斯克—符拉迪沃斯托克	运行	57	1796	萨哈林气田（萨哈林岛北部）	俄罗斯东部、通过计划的符拉迪沃斯托克 LNG 或新管道将潜在天然气出口到亚洲	2011 年开工
西伯利亚力量 1 期（"东线"出口到中国）	在建	368	2197	东西伯利亚雅库特地区恰扬金气田	俄罗斯东部和中国东北部	2017 年建成
西伯利亚力量（完整路线）	在建	623	3993	东西伯利亚气田，包括雅库特地区恰扬金气田和伊尔库茨克州科维克金	俄罗斯东部、中国东北部、通过计划的符拉迪沃斯托克 LNG 或新管道将潜在增加的天然气出口到亚洲	2019 年或之后
阿尔泰/西线	计划	312	2598	西西伯利亚气田，包括乌连戈伊地区	中国	2020 年或之后

资料来源：EIA. *Country Analysis Briefs: Russia*，July 28，2015。

（4）炼油化工。

截至 2015 年年底，俄罗斯共有 39 座炼厂，年原油加工能力为 27258.6

万吨，减压蒸馏能力为 11090.3 万吨。俄罗斯石油公司是俄罗斯最大的炼厂运营商，拥有 9 座主要炼厂；卢克石油公司是俄罗斯第二大炼厂运营商，拥有 4 座主要炼厂。

2. 未来能源工业布局

2014 年 1 月，俄罗斯公布了《2035 年前俄罗斯能源战略草案》，提出了未来 30 年俄罗斯能源战略的目标和任务。2014 年，美国和欧盟因克里米亚问题开始对俄罗斯实施经济制裁。2015 年下半年，国际油价开始暴跌，世界能源供需市场发生了较大变化，由此对俄罗斯经济产生了重要影响，俄罗斯能源战略、政策、工业布局也被迫做出一定的调整，推动远东地区经济发展的国家战略正在落地。

（1）《2035 年前俄罗斯能源战略草案》的目标和主要内容。

目标和任务是：建立创新、高效的能源行业，由"资源—原料"发展模式向"资源—创新"发展模式转型，以实现资源和创新潜力的充分运用；大力发展能源基础设施，改变长期以来将对外出口设施建置于优先地位的状况，实现俄罗斯国内及其对外能源基础设施的平衡发展；争取保持俄罗斯在传统市场的份额，大幅提高俄罗斯在新兴市场的份额；消除俄罗斯向欧洲输出天然气面临的困局，包括欧洲需求下降、市场竞争加剧、定价模式转变、司法冲突等。

主要内容如下。

* 调整能源生产结构，降低石油产量，提高天然气、煤炭、电能产量。在一次能源生产过程中，石油和凝析油的比重从 39% 降低到 32%～33%；天然气和伴生气的比重从 41% 增加到 47%，年产量预计达 9350 亿立方米；固体燃料的比重维持在 11%～12%，煤炭开采量提高到 9.35 亿吨；加速发展电能，发电站功率提高 1/3，发电能力达目前的 1.6 倍，核电站的发电比重从 16% 增加到 22%～23%。

* 欧洲和独联体国家仍是俄罗斯能源的主要市场，但是 2015 年之后出口量将下降，到 2035 年这些市场的出口量将降至 2010 年的 95%。

* 扩大对亚太市场的出口规模。2035 年，俄罗斯石油与石油产品向亚太市场的出口比重从 12% 增加到 23%（原油增加到 32%）；天然气出口比重从 6% 增加到 31%，液化天然气出口量 2020 年达到 3000 万吨，2035 年达到 1 亿吨；油气化工产品出口量也会不断增加。

（2）近期俄罗斯能源工业的布局及调整。

2015年以来，俄罗斯为缓解低油价和西方制裁造成的影响，减轻经济压力，只能将更多的视野转向东方，不断加强和深化与中国、印度等国家的能源合作。俄罗斯的主要做法包括：不断争夺油气市场份额，争取较高的油气价格；改变以往不出售战略型资产政策，开放部分油气上游资产，转让部分大型项目的股权；继续实施油气出口多元化战略，为了绕开乌克兰，借道土耳其，并开建"土耳其流"天然气管道；中俄原油管道二线工程建成投产；积极开拓海外市场，俄罗斯石油公司以130亿美元收购了印度埃萨石油公司（Essar Oil）。

积极推动远东地区经济发展的国家战略落地。2014年以来，俄罗斯面对西方外交和经济制裁，为摆脱经济困境，克服以能源为主的经济结构缺陷，借势中国经济的快车，更加坚定了"向东看"的战略目标。正如普京在2013年12月的《国情咨文》所说，西伯利亚和远东地区的振兴是俄罗斯"整个21世纪的优先任务"。2015年，俄罗斯相继出台了《跨越式发展区法》（2015年3月30日起生效）和《符拉迪沃斯托克自由港法》（2015年10月12日起生效），积极推动远东地区的经济发展，吸引企业投资，为入驻企业提供了税收、保险、劳务等多重优惠政策。

依据《跨越式发展区法》，跨越式发展区入驻企业享受的主要优惠条件如下（刘朝全，姜学峰，2017）。

* 利润税。自获得首笔利润的纳税期起，5个纳税期内（利润税纳税期为1年），向联邦预算纳税税率为0，向联邦主体预算纳税税率不高于5%。此后5个纳税期内向联邦主体预算纳税税率不低于10%。企业在3个纳税期内未获得利润，则自第4个纳税期开始享受上述政策。

* 矿产资源开采税。企业享受上述利润税优惠税率之前，免征矿产资源开采税。企业自开始享受上述利润税优惠税率起，10年内享受优惠税率，前两年免缴，后8年优惠幅度为每两年递增20%，10年后税率为1。

* 保险缴费费率。企业在获得该地位的下月1日起10年内，适用于以下保险缴费费率：俄罗斯联邦退休基金6%，俄罗斯联邦社会保险基金1.5%，强制医疗保险联邦基金0.1%。

不断扩大石油产量，争夺油气市场份额，争取较高的油价。据俄罗斯燃料能源管理调度中心数据，俄罗斯 2016 年石油产量达 54749 万吨，同比增长了 2.5%；天然气产量为 6400 亿立方米，同比增长 0.7%。中国 2016 年从俄罗斯进口原油 5248 万吨，俄罗斯超过沙特阿拉伯成为中国原油进口最大来源国。面对 2015 年以来的低油价，俄罗斯为摆脱经济困境，促使国际油价上升到较高价位，和欧佩克、非欧佩克产油国积极周旋，继欧佩克成员国达成减产协议后，2016 年 12 月，欧佩克与非欧佩克产油国在维也纳召开会议并达成 2001 年以来首个联合减产协议，11 个非欧佩克产油国决定从 2017 年 1 月起将其原油日产量减少 55.8 万桶，其中，俄罗斯承担减产份额接近一半，将原油日产量减少 30 万桶。

俄罗斯和印度不断加强能源合作，签署多项能源合作协议。2016 年，印度 4 家国有石油公司花费 55 亿美元从俄罗斯石油公司（Rosneft）手中收购了系列石油生产资产，为印度公司增加 22.5 万～ 25 万桶 / 日的产量。根据协议，印度将其拥有的俄罗斯西伯利亚万科尔油田股份提升至大约 50%，还收购塔斯—尤里亚赫石油公司 30% 的股份。2016 年 11 月，由俄罗斯石油公司（Rosneft）、俄罗斯投资基金 United Capital Partners 和大宗商品交易巨头托克（Trafigura Beheer BV）组成的俄罗斯财团，协议收购印度第二大私营石油公司埃萨石油公司（Essar Oil）共 98% 的股份。根据协议，俄罗斯石油公司斥资 130 亿美元收购埃萨石油公司上述股份的一半，即 49% 的股份，剩余股份由托克和 United Capital Partners 平分。

中俄能源合作不断加强和深化。美欧制裁俄罗斯和美国亚太再平衡促使中俄政治上进一步走近，经济关系进一步密切，油气合作进一步推进。2014 年，中国石油收购俄罗斯诺瓦泰克公司所持有的亚马尔 LNG 公司 20% 的权益；2016 年 3 月，丝路基金斥资 10.87 欧元收购俄罗斯诺瓦泰克公司所持有的亚马尔 LNG 公司 9.9% 的权益；2016 年 9 月，中石化与俄罗斯石油公司（Rosneft）签署协议，共同开展俄罗斯东西伯利亚天然气加工和石化综合设施项目的预可行性研究工作。2016 年 12 月 14 日，丝路基金与俄罗斯 PJSC 西布尔控股公司（"西布尔"）及其股东签署了关于丝路基金收购西布尔 10% 股权的最终交易协议。

实施油气管道多元化战略，开辟欧洲天然气输送新通道，积极推进中俄原油管道二线建设。2016年10月，土耳其和俄罗斯签署"土耳其流"天然气管道项目政府间协议，项目将于2018年动工建设，2019年年底投入使用。2016年12月，土耳其总统埃尔多安批准了"土耳其流"天然气管道协定。2017年2月，俄罗斯总统普京签署了批准俄罗斯与土耳其关于建设"土耳其流"天然气管道协定的联邦法规。"土耳其流"是俄罗斯和土耳其2014年开始拟议的天然气管道项目。按计划，该管道共有4条线路，年供气总量可达630亿立方米，其中部分线路可向东南欧国家供气。俄罗斯将从其西南部濒临黑海东岸的阿纳帕起始，铺设一条穿越黑海东北部至西南部海底的天然气管道主干线。主干线在靠近土耳其西北部城市基伊科伊的海底分出两条支线，第一条支线将直接为土耳其天然气市场供气，第二条支线将从陆路穿越土耳其西北部通向靠近希腊的边境地带，以备将来为东南欧国家供气。每条支线的年输气量均为157.5亿立方米。2016年2月，俄罗斯天然气工业股份公司与意大利爱迪生公司和希腊DEPA公司签署了有关通过黑海海底向欧洲供应天然气的谅解备忘录。这条线路将通过第三国进入希腊，随后从希腊抵达意大利。2016年8月，中俄原油管道二线工程开工建设，2018年1月1日正式投入商业运行。

第二节

哈萨克斯坦

哈萨克斯坦共和国（The Republic of Kazakhstan，以下简称"哈萨克斯坦"）地处中亚腹地，面积272.49万平方千米，居世界第9位，北接俄罗斯，东邻中国，西濒里海，南与乌兹别克斯坦、土库曼斯坦、吉尔吉斯斯坦接壤。哈萨克斯坦人口为1794.5万（2017年）。2015年哈萨克斯坦名义GDP为1843.88亿美元。哈萨克斯坦石油剩余可采储量居世界第12位，在独联体国家中居第2位，仅次于俄罗斯；天然气剩余可采储量，在独联体国家中居第5位，在俄罗斯、土库曼斯坦、格鲁吉亚和乌兹别克斯坦之后。哈萨克斯坦油气资源丰富，被誉为"21世纪能源资源重要基地之一"。哈萨克斯坦还拥有丰富的煤炭和铀矿资源。

一、能源资源潜力

1. 油气资源潜力

哈萨克斯坦有较大的油气资源潜力。据 USGS 2012 年评价数据，哈萨克斯坦待发现石油资源量为 3.6 亿吨、天然气液为 4.4 亿吨、天然气为 4632 亿立方米，分别占世界总资源量的 0.5%、1.9%、0.3%，如表 7-9 所示。

表 7-9 哈萨克斯坦待发现油气资源潜力

国家及地区	石油（亿吨）	天然气液（亿吨）	天然气（亿立方米）
哈萨克斯坦	3.6	4.4	4632
世界	774.4	228.3	1587513
占世界比例（%）	0.5	1.9	0.3

数据来源：USGS，2012。

哈萨克斯坦拥有丰富的页岩油气资源，据美国能源信息署（EIA）2015 年 9 月公布的《页岩油和页岩气技术可采资源报告：哈萨克斯坦》，对哈萨克斯坦 4 个盆地、6 套页岩层系进行的页岩油气评价结果显示，哈萨克斯坦页岩气地质资源量达 7.14 亿立方米，技术可采资源量达 0.8 亿立方米，居世界第 33 位；页岩油地质资源量为 374.34 亿吨，技术可采资源量为 10.96 亿吨，居世界第 10 位（见表 7-10）。

表 7-10 哈萨克斯坦页岩油气资源分布情况

盆 地	层 系	页岩气（万亿立方米）		页岩油（亿吨）	
		地质资源量	技术可采资源量	地质资源量	技术可采资源量
North Caspian (North Margin)	Tournaisian, Radaevskiy-Kosvinskiy	0.40	0.06	1.37	0.14
	L. Serpukhovian, Vereiskiy, Gzelian-Kasimovian	1.56	0.23	20.55	0.96
North Caspian (SE Margin)	Visean	3.28	0.34	125	6.3
Mangyshlak	Karadzhatyk	0.88	0.08	171.25	2.6
South Turgay	Karagansay	0.57	0.06	35.62	0.14
	Abaleen	0.45	0.03	20.55	0.82

数据来源：EIA. *Technically Recoverable Shale Oil and Shale Gas Resources: Kazakhstan*，2015。

2. 含油气盆地和油气田分布

哈萨克斯坦的含油气盆地包括滨里海（Pre-Caspainn）、曼格什拉克

（Mangyshlak）、乌斯秋尔特（Ustyurt）、图尔盖（Turgay）和楚—萨雷苏（Chu-Sarysu）盆地等。

哈萨克斯坦油气储量的90%集中在以下15个大油气田：田吉兹、卡沙甘、卡拉恰干纳克、乌津、热特巴伊、扎纳若尔、卡拉姆卡斯、肯基亚克、卡拉让巴斯、库姆科尔、北布扎奇、阿里别克莫奥拉、中普罗尔瓦和东普罗尔瓦、肯巴伊、科洛列夫斯科耶，其中一半的石油储量集中在卡沙甘和田吉兹两个油田。目前，哈萨克斯坦近一半的石油产量来自田吉兹油田和卡拉恰干纳克油田，同时这两大油田的天然气产量占哈萨克斯坦天然气总产量的90%以上。表7-11所示为哈萨克斯坦三大油气田项目的相关信息。

表7-11 哈萨克斯坦主要油气田项目情况

项目名称	田吉兹	卡拉恰干纳克	卡沙甘
操作公司	雪佛龙	英国BG；埃尼（ENI）	北里海作业公司（NCOC）
股东构成	Chevron Texaco: 50%；ExxonMobil: 25%；KazMunaiGaz: 20%；LukArcoUKARCO: 5%	BG: 32.5%；ENI: 32.5%；Chevron: 20%；LUKOIL: 15%	ENI: 16.81%；Shell: 16.81%；ExxonMobil: 16.81%；Total: 16.81%；CNPC: 8.4%；Inpex: 7.55%；KMG: 16.81%
石油储量	地质储量超过250亿桶；可采储量为60亿～90亿桶	可采储量为12亿桶	地质储量为380亿桶可采储量为130亿桶
天然气储量		可采储量为1.37万亿立方米	
是否开采	是，2022年产量将从2700万吨提高到3900万吨	是	项目一期工程于2016年11月1日开始商业生产
投入资金	152亿美元，2016年哈萨克斯坦批准的产能提升计划，预计耗资368亿美元	145亿美元	超过500亿美元

资料来源：商务部驻哈萨克斯坦使馆经商参处、EIA、Wikipedia等。

3. 油气储量

哈萨克斯坦油气储量较丰富。根据BP数据，截至2015年，哈萨克斯坦探明石油剩余可采储量约为39.3亿吨，占世界石油剩余可采总储量的1.8%，在独联体国家中，仅次于俄罗斯，排名第2位；哈萨克斯坦探明天然气剩余可采储量为0.9万亿立方米，占世界探明天然气总储量的0.5%，在独联体国家中居第5位，位于俄罗斯、土库曼斯坦、格鲁吉亚和乌兹别克斯坦之后，如表7-12所示。

表 7-12　哈萨克斯坦油气剩余可采储量情况

国家及地区	石油（亿吨）	天然气（万亿立方米）
哈萨克斯坦	39.3	0.9
独联体国家	191.5	53.6
世界	2393.6	186.9
占独联体国家比例（%）	20.5	1.7
占世界比例（%）	1.8	0.5

数据来源：BP. *Statistical Review of World Energy 2016*。

4. 其他资源潜力

哈萨克斯坦拥有丰富的煤炭资源。据 BP 数据，截至 2015 年年底，哈萨克斯坦探明煤炭剩余可采储量为 336.0 亿吨；占独联体国家的 14.7%，位于俄罗斯和乌克兰之后，排名第 3 位；占世界总量的 3.8%，居世界第 8 位（见表 7-13）。烟煤和次烟煤占哈萨克斯坦煤炭总储量的 64%（哈萨克斯坦能源协会，2015）。

表 7-13　2015 年哈萨克斯坦煤炭资源简况　　单位：亿吨

国家及地区	无烟煤和烟煤	次烟煤和褐煤	煤炭剩余可采储量
哈萨克斯坦	215.0	121.0	336.0
独联体国家	865.2	1413.1	2278.3
世界	4032.0	4883.3	8915.3
占独联体国家比例（%）	24.8	8.6	14.7
占世界比例（%）	5.3	2.5	3.8

数据来源：BP. *Statistical Review of World Energy 2016*。

哈萨克斯坦是世界领先的铀生产国。哈萨克斯坦还拥有世界 12% 的铀矿资源，自 2010 年起，铀年产量占世界总产量的 30% 以上，2014 年铀产量占世界铀总产量的 41%，2016 年的铀产量为 2.4 万吨。哈萨克斯坦唯一的核电站——Mangyshlak 核电站（BN-350 反应堆）在 1999 年停止运行。哈萨克斯坦计划于 2025 年前在 Kurchatov 新建一座核反应堆。

哈萨克斯坦的石油、天然气、煤炭和铀矿资源非常丰富，而水能、风能和太阳能资源也具有得天独厚的优势。哈萨克斯坦大约 50% 的国土面积上的平均风速达到了 4～6 米/秒，特别是里海地区风能资源尤为丰富（Coles C，2009）。据估计，哈萨克斯坦 10%～15% 的陆地平均风速超过了 6 米/秒，接近新疆边界 Djungar Gates 地区的风能资源可达到 525 瓦/平方米，阿拉木图以东 100 千米的 Chylyk 走廊风能资源可达到 240 瓦 / 平方米（联合国开发计划署 / 地球环境基金，2016）。据估计，哈萨克斯坦经济可开发的风能资源可以达到 760 吉瓦（联合国开发计划署，2011）。

哈萨克斯坦境内部分地区太阳辐射充足，适合太阳能发电；特别是哈萨克斯坦南部，每年光照时间为 2200 ～ 3000 小时，年太阳辐射能量达到 1300 ～ 1800 千瓦 / 平方米（Jorde K., et al., 2015）。据估算，哈萨克斯坦太阳能资源潜力每年达到 2500 吉瓦。

二、能源供需形势

1. 哈萨克斯坦石油天然气产量稳步增加

哈萨克斯坦是独联体国家中仅次于俄罗斯的第二大油气资源国。1899 年，哈萨克斯坦阿特劳州的卡拉孔谷尔油田获得了首批自喷油流，从而拉开了哈萨克斯坦油气勘探开发的帷幕。20 世纪 50 年代，哈萨克斯坦原油年产量达 200 万吨；20 世纪 60 年代末至 70 年代中期，随着曼格什拉克半岛新油区的投产，哈萨克斯坦原油产量大幅度提高，年产量由 1965 年的 218 万吨增加到 1975 年的 2390 万吨，1988 年达到 2496 万吨。1991 年后，哈萨克斯坦进一步加强油气资源开发，油气产量迅速增长，原油产量由 1995 年的 2063 万吨增加到 2015 年的 7931 万吨。目前，哈萨克斯坦的含油气区内约有 150 个油气田正在开发。田吉兹是哈萨克斯坦目前最大的生产油田，2014 年田吉兹和卡拉恰干纳克原油产量占哈萨克斯坦原油总产量的比例超过 50%（EIA，2015）。哈萨克斯坦天然气产量由 1995 年的 38 亿立方米增加到 2015 年的 124 亿立方米（见表 7-14）。

表 7-14　哈萨克斯坦油气生产、消费情况

年　份	原油（万吨）				天然气（亿立方米）			
	产量	进口量	出口量	消费量	产量	进口量	出口量	消费量
2000 年	3532	101	2942	691	53			50
2001 年	4009	234	3348	895	44			62
2002 年	4727	299	3995	1031	56			62
2003 年	5145	233	4317	1061	68			59
2004 年	5950	325	5020	1255	86			48
2005 年	6149	373	5464	1058	90	40		53
2006 年	6500	644	5574	1570	89	50	80	79

续表

年　份	原油（万吨）				天然气（亿立方米）			
	产量	进口量	出口量	消费量	产量	进口量	出口量	消费量
2007 年	6713	705	5769	1649	90	66	6	63
2008 年	7067	319	6052	1334	116	58	8	70
2009 年	7648	621	6867	1402	107	74	101	66
2010 年	7968	598	6393	2173	105	67	12	45
2011 年	8006	453	6870	1589	105	66	112	51
2012 年	7922	592	6946	1568	113	65	110	68
2013 年	8179	749	6906	2022	119	65	114	70
2014 年	8083	750	6200	2633	122	67	119	76
2015 年	7931	750	6095*	2586	124	79	120	86

数据来源：BP. *Statistical Review of World Energy 2016*；原油进出口量数据来自 IEA；标 * 数据来自哈萨克斯坦能源部。

2. 油气出口情况

哈萨克斯坦原油出口量在逐年增长，由 2000 年的 2942 万吨增加到了 2015 年的 6095 万吨；哈萨克斯坦原油进口主要来自俄罗斯西西伯利亚，供应哈萨克斯坦巴甫洛达尔石化厂加工使用。据 EIA 数据，2013 年哈萨克斯坦原油主要出口到欧洲（占出口总量的 76%）、亚太（占 17%）、美国（占 4%）及其他国家（占 2%）。2015 年中国从哈萨克斯坦进口原油 499.1 万吨。

哈萨克斯坦国内天然气需求不断增加，由于缺乏连接天然气产区和消费区的基础设施，哈萨克斯坦主要依赖进口天然气满足国内需求。哈萨克斯坦天然气储量在其西部，但天然气主要消费区却在北部、东部和南部。

3. 一次能源消费以煤炭为主，电力生产基本满足国内需求

2016 年，哈萨克斯坦一次能源消费以煤炭为主，煤炭消费量达到 3561 万吨油当量，占能源消费总量的 56.5%；石油和天然气消费量共占能源消费总量的 40%；可再生能源还处于发展初期，以太阳能和风能为主，占比极小。自 2000 年以来，哈萨克斯坦一次能源消费量快速上升，由 2000 年的 3097 万吨油当量上升至 2016 年的 6303 万吨油当量，最高消费量为 2014 年的 6641 万吨油当量。

2005 年后，哈萨克斯坦国内用电需求增长较快，从 2005 年的 681 亿千瓦时增长到 2016 年的 923 亿千瓦时。哈萨克斯坦国内电力生产量也快速增长，从 2005 年的 676 亿千瓦时增长到 2015 年的 941 亿千瓦时。

三、能源管理体制

1. 能源管理体制概述

目前哈萨克斯坦的能源管理机构主要有中央政府、能源部等，主管机构是能源部。2014 年 8 月，哈萨克斯坦成立能源部，由原石油和天然气部、原工业和技术部、原环境和水资源部合并而成。新组建的能源部接管了原石油和天然气部的职能，接管了原工业和技术部拟定和实施国家电力和原子能领域政策的职能，接管了原环境和水资源部拟定和实施国家环保政策、合理利用水资源监督和检查、固体垃圾处理、发展可再生能源、监督国家绿色经济政策发展领域的政策职能。

哈萨克斯坦工业和新技术部是控制和管理电力工业的国家部门，其职责包括：落实关于电力工业的国家政策；起草电力工业的发展规划并监督落实情况；制定详细的电力工业技术标准；发展电力工业领域的国际合作等。哈萨克斯坦能源和矿产资源部下属的国家能源监督委员会负责监督和控制电力工业。国家能源监督委员会监督和控制内容包括：国家法律和规划确定的电力工业技术需求的落实情况；发电厂设备的运行和技术条件、输电和输热网络及消费者电力和热能的改造设施；合理、经济地使用和优化电力和热量的生产、传输和消费模式等。主权财富基金 Samruk-Kazyna 是一家公共事业控股公司，掌握和管理多个行业的国有公司，包括电力工业、电信、运输和国家发展机构等。

2. 能源公司

哈萨克斯坦主要的石油公司有哈萨克斯坦国家石油天然气公司（KMG）、田吉兹雪佛龙公司、卡拉恰干纳克石油公司、中油阿克纠宾股份有限公司、曼格斯套油气公司、中油国际（PK）有限责任公司等。

哈萨克斯坦国家石油天然气公司（KMG）成立于 2002 年 2 月，由哈萨克斯坦国家石油公司和哈萨克斯坦国家石油天然气运输公司合并组建，是纵向一体化油气公司，拥有多家子公司，包括 KMG 勘探开发（石油上游）、KazMuaniTeniz（海上油气）、KazTransOil（石油管道）、KazTransGas（天然气管道）等公司。KMG 在哈萨克斯坦油气行业的作用将越来越大，政府将所有新项目和合资公司的多数股份给了 KMG。

哈萨克斯坦电网管理公司（Kazakhstan Electricity Grid Operating

Company，KEGOC）于 1997 年 7 月 11 日成立。该公司的主要任务是在政府政策支持下，根据当前的工业设施、经济条件和经济需要，保证供电系统的稳定运行，使国家电网处于可靠的控制之下。目前该公司管理 0.4 ～ 1150 千伏的输电线路达到 25096.597 千米。

Samruk 能源公司（Samruk-Energy）是哈萨克斯坦最大的发电企业，成立于 2007 年 5 月 10 日。2015 年该公司发电厂装机容量达到 6774 兆瓦，占哈萨克斯坦总装机容量的 32%；发电量为 223.18 亿千瓦时，占哈萨克斯坦发电总量的 25%。该公司下属煤炭公司 1 家、发电公司 6 家、输电公司 4 家、水电公司 5 家、可再生能源公司 6 家。

四、能源工业发展历程

哈萨克斯坦油气工业始于 1911 年，经历了初级阶段、初级高峰阶段、快速增长阶段和战略性发展阶段。

1911 年在阿特劳州马加特地区获得第一口高产自喷油井。1911 年和 1915 年在恩巴地区（现特伊地区）相继发现了多索尔油田和马加特油田。

20 世纪 40 年代中期，哈萨克斯坦的石油工业发展到较高水平，石油年产量达到 100 万吨。随后，哈萨克斯坦通过综合地质地球物理研究和大规模勘探工作，发现了一批新油田和远景构造区，出现了新的采油高峰。20 世纪 50 年代中期，哈萨克斯坦石油年产量达到 200 万吨。

20 世纪 60 年代初期，在阿克纠宾州发现大型油田，形成了西哈萨克斯坦油田区。1965—1975 年，哈萨克斯坦石油产量由 218 万吨猛增到 2390 万吨，1988 年达到 2496 万吨。

1991—1994 年，哈萨克斯坦石油产量由 2660 万吨降为 2030 万吨，天然气产量由 66 亿立方米降为 42 亿立方米。自 1992 年起，哈萨克斯坦颁布了一系列政策法规，吸引外国投资，世界各大石油公司开始进入哈萨克斯坦开展油气勘探开发，陆续签署了一系列油气勘探开发合同。随后，里海勘探取得重大发现，哈萨克斯坦油气产量逐年回升，极大地推动了石油工业的快速发展。2015 年，哈萨克斯坦石油产量达 7931 万吨，天然气产量达 124 亿立方米。

哈萨克斯坦电力工业基础比较陈旧，虽然后来重新规划了电力工业布局，完善了电力基础设施建设，但早期的电力生产和供应模式的弊端影响了电力工业的发展，突出表现为不同地域电力资源的不平衡（商务部，2008）。1995 年，哈萨克斯坦总统颁布了关于电力能源的总统令，1996 年哈萨克斯坦政府出台电力系统私有化和改组纲要。哈萨克斯坦自此开始电力市场改革，由中央计划的经济体制向市场主导的经济体制过渡。1997 年 7 月 11 日哈萨克斯坦电网管理公司（KEGOC）成立。2000 年，哈萨克斯坦电力系统第一次脱离俄罗斯，独立运行。1999 年，哈萨克斯坦唯一的核电站——Mangyshlak 核电站（BN-350 反应堆）停止运行。截至 2015 年年底，哈萨克斯坦共有 119 座各种类型的发电站，总装机容量 21307.2 兆瓦，有效装机容量 17503.5 兆瓦。

五、能源产业特色和布局

1. 能源产业现状

（1）炼油化工。

目前，哈萨克斯坦有三大炼厂，即阿特劳（Atyrau）炼厂、希姆肯特（Shymkent）炼厂、巴甫洛达尔（Pavlodar）石化厂，分别位于哈萨克斯坦西部、南部、东北部。这 3 家炼厂都归属于哈萨克斯坦国家石油天然气公司（KMG）。巴甫洛达尔石化厂主要加工来自俄罗斯西西伯利亚的原油。截至 2016 年年底，哈萨克斯坦拥有年原油加工能力 1700.0 万吨，减压蒸馏能力 641.5 万吨，催化裂化能力 199.5 万吨，催化重整能力 221.8 万吨，催化加氢能力 942.8 万吨。KMG 正在扩大 3 家炼厂的产能，阿特劳炼厂二期扩建投资 29 亿美元，增加产能至 500 万吨 / 年；2017 年年底，经现代化改造，希姆肯特炼厂产能增加至 600 万吨 / 年，巴甫洛达尔石化厂产能增加至 600 万吨 / 年（Azhar Kadrzhanova，2013）。

（2）油气运输。

哈萨克斯坦目前运行的原油管道总里程约 5800 千米，主要原油出口管道包括：Tengiz-Novorossiysk（KTK）原油管道；中哈原油管道，输油能力为 40 万桶 / 日，到 2013 年年底，已具备 2000 万吨的年输油能力，截至 2017 年 3 月 29 日，已向中国输油 1 亿吨；北线乌津—阿特劳—萨马拉管道，输油能力为 60 万桶 / 日（3000 万吨 / 年）；巴库—第比利斯—杰伊汉（BTC）管道，输油能力为 50 万桶 / 日（2500 万吨 / 年）(见表 7-15)。

表 7-15 哈萨克斯坦原油管道建设情况

管道名称	线 路	运输能力	现 状	油气来源
已建成并投入运营原油管道				
田吉兹—新罗西斯克（KTK）原油管道	哈萨克斯坦田吉兹到俄罗斯黑海海岸	实际输油能力约 3000 万吨／年	2001 年投入运营，全长 1580 千米，由里海管道财团（CPC）运营	田吉兹油田
乌津—阿特劳—萨马拉管道	哈萨克斯坦通往俄罗斯	输油能力为 3000 万吨／年	1968 年开始修建，1970 年完工，管径 1020 毫米，全长 1232 千米	哈萨克斯坦的扎奇油田和乌津油田
卡拉恰干纳克—阿特劳管道	卡拉恰干纳克油气田与 KTK 管道相连	输油能力为 700 万吨／年	2003 年投入运营，全长 635 千米	卡拉恰干纳克石油运营公司
中哈原油管道	西起阿特劳，途径肯基亚克、阿塔苏，经阿拉山口进入中国境内，终点是独山子	输油能力为 2000 万吨／年	2006 年开始运营，全长约 3000 千米，中国境内 253 千米，管径 813 毫米	库姆科尔、阿克纠宾、曼格斯套和滨里海油区
巴库—第比利斯—杰伊汉（BTC）管道	先将原油用油轮从阿克套港（或其巴乌季诺分港）运到巴库，再转接至陆上运输	输油能力为 2500 万吨／年	2006 年 7 月 13 日正式开通	
拟建输油管道				
哈萨克斯坦—土库曼斯坦—伊朗管道	始于哈萨克斯坦西部，经土库曼斯坦西部通往伊朗北部的哈尔克岛	设计输油能力为 5000 万吨／年	管道全长 1496 千米，可将哈萨克斯坦原油输送到波斯湾地区的干线管网，输往亚洲市场	

另外，哈萨克斯坦有一个广泛的铁路网络，据 Wood Mackenzie 数据统计，哈萨克斯坦通过铁路出口原油约 34 万桶／日。哈萨克斯坦还有两个主要港口阿克套（Aktau）和塞米伊（Semey）用于石油出口。

据哈萨克斯坦能源部数据，2015 年哈萨克斯坦出口原油 6095 万吨，同比下降 2.3%。其中，里海管道财团出口 3804.4 万吨，阿特劳—萨马拉方向出口 1345.6 万吨，阿塔苏—阿拉山口方向出口 479.6 万吨，阿克套港口装运 317.1 万吨，输往奥伦堡炼厂 66.5926 万吨凝析油，铁路运输 81.3597 万吨。

哈萨克斯坦境内天然气管网由约 12000 千米管道、22 个压缩站和 3 个地下储气库组成。管网有两个独立的天然气分销网络：一个在西部，服务于生产气田；另一个在南部，主要将进口天然气输送到消费区。哈萨克斯坦南部天然气供给来自乌兹别克斯坦，通过塔什干—奇姆肯特—比什凯克—阿拉木图管道到哈萨克斯坦天然气消费区。

哈萨克斯坦主要的天然气管道有中亚—中央输气管道（CAC）（年输气能力为 654.24 亿立方米）、布哈拉—乌拉尔管道（年输气能力为 144.7 亿立方米）、塔什干—奇姆肯特—比什凯克—阿拉木图管道、中国—中亚天然气管道（年输气能力 399.98 亿立方米），如表 7-16 所示。

表 7-16 哈萨克斯坦天然气管道简介

管道名称		长度（千米）	管径（毫米）	输气能力（亿立方米/年）
中亚—中央输气管道	Central Asia-Centre 1、2、4、5（Kaz）	820	1422.4	599.46
	Ekerem-Turkmenbashi-Beineu（Kaz）	497	1219.2	54.78
布哈拉—乌拉尔管道		790	1016	144.7
中国—中亚天然气管道		1300	1066.8	399.98
Karachaganak-Orenburg（Kaz）		150	711.2	206.71
Shagirli-Shomishti-Beineu		96	0.508	20.05
Tengiz-Kulsari		120	101.6	72.97
Uzen-Aktau		152	711.2	36.17
Soyuz Orenburg-AlexandrovGai（Kaz）		380	1219.2/1422.4	196.37
Makat-Atyrau-Astrakhanskoye（Kaz）		370	1422.4	258.39
Zhanazhol-Taldik		156	—	51.68
Zhanazhol-Aktobe-Krasnyy Oktyabr		250	508/1016	20.67
Kartaly-Kostanay		238	711.2	53.74
Bukhara-Tashkent-Almaty		792	508/1016	134.36
Kumkol-Kzyl-Orda		150	508.0	2.48
Amangeldi-Taraz		193	508.1	20.67
Gazli-Shymken（Kaz）		315	1219.2	258.39

数据来源：党学博，李怀印，2013。

（3）发电厂。

截至 2015 年年底，哈萨克斯坦共有 119 座各种类型的发电厂，总装机容量达 21307.2 兆瓦。2016 年哈萨克斯坦生产电量为 940.8 亿千瓦时，其中，热电厂生产 747.0 亿千瓦时，水电站生产 116.1 亿千瓦时，燃气电厂生产 74.1 亿千瓦时，太阳能和风电站生产 3.6 亿千瓦时，如表 7-17 所示。

表 7-17　哈萨克斯坦发电厂基本数据

发电厂	机组数量和功率	装机容量（兆瓦）	投入运行时间	燃料（动力）类型	位　置	所属公司
Aksu	8×300	2400	1968—1973 年	煤炭	Aksu	Eurasian Energy
Ekibastuz GRES-1	8×500	4000	1980—1984 年	煤炭	Pavlodar	Kazakhmys-Samruk Energy
Ekibastuz GRES-2	2×500	1000	1990年、1993 年	煤炭	Pavlodar	Inter RAO UES-Samruk Energy
Karaganda	4×110 1×150	590	2011 年（扩能）	煤炭	Qaraghandy	Karaganda Energy Center
Pavlodar1	3×50、2×60、1×80	350		煤炭	Pavlodar	Aluminium of Kazakhstan
Pavlodar2	2×25、1×60	110		煤炭	Pavlodar	Pavlodarenergo
Pavlodar3	1×50、2×60、3×110	500		煤炭	Pavlodar	Pavlodarenergo
Almaty 1	1×25、2×60	145		煤炭	Almaty	Samruk Energy
Almaty 2	3×80、1×50、2×110	400	1980—1983年、1985年、1989 年	煤炭	Almaty	Samruk Energy
Almaty 3	1×50、3×41	173	1965年、1973年、1976年、1980 年	煤炭	Almaty	Samruk Energy
Rudnyi	1×31、2×50	131		煤炭	Rudnyy	
Zhezkazgan	3×25、1×42、1×50、1×60	227		煤炭	Zhezkazgan	Kazakhmys
Ust-Kamenogorsk		238.5		煤炭	East Kazakhstan	Samruk Energy
Petropavl	2×33、1×42、2×60、2×76	380		煤炭	Petropavl	AccessEnergo
Astana TPP1-2	3×80、1×120	340	2006 年（扩能）	煤炭	Astana	Astana-Energy
Zhambyl	3×200、3×210	1230		天然气		
Bukhtarma	9×83	747	1960—1965 年	水力	Serebryansk 上游 5 千米	Samruk Energy

续表

发 电 厂	机组数量和功率	装机容量（兆瓦）	投入运行时间	燃料（动力）类型	位 置	所属公司
Kapchagay	4×91	364	1970—1971 年	水力	Ili 河河口	JSC Almaty Power Plants
Moinak	2×150	300	2012 年	水力	Raiymbek Region	KEGOC
Shulba	6×117	702	1987—1994 年	水力	Shulbinsk	AES
Ust-Kamenogorsk	4×82.8	331.2	1952—1953年、1959 年	水力	Ust-Kamenogorsk	AES
Taraz（Dzhambul）	3×200、3×210	1230		燃料油	Taraz	

资料来源：http://www.globalenergyobservatory.org/select.php?tgl=Edit。

Ekibastuz GRES-1 发电厂是哈萨克斯坦最大的燃煤热电厂，总装机容量为 4000 兆瓦，由 8 座 500 兆瓦的机组单元组成。1991 年之后，由于用电需求暴跌，该电厂运行的发电能力甚至不到 2500 兆瓦。2003 年，其中 1 个机组由于爆炸而损毁，所以该电厂的总装机容量变为 3500 兆瓦。后来该电厂启动了一个可持续的投资计划，对机组进行现代化，到 2017 年总装机容量重新提升到 4000 兆瓦（KazEnergy，2015）。

哈萨克斯坦水电站主要分布在额尔齐斯河上，位于哈萨克斯坦东部和南部。Shulba 水电站是哈萨克斯坦最大的水电站。该水电站的登记装机容量是 1350 兆瓦，但实际上该水电站每座机组单元的额定容量是 117 兆瓦，合计 702 兆瓦。哈萨克斯坦计划新建两座水电站——Bulak 水电站和 Kerbulak 水电站，分别位于 Shulba 水电站与 Kapchagay 水电站下方，二者装机容量分别为 68 兆瓦和 33 兆瓦。Bulak 水电站的建立是为了实现哈萨克斯坦 2020 年可再生能源发电量占总发电量 3% 的目标，Kerbulak 水电站的目标是实现 2030 年燃料和能源部门发展的目标。

据 Bisol 集团的消息，2016 年 3 月 11 日，哈萨克斯坦第一座光伏电站竣工。该 2 兆瓦光伏电站坐落于阿拉木图州 Kapchagay 市，由 Samruk-GreenEnergy 运营。这是哈萨克斯坦首个光伏电站，也是中亚地区最大的光伏电站之一。

2. 未来能源工业布局

1997 年，哈萨克斯坦发布了《哈萨克斯坦发展战略 2030》(*Development*

Strategy of Kazakhstan 2030，以下简称《2030 战略》）。《2030 战略》提出有效利用哈萨克斯坦的能源资源，通过快速增长的油气开采和出口，获得更多的收益，保障经济的快速增长和人民生活水平的提高。

2000 年，哈萨克斯坦出台了《哈萨克斯坦——2020 发展战略规划》（以下简称《2020 战略》），并将其划分为两个"五年计划"，第一个"五年计划"《加快工业创新发展国家纲要 2010—2014 年》已经结束，目前正处于第二个"五年计划"实施过程中。《2020 战略》的目标包括：发展核能和可再生能源在内的能源产业，2020 年前能源自给率达到 100%；可再生能源（水电、太阳能和风能）使用比例提高至 3% 以上；巴尔喀什热电站和核电站建成投产；建立垂直一体化的核燃料利用公司；改造升级现有电站和电网。

2014 年哈萨克斯坦发布《哈萨克斯坦国家战略 2050》（以下简称《2050 战略》）。《2050 战略》设定到 2050 年哈萨克斯坦跻身世界最发达国家 30 强的宏伟目标。《2050 战略》提出建立新的自然资源管理体系；在保持国际油气市场重要参与者地位的同时，发展可替代能源，大力发展太阳能和风能；到 2050 年可替代和可再生能源所占的比例不少于全部能源消费量的 50%。

（1）加快能源产业私有化，吸引国外投资。

《2050 战略》明确提出，转变哈萨克斯坦政府角色，发起新的私有化进程。转让非战略企业和服务行业给私营部门，是增强哈萨克斯坦企业家精神非常重要的一步。"人民的 IPO"项目的成功起步是私有化的第一步。KazTransOil 公司发行价值 280 亿坚戈的股票，只能满足需求量的一半。为保证地方对投资的吸引力，必须取消对开采地下资源许可的禁令。在自然资源领域吸引外资的条件是能提供最先进开采和加工技术的外国投资者。哈萨克斯坦应成为欧亚大陆在外资和技术转化方面最具吸引力的国家。

《2030 战略》提出，以开放的市场经济为基础，提高国外投资水平，促进经济增长；与国外大型石油公司签订长期合作伙伴关系，吸引最先进的科技、专业技能和丰富的资金，从而快速、有效地利用其资源。

哈萨克斯坦于 2015 年 12 月底正式启动私有化计划。60 家大型国有或国家控股企业将率先进行私有化，其中涉及石油、铀生产等企业。在能源与公用事业（包括输配电）、采矿业等部门都有私有化项目。2015 年 7 月哈萨克斯坦公布了 12 宗油气勘探资产的拍卖，2015 年 12 月受理了 49 宗采矿、勘探和生产资产（除煤和铀资产外）的拍卖。资源项目和国家战略资产并不在私有化之列。据哈萨克斯坦国家石油天然气公司（KMG）资产管理部主任莎拉·塔纳塔热娃介绍，KMG 仍将保留石油勘探、开采、运输，以及天然气领域全部核心业务的全部所有权。

中国投资者已成为哈萨克斯坦重要的并购交易参与方。2013 年，中国石油以约 50 亿美元收购 KMG 所持的卡沙甘油田 8.33% 的权益。2015 年中石化耗资 10.87 亿美元收购卢克公司拥有的里海资源公司 50% 股份。

（2）全面发展油气工业，满足国内油气自给。

《2050 战略》指明，自然资源是哈萨克斯坦重要的战略优势，可促进国内经济增长和对外签署大额政治和经济合同；必须从单一原料供应转向能源加工，并开展对外合作，利用能源交换新技术；到 2025 年，要全面满足哈萨克斯坦燃料和润滑油市场，并达到新的环保标准。

根据哈萨克斯坦《工业发展国家纲要 2015—2019 年》（简称《纲要》），为了资源潜力最大化利用，满足哈萨克斯坦国内市场对高品质成品油、天然气产品和石化产品的需求和对外出口需要，《纲要》基于 2012 年的发展现状制定了以下目标。

炼油工业：全面满足哈萨克斯坦对高品质成品油的需求；保证对石油炼化工业提供稳定的原材料供应；提高石油炼化工业效率；保证哈萨克斯坦炼化产品进入大区域市场；2017 年，完成炼化工业的现代化，石油炼化能力提高到 1950 万吨／年；开始生产环保、安全的车辆燃料，满足 K4、K5 排放标准。另外，开始发展基础油的生产项目。在 2012 年的基础上，炼化工业的总产值要提高至少 1.6 倍。

石化工业：提供其他工业部门必需和有竞争力的原材料；扩大非一次性商品市场；为国家工业石化技术公园经济特区的基础设施和工厂提供经济支持；为国家工业石化技术公园经济特区提供带有基础设施的项目；保证石化产品出口的运输物流；为石化和天然气部门提供必要的技术人才。在 2012 年的基础上，石化工业的总产值要提高至少 19.1 倍。

（3）加强油气基础设施建设，促进能源出口多元化。

哈萨克斯坦《2050 战略》认为，鉴于国际上对原料的需求减少，价格暴跌，为了预防可能出现更大的经济危机，应加快向国际市场出口尽可能多的矿产和油气产品。

哈萨克斯坦《2030战略》指出，哈萨克斯坦能源资源分布不均、基础设施不足，是制约能源发展的瓶颈。尽管哈萨克斯坦能源资源丰富，但多年以来不能满足国内对能源的需求；同样，缺乏向国外出口石油和天然气必需的基础设施。油气出口管道的建设将增大油气出口的竞争力；维护多条不同方向的出口渠道可以避免对单一国家的依赖，进而在出口价格上具有较大的话语权；吸引国外投资，将促进国内能源基础设施的建设和发展，满足国内能源自给自足并促进对外的竞争力和独立性。

首先，能源出口多元化是哈萨克斯坦一直以来减少对国外依赖的首要考虑。哈萨克斯坦是内陆国家，没有出海口，能源曾长期主要依靠以前修建的油气管道输往俄罗斯，俄罗斯对哈萨克斯坦油气外运控制直接影响哈萨克斯坦的经济利益，能源输出的瓶颈制约了哈萨克斯坦的发展。因此，完善和建设油气外运管道系统，实现油气出口多元化，减少对俄罗斯的依赖，保持自己的独立性是哈萨克斯坦能源外交的优先方向。其次，能源出口多元化是哈萨克斯坦降低市场波动风险的重要战略。由于需要同俄罗斯保持传统的政治经济关系，发展对俄罗斯能源合作仍是哈萨克斯坦能源政策的优先选择。同时，哈萨克斯坦也需要开拓新的市场，使其与美国、欧盟、土耳其、中国和日本的双边能源关系不断发展。因此，哈萨克斯坦需要开辟多方向的油气管道，以满足油气出口多元化的目标。

（4）大力发展可再生能源。

哈萨克斯坦《2050战略》提出，大力发展太阳能、风能等可替代和可再生能源，到2050年，可替代和可再生能源所占的比例不少于全部能源消费量的一半。

哈萨克斯坦副总理伊谢克舍夫表示，2020年前要建成13座风电站、14座水电站、4座太阳能电站和1座核电站。根据哈萨克斯坦多个发展战略，可再生能源在哈萨克斯坦电力生产的比例2020年将达3%，2030年上升至30%，2050年达到50%；至2020年哈萨克斯坦要建设完成4座太阳能电站，装机容量达到77兆瓦。在Kyzylorda州，1座规划的太阳能发电综合体项目年发电量达65000千瓦时。

哈萨克斯坦国家原子能公司（National Atomic Company of Republic of

Kazakhstan, Kazatomprom）为了落实"加快工业创新发展，步入工业化国家"的国家计划，建立一个完全垂直一体化的光伏模块生产产业，从硅矿的开采到加工，再到太阳能电池板的生产，创建了阿斯塔纳太阳能公司（Astana Solar）。该公司的产能将会满足哈萨克斯坦未来不断增长的太阳能电池板需求。

风力发电在哈萨克斯坦 2020 年可再生能源目标中占有重要地位。Samruk能源公司（Samruk-Energy）从欧洲复兴与发展银行获得了 9400 万美元的贷款建设哈萨克斯坦第一座商业性也是最大的风力发电站。该风力发电站位于Akmola，计划装机容量年生产电量达 1.72 亿千瓦时，可节省超过 6000 万吨煤。

第三节

阿塞拜疆

阿塞拜疆共和国（The Republic of Azerbaijan，以下简称"阿塞拜疆"）位于亚洲西部外高加索的东南部，东临里海，南邻伊朗，北靠俄罗斯，西接格鲁吉亚和亚美尼亚。阿塞拜疆国土面积 8.66 万平方千米，2016 年人口 9705.6万。阿塞拜疆拥有丰富的油气资源，本国需求较少，有较大的能源出口潜力；阿塞拜疆具有重要的地缘政治优势，多条里海油气出口管道过境阿塞拜疆。近20 年来，阿塞拜疆能源领域吸引了大量外资，因为具有良好的投资基础和投资潜力。上述特点决定了阿塞拜疆在中亚里海地区的重要能源战略地位。

阿塞拜疆经济对油气的依赖逐年降低。阿塞拜疆独立以来，产业相对单一，主要依赖石油开采业。政府力促经济结构改革，油气领域产值由起初占GDP 的 88% 下降为 2015 年的 31%。据阿塞拜疆国家统计委员会公布的数据，2015 年阿塞拜疆 GDP 为 517 亿美元，同比增长 1.1%。其中，油气领域产值159 亿美元，约占 GDP 总量的 30.7%。

原油、石油产品和天然气仍是阿塞拜疆重要的出口产品。据阿塞拜疆国家统计委员会公布的数据，2016 年，原油、石油产品和天然气分别占阿塞拜疆出口总额的 71.14%、10.62% 和 4.48%。

一、能源资源潜力

1. 油气资源潜力

阿塞拜疆蕴藏着丰富的油气资源，据 USGS 2012 年数据，阿塞拜疆待发现石油资源量为 0.8 亿吨、天然气液为 0.1 亿吨、天然气为 1085 亿立方米，分别占世界总量的 0.1%、0.04%、0.1%，如表 7-18 所示。

表 7-18　阿塞拜疆待发现油气资源潜力

国家及地区	石油（亿吨）	天然气液（亿吨）	天然气（亿立方米）
阿塞拜疆	0.8	0.1	1085
世界	774.4	228.3	1587513
所占世界比例（%）	0.1	0.04	0.1

资料来源：USGS，*An Estimate of Undiscovered Conventional Oil and Gas Resources of the World*，2012。

2. 含油气盆地和油气田分布

阿塞拜疆主要含油气盆地是南里海盆地。阿塞拜疆境内可划分为阿普歇伦、库拉河下游、库巴—里海沿岸、基罗瓦巴德 4 个产油气区。阿塞拜疆绝大部分原油储量和产量分布在阿普歇伦产区，油气田分布集中，油气工业发达。主要油田有阿泽利—齐拉格—久涅什利、巴拉哈内—萨本奇—拉马内、苏拉哈内、比比—埃伊巴特等，具体如表 7-19 所示。2015 年，阿泽利—齐拉格—久涅什利油田产量达 3130 万吨。阿塞拜疆油气可采储量在 1000 万吨油当量以上的大油气田超过 26 个。

表 7-19　阿塞拜疆主要油气田

油田名称	储 集 岩	储层深度（米）	油气最终可采储量（万吨油当量）
Balakhany-Sanbunchi-Ramany	砂岩	140	34532
Neft Dashlary	砂岩	1160	18584
Bibi-Eybat	泥岩	80	18208
Chirag			17800
Sangachaly Deniz-Ostrov Du	砂岩	2200	16986
Surakhany	页岩	245	12648
Guneshli	砂岩	2630	11126
Bakhar	泥岩	4500	10590
Bulla-Deniz	页岩	4350	8071

续表

油田名称	储集岩	储层深度（米）	油气最终可采储量（万吨油当量）
Kyurovdag	砂岩	2050	7158
Kala	泥岩	630	7123
Gum Adasy	砂岩	2100	5941
Kyursangya	泥岩	2680	5553
Buzovny-Mashtage	砂岩	1640	4030
Pirallakhi	砂岩	650	2945
Karadag	砂岩	1400	2865
Karabagli	砂岩	2630	2648
Mishovdag	砂岩	650	2409
Gousany	砂岩	4080	2295
Siazan	粉砂岩	1300	2190
Darvin Bankasi	砂岩	1000	2066
Mashal	砂岩	630	1975
Neftecala	砂岩	650	1671
Zykh	砂岩	2480	1612
Sulutepe	砂岩	460	1279
Cakhnaglyar	砂岩	320	1096

阿塞拜疆天然气主要产自海上气田，典型的气田如 Bakhar 气田，位于阿布歇隆半岛南端，在沙赫—杰尼兹气田投入开发之前是阿塞拜疆重要的气田，1999 年其产量占阿塞拜疆天然气总产量的 40%。沙赫—杰尼兹气田 1999 年发现，是世界最大的天然气凝析油田之一。它位于里海深水架上，水深 50～500m。2006 年年底沙赫—杰尼兹气田一期投产，产能可达 100 亿立方米 / 年天然气和 5000 桶 / 日凝析油。2016 年，该气田生产了 107 亿立方米天然气和 250 万吨凝析油。沙赫—杰尼兹气田二期计划在 2018 年投产，二期可以增加 160 亿立方米的天然气产能。

3. 油气储量

据 BP 数据，截至 2015 年年底，阿塞拜疆石油剩余可采储量为 9.6 亿吨，分别占独联体国家、世界的 5.0%、0.4%；天然气剩余可采储量 1.1 万亿立方米，分别占独联体国家、世界的 2.1%、0.6%。

表 7-20　阿塞拜疆油气剩余可采储量情况

国家及地区	石油（亿吨）	天然气（万亿立方米）
阿塞拜疆	9.6	1.1
独联体国家	191.5	53.6
世界	2393.6	186.9
占独联体国家比例（％）	5.0	2.1
占世界比例（％）	0.4	0.6

数据来源：BP. *Statistical Review of World Energy 2016*。

4. 其他资源潜力

阿塞拜疆还有很多的水力资源没有开发。2015 年，水力发电量达到 1637 吉瓦时，占阿塞拜疆总发电量的 6.6%。有研究指出，阿塞拜疆河流的全部水力资源潜力可达到 40000 吉瓦时，在技术上可被开发的潜力达 16000 吉瓦时，大约 5000 吉瓦时可由小型水力发电机开发。

阿塞拜疆部分地区具有非常丰富的风能资源。一些实验表明，阿塞拜疆很多地方具有很好的风电潜力。经计算，根据地理位置、自然条件和经济基础设施，阿塞拜疆具备大约每年 800 兆瓦的风电潜力，相当于每年可生产电量 2400 吉瓦时。风力资源较好的地区包括阿普歇伦半岛、里海沿岸地区和里海盆地西北部。Ganja-Dahskesen 地区和 Sharur-Julfa 地区的年平均风速可以达到 3 ～ 5 米 / 秒，可以发展中型风力发电设施。日本公司 Tomen 与阿塞拜疆能源科学研究和电力设计研究所共同研究表明，在阿普歇伦地区，在 30 米和 40 米的高度，年平均风速达到 7.9 ～ 8.1 米 / 秒。

阿塞拜疆太阳能资源较丰富，年光照时间长达 2400 ～ 3200 小时，光照辐射能量可达 1500 ～ 2000 千瓦时 / 平方米。阿塞拜疆目前已经有数个光伏项目投入运行。

二、能源供需形势

1. 原油产量连续递减，天然气产量小幅增长

2000 年以来，阿塞拜疆原油产量不断增长，2010 年达到历史峰值 5084 万吨，之后开始有所下降，2015 年阿塞拜疆原油产量为 4166 万吨。2007 年之前，阿塞拜疆天然气产量较低。2006 年沙赫—杰尼兹气田一期工程投产后，阿塞拜疆天然气产量大增，此后由于沙赫—杰尼兹气田产量上升和其他新气田

投入开发，天然气产量逐渐攀升。2015年阿塞拜疆天然气产量为182亿立方米，相对2006年的产量几乎增加了2倍。表7-21所示为2000—2015年阿塞拜疆石油天然气生产消费情况。

表7-21 2000—2015年阿塞拜疆油气生产消费情况

年 份	原油（万吨）				天然气（亿立方米）			
	产量	进口量	出口量	消费量	产量	进口量	出口量	消费量
2000年	1407	0	564	831	51	3	0	55
2001年	1498	0	846	634	50	33	0	83
2002年	1533	0	888	637	47	39	0	85
2003年	1538	0	900	634	46	40	0	87
2004年	1546	0	905	639	45	49	0	92
2005年	2221	0	1430	748	52	45	0	95
2006年	3227	0	2482	755	61	44	0	96
2007年	4260	0	3478	781	98	0	18	91
2008年	4451	0	3686	757	148	0	53	108
2009年	5042	0	4433	621	148	0	59	98
2010年	5084	0	4450	637	151	0	62	94
2011年	4563	0	3903	654	148	0	68	99
2012年	4337	0	3676	658	156	0	66	103
2013年	4346	0	3671	679	162	0	73	104
2014年	4208	0	3523	684	176	0	81	110
2015年	4166	0	3511	658	182	0	81	114

资料来源：BP. *Statistical Review of World Energy 2016*；油气消费量数据和2007年之后的原油进出口量、天然气出口量数据来自阿塞拜疆统计委员会；天然气进口量数据来自EIA。

2. 原油出口量回落，天然气出口量持续增长

2010年，阿塞拜疆原油出口量达到顶峰，出口量为4450万吨，之后出口量随着原油产量逐渐下降。截至2015年，阿塞拜疆原油出口量为3511万吨。自2006年沙赫—杰尼兹气田投入生产之后，阿塞拜疆由天然气净进口国一跃成为天然气净出口国，并在此后出口量逐年上升。截至2015年，阿塞拜疆天然气出口量为81亿立方米。据阿塞拜疆国家海关委员会统计，2015年1—11月阿塞拜疆石油出口量为2994.2万吨，同比下降0.9%。其中，经巴库—第比利斯（格鲁吉亚）—杰伊汉（土耳其）石油管道出口石油2442.2万吨；经巴库—苏普萨（格鲁吉亚）石油管道出口石油391.5万吨；经巴库—新

罗西斯克（俄罗斯）石油管道出口石油 118.7 万吨。此外，经铁路运输出口石油 41.8 万吨。

3. 原油出口主要流向欧洲国家

阿塞拜疆原油出口主要流向欧洲国家，占出口总量的 68.8%。2015 年，阿塞拜疆最大的原油出口国是意大利，共出口原油 531.35 万吨，占原油出口总量的 24.2%，如表 7-22 所示。

表 7-22　阿塞拜疆原油出口国家和地区

国家及地区	2015 年	占比（%）	2014 年	2013 年	2012 年	2011 年
意大利	531.35	24.2	579.7	718.19	653.05	1117.83
德国	288.61	13.1	245.87	161.13	116.63	58.63
法国	212.03	9.7	195.64	139.83	204.47	484.32
以色列	205.55	9.4	234.01	156.18	192.36	95.21
捷克	132.02	6.0	75.98	26.18	63.7	24.59
印度尼西亚	114.05	5.2	247.35	337.25	206.41	106.75
奥地利	101.58	4.6	41.41	48.49	< 4	0
葡萄牙	92.54	4.2	74.79	64.03	< 4	38.52
突尼斯	69.22	3.2	56.35	22.56	30.87	0
印度	68.38	3.1	95.98	133.04	225.16	45.64
西班牙	67.02	3.1	98.45	9.10	8.44	38.07
泰国	66.06	3.0	107.94	200.79	38.79	17.1
加拿大	53.41	2.4	26.28	< 8	< 4	0
克罗地亚	51.22	2.3	41.97	25.62	41.71	42.2
美国	45.71	2.1	94.7	118.1	193.53	221.43
希腊	33.93	1.5	33.92	105.36	100.37	25.09
中国台湾地区	28.06	1.3	51.85	55.49	77.08	0
马来西亚	0	0.0	0	0	44.26	84.65
保加利亚	0	0.0	8.07	15.30	76.7	56.89
英国	0	0.0	13.95	59.21	33.65	0
其他国家	35.29	1.6	36.98	89.74	117.24	325.61
总计	2196.03	100.0	2361.19	2485.59	2424.42	2782.53

数据来源：阿塞拜疆统计委员会。

4. 发电能力不断提高，电力消费增长较快

2000 年以来，阿塞拜疆发电能力不断提高，从 2000 年的 4912 兆

瓦增长到 2015 年的 7793 兆瓦。阿塞拜疆年发电量总体保持增长势头，2015 年，发电量达到 24688 吉瓦时，其中绝大部分电力来自热电厂，可再生能源主要来自水电站。近年来风电和光伏发电日益受到重视，虽然它们在电力生产方面的占比还很小，但是其发展潜力不容小觑，如表 7-23 所示。

表 7-23　阿塞拜疆发电量

年　份	装机容量（兆瓦）	发　电　量（吉瓦时）	电力来源					
			热电站（吉瓦时）	水电站（吉瓦时）	非电力企业（吉瓦时）	发电机（吉瓦时）	风电站（吉瓦时）	光伏发电（吉瓦时）
1990 年	5051	23152	21399	1658	95.6	—	—	—
1995 年	5044	17044	15401	1556	86.6	—	—	—
2000 年	4912	18699	17069	1534	83.1	13.0	—	—
2001 年	5161	18969	17521	1301	131.2	15.9	—	—
2002 年	5283	18701	16558	2020	103.8	18.8	—	—
2003 年	5673	21286	18681	2470	104.9	30.4	—	—
2004 年	5665	21744	18589	2755	365.4	33.8	—	—
2005 年	5157	22872	19344	3009	430.5	88.0	—	—
2006 年	5624	24543	21407	2518	475.9	141.8	—	—
2007 年	5728	21847	19051	2364	432.0	—	—	—
2008 年	5798	21642	19090	2232	319.6	—	—	—
2009 年	6388	18869	16289	2308	269.2	—	2.1	—
2010 年	6396	18710	15003	3446	259.7	—	0.5	—
2011 年	6350	20294	17317	2676	301	—	—	—
2012 年	6420	22988	19537	1821	1630	—	—	—
2013 年	7310	23354	20065	1489	1798	—	0.8	0.8
2014 年	7348	24728	21401	1300	2022	—	2.3	2.9
2015 年	7793	24688	20905	1637	2137	—	4.6	4.6

数据来源：阿塞拜疆统计委员会。

阿塞拜疆电力工业完全可以满足其各领域的电力消费；每年都有电力产能出口，主要出口到俄罗斯、格鲁吉亚、伊朗、土耳其等国家。2009 年后，阿塞拜疆电力消费量增长较快，至 2015 年电力消费量达到 17619.1 吉瓦时，增长 43.7%（见表 7-24）。

表 7-24　阿塞拜疆发电量和电力消费量

年　份	装机容量 （兆瓦）	发电量 （吉瓦时）	进口电量 （吉瓦时）	出口电量 （吉瓦时）	净出口量 （吉瓦时）	电力消费量 （吉瓦时）
2007 年	5728	21847.2	547.8	785.7	237.9	15844.4
2008 年	5798	21642.6	215.9	811.6	595.7	15565.5
2009 年	6388	18869.1	110.0	379.6	269.6	12259.0
2010 年	6396	18709.5	99.8	462.4	362.6	12233.7
2011 年	6350	20293.8	128.0	804.8	676.8	13266.5
2012 年	6420	22988.1	140.9	680.3	539.4	15394.5
2013 年	7310	23354.4	127.3	495.6	368.3	15981.6
2014 年	7348	24727.7	124.1	489.3	365.2	16907.3
2015 年	7793	24688.4	107.5	265.0	157.5	17619.1

数据来源：阿塞拜疆统计委员会。

三、能源管理体制

1. 能源管理体制概述

　　由于能源产业在国民经济中占有重要地位，阿塞拜疆能源管理体制呈现国家领导人直接领导、能源部主管、国家油气公司相对垄断的自上而下垂直管理的特征。除总统直接领导外，阿塞拜疆专门有一名副总理主管能源系统。阿塞拜疆能源部于 2001 年 4 月成立，主要职责为：负责能源系统的管理，制定国家能源领域政策和法律法规，保障能源动力系统的职能和发展，运用政策和法律手段协调与管理石油活动，吸引外资，确定进出口关税，保障国家的石油利益和经济安全（见表 7-25）。依据《第 541 号能源法令》和能源部内部章程，能源部代表政府参加外输管道和产量分成合同谈判事宜；而油气合同由部长会议与外国石油公司签订，且须经议会批准生效。同时，阿塞拜疆国家石油公司（SOCAR）保留产量分成合同的谈判权和发放权。

　　阿塞拜疆采用行政联监的方式，对油气资源行业进行监管，并依据《地下资源法》由相关职能部门履行监管职能。相关职能部门确保地下资源使用者遵守法律、安全使用规则，并避免对人口、环境和建筑物产生负面影响。

表 7-25　阿塞拜疆油气资源管理机构与职能表

管理机构	主 要 职 能
阿塞拜疆政府	根据地下资源的利用目标划拨土地面积；制定与地下资源利用、保护和有效开发矿物资源有关的规章制度；实施专门的许可证制度；决定和地下资源利用有关的程序和费用支付条款等
阿塞拜疆能源部	负责制定国家能源政策、管理两大国有油气公司、吸引外资、确定进出口关税、代表政府参加外输管道和产量分成合同谈判事宜等
相关职能部门	确保地下资源使用者遵守法律、安全使用规则，并避免对人口、环境和建筑物产生负面影响

资料来源：根据阿塞拜疆《地下资源利用法》改编。

2. 能源公司

阿塞拜疆共有两大国家油气公司。阿塞拜疆国家石油公司（State Oil Company of Azerbaijan Republic，SOCAR）主要负责石油和天然气的开采、加工和销售，是政府实现石油政策的重要工具；阿塞拜疆国家天然气公司（Azerigaz）负责天然气的输送、储存和销售。虽然阿塞拜疆的油气勘探及开采领域已对外开放，但在同外国公司签署的油气勘探和开采协议中均有阿塞拜疆国家石油公司参与，充当阿塞拜疆方面股东，并至少占有 10% 的股权。

自 1993 年以来，外国公司开始参与阿塞拜疆大型油气项目的投资，包括阿泽利—齐拉格—久涅什利（简称阿齐居）油田项目、沙赫—杰尼兹气田项目、巴库—第比利斯—杰伊汉（简称 BTC）管道项目、巴库—第比利斯—恩佐祖鲁姆（简称巴—第—恩或 BTE）管道项目。外国公司中以英、美老牌石油公司为首的西方公司最为活跃，如阿吉普、BP、雪佛龙、埃克森美孚和道达尔等。西方公司在阿塞拜疆油气项目投资最多，取得权益最大。以阿泽利—齐拉格—久涅什利油田项目为例，西方公司所占股份高达 90%，其中美国和英国公司占 60% 以上。在利益分配上，英国和美国公司占有优先地位，俄罗斯公司相对于西方公司缺少竞争优势。

总体上，外国公司在阿塞拜疆油气产业发挥重要作用。2010 年阿塞拜疆石油总产量达 5084 万吨，其中，850 万吨由阿塞拜疆国家石油公司依靠自有资金开采，其余产量均由阿塞拜疆国内外多家石油公司共同组成的阿塞拜疆国际作业公司开采。

阿塞拜疆国家石油公司是阿塞拜疆油气行业最具实力的大型企业，旗下拥有石油和天然气开发、炼油、石油化工、石油机械、石油运输、石油销售、油田技术服务、工程服务等多个企业，但其主要利润来自原油出口。阿塞拜疆国家石油公司还肩负政府对石油行业的管理职能，包括管理和掌控石油区块的开发权、收取石油税收、管理和使用国家石油基金等。此外，阿塞拜疆国家石油公司也是阿塞拜疆唯一的石油产品生产企业，在阿塞拜疆、格鲁吉亚、乌克兰和罗马尼亚拥有自己的加油站。同时，该企业也是土耳其最大的石化集团 Petkim Petrokimya Holding 的控股人。

2015 年，阿塞拜疆国家石油公司的石油产量为 820 万吨 / 年，占阿塞拜疆石油总量的 20%，阿塞拜疆其余石油产量由国际石油公司完成。

四、能源工业发展历程

阿塞拜疆石油工业历史悠久，是世界最古老的石油生产国之一。阿塞拜疆在 1923 年建成了世界上第一个石蜡厂，1846 年钻探了世界上第一个油田。1858 年发现比比埃巴特油田，采用人工挖井开采。1862 年石油产量达到 5500 吨，1873 年在石油开采中运用了蒸汽机。1901 年巴库油区原油产量达到 1092 万吨，居世界第 1 位，巴库油区成为阿塞拜疆重要的石油基地。

1930 年前，阿塞拜疆主要进行地面地质勘探，1930—1932 年进行地球物理勘探，20 世纪 30—40 年代发现 20 多个浅层油田并投入开发，石油产量由 1928 年的 765.7 万吨增加到 1941 年的 2340 万吨。

1951 年，阿塞拜疆在里海建成了第一个海上油田 Neft Dashlary，该油田目前仍在生产。自 1970 年开始，阿塞拜疆加强对沿岸和近海油气田的勘探，逐步证实阿普歇伦半岛、巴库群岛、阿普歇伦—滨巴尔汉构造隆起带是最有前景的产油区，先后找到 170 多个构造。在中新统和上新统发现了一系列高产油气田，如砂海油田等；在海上发现一批油气田，如巴哈尔、日丹诺瓦沙洲、位姆沙洲、银契赫海、布尔瓦、尤日那亚和格拉苏等。这些油气田的开发使该区油产量相对稳定地维持在 2000 万吨水平。

1991 年苏联解体，阿塞拜疆独立。由于经济困难和缺少资金，阿塞拜疆油气勘探投入减少，工作量下降，油气产量急速下滑。1992 年 9 月 13 日，阿塞拜疆政府成立阿塞拜疆国家石油公司，负责阿塞拜疆境内大部分油气的生产，并对油气行业进行管理。1994 年，阿塞拜疆国家石油公司与 BP、Chevron、ExxonMobil 等 9 家西方石油公司签署关于合作开采里海阿泽利—

齐拉格—久涅什利区块的 PSA 协议（产品分成协议），即第一份"世纪合同"，协议有效期 30 年。此后，国际石油公司进入里海海域。1997 年，阿泽利—齐拉格—久涅什利油田投入开发。20 世纪 90 年代后期，阿塞拜疆继续加强与西方石油公司的勘探开发合作，积极引进国外资本和先进技术，勘探投资大幅增加，石油产量快速回升。1996 年 6 月 4 日阿塞拜疆国家石油公司与 BP、挪威国家石油公司、Total 等西方石油公司签署开发沙赫—杰尼兹区块的合同。1999 年，沙赫—杰尼兹气田被发现，并于 2006 年年底投入开发。沙赫—杰尼兹气田的巨大产量使得阿塞拜疆从天然气净进口国一跃成为净出口国。2016 年，该气田生产了 107 亿立方米天然气和 250 万吨凝析油。截至 2015 年，阿塞拜疆石油年产量达 4166 万吨，天然气年产量达 182 亿立方米。

五、能源产业特色和布局

1. 能源产业现状

（1）油气管道。

阿塞拜疆石油出口管道包括北、西两线和 BTC 管道，如表 7-26 所示。

跨越阿塞拜疆的巴库—第比利斯—杰伊汉（BTC）管道于 2006 年 6 月正式投入运营。管道全长 1770 千米，设计输送能力 6000 万吨 / 年，造价 39 亿美元，阿塞拜疆约 80% 的出口原油通过该管道运输。该项目在美国支持下营建，由 BP 公司负责组织实施，管道的建成打破了俄罗斯对里海石油出口的垄断。2015 年，巴库—第比利斯—杰伊汉石油管道输送量约为 3481 万吨，约占阿塞拜疆石油输送总量的 76.2%（商务部，2016）。巴库—新罗西斯克管道，又称北线，全长 1328 千米，1996 年投入运营；巴库—苏普萨管道，又称西线，全长 829 千米，1999 年投入使用。

阿塞拜疆输气干线与俄罗斯、格鲁吉亚、亚美尼亚和伊朗相连，设施包括直径 1200 毫米的输气干线和支线、低中压输气管道、150 座配气站、2 座地下储气库等。俄罗斯的天然气通过阿塞拜疆输往格鲁吉亚和亚美尼亚。

阿塞拜疆与跨国石油公司合作铺设的巴库—第比利斯—恩佐祖鲁姆天然气出口管道（BTE），又称南高加索天然气管道（SCP），于 2006 年年底正式投入运营。项目投资 11 亿美元，跨越阿塞拜疆、格鲁吉亚和土耳其。

表 7-26　阿塞拜疆主要出口油气管道

管道名称	状　态	运输能力	长度	起　点	终　点	所　有　者
石油						
巴库—第比利斯—杰伊汉（BTC）	运营中	6000 万吨/年	1770 千米	巴库附近 Sangachal 终端	土耳其地中海沿岸 Ceyhan 终端	BTC 管道公司
巴库—新罗西斯克	运营中	525 万吨/年	1328 千米	巴库附近 Sangachal 终端	俄罗斯黑海沿岸新罗西斯克	Transneft
巴库—苏普萨	运营中	500 万吨/年	829 千米	巴库附近 Sangachal 终端	格鲁吉亚黑海沿岸苏普萨	AIOC
天然气						
巴库—第比利斯—恩佐祖鲁姆（BTE）	运营中	88 亿立方米/年	692 千米	沙赫—杰尼兹气田	格鲁吉亚和土耳其	BP、Statoil、SOCAR、Lukoil、Total、Naftiran Intertrade、TPAO
巴库—第比利斯—恩佐祖鲁姆（扩建）	建设中	160 亿立方米/年	692 千米	沙赫—杰尼兹气田（二期）	格鲁吉亚、土耳其和欧洲东南部	
伊朗—纳希切万	运营中	4.2 亿~18.4 亿立方米/年	105 千米	伊朗	阿塞拜疆飞地、纳希切万	伊朗国家石油公司
Gazi-Magomed-Astara-Bind-Biand（双向）	运营中	100 亿立方米/年	1474.5 千米	阿塞拜疆	伊朗	SOCAR、伊朗国家天然气公司
Gazi-Magomed-Mozdok（双向）	运营中	127 亿立方米/年	740 千米	阿塞拜疆	俄罗斯	SOCAR、Gazprom

资料来源：EIA. *International Energy Data and Analysis：Azerbaijan*，2016。

南方天然气走廊项目包括沙赫—杰尼兹气田二期开发项目、南高加索天然气管道扩建项目、跨安纳托利亚天然气管道建设项目（TANAP）、跨亚得里亚海天然气管道建设项目（TAP）。建成后的管道线路以沙赫—杰尼兹气田为起点，途经格鲁吉亚（SCP）、土耳其（TANAP）、希腊（TAP）、阿尔巴尼亚（TAP），延伸至意大利南部（TAP）。项目计划通过管道向土耳其输送 60 亿立方米天然气，向欧洲输送 100 亿立方米天然气，该项目预计总投资 450 亿~ 470 亿美元，其中阿塞拜疆投资约 140 亿美元，预计 2019 年建成投产。2014 年 9 月该项目阿塞拜疆段举行了开工仪式。

2012 年 6 月，阿塞拜疆与土耳其签署跨安纳托尼亚天然气管道（TANAP）建设项目协议，2015 年 3 月举行了该项目奠基仪式。项目旨在将阿塞拜疆沙赫—杰尼兹气田二期天然气经格鲁吉亚输送至土耳其西部边境。项目总投资 100 亿～ 110 亿美元。

TAP 项目是南方天然气走廊项目的一部分，它在希腊、土耳其边境与跨安纳托尼亚天然气管道（TANAP）相连。届时，阿塞拜疆沙赫—杰尼兹天然气可经 TANAP、TAP 管道输至欧洲。TAP 管道全长 878 千米，计划于 2020 年投入运营，初期年输气量达 100 亿立方米。据俄罗斯新闻媒体报道，欧盟委员会在一份声明中表示，欧盟委员会 2016 年 3 月批准了希腊政府和跨亚得里亚海管道（TAP）公司之间达成的 TAP 天然气管道建设协议。

（2）炼油化工。

截至 2016 年年底，阿塞拜疆共有炼厂 1 座，即 Heydar Aliyev Baku 炼厂，年原油加工能力 602.5 万吨，减压蒸馏能力 376.5 万吨，催化重整能力 15.1 万吨，催化加氢能力 92.2 万吨。

2. 未来能源工业布局

阿塞拜疆政府多年来一直实施经济多元化政策，避免对油气资源过度依赖。经济多元化的政策目前已经收到效果，阿塞拜疆 GDP 对油气的依赖逐年降低，但油气仍然是阿塞拜疆最重要的经济来源。经济多元化政策在能源工业领域体现在加大油气开发力度、增强油气加工能力、扩大油气基础设施建设、重视可再生能源发展等方面。

阿塞拜疆政府奉行多元化能源外交政策，积极推进与东西方能源合作，在保持与俄罗斯等国家联系的同时，拓展和扩大与西方国家的能源合作，吸引大量外资投入大型油气田项目的勘探开发，开辟直接通往欧洲的油气管道，保障阿塞拜疆油气外运的独立性，努力将阿塞拜疆打造为里海地区重要的产油国和运输枢纽，增强自身经济实力和国际地位。

（1）吸引国外资本和技术，加大油气勘探开发力度。

阿塞拜疆在开展国际能源合作方面，采取灵活、务实、市场化的合作策略，本着利益最大化的原则与各国开展合作，共同勘探开发大型油气田项目，成效明显。自 1993 年以来，阿塞拜疆先后与 16 个国家的 33 家外国石油公司签订了 26 份产量分成协议，这些项目带来的大规模投资和先进技术对阿塞拜疆石油工业的发展起到了决定性作用。积极吸引国外资本和技术，弥补了阿塞拜疆国内资金和技术的不足，增加了阿塞拜疆的收入，促进了其经济发展，为经济多元化政策的实施奠定了基础。

阿塞拜疆国际石油财团（AIOC）的阿泽利—齐拉格—久涅什利油田勘探开发项目是阿塞拜疆与外国石油公司签订的第一份产量分成协议，阿塞拜疆将里海深水大陆架最具开发潜力的阿泽利—齐拉格—久涅什利项目90%的开发权益授予国际开发商，以获取巨额资金和先进技术，总投资8.01亿美元，项目起始时间为1994年9月，合同期限30年。各国公司所占份额为：BP公司17.12%、Amoco公司17.01%、Unocal公司10.05%、Statoil公司8.56%、Exxon公司8.0%、Pennoil公司4.82%、Lukoil公司10.0%、TPAO公司6.75%、其他公司17.69%。2016年12月，阿塞拜疆国家石油公司（SOCAR）与阿塞拜疆国际作业公司（AIOC）签署一项合作意向书，进一步开发位于阿塞拜疆一侧海域的阿泽利—齐拉格—久涅什利油田群。从2001年年初到2017年3月1日，阿塞拜疆国家石油基金（SOFAZ）从阿泽里—齐拉格—久涅什利油田群区块的开发项目中已获得的收入总额达到了1231亿美元（中国石化新闻网，2017）。

沙赫—杰尼兹里海远景区勘探开发项目总投资40亿美元，项目启动时间为1996年6月，各公司所占份额为：BP公司25.5%、Statoil公司25.5%、Elf Aquitaine公司10.0%、OIEC公司10.0%、Lukoil公司10.0%、TPAO公司9.0%、SOCAR公司10.0%。沙赫—杰尼兹二期开发项目将使该气田的天然气年产量提高到约250亿立方米，将涉及钻井大约26口、建设2座用桥廊连接的平台，以及在阿塞拜疆桑加哈尔（Sangachal）建设新的陆上处理和压缩设施。二期项目在2018年正式投入生产，并向欧洲供气。

2010年10月，阿塞拜疆国家石油公司与BP公司签订重大天然气合作开发合同，共同开发SHAFAG ASIMEN里海水域天然气蕴藏区块。该区块面积为1100平方千米，水深650～800米，油气构造深7000米，估计天然气储量为3000亿～5000亿立方米。阿塞拜疆国家石油公司和BP公司各占50%股份，合同期限为30年。

（2）建设阿塞拜疆—欧洲天然气通道，提升阿塞拜疆能源交通枢纽地位。

阿塞拜疆位于欧洲与俄罗斯分界线的中央，具有重要的地缘战略地位。阿塞拜疆通过油气管道可以连接欧洲和俄罗斯等地区和国家。阿塞拜疆传统的原油出口管道包括与俄罗斯相连的巴库—新罗西斯克管道（北线）、与格鲁吉亚相连的巴库—苏普萨管道（西线）。为保护阿塞拜疆石油外运的独立性，增强与俄罗斯讨价还价的能力，在美国的支持和推动下，2006年巴库—第比利斯—杰伊汉（BTC）石油管道建成通油。近10年来，通过石油贸易，石油经济给阿塞拜疆经济注入了极大活力，其中连接阿塞拜疆与欧洲的BTC管道发挥了不可替代的作用。BTC管道输油量占阿塞拜疆总输油量的82.7%，它创造的财富为阿塞拜疆修建了高速公路、机场、火车站等大量基础设施。

与BTC管道相似的巴库—第比利斯—恩佐鲁姆（BTE）天然气管道具有同样的地缘战略色彩。BTE管道专为里海沙赫德尼斯气田修建，线路与BTC管道基本相同，只是终点设在土耳其东部的恩佐鲁姆，与土耳其气网相连。这条管道还可输入和转运伊朗天然气，因而成为中亚里海地区天然气贸易的重要枢纽。BTC管道和BTE油气管道是阿塞拜疆油气外运多元化政策的重要标志，成为横贯东西的能源战略走廊，形成了该地区全新的油气运输格局。

南方天然气走廊项目的实施将为阿塞拜疆提供另外一条战略输气通道。南方天然气走廊项目包括南高加索天然气管道扩建项目、跨安纳托利亚天然气管道建设项目（TANAP）、跨亚得里亚海天然气管道建设项目（TAP）。该项目将直接连接欧盟天然气市场和里海及中东的大型天然气田，管道建成后将极大地提高阿塞拜疆的能源枢纽地位和国际影响力。

（3）促进油气出口多元化。

阿塞拜疆的地理优势是其成功推行多元化能源出口的基础。实际上，阿塞拜疆的地下、海底无论蕴藏多少资源也比不上其地理位置的分量。哈萨克斯坦和土库曼斯坦存储着大量等待开采的石油和天然气，这些油气可以通过俄罗斯、伊朗和阿塞拜疆3个国家输往欧洲。阿塞拜疆的地缘政治地位也决定了其与各大国的合作战略。阿塞拜疆在宗教和意识形态上没有特定倾向，石油换美元是其主要目的，因此，迄今为止阿塞拜疆是西方最理想的合作伙伴。对阿塞拜疆而言，实现油气出口对象多国化与油气外运管道多向化是利益和安全的双重保障。在保证利益最大化的同时，既避免对某一个大国的依赖，又防止陷入另一个大国的控制，保障能源出口安全。这正是阿塞拜疆油气出口多元化的政策目的。独立以来，阿塞拜疆谋求建立自己的石油出口体系，除向北继续向俄罗斯输出油气外，也开始向西、东、南3个方向扩展出口对象，开拓了与西欧、东亚、南亚间的石油贸易（安维华，2009）。据阿塞拜疆国家统计委员会公布的数据，2016 年，原油、石油产品和天然气分别占阿塞拜疆出口总额的 71.14%、10.62% 和 4.48%，主要出口对象为意大利、德国、法国、以色列等国家。

（4）促进可再生能源发展。

阿塞拜疆《2010—2020 年关于可替代和可再生能源利用的国家战略》设立的目标包括：创建可持续的能源系统；创建可再生能源利用的法律框架；为可再生能源建立最理想的发展环境；2020 年可再生能源要占能源总消费量的 20%，即可再生能源发电能力要达到 2000 兆瓦。

水电是目前阿塞拜疆发展最成熟的可再生能源，也最有潜力帮助实现 2020 年的目标。

为加快新能源领域的发展，达到 2020 年可再生能源发展目标，阿塞拜疆政府计划在本国所属里海海域的比拉拉赫岛和本国陆地之间的石油开采区建设一座海上风电场，即里海比拉拉赫岛风电站。该风电站建成后，将成为全球第一座海上石油开采区风电站。该风电站装机容量 19.8 万千瓦，预计总投资达 4.4 亿欧元，其中风电装置预计投入 2.9 亿欧元，投资回收期约 10 年。该项目拟分三期完成，建设期 2.5 ～ 3 年（商务部，2016）。

第四节

土库曼斯坦

土库曼斯坦（Turkmenistan）位于中亚西南部，其北部和东北部与哈萨克斯坦、乌兹别克斯坦接壤，西部濒临里海东岸，南部与伊朗为邻，东南部与阿富汗交界。国土面积 49.12 万平方千米，2016 年人口数量为 543.9 万，约 80% 的国土被卡拉库姆沙漠覆盖。2015 年，土库曼斯坦名义 GDP 为 359 亿美元。土库曼斯坦石油储量较少，2015 年石油剩余可采储量为 0.8 亿吨；其天然气剩余可采储量居世界第 4 位，仅次于伊朗、俄罗斯、卡塔尔，在独联体国家中排名第2位，仅次于俄罗斯。土库曼斯坦的加尔克内什气田为世界第二大气田。

一、能源资源潜力

1. 油气资源潜力

土库曼斯坦拥有丰富的油气资源，据USGS 2012年评价数据，土库曼斯坦待发现石油资源量为2.1亿吨、天然气液1.0亿吨、天然气15528亿立方米，分别占世界的0.3%、0.4%、1.0%（见表7-27）。

表7-27 土库曼斯坦待发现油气资源潜力

国家及地区	石油（亿吨）	天然气液（亿吨）	天然气（亿立方米）
土库曼斯坦	2.1	1.0	15528
世界	774.4	228.3	1587513
占世界比例（%）	0.3	0.4	1.0

数据来源：USGS，2012。

2. 含油气盆地和油气田分布

土库曼斯坦目前已发现东西两个含油气盆地，东部阿姆河（卡拉库姆）盆地为富气盆地，西部西土库曼盆地为产油盆地，另外还有里海大陆架。土库曼斯坦天然气主要蕴藏在东部和中部的卡拉库姆盆地，在西部油田也有少量的伴生气。土库曼斯坦主要气田有加尔克内什、亚什拉尔、Galkynysh（南约洛坦—奥斯曼）、格兹尔库姆、奥尔捷克利、埃基扎克和南埃克列姆、戈图尔捷佩、巴奥萨格皮麦兹、威厄德日克、戈格连达格、埃克列姆、科尔佩杰等（国家发展改革委，中国石油集团经济技术研究院，2007）。

3. 油气储量

土库曼斯坦油气资源非常丰富，但没有关于石油商业储量的准确信息，无法客观评估其石油储量。国外一些专家、组织倾向于对其可开采石油储量进行保守评估。例如，BP评估2015年土库曼斯坦石油探明剩余可采储量仅为0.8亿吨；天然气探明剩余可采储量为17.5万亿立方米，占世界探明储量的9.4%，居世界第4位，在独联体国家中排第2位，仅次于俄罗斯。土库曼斯坦东部加尔克内什气田为世界第二大气田，储量达26.2万亿立方米，如表7-28所示。

表 7-28　土库曼斯坦油气剩余可采储量情况

国家及地区	石油（亿吨）	天然气（万亿立方米）
土库曼斯坦	0.8	17.5
独联体国家	191.5	53.6
世界	2393.6	186.9
占独联体国家比例（%）	0.4	32.6
占世界比例（%）	0.03	9.4

数据来源：BP. *Statistical Review of World Energy 2016*。

4. 其他资源潜力

　　土库曼斯坦绝大多数发电厂的动力燃料依赖天然气。土库曼斯坦是一个福利国家，自 1993 年起，向每位公民提供免费的水、电和天然气。丰富的天然气资源使土库曼斯坦发展可再生能源动力不足。

　　土库曼斯坦可再生能源较丰富。土库曼斯坦 80% 的国土被卡拉库姆沙漠覆盖，全年干燥少雨，年平均降水量为 95 ～ 398 毫米，河流数量较少，可利用水力资源也很少。土库曼斯坦可利用的可再生能源主要是太阳能和风能。土库曼斯坦至今没有发展太阳能和风电的计划。

　　土库曼斯坦位于太阳辐射充足的地区，平均日太阳辐射量为 23.76 千焦 / 平方米，全国太阳总辐射量为 4.233×10^{15} 千焦，也就是 1.76×10^{15} 千瓦时。据联合国欧洲经济委员会发布的土库曼斯坦清洁基础设施发展评估中的数据，土库曼斯坦每年大约 300 天是晴天，平均太阳辐射强度达 2000 千瓦 / 平方米 / 年（联合国欧洲经济委员会，2013）。

　　土库曼斯坦西部风能资源较丰富，如巴尔干半岛上的 Velayat 州。一些研究者估计，土库曼斯坦的风能资源可能等于它的化石燃料潜力。在漫长的里海沿岸和广阔的中央沙漠地区，具有强劲和稳定的风能，风速分别达到 4 ～ 5 米 / 秒和 5 ～ 6 米 / 秒。在土库曼斯坦的一些沿岸城镇地区具有可靠的风速，甚至高于 6 米 / 秒。如果风能得到全部开发，长期开发理论发电能力将达到 500000 兆瓦，中期开发理论发电能力可达到 100000 兆瓦（世界能源理事会，2007）。

二、能源供需形势

1. 原油产量稳中有增

　　土库曼斯坦独立后，石油产量不断提高，1991 年原油产量为 540 万吨，2000 年原油产量为 706 万吨，2015 年原油产量为 1272 万吨。土库曼斯坦石油生产大多供应国内消费。土库曼斯坦石油康采恩生产的石油约占开采总量的80%，其余由土库曼斯坦天然气康采恩和国家地质集团开采。

2. 天然气产量总体不断增长

1991 年之前，土库曼斯坦是乌克兰主要的天然气供应地；后来由于乌克兰工业萎缩，天然气需求量大幅下降，相应地影响到土库曼斯坦天然气的产量。1989 年，土库曼斯坦的天然气产量达到高峰 814 亿立方米；1998 年天然气产量大幅下降到 120 亿立方米，这是 1985 年以来的历史最低点。进入 21世纪以来，土库曼斯坦天然气勘探开发取得长足进步，产量从 2000 年的 425亿立方米增至 2008 年的 661 亿立方米。2008 年全球金融危机后，由于欧洲天然气需求量减少，土库曼斯坦天然气产量大幅下滑，2009 年产量仅为 364亿立方米。之后产量快速增长，2015 年天然气产量达到了 724 亿立方米，同年向中国的天然气出口量达到 277.5 亿立方米（见表 7-29）。

表 7-29　土库曼斯坦的油气生产和消费情况

年　份	原油（万吨）			天然气（亿立方米）		
	产量	出口量	消费量	产量	出口量	消费量
2000 年	706	160	546	425	303	122
2001 年	791	225	566	464	339	125
2002 年	889	281	608	484	355	129
2003 年	991	297	694	535	393	142
2004 年	957	300	657	528	378	150
2005 年	949	251	698	570	409	161
2006 年	919	150	769	604	420	184
2007 年	981	190	791	654	441	213
2008 年	1039	240	799	661	456	214
2009 年	1050	200	850	364	165	197
2010 年	1080	130	950	424	198	226
2011 年	1080	230	850	595	361	235
2012 年	1120	310	810	623	359	263
2013 年	1168	360	808	623	401	229
2014 年	1212	360	852	693	416	277
2015 年	1272	360	912	724	381	343

数据来源：BP. *Statistical Review of World Energy 2016*；原油进出口数据来自 IEA。

3. 天然气出口方向多元化

土库曼斯坦天然气一半以上用于出口，是世界上重要的天然气提供方。

2015 年土库曼斯坦天然气产量为 724 亿立方米，其中，国内天然气消费量为 343 亿立方米，其余全部用于出口。其中，向中国的天然气出口量为 277.5 亿立方米，向伊朗的天然气出口量为 72 亿立方米，向俄罗斯的天然气出口量为 28 亿立方米，向哈萨克斯坦的天然气出口量为 3 亿立方米。

4. 一次能源消费以油气为主

土库曼斯坦一次能源消费以油气为主，其他能源消费所占比例极小。根据 BP 数据，2015 年，土库曼斯坦天然气消费量为 3089 万吨油当量，占比 82.7%；石油消费量为 645 万吨油当量，占比 17.3%。

5. 电力供应充沛，电力出口增长迅速

2014 年，土库曼斯坦生产电力约 223 亿千瓦时，其中，29 亿千瓦时出口到阿富汗和伊朗，土库曼斯坦国内消费量为 194 亿千瓦时。2015 年，土库曼斯坦生产电力为 225 亿千瓦时，其中，32 亿千瓦时用于出口，土库曼斯坦国内消费 193 亿千瓦时。在乌兹别克斯坦退出中亚电网系统后，由于没有输电线路，于 2009 年 12 月停止向乌兹别克斯坦供电。目前，土库曼斯坦电力出口国是阿富汗、伊朗和土耳其（过境伊朗）。土库曼斯坦正在考虑和商讨向塔吉克斯坦、哈萨克斯坦、巴基斯坦和高加索国家出口电力的可行性（外交部，2016）。

三、能源管理体制

1. 能源管理体制概述

土库曼斯坦油气领域管理体制为垂直管理。土库曼斯坦 2005 年 8 月修订《油气资源法》，强化了总统对资源开发的绝对控制权，原直属总统的油气资源委员会被撤销，其职能划归石油天然气工业与矿产资源部，对总统直接负责。

2016 年 1 月 8 日，土库曼斯坦政府内阁扩大会议审查和批准石油天然气工业和矿产资源部更名为土库曼斯坦石油和天然气部的政令草案及其他政令。会议还通报了土库曼斯坦国家石油天然气公司成立的情况，该公司归属土库曼斯坦总统管辖的油气资源使用和管理署，由土库曼斯坦天然气康采恩、石油康采恩、地质集团、土库曼斯坦巴什炼厂综合体、卡拉库姆国际股份银行组成。土库曼斯坦石油和天然气部将负责制定与矿产资源开发有关的统一政策、技术政策和发展纲要；监督、管理行业运行和发展情况等。2016 年 7 月，为进一步完善石油和天然气行业管理、优化行业结构、调整资金流向，土库曼斯坦总统下令撤销石油和天然气部，其主要职能被分配到内阁办公室，部分机构和企业划归土库曼斯坦天然气康采恩和石油康采恩（商务部，2016）。

土库曼斯坦国家油气资源一直由总统直接领导与管理，负责制定土库曼斯坦油气资源开发的统一法规并与外方商签油气区块产品分成协议，享有许可证发放、商签产品分成协议的特权，下设里海问题国家机构，主要负责制定和执行开发里海油气资源的国家开发纲要，并监督其完成情况。

土库曼斯坦能源部的职责包括：保障国民经济和居民用电需求；组织并落实国家电网和各地电站的设计、建设、运行和维护；负责全国电力生产、供应和对外出口；保障电缆、电工制品、机电产品和其他居民生活必需品的生产和供应；管理电力和机械工业领域的对外经济如常合作及外事工作等。

2. 能源公司

根据 1996 年 7 月 1 日颁布的总统令，土库曼斯坦组建了天然气康采恩、石油康采恩、地质集团、油气贸易集团、油气建设集团共 5 家企业。

土库曼斯坦天然气康采恩（Turkmengaz State Concern）是土库曼斯坦最大的生产和经济综合体。天然气康采恩的业务包括：开发、生产土库曼斯坦境内的天然气和凝析油，加工、运输天然气，向国内消费者供气，出口天然气等。其总部设在阿什哈巴德，下辖 12 家直属生产企业、2 个采气局、2 个钻井处和 8 个专业服务部门（如科研、贸易、通信和供应等）。天然气康采恩管理超过 30 个大型气田。随着天然气产量的增长和管道网的完善，天然气康采恩开始向天然气化工工业拓展。储量排名世界第 2 位的加尔克内什气田就属于土库曼斯坦天然气康采恩；其他重要的气田包括 Dovletabat、Shatlyk、Malay、Kerpichli、Garashsyzlygyn、Gazlydepe、Bagaja、Garabil、Gurrukbil 等。

土库曼斯坦石油康采恩（Turkmen Oil State Concern）总部设在阿什哈巴德，负责境内油气田的勘探、开发和运输，为油气工业的战术和战略计划提供综合解决方案。石油康采恩下辖数十家公司，业务范围囊括石油、天然气、伴生气和凝析油的勘探和开采、油气管道运输等。

四、能源工业发展历程

土库曼斯坦油气工业历史悠久。1875 年钻探第一口油井，1876 年获得第一个油气发现，1877 年开始石油生产，产量逐年提高，1973 年原油产量达到高峰 1620 万吨。1991 年之后土库曼斯坦石油工业因为失去资金和技术支持，1995 年石油产量下降到 407 万吨。1996 年，土库曼斯坦石油工业对外开放。

随着国家经济恢复，勘探开发投入不断增加，土库曼斯坦石油产量逐年提高，2013 年原油产量达到 1142 万吨。

土库曼斯坦凭借巨大的天然气储量成为独联体国家仅次于俄罗斯的天然气生产国。1991 年之后，土库曼斯坦是乌克兰和俄罗斯主要的天然气供应国，年产量一度达 839 亿立方米。2000 年以来，土库曼斯坦天然气勘探开发取得长足进步。2008 年全球金融危机后，由于欧洲天然气需求量减少，土库曼斯坦天然气产量再次下滑。土库曼斯坦 2015 年在其东南部的卡拉库姆沙漠 Bagley-1 地区勘探获得了巨大的天然气储量，产量估计超过 150 万立方米 / 日。

1913 年，Murghab 河上建成的 Hindu Kush 水电站是土库曼斯坦电力工业的开端。该水电站建设工期为 5 年，由 3 台水力发电机组组成，总装机功率达到 1.2 兆瓦。

1941—1945 年，由于第二次世界大战，燃料和润滑油的需求快速增长。在这种情况下，土库曼斯坦在产油区建设了大量柴油发电厂。这样，土库曼斯坦的发电量增长了 13%。

第二次世界大战后，大量小型、低发电能力的发电厂不能满足土库曼斯坦的经济发展需要。20 世纪 40 年代末、50 年代初，一批水力发电站建设完成。Kaushutbent 水力发电站（600 千瓦）和 Kolkhozbent 水力发电站（3.2 兆瓦）分别在 1948 年和 1954—1957 年投入运行。

1966 年，又一座热电厂在 Chardjow（现在的 Turkmenabat）投入运行，为一座大型化工厂提供电力和热量。随后，在 Krasnovodsk（现在的 Turkmenbashi）又有一座热电厂投入运行。1969 年，Mary 发电厂开始建设，这是目前为止土库曼斯坦最大的发电厂。在 Mary 发电厂的 6 台发电机组相继装机发电后，部分电力供应土库曼斯坦东部、阿什哈巴德工业区和地区首府，43% 的电量供应中亚电网系统。20 世纪 80 年代，第 8 台发电机组上网发电后，Mary 发电厂的装机容量达到 1685 兆瓦。

土库曼斯坦独立后，其电力工业进入发展新阶段。为了实现经济独立和工业发展，土库曼斯坦必须提高能源生产。经过不断努力，土库曼斯坦新建了现代化的高压线网和 5 座现代化发电厂，可以通过出口电力增加国家收入。

1992 年，Kuwwat 电力工程技术集团（Kuwwat Power Engineering and Technology Corporation）成立。与此同时，Seydi 热电厂投入运行。

土库曼斯坦政府考虑到能源设施的战略重要性和国家经济的可持续发展，没有将能源领域私有化。在土库曼斯坦国家转型的重要时期保持了对重要部门的控制，这使土库曼斯坦有能力在1993年1月1日起向国民提供免费的电力、水和天然气，这项福利政策延续至今。后来，食用盐也被纳入免费行列。

1995年年初，土库曼斯坦电力工程工业部成立；同时，Kuwwat电力工程技术集团改组成立土库曼斯坦能源集团（Turkmenenergo Corporation）。

20世纪90年代前5年，土库曼斯坦需要从乌兹别克斯坦进口电力以满足其东部的电力需求。在378千米的Seydi-Dashoguz高压线和40千米的Kerki-Voshod建设完成后，土库曼斯坦东部用电需求得到满足，不需要再进口电力。同期，土库曼斯坦第一个高科技燃气发电机组投入运行，该机组装机容量达到123兆瓦。随后，Abadan发电厂安装了2台燃气发电机组，Turkmenbashi石油炼化综合体（Turkmenbashi Oil Refineries Complex）安装了3台燃气发电机组，Balkanabat发电厂安装了3台燃气发电机组。

2001年，500千伏的Serdar变电站建成，连接了500千伏的Mary发电站—Serdar（土库曼斯坦）—Karakul（乌兹别克斯坦）高压线和220千伏的Promyshlennaya-Serdar-Dashoguz高压线。该变电站的建成使Mary发电站生产的电力可以高效、经济地传送到Lebap和Dashoguz，同时可以增强向其他中亚国家出口电力的能力。土库曼斯坦电力的出口国包括阿富汗、伊朗、土耳其和塔吉克斯坦。

土库曼斯坦独立后，在Mary和Seydi新建了5座发电站，发电厂包括9座热电站和1座水电站。土库曼斯坦电力工业取得了巨大的进步，既实现了电力领域的独立，满足了国内对电力的需求，同时每年还可向国外出口大量电力。土库曼斯坦电力工业的基础是国内丰富的天然气资源。土库曼斯坦发电厂多建在天然气田附近，可以使用最廉价的天然气，当地炼厂产出的重油和柴油燃料也是发电厂的储备燃料。

五、能源产业特色和布局

1. 能源产业现状

（1）炼油化工。

截至2016年，土库曼斯坦共有2座炼厂，分别是Turkmenbashi和

Seidi，年原油加工能力 1184.9 万吨，减压蒸馏能力 485.7 万吨，催化裂化能力 78.8 万吨，催化重整能力为 225.9 万吨，催化加氢能力 336.6 万吨。

（2）油气管道。

土库曼斯坦的石油运输方式包括管道、海运和铁路（公路）等，其中海运是最主要的出口方式。海运线路主要有 3 条：一是向西，通过巴库—第比利斯—杰伊汉（BTC）管道，先将原油用船跨里海运到里海西岸阿塞拜疆的巴库港，再通过 BTC 管道将原油运到土耳其的杰伊汉，或用铁路（或管道）运到格鲁吉亚，最后出口到黑海、地中海和欧洲；二是向北到俄罗斯，此线路运输量约占土库曼斯坦石油出口量的 15%，主要使用者是土库曼斯坦石油康采恩，主要出口港是奥卡雷姆和阿拉特扎；三是向南，利用伊朗管道，经波斯湾出口。

在 1992 年 Omsk（俄罗斯）—Pavlodar（哈萨克斯坦）—Shymkent（哈萨克斯坦）—Turkmenabat（土库曼斯坦）原油管道停止使用后，土库曼斯坦石油出口能使用的管道只有巴库—第比利斯—杰伊汉（BTC）管道。土库曼斯坦国内有 4 条主要的石油管道，如表 7-30 所示。

表 7-30　土库曼斯坦国内主要石油管道简介

管道名称	长度（千米）	管径（毫米）	输送能力（万吨/年）	开始运行时间
别列克—维什卡	90.6	325～530	400	1948 年
别列克—卡杜杰别	64.3	530	400	1954 年
别列克—土库曼斯坦巴希	82	377～530	1000	1960 年
切列肯—卡杜杰别	约 45.5	426～530	150	1971 年

数据来源：国土资源部，http://www.mlr.gov.cn/zljc/201007/t20100716_724954.htm。

土库曼斯坦是世界上重要的天然气出口国，其天然气基础设施较完善，管道总长度约 8000 千米。土库曼斯坦天然气管道主要有：向北的管道，经中亚—中央天然气管道经俄罗斯向其他欧洲国家出口；向南的管道为土库曼斯坦—伊朗天然气管道，分为 Korpeje-Kord Kuy 和 Dauletabad Donmez-Khangiran 天然气管道；向东的中国—中亚天然气管道。

为了天然气出口多元化，土库曼斯坦目前有 3 条在建或拟建的跨境天然气管道：土库曼斯坦—阿富汗—巴基斯坦—印度（TAPI）天然气管道，2015 年12 月中旬开工，设计年输气量 330 亿立方米，管道总长 1735 千米，其中，土库曼斯坦境内 200 多千米，阿富汗境内 735 千米，巴基斯坦境内 800 千米，抵达巴印边界；土库曼斯坦跨里海天然气管道（经阿塞拜疆和土耳其到欧洲），是在里海海底铺设的长度约 300 千米的天然气管道，将土库曼斯坦天然气运往欧洲市场；沿里海管道是在土库曼斯坦原有因年久失修而停止输气的管道平行铺设的一条新管道，土库曼斯坦境内长 360 千米，哈萨克斯坦境内长 150 千米，工程总造价预计约 10 亿美元，原计划于 2009 年上半年开建、2012 年建成通气，但由于各种原因至今未动工（见表 7-31）。

表 7-31 土库曼斯坦主要天然气管道简介

管道名称		长度（千米）	管径（毫米）	输送能力（亿立方米/年）
跨境管道				
中亚—中央管道	Dauletabad Donmez-Shatlik	120	1422.4	113.79
	Central Asia-Centre（Shatlik-Khiva）	458	1422.4	127.00
	Central Asia-Centre（土）	927	1422.4	127.01
	Ekerem-Turkmenbashi-Beineu（土）	555	1016	33.02
	Cheleken-Kotur Tepe-Belek	106	508	—
	Darvasa-Zeagli-Iylanly	198	711.2	7.37
中国—中亚管道		188	1066.8	98.30
土库曼斯坦—伊朗管道	Korpeje-Kord Kuy	150	1016	32.00
	Dauletabad Donmez-Khangiran	30.5	1016	15.24
国内管道				
Korpeje-Garrigala		208	254	—
Kotur Tepe-Dzhebel		53	508	7.37
Kumdag-Ashgabat		409	304.8/508	—
Dauletabad Donmez-Shatlik		120	1 422.4	113.79
Beshkizil-CAC		179	1 016	—
Maiskoye-Ashgabat		386	508	7.62
Malai-Bagtiyarlyk		108	1 422.4	73.66
Malai-CAC pipeline		128	1 016	6.73
Malai-Kerki		193	304.8	—
Minara-Imeni S A Niyazov		100	254/508	—
Shatlik-Ashgabat		310	508	7.62
Sherabad-Dushanbe		571	508/1016	5.08
Shorkel-Mary		108	508	—

数据来源：Wood Mackenzie。

（3）发电厂。

截至2016年10月，土库曼斯坦共有12座热电厂和1座水力发电站，总装机容量为5.5吉瓦，包括Mary、Turkmenbashy、Awaza、Balkanabat、Ashgabat、Abadan、Ak Bugday等热电厂和Hindigush水力发电站。

Mary热电厂是土库曼斯坦最大的发电厂，始建于1969年。在20世纪80年代，通过不断建设新机组，发电机组达到8台（7×210，215），装机容量达到1685兆瓦。2015年7月，土库曼斯坦开始实施一项新的投资计划，即在Mary热电厂内新建第一座联合循环电站，包括新建4台燃气机组、4台废热锅炉和2台蒸汽机组，新增发电能力达1574兆瓦，该计划在2018年12月前完工。

2. 未来能源工业布局

《土库曼斯坦2011—2030年社会经济发展纲要》设定了到2030年人均GDP、劳动生产率、家庭收入和居住条件等方面达到发达国家水平的目标，确立了经济发展、社会保障完善、社会生态良好、卫生水平提高的愿景，认为能源、石油化工和纺织工业是土库曼斯坦的支柱产业，扩大能源、化工、纺织和农产品出口能力是不同发展时期的共同目标。

（1）加强油气勘探开发力度。

根据《土库曼斯坦2011—2030年社会经济发展纲要》，油气行业要保持在经济中的战略地位。2016—2020年，每年要生产1060万吨石油；至2020年，天然气产量要达到1877亿立方米，其中1483亿立方米用于出口。根据《2030年前油气工业发展战略》，土库曼斯坦计划在2020年前石油储量增加11.23亿吨，天然气储量增加3.07万亿立方米。

土库曼斯坦所有领土的地下都有发现油气的潜力，目的层在新近统、白垩系和侏罗系地层中。据土库曼斯坦地质集团（Turkmengeology）的资料，已经在一定的深度揭示出大量具有开采价值的油气构造，这表明了巨大的可采储量和远景储量。据国内和国际独立专家估计，土库曼斯坦油气潜在储量可以达到454.4亿吨油当量。土库曼斯坦政府曾于2000年宣布里海大陆架石油远景储量约110亿吨，未来油气产量增长主要来自海上的新油田（深层中生代构造）、土库曼斯坦西部陆上地区（中新统构造）和土库曼斯坦东部（侏罗统沉积）。土库曼斯坦通过地球物理技术和勘探前期工作发现了超过 1000 处和油气储集有关的构造。

油气产业链从勘探到开发，再到输送的每个环节都会影响油气的产量，所以引进国际上先进技术和设备对保障油气产量的增长至关重要。国际石油公司丰富的经验将在现代科技的引进、根据实际地质情况制定开发方案、提供油田服务和设备等方面提高土库曼斯坦油气工业的效率。

（2）天然气出口多元化。

自土库曼斯坦独立后，就一直寻求建设多个方向的管道设施。长期以来，土库曼斯坦天然气出口受制于俄罗斯，出口的数量和价格上没有话语权，难以实现自身利益最大化，有时甚至利益受到损害。为了摆脱对俄罗斯的依赖，获得油气出口的独立性，发展本国经济，保障能源安全，天然气出口多元化成了土库曼斯坦的必然选择。

为实现天然气出口多元化，土库曼斯坦在修建新的出口管道方面取得了4 项重大进展：一是 1997 年利用伊朗的资金建成通往伊朗的天然气管道（47 亿立方米／年）；二是土库曼斯坦至中国的天然气管道已完成 A 线、B 线、C 线并稳定运营（共 550 亿立方米／年），其中，C 线 2014 年 6 月投产，气源来自土库曼斯坦（100 亿立方米／年）、乌兹别克斯坦（100 亿立方米／年）和哈萨克斯坦（50 亿立方米／年），D 线已开工修建，预计 2020 年建成通气（300 亿立方米／年）；三是土库曼斯坦—阿富汗—巴基斯坦—印度（TAPI）天然气管道（330 亿立方米／年），2015 年 12 月 TAPI 管道土库曼斯坦境内段开工，确定加尔克内什气田三期为主要气源；四是 2011 年 9 月欧盟批准了授权欧盟委员会与土库曼斯坦进行关于建设跨里海天然气管道的谈判。

（3）延伸油气产业链，实现国民经济多元化。

土库曼斯坦积极发展天然气化工产业，减少原材料的出口，延长油气的产业链条，提高产品的附加值。目前主要围绕天然气做文章，将天然气作为原料，加工生产聚乙烯、聚丙烯、尿素、合成氨、汽油等。这种做法在中东的产油国非常普遍，土库曼斯坦政府的目标是增加出口收入，实现国民经济多元化。

2014 年 8 月，世界上第一个大型天然气化工综合体——土库曼斯坦

Ahar 州 Ovadandepe 天然气液化汽油生产厂开工建设，设计能力为年加工天然气 17.85 亿立方米，年生产 60 万吨欧 5 环保标准 A-92 号汽油，项目总造价 17 亿美元，于 2018 年投产。

2013 年 9 月，土库曼斯坦总统访问日本时签署了一揽子协议，包括：在 Kiyanly 建设天然气化工综合体，设计年产能 38.6 万聚乙烯、8.1 万吨聚丙烯；Mary 的年产 40 万吨合成氨、64 万吨尿素生产厂；Turkmenabad 的 50 万吨硫酸生产厂等。

（4）依托资源优势提高电力生产能力，扩大电力出口。

从减缓气候变化的政策文件中可知，土库曼斯坦政府计划发展可再生能源，但到现在还没有一个法律架构来促进和支持可再生能源领域的投资。在土库曼斯坦气候变化第二次国家信息通报中提到，要制定《至 2010 年可再生能源国家发展计划》(土库曼斯坦自然环保部等，2010)，旨在提高可再生能源的利用。2012 年，土库曼斯坦总统批准了《气候变化国家战略》，该战略勾勒出土库曼斯坦在促进可再生能源和低碳经济发展的长期愿景。

为满足土库曼斯坦国内电力需求，扩大电力出口，土库曼斯坦计划通过改造升级现有电站和新建电站提高电力生产能力，2020 年发电量达到 263.8 亿千瓦时，2030 年发电量达到 355 亿千瓦时。

2013 年土库曼斯坦发布的《土库曼斯坦 2013—2020 年电力行业发展方案》显示，至 2020 年土库曼斯坦将投资 50 亿美元，新建 14 座发电站，装机容量将达到 385.4 万千瓦。该方案分为两期：第一期（2013—2016 年），新建 8 座燃气涡轮发电站，改造 Seydi、Balkanabat、Abadan 3 座发电厂，还有输电高压线的建设；第二期（2017—2020 年），新建 6 座联合循环发电厂。

2015 年 9 月，土库曼斯坦国家电力集团和阿富汗国家电力公司达成新协议，土库曼斯坦将在 2018 年 1 月 1 日至 2027 年 12 月 31 日向阿富汗提供电力；旧协议至 2017 年 12 月 31 日结束。目前，土库曼斯坦电力出口国是阿富汗、伊朗和土耳其（过境伊朗）。土库曼斯坦正在考虑和商讨向塔吉克斯坦、哈萨克斯坦、巴基斯坦和高加索国家出口电力的可行性。

第五节

乌兹别克斯坦

乌兹别克斯坦共和国（The Republic of Uzbekistan，简称乌兹别克斯坦）位于中亚腹地，南靠阿富汗，北部、东北部与哈萨克斯坦接壤，东部、东南部与吉尔吉斯斯坦、塔吉克斯坦相连，西部与土库曼斯坦毗邻。乌兹别克斯坦国土面积 44.89 万平方千米。2016 年乌兹别克斯坦的人口达 3212 万。乌兹别克斯坦名义 GDP 为 667 亿美元。乌兹别克斯坦原油产量不高，基本自给自足，天然气产量居中亚地区第 2 位，仅次于土库曼斯坦，部分天然气出口。

一、能源资源潜力

1. 油气资源潜力

据 USGS 2012 年评价数据，如表 7-32 所示，乌兹别克斯坦待发现石油资源量为 0.4 亿吨、天然气液 0.2 亿吨、天然气 3443 亿立方米，分别占世界的 0.1%、0.1%、0.2%（USGS，2012）。

表 7-32　乌兹别克斯坦待发现油气资源潜力

国家地区	石油（亿吨）	天然气液（亿吨）	天然气（亿立方米）
乌兹别克斯坦	0.4	0.2	3443
世界	774.4	228.3	1587513
占世界比例（%）	0.1	0.1	0.2

数据来源：USGS，*An Estimate of Undiscovered Conventional Oil and Gas Resources of the World*，2012。

2. 含油气盆地和油气田分布

乌兹别克斯坦主要含油气盆地有阿姆达林盆地（Amu-Darya Basin，又称卡拉库姆盆地）、费尔干纳盆地（Fergana Basin）和北乌斯秋尔特盆地（North Ustyurt Basin）等。乌兹别克斯坦主要油气田有舒尔坦、泽瓦尔德、科克杜马拉克、阿兰和阿达姆塔什等，其中巴拉克、舒尔坦、加兹里、帕姆克和哈乌扎克等 12 个油气田占乌兹别克斯坦天然气产量（包括伴生气）的 95% 以上。乌兹别克斯坦约 70% 的石油和凝析油产自西部卡什卡达里亚州的科克杜马拉克石油凝析气田（中国石油新闻中心，2008）。

3. 油气储量

据 BP 数据，截至 2015 年年底，乌兹别克斯坦石油剩余可采储量为 0.8 亿吨，分别占独联体国家、世界的 0.4%、0.03%；天然气剩余可采储量为 1.1 万亿立方米，分别占独联体国家、世界的 2.0%、0.6%（见表 7-33）。

表 7-33 乌兹别克斯坦油气剩余可采储量情况

国家及地区	石油（亿吨）	天然气（万亿立方米）
乌兹别克斯坦	0.8	1.1
独联体国家	191.5	53.6
世界	2393.6	186.9
占独联体国家比例（%）	0.4	2.0
占世界比例（%）	0.03	0.6

数据来源：BP. *Statistical Review of World Energy 2016*。

4. 其他资源潜力

乌兹别克斯坦拥有丰富的煤炭资源，以次烟煤和褐煤为主。据 BP 数据，截至 2015 年年底，乌兹别克斯坦探明煤炭剩余可采储量为 19 亿吨，占世界总量的 0.2%，居世界第 21 位，如表 7-34 所示。

表 7-34 乌兹别克斯坦煤炭资源简况

国家及地区	煤炭剩余可采储量（亿吨）	煤炭产量（万吨油当量）
乌兹别克斯坦	19.0	110
世界	8915.3	383010
世界比例（%）	0.2	< 0.05

资料来源：BP. *Statistical Review of World Energy 2016*。

2015 年乌兹别克斯坦煤炭产量为 110 万吨油当量，占世界煤炭总产量的比例低于 0.05%，居世界第 29 位。乌兹别克斯坦生产的煤炭主要用于满足国内发电需求。

乌兹别克斯坦还拥有丰富的铀矿资源，是世界第七大铀矿供应商，而且还在不断扩大生产规模。目前，乌兹别克斯坦铀矿生产主要集中在铁路网较为发达的中部。据乌兹别克斯坦国家地矿委数据，乌兹别克斯坦境内探明和估计的铀矿储量为 18.58 万吨，其中，13.88 万吨铀矿为砂岩型铀矿，4.7 万吨为黑色页岩型铀矿。乌兹别克斯坦不是铀矿消费国，其全部铀矿用于出口，俄罗斯是其主要出口国家。

二、能源供需形势

2015 年，乌兹别克斯坦一次能源消费量为 5163 万吨油当量。其中，石油、天然气、煤炭、水电分别占能源消费总量的 5.4%、87.7%、2.2%、4.7%。由此可见，天然气是乌兹别克斯坦一次能源消费的主体。

自 2000 年以后乌兹别克斯坦石油产量一路走低，从 2000 年的 750 万吨下降到 2015 年的 297 万吨，基本上能满足本国的需求，2015 年其原油消费量为 281 万吨；乌兹别克斯坦天然气产量能满足本国的消费需求，部分天然气还可用于出口，2015 年乌兹别克斯坦天然气产量为 577 亿立方米，消费量为 503 亿立方米，如表 7-35 所示。

表 7-35　乌兹别克斯坦油气生产、消费情况

年 份	原油（万吨）		天然气（亿立方米）		
	产量	消费量	产量	出口量	消费量
1985 年	231	1161	313		319
1990 年	280	1010	369		357
1995 年	759	667	439	97	411
2000 年	750	709	511	134	457
2001 年	718	680	520	177	496
2002 年	720	664	519	111	509
2003 年	713	726	520	101	458
2004 年	658	746	542	96	434
2005 年	545	514	540	114	427
2006 年	541	514	566	125	419
2007 年	493	466	582	145	459
2008 年	478	456	578	148	487
2009 年	446	428	556	150	399
2010 年	365	362	544	143	408
2011 年	359	341	570	119	476
2012 年	317	303	569	101	472
2013 年	317	286	569	134	468
2014 年	306	281	573	145	488
2015 年	297	281	577	132*	503

资料来源：BP. *Statistical Review of World Energy 2016*；天然气出口数据来自 EIA；标注 * 数据来自 OPEC。

从 2000 年开始，乌兹别克斯坦石油产量逐年下降，至今尚未改善，主要原因是采油缺乏先进工艺。同时，乌兹别克斯坦人口持续增长，经济推行粗

放式管理，机械化进程加快；石油需求量不断增加，在产量不足的情况下，只能依赖进口，同时降低消费。1990 年乌兹别克斯坦石油消费量达到 1010 万吨，2004 年石油消费量达到 746 万吨，而 2014 年和 2015 年连续两年的石油年消费量才 281 万吨，仅为 2004 年消费量的 1/3。

乌兹别克斯坦天然气产量的 80% 以上用于国内消费。近年来，乌兹别克斯坦国内居民点虽然继续推行天然气化，但工业用气效率逐步提高，天然气需求有所下降，因而有多余的天然气可供出口。2015 年，乌兹别克斯坦出口天然气 75 亿立方米，主要出口到俄罗斯（33 亿立方米）、哈萨克斯坦（26 亿立方米）和中国（15 亿立方米）。

三、能源管理体制

1. 能源管理体制概述

乌兹别克斯坦的国家能源方针政策由政府副总理主管的燃料能源综合体制定，能源领域的重大决定须由政府内阁审议批准。乌兹别克斯坦石油天然气公司作为国家公司履行管理职能。乌兹别克斯坦油气资源管理机构及职能如表 7-36 所示。

表 7-36　乌兹别克斯坦油气资源管理机构及职能

管理机构	主 要 职 能
中央政府	保证材料基地的发展，建立资源使用付费制度，组织与协调资源使用及监督，制定征收地下资源使用权付费的程序和期限；制定向投资于矿产勘探、开采和加工，以及与采矿无关的地下建筑的开发活动的外国个人和企业分配地下资源区块的程序和期限
国家地质和矿产资源委员会	进行地质勘查巩固原料基地，制定开发油气田的统一规则，组织招标及颁发、终止和撤销许可证；对石油作业及合同执行进行监督，与境内建设运输机构进行谈判和签订协议，向总统报告等
地方政府	参与自治州内原料基地开发、地下资源保护、自然资源合理利用的计划的制定、实施工作，并对实施过程进行管理；土地区块的审批；地下资源利用和保护的管理与监督等

资料来源：根据乌兹别克斯坦《地下资源法》改编。

石油许可证由国家地质和矿产资源委员会会同政府（总统／部长会议）和乌兹别克斯坦石油天然气公司共同签发。根据《2001 年 PSA 法》和《1995 年特许权法》，由部长会议决定开放区块、招标、发标条件及确定中标者等有关事项，而国家地质和矿产资源委员会根据部长会议决定颁发租让特许权，并由国家租让特许权登记处记录备案。

　　乌兹别克斯坦对油气资源产业实施行政联监，由负责矿业管理的国家机构监督土地使用者是否遵守地下资源利用程序，是否遵守地下资源使用和保护及地质研究方面的规章和规范，是否满足工作安全的要求，是否对居民和环境产生了不利影响；地方当局负责监督地下资源利用和保护及地下资源地质研究、矿产资源合理利用。

　　与油气有关的政府机构还包括：财政部价格司，负责经济调控；油气监督局，负责矿产利用和技术监督；国家环保委员会，负责环境保护监督。

2. 能源公司

　　乌兹别克斯坦石油天然气公司（Uzbekneftgaz National Holding Company）的前身是成立于1992年的乌兹别克斯坦国家石油天然气工业公司，1999年该公司根据第2154号总统令和第523号政府令组建成一家国家控股公司。该公司成立的目的是建立有效的油气管理体系，以保障企业在从事地质预测、勘探、开采、加工生产、销售等油气产业时可以和谐、高效运作。该公司下属公司包括乌兹别克斯坦石油天然气开采股份公司、乌兹别克斯坦石油天然气地质钻探股份有限公司、乌兹别克斯坦天然气运输股份公司、乌兹别克斯坦石油天然气建设投资股份公司、乌兹别克斯坦石油产品股份公司、乌兹别克斯坦石油天然气设备股份公司。

四、能源工业发展历程

　　乌兹别克斯坦石油工业历史悠久，早期主要在费尔干纳盆地进行油气勘探，1904年发现第一个油田——奇米昂油田，采用土法采油，产量一直不高，1885—1917年累计采油48.8万吨；1933—1937年加强在费尔干纳盆地的油气勘探，发现了阿巴特、安季江等一批古近—新近系油田，石油产量逐年增长，产量由1940年的12.5万吨增至1970年的180万吨。

　　自20世纪70年代起，随着费尔干纳盆地中小型油田开发程度越来越高，产量逐年下降，1978年乌兹别克斯坦石油产量降至100万吨。20世纪80年代初乌兹别克斯坦加强了在布哈拉—希文区凝析气田的勘探开发，石油产量开始逐步回升，1991年达到280万吨。由于不能满足国内石油需求，乌兹别克斯坦每年进口石油量达600万吨。为此，乌兹别克斯坦加快了石油开采步伐。1995年，舒尔坦和科克杜马拉克凝析气田投产，乌兹别克斯坦石油生产进入高速发展阶段，1998 年石油产量达 818 万吨，为历史最高峰；之后石油产量逐年下降，2010 年石油产量为 365 万吨，2015 年降为 297 万吨。

乌兹别克斯坦天然气资源集中分布在阿姆河盆地北部布哈拉—希文含气区。1953 年在该气区发现了第一个气田——谢塔兰捷气田。1957 年发现加里兹特大型气田后，相继发现乌尔塔布拉克、泽瓦尔季和舒尔坦等特大型生物礁气田，证实阿姆河盆地北部布哈拉阶地是白垩系和侏罗系的生物礁富气区。1985 年乌兹别克斯坦实现了天然气自给自足，产量由 1960 年的 4 亿立方米增至 1991 年的 379 亿立方米。随着舒尔坦等天然气脱硫厂的投产和一些特大型高含硫气田的开发，乌兹别克斯坦天然气产量逐年增加。2015 年天然气产量达 577 亿立方米，在独联体国家中位居俄罗斯、土库曼斯坦之后，排名第 3 位。

五、能源产业特色和布局

1. 能源产业现状

（1）天然气管道。

截至 2012 年，乌兹别克斯坦共有输气管道 13280 千米，其中有 8 条跨境输气管道，通往俄罗斯、中国、哈萨克斯坦、塔吉克斯坦、吉尔吉斯斯坦等国家。乌兹别克斯坦境内天然气管道大多连接 Gazli、Mubarek 和 Shurtan 等地区，将各气田生产的天然气运输到这里的管道终端，一部分天然气从这些终端通过跨境输气管道输往其他国家。乌兹别克斯坦最主要的跨境管道是中亚—中央管道、中国—中亚管道和 Bukhara-Ural 管道（见表 3-37）。

表 7-37　乌兹别克斯坦油气管道建设情况

管道名称	长度（千米）	管径（毫米）	输送能力（亿立方米 / 年）
跨境管道			
中亚—中央管道（Uzbek）	510	1016/1422.4	549.85
中国—中亚管道（Uzbek）	530	1066.8	399.98
Bukhara-Ural（Uzbek）	630	2×1016	144.7
Gazli-Shymkent	313	1219.2	113.69
Bukhara-Tashkent-Almaty	430	1016	258.39
Shurtan-Dushanbe	571	508/1016	20.67
Shurtan-Sherabad	193	711.2	10.13
Andizhan-Mailisu	68.8	711.2	36.17

续表

管道名称	长度（千米）	管径（毫米）	输送能力（亿立方米/年）
国内管道			
Kultak-Mubarek GPP	65	711.2	36.48
Pamuk-Mubarek GPP	54	1016	90.95
Zevardi-Mubarek GPP	65	711.2/1016	164.02
Urtabulak-Mubarek GPP	84.8	1016	90.95
Kokdumalak-Mubarek GPP	85	1016	90.95
Dengizkul-Mubarek GPP	99	1016	90.95
North Nishan-Shurtan GPP	45	508	45.48
North Nishan-Shurtan GPP II	43.5	508	45.48
Mubarek-Navoi	112	711.2	31.01
Shurtan-Tashkent	601	1016	72.35
Khavast-Fergana-Asaka	335	406.4/1016	51.68
N Sokh-Namangan-Andizhan	250	406.4/711.2	—
Shurtan-Mubarek GPP	100	1016	90.95
Shakhpakhti-CAC	230	812.8	—
Gazli-Sarimai	159	1016/1219.2	299.73
Kagan-Zarafshon	200	508	—
Akhangaran-Pungan	165	—	100.05

数据来源：Wood Mackenzie。

（2）炼油化工。

截至 2016 年年底，乌兹别克斯坦有炼厂 2 座，年原油加工能力 790.0 万吨，减压蒸馏能力 242.1 万吨，催化重整能力 101.0 万吨，催化加氢能力 163.3 万吨。

（3）天然气加工综合体。

2016 年 4 月 19 日，乌兹别克斯坦坎德姆天然气加工综合体开工建设，该项目包括建设年加工能力为 79 亿立方米的天然气加工厂、114 口开采井、11 个开采平台、4 个采气中心、370 千米天然气管道、160 千米公路。项目一期总投资 33 亿美元。这是中亚目前最大的天然气加工厂。

2. 未来能源工业布局

（1）加大吸引外资力度。

乌兹别克斯坦大部分油田持续开发 40 余年后，接近枯竭，且尚未发现新的大油田，政府尝试借助外国公司的技术力量对老油田进行深度开发。现有储量最大的科克杜马拉克油田，原油探明储量为 5000 万吨，凝析气探明储量为 6500 万吨。为增加产量，捷克 Eriell 公司对其进行了深度钻探。2004 年，卢克石油公司开始进入乌兹别克斯坦油气开发领域。坎德姆—哈乌扎克—沙德—昆格勒气田项目是卢克石油公司同乌兹别克斯坦石油天然气公司合作开发的重点项目，该项目 2007 年进入工业开采。至 2016 年年底卢克石油公司在乌兹别克斯坦已经累计开采天然气超过 320 亿立方米，至 2020 年计划将天然气产量增至 170 亿～ 180 亿立方米。2005 年，乌兹别克斯坦石油天然气公司与中石油成立了合资公司，共同对 23 个难以进行储量预测的油田进行了深度钻探和开发。乌兹别克斯坦向包括俄罗斯公司在内的外国公司开放了老油井的深度开发权。2008 年俄罗斯海外石油开发公司与乌兹别克斯坦签订服务合同，对布哈拉—西维因油气产区的油井进行强化开采。乌兹别克斯坦石油天然气公司还计划与俄罗斯石油公司继续签订新的开发服务合同，并希望在老油井维护修理及提高油层出油率工艺技术方面合作（张延萍，2010）。

（2）加强天然气下游产业发展。

乌兹别克斯坦政府将天然气化工行业列入本国油气工业的重点发展领域，近年来不断加大力度吸引外国资金和技术，并与外国公司签署了多项天然气化工建设项目。2006 年，苏尔吉尔项目启动，该项目由乌兹别克斯坦国家天然气公司和一个韩国财团共同投资建设，双方各出资一半，总投资达 40 亿美元。韩国财团包括乐天化学公司（24.5%）、韩国天然气公司（22.5%）和 GSE&R（3%）。该项目由天然气分离装置、乙烯装置、聚乙烯装置、聚丙烯装置、发电装置在内的 5 套生产和配套单元组成，建成后乌斯秋尔特天然气化工厂的天然气处理能力达到 45 亿立方米 / 年，每年可生产 37 亿立方米商品天然气、38.7 万吨聚乙烯、8.3 万吨聚丙烯、10.2 万吨热解汽油及其他化工产品。2016 年 5 月，乌斯秋尔特天然气化工厂竣工。苏尔坦天然气合成油（GTL）项目由乌兹别克斯坦国家油气公司（UNG）、南非 SASOL 公司和马来西亚国家石油公司三方合资建设，项目总投资39.85亿美元，建成后天然气年加工处理能力达35亿立方米，年生产约85万吨柴油、30万吨煤油、40万吨石脑油等油品。该项目的建成将有效降低乌兹别克斯坦对进口成品油的依赖程度。该项目在2014年1月启动，原计划在2016年建成投产，但由于资金原因不能如期完工。中石油、乌兹别克斯坦国家石油公司、新加坡INDORAMA公司签署了共同建设天然气化工厂的谅解备忘录。

（3）谋求天然气出口多元化。

目前，乌兹别克斯坦境内有主要用于天然气过境运输的大型天然气管道运输系统，即中亚—中央天然气管道及布哈拉—乌拉尔天然气管道、Gazli-Shymkent输气管道及中国—中亚天然气管道A线、B线、C线。在建和拟建的天然气管道有中亚—中央天然气管道二线、中亚—中央天然气管道四线、扬雷克（土库曼斯坦）—别涅克（乌兹别克斯坦）天然气管道、中国—中亚天然气管道D线（2011年12月已动工）。依靠已有的输气管道，乌兹别克斯坦天然气主要输送给俄罗斯、哈萨克斯坦、塔吉克斯坦、吉尔吉斯斯坦4个国家，其中一部分由俄罗斯销往国外。乌兹别克斯坦天然气出口仍然受限，就目前的管道而言，大多数管道仍是早期遗留或近年由俄罗斯帮助建造的，对俄罗斯依赖的局面基本上没有改变，唯有中国—中亚天然气管道的A线、B线、C线是乌兹别克斯坦天然气外运的突破。2013年，鉴于中国和土库曼斯坦达成向中国扩大供应天然气至650亿立方米的协议，中国和乌兹别克斯坦决定共同修建中国—中亚天然气管道D线乌兹别克斯坦境内段，原计划2016年建成通气，现已延期。2016年，乌兹别克斯坦向中国出口天然气15.4亿立方米。

（4）开发可再生能源。

乌兹别克斯坦拥有丰富的可再生能源，理论总值约510亿吨油当量（不含水能），但由于技术落后，目前可开发资源量只有1.79亿吨油当量，已开发资源很少。在乌兹别克斯坦拥有的可再生能源中，太阳能资源量最大，接近510亿吨油当量，现有技术条件下可开发部分约为1.77亿吨油当量，但乌兹别克斯坦目前尚未大规模开发。

水资源是乌兹别克斯坦拥有的另一大可再生能源。水能资源理论值约为885亿千瓦时或920万吨油当量。据BP数据，2015年乌兹别克斯坦一次能源中水电发电量相当于 245 万吨油当量，是已开发程度最高的可再生能源。

　　乌兹别克斯坦可再生能源发展的瓶颈是政策不配套，且由于天然气、火电等传统能源价格低廉，使可再生能源的开发利用不具经济竞争力。

本章小结

　　2017 年，中国同俄罗斯及中亚能源领域重大合作项目取得丰硕成果，如中俄东线天然气管道积极推进、中俄原油管道二线工程实现整体贯通、中国—中亚天然气管道2017 年向中国输气 387 亿立方米、乌兹别克斯坦卡拉库利气田项目一期投产等。要做好"一带一路"建设同欧亚经济联盟对接，积极推进能源领域战略性大项目合作；巩固和扩大与中亚国家的能源合作，加强非能源领域合作。

第八章 中东地区 08 Chapter

中东地区是当今世界油气资源最丰富的地区，截至 2017 年年底，中东地区石油、天然气探明剩余可采储量分别为 1093 亿吨、79.1 万亿立方米，分别占世界可采总储量的 47.6%、40.9%；中东地区 2017 年原油、天然气产量分别为 14.8 亿吨、6599 亿立方米，分别占世界总产量的 33.8%、17.9%；中东地区出口原油 9.9 亿吨、天然气 1534 亿立方米，分别占世界总出口量的 45.3%、13.5%。

第一节

沙特阿拉伯

沙特阿拉伯王国（以下简称沙特），位于亚洲西南部的阿拉伯半岛，国土面积 225 万平方千米，海岸线长 2437 千米。沙特共有人口 3101.6 万（2015 年数据）。沙特石油剩余可采储量占世界总量的 16%，仅次于委内瑞拉居世界第 2 位；原油产量仅次于美国居世界第 2 位，出口量居世界第 1 位；天然气产量居世界第 8 位，全部供国内消费。2015 年沙特国内生产总值（GDP）为 6532.19 亿美元，出口收入为 2054.47 亿美元，其中，石油出口额为 1579.62 亿美元，占当年出口总收入的 76.9%，占当年 GDP 的 24.2%（OPEC，2016）。另外，沙特还蕴藏着丰富的铝、磷酸盐、金、铜、铀等矿产资源。

一、能源资源潜力

1. 油气资源潜力

沙特蕴藏着丰富的油气资源，据 USGS 2012 年评价数据，沙特待发现石油资源量为 15.0 亿吨、天然气液 3.2 亿吨、天然气 11914 亿立方米，分别占世界的 1.9%、1.4%、0.8%（USGS，2012），如表 8-1 所示。

表 8-1 沙特待发现油气资源潜力

国家及地区	石油（亿吨）	天然气液（亿吨）	天然气（亿立方米）
沙特	15.0	3.2	11914
世界	774.4	228.3	1587513
占世界比例（%）	1.9	1.4	0.8

数据来源：USGS，2012。

2. 含油气盆地和油气田分布

沙特油气资源分布在波斯湾盆地，境内沉积面积为 149 万平方千米，占全境面积的 66%，主要油气产区位于沙特东北部。沙特主要油田有 110 多个，2012 年有产油气井 3407 口，2013 年减少为 3372 口。沙特大部分的石油储量集中在 8 个超巨型和巨型油田中，包括加瓦尔油田（Ghawar），剩余可采储量约 700 亿桶，日产 580 万桶轻质原油，为世界第一大油田（EIA，2014；OPEC，2014；伍修权，1998），以及世界第四大油田萨法尼亚（Safaniya）油田，日产 120 万桶重质原油。2008—2012 年，沙特获得 7 个石油发现、4 个天然气发现（OPEC，2013）。

3. 油气储量

截至 2015 年年底，沙特石油剩余可采储量 366.2 亿吨，占中东、世界的 33.7%、15.7%，仅次于委内瑞拉，居世界第 2 位；天然气剩余可采储量 8.3 万亿立方米，占中东、世界的 10.4%、4.5%（见表 8-2）（BP，2016）。

表 8-2 沙特油气剩余可采储量情况

国家及地区	石油（亿吨）	天然气（万亿立方米）
沙特	366.2	8.3
中东地区	1087.4	80.0
世界	2393.6	186.9
占中东地区比例（%）	33.7	10.4
占世界比例（%）	15.7	4.5

数据来源：BP. *Statistical Review of World Energy 2016*。

4. 其他能源资源潜力

沙特境内无常年有水的河流和湖泊，水资源以地下水为主，无水力利用。此外，太阳能、风能、地热能、海洋能、生物能及核能等可再生能源的利用率也比较低。

二、能源供需形势

2015 年，沙特原油产量居世界第 2 位，出口量居世界第 1 位，为世界重要的原油输出国；天然气产量居世界第 8 位，全部供国内消费。

1. 原油产量达到历史高峰，天然气产量小幅增长

1965 年，沙特原油产量为 1.1 亿吨，1980 年原油产量达到 20 世纪最高峰 5.1 亿吨。从 1982 年开始，沙特原油产量大幅调减，1985 年原油产量仅 1.72 亿吨，直到 1991 年原油产量才恢复 4 亿吨以上，之后基本维持在 4 亿吨左右，到 2004 年产量达到 5 亿吨以上。2008 年全球金融危机前后，原油需求减缓，沙特原油产量有所调减，一直在 5 亿吨左右波动。2015 年沙特原油产量为 56849 万吨，达到了历史最高峰。沙特 2015 年原油出口量为 35817 万吨，占其原油产量的 63.0%（见表 8-3）。

2015 年沙特天然气产量为 1064 亿立方米，较 2000 年翻了一番多。沙特天然气全部用于国内消费，主要用来发电。

表 8-3 沙特油气生产、出口和消费情况

年 份	原油（万吨）			天然气（亿立方米）		
	产量	出口量	消费量	产量	出口量	消费量
2000 年	45604	31266	14338	498	0	498
2001 年	44039	30180	13859	537	0	537
2002 年	42519	26423	16096	567	0	567
2003 年	48621	32615	16006	601	0	601
2004 年	50043	34066	15977	657	0	657
2005 年	52128	36045	16083	712	0	712
2006 年	50895	35145	15750	735	0	735
2007 年	48889	34810	14079	744	0	744
2008 年	50987	36610	14377	804	0	804
2009 年	45672	31340	14332	785	0	785
2010 年	47382	33220	14162	877	0	877

续表

年 份	原油（万吨）			天然气（亿立方米）		
	产量	出口量	消费量	产量	出口量	消费量
2011 年	52595	36091	16504	923	0	923
2012 年	54983	37784	17199	993	0	993
2013 年	53843	37854	15989	1000	0	1000
2014 年	54344	35768	18576	1024	0	1024
2015 年	56849	35817	21032	1064	0	1064

注：产量数据来源 BP，*Statistical Review of World Energy 2106*；出口数据来源 *Annual Statistical Bulletin*，OPEC。

2. 原油出口主要流向亚太、北美和欧洲

据 OPEC 数据，2015 年沙特原油出口量为 3.58 亿吨，64.1% 的原油出口亚太，16.6% 的原油出口北美，12.2% 的原油出口欧洲（见表 8-4 ）。

表 8-4 沙特原油出口去向   单位：亿吨

地 区	2000 年	占总量份额（%）	2005 年	占总量份额（%）	2010 年	占总量份额（%）	2015 年	占总量份额（%）
欧洲	0.66	21.2	0.60	16.7	0.33	9.9	0.4	12.2
北美	0.79	25.3	0.73	20.3	0.61	18.3	0.6	16.6
亚太	1.45	46.5	1.97	54.7	2.13	64.2	2.3	64.1
拉美	0.03	1.0	0.03	0.8	0.03	1.0	0.04	1.0
非洲	0.11	3.5	0.12	3.3	0.07	2.2	0.1	2.1
中东	0.08	2.5	0.15	4.2	0.15	4.4	0.1	4.0
总计	3.12	100	3.60	100	3.32	100	3.58	100

数据来源：OPEC. *Annual Statistical Bulletin*，2004，2006，2010，2011，2013，2014。

三、能源管理体制

1. 能源管理体制概述

沙特基本法规定，所有石油和天然气财富归国家所有，不论是地下、地面或国家的海洋领域，都受国家的控制，是国家的财产。这就用法律手段确定了石油、天然气等资源的开发、保护和发展都是国家的利益。

沙特的能源政府部门主要有石油和矿产资源部、电力部。沙特石油和矿产资源部成立于 1962 年，主要任务是实施石油、天然气和矿产相关的政策，以及对其在油田和矿区工作的下属公司进行监督，监视和监管资源勘探、开发、生产、冶炼、运输及石油和石油产品分配。沙特电力部管理沙特

全部的电力活动，负责监管发电和电力输送、编制长期和短期的电力能源利用规划。为了规范电力部门并保证可靠、优质、价格合理的电力供应，沙特于 2001 年成立了电力管理局（ERA），电力管理局的款项中包含电力能源节约的拨款。

1999 年 8 月，沙特成立了最高经济委员会（SEC），负责增加投资、为沙特公民创造就业机会及吸引私营资金等方面的事务。2000 年年初，沙特最高经济委员会出台了外资管理办法，给予外国投资者某些国民待遇。

为了适应沙特开放石油下游工业和天然气工业的需要，沙特政府设立沙特投资总局（GIA），负责颁发有关投资的法律法规，以及审批外国公司在沙特的投资项目。沙特禁止外商投资石油上游勘探开发领域。

2. 石油公司

沙特国家石油公司直接管理沙特石油工业，全面控制沙特的油气勘探、开发、生产、炼制和销售。该公司前身是美资公司，后来随着沙特实施石油工业国有化，逐渐被沙特政府收购，1988 年正式转变为沙特国家石油公司，沙特政府持有 100% 股权。1992 年，为了适应跨国经营的需要，沙特国家石油公司董事会批准在公司内部实施重大的结构改革；从 1992 年 12 月 1 日起，公司由原来的 7 个生产体系改组为四大部门，即石油经营部、工业相关事务部、国际经营部和财务部，全方位对石油工业的上下游及跨国经营进行管理。沙特国家石油公司的原油产量约占沙特原油总产量的 95%，拥有世界上最大、最现代化的油轮运输队。据美国《石油情报周刊》公布的 2013 年世界 50 家最大石油公司综合排名，沙特国家石油公司高居榜首。

沙特基础工业公司（SABIC）是沙特另一家大型石油公司，沙特政府持有 70% 股份，与跨国公司一起经营和管理 16 家联合企业，生产石化产品、化肥、塑料、钢材。

2000 年 10 月，沙特组建国家石化工业公司，负责管理、经营和拥有石化和化工项目及产品销售。沙特国家工业公司在新公司中占 51% 股份，其余投资方为海湾投资公司、沙特制药公司及几个地方和海湾地区投资商。

四、能源工业发展历程

沙特的能源产业主要为油气产业，境内发电主要依靠石油和天然气。沙特的核电和新能源产业处于起步阶段，还没有形成产业规模。沙特是中东地区最大的石油消费国，特别是运输燃料和原油发电，前些年的高油价和燃料补贴促进了沙特经济的快速增长，石油消费量不断攀升，由 2005 年的 9422 万吨增加到 2015 年的 16807 万吨（BP，2016）。

当前，沙特是世界第二大产油国，也是世界最大的原油出口国。沙特的能源主要为石油，石油工业是沙特经济的支柱，在国民经济中起主导作用，从这种意义上来讲，沙特的石油经济发展史也就是其经济发展史。

1933 年 5 月，美国加利福尼亚标准石油公司与沙特政府签订了为期 66 年的石油租让协议，获得沙特境内 93.2 万平方千米的石油租让地；同年成立了加利福尼亚阿拉伯标准石油公司。1944 年，加利福尼亚阿拉伯标准石油公司更名为阿拉伯美国石油公司（简称阿美石油公司）。1938 年，在沙特东部发现了第一个商业性油田——达曼油田，掀开了沙特油气勘探史上崭新的一页；此后相继发现阿布哈德里亚油田等。20 世纪 40 年代沙特开展重、磁力测量，连续发现加瓦尔等大油田；1951 年通过海上地震勘探发现了世界上最大的海上油田——萨法尼亚。截至 1958 年，沙特共发现了 10 个大油田，探明石油可采储量 62.7 亿吨，年产油量达 5159 万吨。1965 年沙特石油产量已达 1.11 亿吨，天然气产量达 10.29 亿立方米。

20 世纪 70 年代，沙特钻井工作迅猛增加，每年发现 3～4 个油田，1978 年在加瓦尔油田和贝利油田发现了深部气藏。20 世纪 80 年代以来，沙特石油钻探和开发迅速下降，至 1986 年沙特政府重新恢复了沙特阿美（Aramco）的勘探特许权，油气勘探活动得到加强，并在中部地区发现了轻质油藏。1989—2006 年，沙特已获得 20 多个重大油气发现，包括多个轻质油田。2006—2015 年，沙特共获得 9 个石油新发现和 10 个天然气新发现。

20 世纪 80 年代以前，沙特的天然气工业以生产伴生气为主。1982 年，沙特阿美的天然气采集和处理系统投产，沙特天然气产量不断增长，尤其是 1989—1991 年总产量猛增 39.1%。2003 年 12 月沙特签订《南鲁卜哈利气田上游项目协议》，这标志着沙特天然气工业的对外开放。沙特已制订庞大的天然气勘探计划，将投巨资发展天然气工业。

沙特尚无石油方面的立法。自 20 世纪 70 年代沙特石油工业国有化后，沙特一直不允许外国公司进入油气工业领域。为充分利用外国资金和技术，

1998 年沙特石油工业正式对外开放，并为此出台了宽松政策。截至目前，沙特石油上游仍不允许外资进入，但天然气工业允许外资进入。

20 世纪 70 年代，沙特开始建设炼厂和石油服务公司，兴办朱拜勒和延布工业区，以石油化工为主，吸引了美国、法国、日本、加拿大、德国和英国等大量国外投资。1976 年创建的沙特基础工业公司（SABIC）是中东地区最大、盈利最多的非石油公司，居 2016 年世界财富 500 强第 247 位，2015 年营业收入 394.8 亿美元。SABIC 已成为世界最大的化学、化工和塑料生产公司之一。

五、能源产业特色和布局

沙特能源产业布局的核心考量是：维持较合理的油价，谋取石油收入最大化，保障经济的良性发展；维持石油在世界能源结构中的优势地位及竞争能力，保持在国际石油市场上足够的份额，以影响国际石油市场；保持合理的油气产量，尽可能延长石油资源的使用寿命；谋求与西方在政治经济上保持良好关系；依托资源优势，加快发展石油下游、完善产业链、提高资源附加值，实现本国经济多元化；大力发展天然气产业（夏义善，傅全章，2009）。

石油与天然气是沙特经济的支柱，沙特的能源产业主要有油气勘探开发、管道、炼油化工等。2016 年沙特发布的《沙特阿拉伯 2030 愿景》将对沙特能源产业布局产生重要影响。

1. 能源产业现状

（1）油气管道。

据沙特阿美报告，截至 2015 年第一季度，公司在沙特境内铺设的石油管道全长 20000 千米。其中最重要的管道是东西原油管道和布盖格—延布天然气液（NGL）管道（见表 8-5）。

（2）港口。

沙特的原油出口主要通过布盖格处理厂从波斯湾出口。沙特主要有三大原油出口港，分别是波斯湾的拉斯塔努拉港（Ras Tanura）、朱艾马赫港（Ras Ju'aymah）、红海的延布港（Yanbu），如表 8-6 所示。

表 8-5 沙特主要油气管道建设情况

管道名称	路 线	长 度（千米）	运输能力（万吨/年）	备 注
东西原油管道（Petroline）	东部的布盖格处理厂到西部的红海	1200	24000	包含56英寸和48英寸两条管道，总运输能力为2.4亿吨/年，其中，56英寸管道运输能力为1500万吨/年，目前运输能力为1000万吨/年；48英寸的管道一直作为天然气管道使用，但沙特计划将其重新转成石油管道，如果计划成功，沙特穿越霍尔木兹海峡的原油运输能力将从原来的5000万吨/年增加至14000万吨/年
布盖格—延布天然气液管道	东部的布盖格处理厂到西部的红海	1200	1450	与东西原油管道平行，主要目的是将布盖格处理厂的原料输送到延布石化厂
跨阿拉伯管道（Tapline）	从凯苏马（Qaisumah）经约旦（Jordan）到达黎巴嫩的西顿（Sidon）		2500	建于1947年，自1984年起已经部分关闭，约旦部分的管道于1990年关闭
伊拉克—沙特（IPSA）管道	从伊拉克经沙特，平行于东西原油管道到达mu'ajjiz港口			建于1989年，于1900年在海湾战争中关闭，于2001年重新启用，平行于东西原油管道的管道段用于输送天然气到发电厂，北部管道段仍然处于关闭状态
沙特—巴林原油管网	从沙特的Abu Safah油田到巴林			是沙特唯一一条还在运营的国际管道，使用期已达60年，由4条小型水下管道组成
沙特—巴林新管道	从沙特的布盖格处理厂到巴林的锡特拉绿洲炼厂		1750	2015年9月，巴林与沙特签署了价值约3亿美元的合同，在两国间铺设新石油管道，2018年建成投入使用，新管道将取代老管道

资料来源：EIA, *International energy data and analysis*: *Saudi Arabia*, September 10, 2014;

商务部, http://sa.mofcom.gov.cn/article/jmxw/201509/20150901122074.shtml。

表 8-6 沙特三大原油出口港简况

港口名称	位 置	平均吞吐量（万吨/年）	其 他
拉斯塔努拉港（Ras Tanura）	波斯湾	17000	控制大部分的沙特原油出口，由两个"T"形凸式码头组成；南码头有4个泊位，水深9.9～10.06米，长365.7米；北码头有6个泊位，水深12.8～15.24米，长670.5米，可停泊载重量为40万吨的油轮
朱文马赫港（Ras Ju'aymah）	波斯湾	15000	可停泊载重量达54万吨的油轮
延布港（Yanbu）	红海	6500	原油码头有4个泊位，最大的2号泊位可停泊27.5万～50万吨载重量的油轮，最大吃水深度29米；成品油码头有4个泊位，最大的西苏伊士泊位可停泊15万吨油轮

资料来源：EIA, *International energy data and analysis*: *Saudi Arabia*, September 10, 2014。

　　除这三大出口港以外，沙特还有其他一些较小的港口，包括拉斯卡夫吉港、朱拜勒港和吉达港。

　　（3）石油炼制和化工。

　　沙特下游产业相对成熟，据美国《油气杂志》数据，截至 2016 年年底，沙特运行的炼厂有 9 座，原油加工能力为 14535 万吨 / 年，排名世界第 7 位。世界上原油加工能力超过 2000 万吨 / 年的炼厂共有 31 座，其中沙特有 5 座，分别是沙特拉斯塔努拉（Ras Tanura，2750 万吨 / 年）、拉比格（Petro Rabigh，2000 万吨 / 年）、阿拉伯延布（SAMREF Yanbu，2000 万吨 / 年）、朱拜勒（SATORP Jubail，2000 万吨 / 年）和延布（YASREF Yanbu，2000 万吨 / 年），如表 8-7 所示。

表 8-7　沙特阿拉伯现有炼厂简况　　单位：万吨 / 年

名　称	所属公司	原油加工能力
拉斯塔努拉（Ras Tanura）	沙特阿美石油公司	2750
延布（Yanbu）	沙特阿美石油公司	1250
利雅得（Riyadh）	沙特阿美石油公司	610
吉达（Jeddah）	沙特阿美石油公司	425
朱拜勒（SATORP Jubail）	沙特阿美石油公司、道达尔	2000
拉比格（Petro Rabigh）	沙特阿美石油公司、住友化学株式会社	2000
阿拉伯延布（SAMREF Yanbu）	沙特阿美石油公司、美孚延布炼化公司	2000
阿拉伯朱拜勒（SASREF Jubail）	沙特阿美石油公司、壳牌沙特炼化有限公司	1525
延布（YASREF Yanbu）	沙特阿美石油公司、中石化	2000

资料来源：EIA, *International Energy Data and Analysis*: *Saudi Arabia*, September 10, 2014。

　　延布阿美中石化炼油有限公司（Yanbu Aramco Sinopec Refining Company Ltd., Yasref）是沙特阿美石油公司持股 62.5%、中石化持股 37.5% 的合资企业，Yasref 炼厂于 2015 年投产。

　　此外，沙特阿美投资 70 亿美元，在沙特西南部正在建设吉赞（Jazan）炼厂项目，原油加工能力为 2000 万吨 / 年，主要处理沙特阿拉伯重质油和中质油，截至目前尚未投产。目前，延布炼厂（美孚）和朱拜勒炼厂（壳牌）均已实现了业务和产品（EIA，2014）。

　　沙特除发展国内炼化工业之外，还在逐步扩展其海外炼化业务，增加海外炼化投资。沙特在国际上拥有 12000 万吨 / 年的原油炼化能力，包括美国、中国（沙特阿美与埃克森美孚、中石化合资，原油加工能力为 1200 万吨／年，主要加工沙特含硫原油，炼厂在福建省）、韩国（与 S-Oil 公司合资）、日本（与昭和壳牌公司合资）等。沙特阿美石油公司在海外合资企业中占有的炼化份额为 4500 万吨／年。在美国，沙特阿美和壳牌公司在路易斯安那州和得克萨斯州合资建立了 3 座炼厂，总炼油能力约 5000 万吨／年。

2. 未来能源工业布局

2016 年 4 月，沙特正式发布《沙特阿拉伯 2030 愿景》（*Saudi Arabia's Vision 2030*，以下简称《愿景》），为沙特确定了实现 2030 年愿景的三大支柱，分别是"阿拉伯与伊斯兰世界的核心国家""全球投资强国""连接亚欧非三大洲的枢纽"，提出了"朝气蓬勃的社会、繁荣的经济、雄心壮志的国家"三大主题，明确了 2030 年在政治、经济、军事、社会等方面的发展方向。《愿景》涉及能源产业的内容主要有：沙特阿美石油公司的所有权转为公共投资基金；发展非石油产业，实现可再生能源与工业设备产业的本土化，出台开采矿产资源的鼓励政策；改善沙特营商环境，设立经济特区，放宽对能源市场管制，提升能源市场竞争力等。《愿景》的核心是实现沙特经济战略转型，从单一依赖石油出口转向经济多元化发展，实现沙特阿美石油公司从石油生产商向多业态的全球工业集团转变，这将对沙特油气产业及其对外合作产生重大影响。

2016 年 6 月，沙特内阁会议通过《国家转型计划》，该计划是沙特《愿景》的实施细则，将 2020 年要实现的各项目标细化，分解到政府各相关部门，并逐一设定关键绩效指标（KPI）。

（1）沙特阿美石油公司的战略转型。

《沙特阿拉伯 2030 愿景》提出，沙特阿美石油公司将实施全面的转型，从一家单纯的石油开采企业向多业态的国际工业生产企业集团转变，打造成多个行业的领先企业；将沙特阿美的所有权转为公共投资基金，它将成为全球最大的主权财富基金，打造全新的经济产业，实现政府财政及国民经济的多元化，激发资金密集型和战略型产业的发展潜力，促进国有企业的可持续发展。《国家转型计划》提出将沙特公共资产规模从 3 万亿里亚尔提升至 5 万亿里亚尔。近年来，沙特阿美将自身定位为综合性能源公司，将天然气、炼油化工、技术装备、新能源等作为未来的发展方向，石油在其业务结构中的占比逐年降低。

沙特副王储萨勒曼掌权后，力推沙特阿美改革，计划逐步让沙特阿美与沙特石油部脱离，并将部分业务上市，最多拿出沙特阿美总股份的 5% 在证券市场交易，希望以此筹集约 1000 亿美元的资金。据沙特石油大臣法力赫称，沙特阿美于 2018 年年初实现首次公开募股（IPO）。据美国《石油情报周刊》统计，沙特阿美在 2015 年全球 50 家最大石油公司排名中居第 1 位。

按照《沙特阿拉伯 2030 愿景》的发展目标，2016 年 12 月，沙特阿美投产了 5 个大型石油和天然气项目，分别为瓦西特天然气厂项目、迈尼费油田开发项目、谢巴赫天然气液项目、谢巴赫油田石油增产项目、胡赖斯油田石油增产项目。这对于提高沙特原油产量及加工能力、增加天然气供应量、满足沙特对能源和化学制品不断增加的需求具有重要的现实意义。

（2）发展非油产业，实现经济发展多元化。

沙特《国家转型计划》提出，到 2020 年，将沙特非油财政收入从 1635 亿里亚尔提高至 5300 亿里亚尔，将非油出口额从 1850 亿里亚尔提升至 3300 亿里亚尔。

《沙特阿拉伯 2030 愿景》提出要提高"非油产业"发展水平，到 2030 年，非石油出口占非石油国内生产总值的比例将从 16% 提高至 50%，政府非石油收入将从 1635 亿里亚尔增加到 10000 亿里亚尔。

沙特所谓的"非油产业"是指除原油生产和出口以外的其他所有产业，包括天然气、管道、炼化等相关产业。总体来看，石油作为沙特经济支柱的地位不会改变，财政收入仍将主要依赖原油出口。为此，沙特营商环境将进一步改善，如重组经济城、设立经济特区等，放宽对能源市场管制，提升能源市场竞争力。沙特《国家转型计划》提出，到 2020 年将矿业的 GDP 贡献值从目前的 640 亿里亚尔提升至 970 亿里亚尔。

（3）天然气产量翻番。

《沙特阿拉伯 2030 愿景》明确提出要实现天然气产量翻番，建设覆盖全国的天然气输送网络。沙特《国家转型计划》提出，到 2020 年沙特天然气产量从 1240 亿立方米 / 年提升至 1840 亿立方米 / 年。2015 年，沙特天然气产量为 1064 亿立方米，居全球第 8 位、中东地区第 3 位。大力发展天然气业务是沙特阿美近年来的战略重点，沙特阿美计划增加国内天然气产量以替代不断增长的石油消费需求，以节约更多的石油用于出口。沙特天然气产量大幅提高，由 2000 年的 498 亿立方米提高到了 2015 年的 1064 亿立方米，翻了一番多。

2016 年 7 月，沙特阿美与沙特电力公司、法国 ENGIE 能源集团签订了电厂建设项目，与印度 Larsen & Toubro 公司签订了海上天然气项目，总金额超过 133 亿美元，该项目位于法哈利（Fadhili），预计 2019 年完成，这将是沙特第一个横跨海陆的油气处理项目。该项目预计到 2020 年可为沙特提供 1757 亿立方米 / 年的天然气，这将有助于本地钢铁业、铝业及下游工业的发展，从而助力沙特提高就业率和实现经济转型（中国驻沙特大使馆经济商务参赞处，2016）。

（4）重点发展炼油化工产业，延长石油产业链。

《沙特阿拉伯 2030 愿景》提出，建立新的能源城市，利用其石油上游和炼油化工的优势，扩大全产业链布局；尤其是在目前的低油价下，沙特将更加注重下游附加值产业的发展。沙特《国家转型计划》提出，到 2020 年沙特将维持石油产能 6.25 亿吨 / 年，炼化产能从 14535 万吨 / 年提升至 16500 万吨 / 年。目前在建的吉赞炼厂预计 2019 年完工。当前沙特阿美只是全球第四大炼油商，排在埃克森美孚、壳牌和中石化之后。

六、其他能源产业布局

石油是沙特的"命根子"，但如果将赌注都压在油气上，显然不是长久之计，从长远看，发展核能及可再生能源将是沙特解决能源发展问题的一个方向。目前，沙特政府正计划通过发展核能以降低发电领域对化石能源的依赖。

在《沙特阿拉伯 2030 愿景》和《国家转型计划》中，初步确定了 2030 年实现可再生能源发电 9.5 吉瓦的目标，将可再生能源发电比提升至 4%。据世界核协会（World Nuclear Association）2017 年 1 月数据，沙特计划在未来 20 年建造 16 座核反应堆，造价超过 800 亿美元；到 2040 年，核能发电量将达 17 吉瓦，满足沙特 15% 的电力需求。

1. 核能

为了应对急剧增长的电力需求，沙特于 2009 年提出了建设核电站的设想，沙特国王阿卜杜拉 2010 年 4 月颁布了一项国王命令，建立了沙特核能与可再生能源城，将监管沙特核工业的各方面。

目前，沙特已与中国、法国、韩国和阿根廷等国家签订了核能利用合作协议。2016 年，中国核工业建设集团公司跟沙特核能与可再生能源城签订了《沙特高温气冷堆项目合作谅解备忘录》。此次项目合作谅解备忘录的签订，是中沙两国共同落实"一带一路"倡议的重要举措。

2. 太阳能

沙漠是太阳能相对富集的地方。沙特 225 万平方千米的国土面积，一半以上是沙漠，干燥少雨，太阳辐射非常强，堪称世界上太阳能资源最为丰富的国家之一。另外，沙特还拥有修建太阳能发电站的广阔空间，土地价格低廉。利用太阳能发电，对沙特来说，既是充分利用资源，也是瞄准世界新能源发展的方向。

2009 年，沙特阿美同日本昭和壳牌石油公司签署协议，共同开发太阳能发电。2011 年 4 月，沙特政府在可再生能源战略会议后宣布将大力发展包括太阳能、风能、地热能在内的多种可再生能源，并公布了建造沙特最大太阳能光伏发电站的计划，将在沙特东北部城市达兰建造一个规模为 10 兆瓦的太阳能光伏发电站。

2013 年 5 月，沙特计划新建 4 个太阳能发电项目，其中最大的是 2012 年宣布的麦加太阳能电厂项目，建成后麦加将成为沙特首个使用替代能源的地区。沙特政府希望在未来 20 年投资 800 亿～ 2400 亿美元，用于发展核能及太阳能产业，使其均占沙特电力供应的 15%。

2016 年 6 月，沙特电力公司（SEC）宣布在沙特北部阿勒朱夫（Al-Jouf）和拉夫哈（Rafha）建立两座装机容量为 50 兆瓦的光伏发电站。该项目于 2017 年 5 月底完成合同签订和项目融资。据沙特规划，到 2022 年沙特可再生能源装机总容量将达 9.5 吉瓦。

沙特正在实施能源转型，新能源是其重要的发展方向，但到目前为止，太阳能还未给沙特带来任何收益，前景不是很明朗。未来可通过《萨勒曼国王可再生能源法案》的出台来研判沙特新能源的发展方向、政策、措施等。

第二节

伊 朗

伊朗位于亚洲西南部，北接亚美尼亚、阿塞拜疆和土库曼斯坦，隔里海与俄罗斯、哈萨克斯坦相望，西与土耳其和伊拉克接壤，南濒波斯湾和阿曼湾，东与巴基斯坦和阿富汗交界，面积 164.5 万平方千米，海岸线长 2700 千米。伊朗共有人口 7832.7 万（2015 年）。伊朗原油剩余可采储量居世界第 4位，仅次于委内瑞拉、沙特和加拿大；天然气储量居世界第 1 位。2015 年伊朗国内生产总值（GDP）为 3876.11 亿美元，出口总额为 779.74 亿美元，其中，石油出口额为 273.08 亿美元，占当年出口总收入的 35.0%，占当年 GDP的 7.0%。

一、能源资源潜力

1. 油气资源潜力

伊朗油气资源丰富，据 USGS 2012 年评价数据，伊朗待发现石油资源量为 19.8 亿吨、天然气液为 3.2 亿吨、天然气为 32082 亿立方米，分别占世界的 2.6%、1.4%、2.0%（见表 8-8）。

表 8-8 伊朗待发现油气资源潜力

地区及国家	石油（亿吨）	天然气液（亿吨）	天然气（亿立方米）
伊朗	19.8	3.2	32082
世界	774.4	228.3	1587513
占世界比例（%）	2.6	1.4	2.0

数据来源：USGS，2012。

2. 含油气盆地和油气田分布

伊朗超过 80% 的石油储量蕴藏在靠近伊拉克边界的胡齐斯坦地区西南部，该油气区属于波斯湾盆地，位于扎格罗斯山前褶皱带和阿拉伯地台东缘。据《油气杂志》数据，伊朗陆上超过 50% 的石油储量集中在 5 个巨型油田，其中最大的油田分别是 Marun、Ahwaz 和 Agha Jari 等。目前，伊朗共有 40个生产油田，其中，27 个油田位于陆上，13 个油田位于海上。伊朗主要油田包括 Agha Jari、Ahwaz、Bangestan、Bibi Hakimeh、Darkhovin、Doroud、

Gachsaran、Mansouri（Bangestan）、Marun、Masjid-e Soleiman、Parsi、Rag-e-Safid、Soroush/Nowruz 等。

伊朗 80% 的天然气储量为非伴生天然气田。天然气储量主要位于海上，尽管主要的伴生天然气产量来自陆上油田。伊朗主要气田有 South Pars、North Pars、Kish、Kangan 等。伊朗特大气田为南帕斯气田（South Pars），位于卡塔尔半岛北端两国交界处，卡塔尔称北方气田，伊朗称南帕斯气田，该气田是北方气田向伊朗的延伸。据物探资料证实，北方气田向伊朗海域延伸了 20 千米，面积约占总构造的 20%，估算天然气储量为 9.2 万亿立方米，占伊朗天然气剩余可采储量的 27% 以上。

3. 油气储量

据 BP 数据，截至 2015 年年底，伊朗石油剩余可采储量为 216.8 亿吨，分别占中东、世界的 19.9%、9.3%；天然气剩余可采储量为 34.0 万亿立方米，分别占中东、世界的 42.5%、18.2%。石油剩余可采储量居世界第 4 位，仅次于委内瑞拉、沙特和加拿大；天然气储量居世界第 1 位（见表 8-9）。

表 8-9 伊朗油气剩余可采储量情况

国家及地区	石油（亿吨）	天然气（万亿立方米）
伊朗	216.8	34.0
中东地区	1087.4	80.0
世界	2393.6	186.9
占中东地区比例（%）	19.9	42.5
占世界比例（%）	9.3	18.2

数据来源：BP. *Statistical Review of World Energy 2016*。

4. 其他能源资源潜力

伊朗煤炭剩余可采储量约为 76 亿吨，因石油、天然气资源丰富，动力煤基本不用，只将部分焦煤开采用于炼焦。

据世界核协会（World Nuclear Association）数据，截至 2016 年 8 月，伊朗运行的核电机组有 1 台，核电装机容量为 915 兆瓦；计划建设核电机组 2 台，装机容量 2000 兆瓦。

二、能源供需形势

伊朗能源生产和消费均以石油和天然气为主，煤炭和水电较少。

1. 原油产量逐步上升，天然气产量快速增长

　　1973 年中东战争爆发，1976 年伊朗原油产量达到历史最高峰 2.97 亿吨，之后产量开始递减，1980 年之后，伊朗原油产量急剧下降，1981 年伊朗原油产量仅为 6616 万吨。随后，伊朗原油产量开始逐年增长，2008 年达到 1979 年以来的最高点 2.15 亿吨；全球金融危机之后，原油产量有所下降，2012 年开始，受美国、欧盟石油禁运制裁，伊朗原油产量较大幅度下降为 17708 万吨，2015 年伊朗原油产量为 18258 万吨。

　　伊朗天然气产量增长较快，2000 年天然气产量为 596 亿立方米，而 2015 年产量达到 1925 亿立方米，伊朗天然气产量几乎全部用于国内消费，主要满足伊朗电力需求，如表 8-10 所示。

表 8-10　伊朗油气生产、出口和消费情况

年　份	原油（万吨）				天然气（亿立方米）			
	产量	进口量	出口量	消费量	产量	进口量	出口量	消费量
2000 年	19171	62	12461	6772	596	27	0	629
2001 年	18983	27	10923	8087	663	45	4	704
2002 年	17748	98	10468	7378	788	49	7	828
2003 年	19983	356	11982	8357	827	57	34	850
2004 年	20559	373	13421	7511	964	52	36	987
2005 年	20778	216	11973	9021	1023	58	43	1027
2006 年	21055	678	11885	9848	1115	58	57	1120
2007 年	21219	550	13195	8574	1249	73	62	1255
2008 年	21295	386	12870	8811	1308	71	41	1332
2009 年	20559	465	12030	8994	1437	58	57	1427
2010 年	21185	68	11240	10013	1524	72	84	1529
2011 年	21270	18	12687	8601	1599	117	91	1622
2012 年	18045	6	10510	7541	1662	67	92	1615
2013 年	16962	0	6077	10885	1668	53	93	1629
2014 年	17468	0	5546	11922	1820	44	84	1800
2015 年	18258	0	5406	12852	1925	90	85	1912

数据来源：产量数据来自 *Statistical Review of World Energy 2106*，BP；进出口数据来自 *Annual Statistical Bulletin*，OPEC。

2. 能源消费主要依赖石油和天然气

　　2015 年，伊朗一次能源消费量为 267.2 百万吨油当量，占世界消费总量的 2.0%。伊朗消费的能源包括石油、天然气、煤炭、核能、水电、新能源 6

种，其中，石油、天然气占能源消耗总量的绝大部分，分别占能源消费总量的33.3%、64.4%（见表8-11）。

表 8-11 伊朗一次能源消费结构

	石油	天然气	煤炭	核能	水电	其他可再生能源	合计
消费量（百万油当量）	88.9	172.1	1.2	0.8	4.1	0.1	267.2
占总消费量比例（%）	33.3	64.4	0.5	0.3	1.5	0.0	100

数据来源：BP. *Statistical Review of World Energy 2016*。

3. 原油出口主要流向亚太和欧洲

伊朗是世界重要的原油出口国，受美欧制裁影响，2015 年仅出口原油5546 万吨，主要流向亚太和欧洲，其中，亚太 4848.5 万吨，欧洲 557 万吨。

三、能源管理体制

1. 能源管理体制概述

伊朗 1987 年 11 月 2 日颁布的《石油法》第二条规定，伊朗石油资源是公有资源（财产和资产）和公共财富的一部分，处于伊朗政府的支配和控制之下。

伊朗能源领域的所有事务归伊朗最高能源委员会（Supreme Energy Council，SEC）管理，该委员会成立于 2001 年 7 月，总统任主席。

伊朗能源部（MOE）负责能源总体规划等。随着产业结构的不断调整和竞争的引进，伊朗政府管制开始放松，并授予各省对新能源开发和区域输配电网优化运行发表意见的权利。

伊朗石油部掌控国家石油工业，对油气资源拥有所有权和管理权。石油部的主要职责可归纳为以下几点：负责油气生产、供应和储备的管理，提高相关的技术技能，增强自足能力，减少对国外专家的依赖；监管石油精炼和石化工业；实施主要的项目规划并对一些重要的投资和经营进行必要的资金配置；监督石油部下属的所有公司及其子公司；代表伊朗参与各种国际石油协会和全球能源市场活动。

2. 石油公司情况

伊朗石油部根据业务性质划分统辖权，下辖四大公司，负责该国绝大部分油气业务。

（1）伊朗国家石油公司（NIOC）——伊朗石油工业的主体，成立于1951年，1979年获得独立经营权并实现资产全部国有化。伊朗国家石油公司负责伊朗石油工业的全部上游业务，该公司所有股份均归伊朗政府所有，不允许转让。

（2）伊朗国家炼油和油品分销公司（NIR & OPDC）——成立于1977年，属国有股份有限公司，1993年正式开展业务。主要负责：伊朗的原油炼制，液化石油气、汽油、煤油、柴油等石油制品的生产和销售，炼厂的新建、改扩建等。

（3）伊朗国家石化公司（NPC）——属国有股份公司，主要负责伊朗石化产品的生产、销售和出口。油气辅料由其他公司提供，该公司下辖几家辅助性公司，其中最主要的一家是石化商务公司，负责石化产品的供应计划和国内、国际销售。

（4）伊朗国家天然气公司（NIGC）——1965年成立，属国有股份公司，在伊朗以气代油的国家新政策指导下，负责天然气的运输、销售及有关业务。

四、能源工业发展历程

伊朗的能源主要为石油和天然气，故伊朗的能源工业的发展历程介绍主要以油气为主。

伊朗1855年开始地面地质调查，1901年伊朗国王和英国签署石油租让权协定，英国获得为期60年开采伊朗3/4的土地上油气的权利。该协定的签订使英国开始介入伊朗的石油开发，并为英国确立其石油霸主地位打下了坚实的基础。1906年伊朗完成第一口探井，1908年发现第一个大油田——马斯杰德伊苏莱曼油田，1911年开始生产石油。1909年英伊石油公司成立，它是首家在中东开采石油的公司。1928年发现了第一个巨型油气田——加奇萨兰，其最终探明可采储量达26亿吨油当量。到20世纪30年代末，伊朗发现了8个油气田，其中亿吨级油当量以上的油气田6个。

1939—1957年是伊朗油气田勘探的低潮期，没有新的油气田发现，但储量却不断增长，1950年油气剩余探明可采储量为17.8亿吨油当量。

1951年伊朗宣布石油实行国有化，成立伊朗国家石油公司。为对抗伊朗的石油国有化法令，英国政府对伊朗实施经济封锁，西方国家也拒绝购买伊朗石油，伊朗 1952—1954 年石油产量下降到 136 万～ 350 万吨，伊朗石油收入骤减，国家财政陷入危机，政局出现动荡。

1954 年伊朗政府被迫同"国际石油财团"签订了石油协定。"国际石油财团"取得勘探开发伊朗西南部的权利后，一方面加速钻探采油，另一方面开始了新油气发现，并且进入油气发现高峰期。1958—1969 年共获新油气发现43 个，其中亿吨级油当量以上油气田 11 个。1954 年英伊石油公司更名为英国石油公司。

20 世纪 60 年代伊朗开展海上钻探，到 70 年代勘探开发工作有较大进展。1970—1978 年共获新发现 25 个，其中最终可采储量亿吨级以上的大油田 7 个。1974 年，伊朗原油产量达历史最高量 3.03 亿吨。

1988 年后，伊朗国家石油公司开始了新的勘探活动，1990—1996 年获得 6 个油气新发现，其中，1994 年发现的 South Pars（南帕尔斯）海上凝析气田最终可采储量达 27 亿吨油当量，1995 年发现的 Darkhovin 油田储量达4.1 亿吨。

据伊朗国家石油公司数据，在伊朗第 5 个五年发展规划时期（2011—2016 年），伊朗新探明原油储量达 41 亿吨，其中可采储量约 6.4 亿吨，新探明天然气储量为 3.6 万亿立方米。

五、能源产业特色和布局

伊朗的能源产业主要以石油、天然气为主。在 2015 年伊朗一次能源消费中，石油占总消费量的 33.3%，天然气占总消费量的 64.4%，故伊朗的能源特色和布局主要围绕石油和天然气开展。

1. 能源产业现状

（1）炼油化工。

伊朗下游产业相对成熟。据美国《油气杂志》数据，截至 2016 年年底，伊朗原油加工能力排名世界第 11 位，目前运行的炼厂有 14 座，年原油加工能力为 10195 万吨，减压蒸馏能力为 2334.1 万吨，催化裂化能力为 182.0 万吨，催化重整能力为 580.9 万吨，催化加氢能力为 1519.3 万吨（见表 8-12）。

表8-12 伊朗各炼厂简况

炼厂名称	所属公司	炼油能力（万吨/年）
Abadan Refinery	NIOC	2000
Arak Refinery	NIOC	1250
Tehran Refinery	NIOC	1250
Isfahan Refinery	NIOC	1875
Tabriz Refinery	NIOC	550
Shiraz Refinery	NIOC	300
Lavan Island Refinery	NIOC	300
Bandar Abbas Refinery	NIOC	1650
Kermanshah Refinery	NIOC	110
Borzuyeh Refinery		600
Booali Sina Refinery		170
Aras2		50
Aras1		25
Booshehr		50
Yazd		15

数据来源：EIA；*Annual Statistical Bulletin 2016*，OPEC。

（2）油气管道。

据OPEC数据，伊朗主要原油管道总长6246千米，主要管道有14条，分别为Ahwaz/Ray、Ahwaz/Abadan（2）、Cheshmeh Khosh/Ahwaz、Darkhoin/Abadan、Esfahan/Ray、Gachsaran/Shiraz、Genaveh/Kharg、Goreh/Genaveh、Marun/Esfahan、Naftshahr/Kermanshah、Neka/Sari/Ray、Omidieh/Abadan、Ray/Tabriz、Tang-e-Fani/Kermanshah，如表8-13所示。

20世纪80年代建成的油品管网能将炼厂生产的油品直接输往全国各地，成品油主要管道有16条，总长6425千米，主要成品油管道有Abadan/Ahwaz、Ahwaz/Rey（2）、Arak/Hamadan、Arak/Rey、Esfahan/Rey（2）、Gazvin/Rasht、Imam-Taghy/Torbat Haidar、Mahshahr/Abadan、Rey/Karadj、Rey/Rasht、Rey/Sary、Rey/Tabriz、Rey/Mashhad、Shahrood/Gorgan、Shahrood/Mashhad、Tabriz/Orumieh（见表8-14）。

伊朗的天然气管道总长8571千米，主要天然气管道有11条，分别为Asaluyeh/Lushan、Asaluyeh/Aghajari、Asaluyeh/Bid Boland、Asaluyeh/

Iranshahr、saluyeh/Naeen、Asaluyeh/Saveh、Bid Boland/Qom/Qazvin/
Rasht/Astara、Kangan/Gazvin、Kangan/Pataveh、Saveh/Miandoab、
Tehran/Dasht-e-Shad（见表8-15）。

表8-13　伊朗主要的原油管道情况

管道的起点/终点	拥有者或操作者	长度（千米）	直径（英寸）
Ahwaz/Ray	NIOC	1504	30/26
Ahwaz/Abadan（2）	NIOC	195、220	12/20、24
Cheshmeh Khosh/Ahwaz	NIOC	247	18
Darkhoin/Abadan	NIOC	96	16
Esfahan/Ray	NIOC	362	24
Gachsaran/Shiraz	NIOC	367	10
Genaveh/Kharg	NIOC	75	30/42/52
Goreh/Genaveh	NIOC	53	26/30/42
Marun/Esfahan	NIOC	708	30/32
Naftshahr/Kermanshah	NIOC	371	8
Neka/Sari/Ray	NIOC	515	30/32
Omidieh/Abadan	NIOC	165	12
Ray/Tabriz	NIOC	977	16
Tang-e-Fani/Kermanshah	NIOC	388	10～16

数据来源：*Annual Statistical Bulletin 2016*，OPEC。

表8-14　伊朗主要的石油产品管道情况

管道的起点/终点	拥有者或操作者	长度（千米）	直径（英寸）
Abadan/Ahwaz	NIOC	151	12、16
Ahwaz/Rey（2）	NIOC	821、755	10/14/10、16/20/16
Arak/Hamadan	NIOC	172	12
Arak/Rey	NIOC	257	10、16
Esfahan/Rey（2）	NIOC	2×371	18、24
Gazvin/Rasht	NIOC	175	6
Imam-Taghy/Torbat Haidar	NIOC	93	8
Mahshahr/Abadan	NIOC	101	16
Rey/Karadj	NIOC	58	8
Rey/Rasht	NIOC	313	14、16、18
Rey/Sary	NIOC	286	12、16
Rey/Tabriz	NIOC	766	14

续表

管道的起点/终点	拥有者或操作者	长度（千米）	直径（英寸）
Rey/Mashhad	NIOC	842	20、22
Shahrood/Gorgan	NIOC	165	8、10
Shahrood/Mashhad	NIOC	442	8
Tabriz/Orumieh	NIOC	280	8、10

数据来源：*Annual Statistical Bulletin 2016*，OPEC。

表 8-15 伊朗主要的天然气管道情况

管道起点/终点	拥有者或操作者	长度（千米）	直径（英寸）
Asaluyeh/Lushan	NIGC	1181	33
Asaluyeh/Aghajari	NIGC	503	56
Asaluyeh/Bid Boland	NIGC	492	56
Asaluyeh/Iranshahr	NIGC	901	56
Asaluyeh/Naeen	NIGC	787	56
Asaluyeh/Saveh	NIGC	1146	56
Bid Boland/Qom/Qazvin/Rasht/Astara	NIGC	1102	42、40
Kangan/Gazvin	NIGC	1040	56
Kangan/Pataveh	NIGC	421	56
Saveh/Miandoab	NIGC	470	40、48
Tehran/Dasht-e-Shad	NIGC	526	42、48

数据来源：*Annual Statistical Bulletin 2016*，OPEC。

（3）码头。

伊朗现有 6 座原油码头，分别位于哈格岛、拉万岛、锡里岛、居鲁士、巴赫拉甘、里海 Neka 港。伊朗所有陆上油田和波斯湾北部油田生产的原油都经由哈格岛码头出口。伊朗的油轮运输队实力雄厚，拥有 OPEC 国家中最大规模的、名列世界第 10 位的船商，其运输业务由 NIOC 子公司伊朗国家油轮公司（NITC）经营管理。NITC 共拥有 36 艘油轮，总载重吨位达 660 万吨。

2. 未来能源工业布局

西方制裁解除后，伊朗的能源工业呈现欣欣向荣的景象，国际众多石油公司纷纷进入伊朗，签署了多份勘探、开发、贸易等方面的协议。伊朗未来能源发展的方向主要有：不断加强油气勘探开发；修改油气合同模式，吸引国外投资，推动油气区块的招标，以解决经济和技术困境；积极修建炼厂，延长石油产业链，满足国内日益增长的需求等。

（1）不断加强油气勘探开发。

在过去几年，西方制裁对伊朗石油工业的发展产生了较大负面影响。几乎所有的西方石油公司都停止了在伊朗的活动，伊朗多个油气项目因技术和资金原因被迫延迟或取消。西方制裁解除后，多家西方石油公司纷纷重返伊朗，伊朗国家石油公司与埃尼公司、雷普索尔公司、希腊石油公司、道达尔公司、维多石油集团、卢克石油公司等签订了原油长期出口协议。

2016 年，伊朗与俄罗斯卢克石油公司签署了 600 万美元的油气田勘探协议；伊朗与道达尔公司签署了开发帕斯天然气田 11 期项目（SP11）的初步协议，道达尔公司在此项目的权益中占 50.1%，中国石油占 30%，伊朗国家石油公司占 19.9%。2016 年 1 月对伊朗制裁解除后，道达尔公司是第一家重返伊朗的西方大型石油集团。2016 年 4 月，伊朗与印度签署了一项加强石油和能源合作的协议，主要为开发 Farzad-B 气田、伊朗向印度出口原油和石油产品及加强双方在石化工业方面的合作。2016 年 12 月，伊朗国家石油公司与壳牌公司签署了南阿扎德干、雅达瓦兰和基什油气田的勘探协议。

2016 年，伊朗重点加强了南帕斯气田及西部地区的雅达瓦兰、北阿扎德干、南阿扎德干、北亚兰和南亚兰 5 个主要油田的开发工程，如表 8-16 所示。

表 8-16　伊朗石油上游投产计划

项　目	作业者	石油产能（万吨/年）	投产时间
雅达瓦兰 I 期	Sinopec	425	2016 年
雅达瓦兰 II 期	Sinopec	475	2019—2020 年
雅达瓦兰 III 期	Sinopec	600	延迟到 2020 年
Azar I 期	NIOC Subsidiaries	150	2016 年
北亚兰	Persian Energy	150	2016 年
南亚兰	NIOC Subsidiaries	275	2018 年
北阿扎德干 I 期	CNPC	375	2016—2017 年
北阿扎德干 II 期	CNPC	375	2019 年
南阿扎德干 I 期	No Developer	750	—
南阿扎德干 II 期	No Developer	550	—
Forouzan	NIOC Subsidiaries	500	2017—2018 年
南帕斯（油层）I 期	PEDCO	175	2017—2018 年

数据来源：EIA，*Country Analysis Brief*：*Iran*，June 19，2015；*Facts Global Energy*。

据伊朗《金融论坛报》2017年2月14日报道，目前伊朗南帕斯气田天然气产量为4.8亿立方米/日，2017年年底产量增至5.7亿立方米/日，如表8-17所示。

表8-17 伊朗南帕斯气田投产计划

阶　段	天然气产能（亿立方米/年）	凝析油产能（万吨/年）	投产年份
1	103	200	2003年
2	207	400	2002年
3	—	—	
4	207	400	2004年
5	—	—	
6	382	790	2008年
7	—	—	
8	—	—	
9	207	400	2010年
10	—	—	
11	207	400	2022年之后
12	310	600	2014年
13	207	400	2020年之后
14	207	385	2021年之后
15	207	400	2015年
16	—	—	
17	207	400	2016年
18	—	—	
19	207	385	2020年之后
20	207	375	2020年之后
21	—	—	
22	207	385	2021年之后
23	—	—	
24	—	—	
总计	3070	5920	—

资料来源：EIA，*Country Analysis Brief*：*Iran*，June 19，2015；*Facts Global Energy*。

（2）政府推出油气新合同模式，积极推动油气区块的招标。

2015年12月，伊朗推出新版油气合同，旨在替换原有的回购合同，以期在石油价格波动和投资风险上有更高灵活性，提高外资的吸引力。2016年

1月4日，伊朗政府监管小组批准了新版石油合同，目的是吸引国外投资进入伊朗，提供的31个油气项目包括16个油气田和15个勘探区块，16个油气田大部分靠近边界或者采收率有提高的老油田项目，16个油气田的石油储量超过137亿吨，天然气储量超过4000亿立方米。

2016年7月2日，伊朗最高领袖哈梅内伊表示，如果不是因为必要的改动，则不会再向外国公司提供新版油气合同。

2016年7月12日，伊朗第一副总统主持的政府最高经济顾问机构——抵抗型经济委员会批准了新版油气合同，但合同模式最终文本有待部长内阁会议批准通过。

目前，伊朗已预选了29家国际公司竞标新版石油合同项目。这29家公司主要包括道达尔、壳牌、埃尼、中石油、中石化、马来西亚国油、俄罗斯天然气股份公司及卢克石油公司、奥地利石油天然气集团等。伊朗原定于2017年1月下旬发布的第一期新石油合同的国际招标计划无限期搁置，截至目前，伊朗没有按新版合同和外国公司签订任何协议，只签订合作谅解备忘录，主要原因是该合同存在重大缺陷，即美国对伊朗制裁的不确定性。2017年2月3日，美国财政部宣布对伊朗13个个人和12家实体进行制裁。2017年2月9日，道达尔总裁普雅内称，公司计划对伊朗20亿美元天然气项目投资最终取决于美国是否恢复对伊朗的制裁。特朗普政府对伊朗的态度已成为伊朗油气对外合作的最大不确定因素。

（3）积极新建炼厂，延长石油产业链。

目前伊朗有14座炼厂，仅有9座炼厂运行，加工原油约9235万吨/年，无法满足国内成品油的需求。伊朗年内将对一些老旧炼厂进行升级改造，并希望打造数座新原油和凝析液精炼厂。

伊朗计划建设16个炼油项目，原油加工能力从目前的25.3万吨/日增加到2020年年底的43.8万吨/日。波斯湾炼厂之星（Persian Gulf Star）于2017年开始运行。伊朗计划在Jask港建设一座日处理4.8万吨的Bahmangenoo炼厂，在Kermanshah省建设产能为2.0万吨/日的Anahita炼厂，Siraf炼厂综合项目也正在积极推进。2017年1月，中石化与伊朗签订合同，对伊朗阿巴丹炼厂进行升级改造，设计产能2.8万吨/日。SetareKhalijFars天然气冷凝精炼厂投产，产能达1.6万吨/日。2018年伊朗乙烯年产量从 450 万吨增加到 650 万吨。

2016 年 10 月，全球最大的石油贸易商维多公司与伊朗国家石油公司（NIOC）签署了一份协议，前者将向 NIOC 提供 10 亿欧元等值的贷款，NIOC 则以未来出口的成品油作为担保，协议于 2017 年 1 月生效。这是 2016 年年初伊朗被解除制裁以来与贸易商达成的首个大型预付融资合约。

2016 年 12 月，伊朗波斯湾石化工业公司与日本伊藤忠商事株式会社签署了一项石化协议，日方将为伊方石化开发项目提供 3.2 亿欧元融资。

六、其他能源产业布局

虽然伊朗油气资源丰富，但伊朗政府仍未雨绸缪，大力发展核能、太阳能、风能、地热能、生物能等新能源和可再生能源。

1. 核能

伊朗第一座核反应堆就是布什尔核电站，也是中东地区第一座核电站。该核电站于 20 世纪 70 年代由德国承建，后来在美国干预下停工。1995 年，俄罗斯接手该项目，由于涉及核能技术等问题，该核电站一直受到西方国家指责，加上伊俄双方在建设资金等问题上矛盾不断，核电站建设工期一再拖延。直至 2011 年 9 月该核电站才并入伊朗国家电网。核电站建成后，受多重因素影响，交付期也一再被推迟，伊朗方面直至 2013 年 9 月才正式接管核电站，2015 年 8 月布什尔核电站举办启动仪式之后，开始装料运行。

伊朗核项目早已成为美国和西方国家广泛关注的"核问题"。经过十几年博弈和斗争，2015 年 7 月，伊朗"核问题"六国（中国、美国、俄罗斯、英国、法国、德国）同伊朗就伊核问题达成全面协议。2016 年 1 月 16 日，全面协议正式付诸执行。西方大国将逐步解除在"核问题"上对伊朗的制裁，伊朗则需要接受国际社会的严厉监管，不能将其核项目用于任何军事目的。

2016 年 9 月 10 日，伊朗布什尔核电站二期工程启动，该项目将持续 10 年，耗资 100 亿美元。根据 2014 年俄伊签署的《布什尔核电站二期工程协议》，俄罗斯将在原有的布什尔核电站新建两座核反应堆。二期工程的两座核反应堆设计装机容量达 1000 兆瓦，由伊朗核能生产与开发公司和俄罗斯国家原子能公司共同建设。

2016 年 1 月，习近平主席访问伊朗期间，中伊双方正式签署了《开展和平利用核能合作的谅解备忘录》。中国将与伊朗携手在阿曼湾东南部马克兰附近建造核电站，采用中国核工业集团公司提供的 ACP-100 反应堆，同时对阿克拉重水核反应堆进行升级改造。

2016 年 4 月，据伊朗原子能机构（AEOI）称，2025 年前伊朗将建设 9 座核电站，伊朗 10% 的电力将通过核电输出。

2. 风能和太阳能

2015 年 11 月，伊朗承诺到 2030 年减少 4% 的温室气体排放量，发展可再生能源已成为伊朗减排的重要环节。为此，伊朗制定了到 2020 年可再生能源发电装机容量 500 万千瓦的目标，其中，风能发电装机容量达到 450 万千瓦，太阳能发电装机容量达到 50 万千瓦。到 2030 年，伊朗国内可再生能源装机容量实现 700 万千瓦。

（1）风能。

目前伊朗国内已有 15 座风电站投入运行，但仍有 1 亿千瓦潜在风能有待开发。2014 年 8 月，伊朗最大的风电站开始运行，该风电站位于伊朗西北部加兹温省塔克斯坦（Takestan）镇，目前运行的是第一开发阶段的建设项目，发电能力为 20 兆瓦，建设投资 3000 万欧元，根据伊朗电站项目管理公司（MAPNA）的计划，全部开发完成后该风电站的发电能力将达 100 兆瓦（中国驻伊朗大使馆经济商务参赞处，2014）。

（2）太阳能。

中东几乎所有地区的太阳能辐射能量都非常高。伊朗太阳能开发潜力大，伊朗太阳年辐照总量为 7920 兆焦 / 平方米，技术开发量每年约 20 皮瓦小时。

2009 年，伊朗第一座太阳能发电站落成，装机容量 250 千瓦，采用聚光太阳能发电系统。2014 年，伊朗第一座采用光伏系统的太阳能电站一期项目正式投入运营，装机容量为 110 千瓦。

2016 年 4 月，意大利 Carlo Maresca S.P.A. 公司与伊朗格什姆岛自贸区组织签署了在该岛建设 50 兆瓦太阳能电站的协议。

2016 年 7 月，伊朗和瑞士、意大利的投资商签订了建造伊朗最大太阳能发电站的协议，太阳能发电站发电量将达到 30 兆瓦，总投资额为 400 亿美元，电站将建于伊朗北呼罗珊省。

第三节

伊拉克

伊拉克位于亚洲西南部、阿拉伯半岛东北部，面积 44.18 万平方千米，领海宽度为 22 千米。伊拉克共有人口 3693.2 万（2015 年）。伊拉克西南部为阿拉伯高原的部分，向东部平原倾斜，东北部有库尔德山地，西部是沙漠地带，高原与山地间有占伊拉克国土大部分的美索不达米亚平原，绝大部分海拔不足百米。

2015 年伊拉克国内生产总值（GDP）为 1694.6 亿美元，出口收入为 546.67 亿美元，占 GDP 的 32.3%，其中，石油出口收入为 543.94 亿美元，占伊拉克总出口收入的 99.5%。伊拉克石油探明储量居中东地区第 3 位，产量居中东地区第 2 位。

一、能源资源潜力

1. 油气资源潜力

伊拉克油气资源丰富，据 USGS 2012 年评价数据，如表 8-18 所示，伊拉克待发现石油资源量为 63.1 亿吨、天然气液 5.0 亿吨、天然气 31431 亿立方米，分别占世界的 8.1%、2.2%、2.0%（USGS，2012）。

表 8-18　伊拉克待发现油气资源潜力

国家及地区	石油（亿吨）	天然气液（亿吨）	天然气（亿立方米）
伊拉克	63.1	5.0	31431
世界	774.4	228.3	1587513
占世界比例（%）	8.1	2.2	2.0

数据来源：USGS，2012。

根据近 30 年的二维地震数据，地质学家及相关专家估计，在伊拉克西部和南部未勘探区域可增加石油探明可采储量为 61.6 亿～ 137 亿吨（EIA，2013）。

2. 含油气盆地和油气田分布

伊拉克在大地构造上位于阿拉伯—非洲板块东侧，构造运动使伊拉克东部抬升形成了扎格罗斯山脉，在山脉东侧形成巨型的前陆盆地，沉积厚度超过 8000 米，储层为第三系、白垩系、侏罗系、三叠系，以第三系和白垩系为主，产层主要为灰岩，其次为砂岩（伍修权，1998）。伊拉克有 3 个油气区，分别是北部油气区、中部油气区和南部油气区。伊拉克有 9 个超巨型油田、22 个巨型油田，超巨型油田分别是北鲁迈拉、南鲁迈拉、西古尔纳、基尔库克、马吉努、东巴格达、祖拜尔、哈法亚、Nahr Umar。其中，在伊拉克东南部，有 7 个超巨型油田，成群的超巨型油田如此集中，这在世界上都是罕见的，其探明储量占伊拉克总储量的 60% 以上。伊拉克 17% 的油气探明储量主要集中在北部的基尔库克、摩苏尔和哈奈根附近（EIA，2013）。鲁迈拉油田和基尔库克油田位居世界十大油田之列，分别居第 5 位和第 6 位。

3. 油气储量

据 BP 数据，截至 2015 年年底，伊拉克石油剩余可采储量为 193.1 亿吨，分别占中东、世界的 17.8%、8.4%，居世界第 5 位；天然气剩余可采储量为 3.7 万亿立方米，分别占中东、世界的 4.6%、2.0%，如表 8-19 所示。

表 8-19　伊拉克油气剩余可采储量情况

国家及地区	石油（亿吨）	天然气（万亿立方米）
伊拉克	193.1	3.7
中东地区	1087.4	80.0
世界	2393.6	186.9
占中东地区比例（%）	17.8	4.6
占世界比例（%）	8.4	2.0

数据来源，BP. *Statistical Review of World Energy 2016*。

二、能源供需形势

伊拉克石油产量、出口量分别居世界第 8 位和第 4 位，为世界重要的石油输出国，伊拉克天然气全部供国内消费。

1. 油气产量较快回升，天然气产量不高

1980 年两伊战争爆发之后，伊拉克原油产量经历了 3 次剧烈震荡，分别是两伊战争、海湾战争和伊拉克战争。伊拉克原油产量恢复较快，2012 年，伊拉克原油产量达到了 15250 万吨，2015 年伊拉克原油产量为 19702 万吨。伊拉克天然气产量不高，2015 年产量为 10 亿立方米（见表 8-20）。

表 8-20   伊拉克油气生产、出口和消费情况

年 份	原油（万吨）			天然气（亿立方米）	
	产量	出口量	消费量	产量	消费量
2000 年	12880	10199	2681	32	32
2001 年	12387	8551	3836	28	28
2002 年	10387	7473	2914	24	24
2003 年	6602	1943	4659	16	16
2004 年	9995	7250	2745	10	10
2005 年	8993	7361	1632	15	15
2006 年	9802	7340	2462	15	15
2007 年	10509	8215	2294	15	15
2008 年	11932	9275	2657	19	19
2009 年	11993	9530	2463	11	11
2010 年	12148	9450	2698	13	13
2011 年	13668	10829	2839	9	9
2012 年	15250	12117	3133	6	6
2013 年	15324	11952	3372	12	12
2014 年	16028	12578	3450	9	9
2015 年	19702	15025	4677	10	10

数据来源：产量数据来自 *Statistical Review of World Energy 2016*，BP；进出口数据来自 *Annual Statistical Bulletin*，OPEC。

2. 原油出口流向亚太、北美和欧洲

据 OPEC 数据，2015 年伊拉克原油出口量为 15025 万吨，其中，62.4%的原油出口到亚太，28.1%的原油出口到欧洲。从近 10 年的伊拉克原油出口数据可以看出，出口到亚太的原油不断增长，其所占比例由 2005 年的 7.7%上升到 2015 年的 62.4%。2015 年，中国从伊拉克进口原油 3211 万吨。伊拉克原油出口去向如表 8-21 所示。

表 8-21   伊拉克原油出口去向   单位：万吨

地 区	2000 年	占总量份额（%）	2005 年	占总量份额（%）	2010 年	占总量份额（%）	2015 年	占总量份额（%）
北美	3502.0	34.3	4638.0	63.0	2460	26.0	1100	7.3
欧洲	4305.5	42.2	1968.0	26.8	2190	23.2	4224	28.1
中东	375.0	3.7	186.5	2.5	50	0.5	—	—
亚太	1137.0	11.2	569.0	7.7	4755	50.3	9381	62.5

续表

地　区	2000 年	占总量份额（%）	2005 年	占总量份额（%）	2010 年	占总量份额（%）	2015 年	占总量份额（%）
拉美	—	—	—	—	—	—	319	2.1
其他	879.5	8.6	—	—	—	—	—	—
总计	10199	100	7361.5	100	9455	100	15024	100

数据来源：OPEC，*Annual Statistical Bulletin*，2004，2006，2010，2011，2013，2014。

三、能源管理体制

1. 能源管理体制概述

伊拉克油气管理机构主要包括国民议会、内阁、联邦石油天然气委员会、石油部、国家石油公司、地区权力机构。主要职能如下：国民议会审批各项法律，核准石油相关的各种协议；推荐政策法律供内阁审批，监管石油部；联邦石油天然气委员会为内阁提供各种咨询服务；石油部起草重要石油政策法规，提交内阁；国家石油公司管理伊拉克境内日常油气经营活动；地区权力机构参与管理伊拉克境内日常油气经营活动。

伊拉克政府通过石油部和伊拉克国家石油公司（INOC）控制国家的一切石油活动。伊拉克国家石油公司成立于 1964 年 2 月 8 日，归石油部直接领导，负责伊拉克油气勘探、钻井、开发、炼制和销售等一系列业务。1987 年 5 月，伊拉克国家石油公司与石油部合并。

在伊拉克库尔德地区，库尔德地区政府（Kurdistan Regional Government，KRG）和其自然资源部共同管理油气的勘探开发，但其主权问题备受争议，石油部认为所有油气合同必须与国民政府签署。

国际石油公司（International Oil Companies，IOCs）在伊拉克非常活跃，尤其在库尔德地区。IOCs 与巴格达石油部签署了技术服务合同（TSCs），和 KRG 签署了产量分成合同（PSAs）。多年来，KRG 极力推动与国际石油公司签署 PSAs，导致与巴格达政府的紧张局势加剧。

2. 石油公司情况

伊拉克国家石油公司成立于 1964 年，总部设在巴格达，主要从事石油勘探、开发活动。1987 年并入石油部，2009 年 7 月伊拉克政府批准了伊拉克国家石油公司的复活计划，但之后在议会上一直陷入僵局，到目前为止，组建新的国家石油公司的法律草案尚未被议会通过，主要原因是议会的什叶派、逊尼派和库尔德派就油气法律条文、伊拉克石油资源分配争议激烈，无法达成一致。

目前，伊拉克有 4 家地区性石油公司，它们分别是伊拉克北方石油公司（North Oil Company）、伊拉克南方石油公司（South Oil Company）、伊拉克米桑石油公司（Missan Oil Company）、伊拉克中部石油公司（Midlands Oil Company）。

2008 年，伊拉克米桑油气委员会从伊拉克南方石油公司分离，组建伊拉克米桑石油公司，负责开发伊拉克米桑省全部油气资源。

2010 年年初，伊拉克组建第四家国家石油公司——中部石油公司（MOC），职责是监督和管理伊拉克中部地区最近被拍卖油气田的开发。

这 4 家国家石油公司的主要任务是提高伊拉克这个拥有巨大能源储量但饱经战争创伤的国家的油气产量。

2013 年 7 月，伊拉克内阁批准石油部成立 3 家上市公司，分别为石油服务公司、原油运输管道公司、天然气运输管道业务公司。

四、能源工业发展历程

伊拉克石油工业历史悠久，早在公元前 3000 年以前，伊拉克就找到了油苗和油气显示（伍修权，1998）。16 世纪至 1920 年，伊拉克受奥斯曼帝国土耳其人的统治。1888 年，德国最早获得在伊拉克的石油开采权。1907 年，德国探测者证明了伊拉克具有重要石油蕴藏。

1904 年伊拉克获得第一个油气发现。20 世纪 20 年代伊拉克进行了大量地面地质调查，1927 年发现世界级的超巨型油田——基尔库尔油田，开创了伊拉克石油工业新纪元。1930 年开始石油生产，1934 年之后，石油产量快速上升，年产量突破 500 万吨。第二次世界大战期间，伊拉克油气勘探开发中断。1946 年后，伊拉克采用地球物理方法在南部开展勘探，发现了系列油田，包括鲁迈拉油田和祖拜尔大油田。

伊拉克为了摆脱外国垄断资本的控制，1951 年开始实行石油工业国有化，1952 年石油产量突破 1000 万吨，20 世纪 60 年代达到 5000 万吨。1957—1961 年探明和钻探构造 28 个，没有新的油气田发现；1969 年发现布祖尔甘油田。1972 年伊拉克油气资源国有化基本结束，共发现油田 30 多个，探明可采石油储量近 40 亿吨。

1975 年伊拉克石油工业彻底国有化后，油气产量快速增长。1979 年伊拉克石油产量达到历史次高峰 1.72 亿吨，天然气产量达 18 亿立方米，石油剩余可采储量达 47.14 亿吨，天然气剩余可采储量为 7362 亿立方米（国土资源部油气资源战略研究中心，2009），跃居中东第二大和世界第四大石油产油国。

两伊战争、海湾战争、伊拉克战争给伊拉克石油工业造成了巨大破坏。目前，伊拉克石油工业已基本恢复，2015 年伊拉克石油产量为 1.93 亿吨。

五、能源产业特色和布局

伊拉克的能源产业主要以石油、天然气为主。

1. 能源产业现状

（1）炼油化工。

据美国《油气杂志》数据，截至 2016 年年底，伊拉克运行的炼厂有 14 座（见表 8-22），年原油加工能力 4900 万吨，减压蒸馏能力 768.5 万吨，催化重整能力 378.4 万吨，催化加氢能力 1941.1 万吨。同原油产能相比，伊拉克的原油加工能力要薄弱得多。伊拉克原油加工工艺主要为减压蒸馏和催化加氢，远远落后于西方发达国家采用的催化裂化或加氢裂化工艺。

表 8-22　伊拉克炼厂简况

炼厂名称	炼油能力（万吨／年）	备　注
Baiji	1550	已停产，损坏严重。2014 年之前，有效能力为 3.2 万吨／日
Kirkuk	150	
Sininya	150	
Hadeetha	80	
Qayara	80	
Kasak	50	
Daura	1050	炼油有效能力为 1.92 万吨／日
Najaf	150	
Samawah	150	
Diwaniya	100	

续表

炼厂名称	炼油能力（万吨／年）	备　注
Basrah	1050	炼油有效能力为 1.85 万吨／日
Missan	150	
Nassiriya	150	
Kalak（Near Erbil）	400	炼油有效能力为 1.29 万吨／日，2018 年处理能力达 1.3 万吨／日
Bazian（Near Ulaimanya）	170	炼油有效能力为 0.27 万吨／日，2018 年处理能力达 0.9 万吨／日
Tawke	30	
合计	5460	

数据来源：EIA，*International Energy Data and Analysis*：*Iraq*，April 28，2016。

（2）油气管道。

据 OPEC 和 EIA 数据，截至 2015 年年底，伊拉克主要原油管道总长为 1625 千米，有主要输油管道 8 条，但都较短，最长管道为 200 千米。

伊拉克重要的原油管道大部分位于北部，目前多数无法使用。由于冲突和战争，管道损坏严重，修复需要大量投资和较长时间。目前，伊拉克北部运行的主要原油出口管道是 KRG 及其国际合作伙伴建造的两条管道——KRG 的主管道和 DNO/Tawke 管道，这两条管道都连接到土耳其以对接杰伊汉港口（见表 8-23）。

表 8-23　伊拉克主要的原油输送管道（包括库尔德地区）

管道名称	管道方向	位 置	设计能力（万吨／年）	状 态	备　注
伊土边界到土耳其（IT）管道	Fishkhabur（伊拉克和土耳其边界）到土耳其杰伊汉港	土耳其南部	7500	运行	将伊拉克北部的石油产品输送到杰伊汉港，与 KRG 主要管道相连，包括两条平行的管道
KRG 独立管道连接到土耳其管道	尔马拉多美到 Fishkhabur	伊拉克北部	3500	运行	将尔马拉多美和附近油田（包括塔克油田）的原油输送出来
DNO-KRG 连接到土耳其管道	从油田至 Fishkhabur	伊拉克北部	1000	运行	由挪威石油公司运行，将塔克油田的石油产品输送到 Fishkhabur，连接到土耳其管道的杰伊汉港口
伊拉克（巴格达）段到土耳其（IT）管道	从基尔库克到 Fishkhabur	伊拉克北部	3000	停运	于 2014 年 3 月停止运行，2013 年该管道的平均出口能力为 1300 万吨／年

续表

管道名称	管道方向	位 置	设计能力 (万吨/年)	状 态	备 注
Kirkuk-Banias/ Tripoli 管道	基尔库克到叙利亚的 Banias 和黎巴嫩的黎波里	伊拉克北部	3500	停运	管道的一部分连接叙利亚和黎巴嫩的一个分支,于1980—2000年关闭,2003年毁坏后再一次关闭
战略管道	基尔库克到波斯湾	从伊拉克北部到南部	4000	停运	是一条可逆的管道,可以输送基尔库克北部的原油到巴士拉港南部,反之亦然。该管道从巴士拉到卡尔巴拉部分还在运行,输送原油到巴格达炼油厂
伊拉克—沙特管道 (IPSA)	从伊拉克南部到沙 特 Mu'ajjiz码头	伊拉克和沙特南部	8250	伊拉克部分停运	该部分经过沙特输送天然气到发电厂

资料来源:EIA, *International Energy Data and Analysis*:*Iraq*,April 28,2016。

据 OPEC 数据,截至 2015 年年底,伊拉克天然气管道总长 2228 千米,主要天然气管道有 17 条,但多数较短,管道最长为 438 千米。伊拉克的主要管道有 Kirkuk/Taji、Baiji/Al-Qaiem、Rumaila/Nasiriyaha PWR St、Baiji/Al-Mashriq 等(见表 8-24)。

表 8-24 伊拉克主要的天然气管道情况

管道的起点/终点	拥有者或操作者	长度(千米)	直径(英寸)
AGP connection/Hilla-2 PWR St	OPC	40	24
Al-Ahdeb/Al-Zubaydia PWR St	OPC	117	16
Baiji/Al-Mashriq	OPC	210	18
Baiji/Al-Qaiem	OPC	431	16
Khor Al-Zubair/Hartha PWR St	OPC	77	24
Kirkuk/Baiji	OPC	145	24
Kirkuk/North Oil	OPC	33	18
Kirkuk/Taji	OPC	437	16
Mishraq Cross Road/Mousil PWR St	OPC	61	12
North Rumaila/Khor Al-Zubair	OPC	86	42
Rumaila/Nasiriyaha PWR St	OPC	215	24
Strategic Pipeline/Al-Najaf PWR St	OPC	37	16
Strategic Pipeline/Hilla PWR St	OPC	72	16
Strategic Pipeline/Kabesa Cement	OPC	38	10

续表

管道的起点/终点	拥有者或操作者	长度(千米)	直径(英寸)
Taji/South Baghdad PWR St	OPC	56	18
Trans-Iraqi Dry Gas Pipeline/Daura PWR St	OPC	46	18
Trans-Iraqi Dry Gas Pipeline/Najaf PWR St	OPC	119	24

资料来源：*Annual Statistical Bulletin*，2016，OPEC。

由于长期动荡和战后频繁的人为破坏，伊拉克天然气管网自2003年以来只有部分能维持运营。伊拉克最主要的天然气管道是巴格达—西库尔纳管道。该管道1986年开始建设，1988年11月一期工程完工并投入运营，长360千米，管径48英寸，年输气能力为24.81亿立方米，将干气输送到巴格达和Musayyib发电厂；管道二期和三期工程未能付诸实施。另外，伊拉克有北部天然气管网和南部天然气管网两大系统。北部天然气管网1983年投入运营，为巴格达和其他伊拉克市场供应LPG，为发电厂和工业企业供应干气等；南部天然气管网1985年投入运营（中国石油集团经济技术研究院，2007）。

2015年，伊拉克天然气产量仅为10亿立方米，主要供应国内的电厂发电，难以满足其用电需求，故在伊拉克天然气出口方面争议较大。伊拉克天然气发展还有潜力，目前产量低的原因主要是管道运输能力有限和市场开发不足。1990—1991年之前，伊拉克还向科威特出口天然气，气源来自鲁迈拉（Rumaila）油田，通过169千米的天然气管网输送到科威特Ahmadi的中央处理中心，年输气量为41亿立方米。伊拉克石油部已经在讨论恢复管道，但还没有确定的计划（EIA，2016）。

（3）港口。

伊拉克目前共有3个波斯湾港口：贝克港（Minaal-Bakr）、豪尔艾迈耶港（Khoral-Amaya）、豪尔祖贝尔港（Khoral-Zubair）。此外，在巴士拉和乌姆盖斯尔（Umm Qasr）还有两个干货码头。贝克港是伊拉克最大的港口，具有4个装运能力为2000万吨/年的泊位，可以停泊大型油轮。豪尔艾迈耶港装载能力达16万吨/日。

2. 未来能源工业布局

影响伊拉克未来能源工业布局的因素很多，最大的影响因素就是战争。

随着伊拉克动荡局势趋缓，其油气工业逐步进入正轨，迎来了快速发展期。伊拉克 2015 年原油产量为 19702 万吨，2016 年原油产量为 21894 万吨（BP，2017）。

（1）面对低油价和战争，伊拉克不断调整未来石油产量目标。

在 2008—2009 年两轮油气招标后，伊拉克石油部与国际石油公司签署了 10 多份长期技术服务合同（TSC），以开发或重新开发几个巨型油田，其中大部分油田已经开采。伊拉克国际石油公司（IOCs）为 12 个油田制定了石油生产目标，2017 年原油产量超过 160 万吨 / 日（6 亿吨 / 年）。

2013 年，伊拉克对合同进行了重新谈判，计划在 2017—2020 年将原油产量提高到 4.5 亿吨 / 年，但面对暴跌的国际油价，伊拉克经济出现了危机。据国际货币基金（IMF）数据，2016 年伊拉克 GDP 为 1563.23 亿美元，增长率为 -7.75%，世界排名第 55 位。伊拉克政府不得不再次降低目标，2020 年原油产量目标可能降至 3 亿吨 / 年。

（2）油气开发投资锐减，油气新发现和并购交易少。

受油价持续走低、政府支出不断增加的影响，伊拉克政府的财政压力不断增加，油气勘探开发投资大幅下调。2016 年，伊拉克国际石油公司多轮磋商，在不影响产量和开发规划的前提下，将油田开发投资从之前的 230 亿美元减至 90 亿美元。伊拉克石油、天然气的管理体制决定了伊拉克国内油气并购项目少，只能参股政府管理的大项目。

2015 年以来，伊拉克石油上游兼并重组和油气新发现少之又少。Genel 公司 1.55 亿美元收购 OMV 公司在伊拉克库尔德自治区剩余 36% 的天然气资产权益，这是 2015 年度中东地区唯一完成的上游油气并购交易。交易完成后，Genel 公司获得该项目 100% 的权益。2017 年 2 月，卢克石油公司（Lukoil）在伊拉克南部第 10 号区块的埃利都—1 勘探井中钻遇了石油，这口发现井经试油作业，从 Mishrif 地层中获得了 1000 多立方米 / 日的石油流量，这个发现证实了在第 10 号区块合同区内存在一个大型油气田的地质预期。

第四节

卡塔尔

卡塔尔位于波斯湾南岸卡塔尔半岛，与阿联酋、沙特阿拉伯接壤，国土面积为 11521 平方千米，海岸线长 550 千米，人口 267.3 万（2017 年 2 月）。卡塔尔全境多平原与沙漠，西部地势略高，属热带沙漠气候。卡塔尔石油剩余储量占世界石油总储量的 1.5%，原油产量占世界原油总产量的 1.8%。卡塔尔天然气储量居世界第 3 位，仅次于伊朗和俄罗斯，占世界总储量的 13.1%。北方—南帕斯气田是世界上已知的最大天然气田。卡塔尔天然气产量居中东第 2 位、世界第 4 位，仅次于美国、俄罗斯和伊朗。液化天然气出口自 2006 年以来一直居世界之首，是天然气合成油（GTL）技术的领导者。卡塔尔的能源贸易主要集中在油气的出口上，2015 年卡塔尔 GDP 达到 1664.84 亿美元，出口总收入为 772.94 亿美元，其中，油气出口收入达到 283.03 亿美元，占出口总收入的 36.6%，占当年 GDP 的 17.0%。

一、能源资源潜力

1. 油气资源潜力

卡塔尔天然气资源丰富，据 USGS 2012 年评价数据，卡塔尔待发现天然气 42 亿立方米（占世界的 0.003%），如表 8-25 所示。

表 8-25　卡塔尔待发现油气资源潜力

国家及地区	石油（亿吨）	天然气液（亿吨）	天然气（亿立方米）
卡塔尔	0	0	42
世界	774.4	228.3	1587513
占世界比例（%）	0	0	0.003

数据来源：USGS, *An Estimate of Undiscovered Conventional Oil and Gas Resources of the World*, 2012。

2. 含油气盆地和油气田分布

卡塔尔位于波斯湾油气区中部，地质构造上属于波斯湾盆地中阿拉伯次盆阿拉伯地台东缘的卡塔尔隆起。卡塔尔的主要油田有 Dukhan、Idal Shargi、North、Bul Hanine、Maydan Mahzam、AI-Shaheen、AI-Rayyan 和 AI-Khalij 油田；主要气田有海上的北方气田（North Field），如表 8-26 所示。卡塔尔 60% 以上的原油储量蕴藏在唯一的陆上油田 Dukhan 油田，生产原油、伴生气、凝析油和非伴生天然气；由北方气田和伊朗的南帕斯气田组成的北方—南帕斯气田，是世界上已知的最大天然气田。

表 8-26　卡塔尔主要油气田基本情况

油田名称	发现时间	可采储量		产层深度（米）	产量（万吨/日）	经营公司
		石油（亿吨）	天然气亿（立方米）			
Dukhan	1940 年	4.4	980	2000	3.08	QP
Bul Hanine	1970 年	1.7	—	1100	0.62	QP
Maydan Mahzam	1963 年	1.5	—	2100	0.30	QP
Idal Shargi	1960 年	1.4	—	2400	1.37	Occidental
North	1976 年	—	24000	2700	0.72*	QP
Al-Khalij	1991 年	0.16	—	1163	0.26	Total
Al-Shaheen	1982 年	0.66	—	1012	4.11	Maersk
Al-Rayyan	1976 年	0.50	—	1509	0.11	Occidental

注：★北方气田的产量是 0.72 亿立方米/日。

3. 油气储量

据 BP 数据，截至 2015 年年底，卡塔尔石油剩余可采储量为 26.9 亿吨，分别占中东、世界的 2.5%、1.5%；天然气剩余可采储量为 24.5 万亿立方米，分别占中东、世界的 30.6%、13.1%，仅次于伊朗和俄罗斯，居世界第 3 位（见表 8-27）。

表 8-27　卡塔尔油气剩余可采储量情况

国家及地区	石油（亿吨）	天然气（万亿立方米）
卡塔尔	26.9	24.5
中东地区	1087.4	80.0
世界	2393.6	186.9
占中东地区比例（%）	2.5	30.6
占世界比例（%）	1.5	13.1

数据来源：BP. Statistical Review of World Energy 2016。

4. 其他能源资源潜力

面对日益增长的国内居民用电需求、快速的工业化和城市化进程，以及降低碳排放的国家目标，可持续、可再生能源日益受到重视。卡塔尔将使用太阳能为 2022 年 FIFA 世界杯体育场供电，这将激励新能源技术在卡塔尔的快速发展。相较其他海湾国家，卡塔尔新能源发展还处于起步阶段。

卡塔尔是一个沙漠国家，水资源匮乏，风能、生物质能和潮汐能也相对有限，国土面积狭小制约了其核能计划。太阳能是卡塔尔未来发展的重点。

根据多哈国际机场 1976—2000 年对陆上风速的长期测量，年平均风速（20 米高处）可以达到 5.1 米 / 秒；根据 Haloul 岛上的风速测量数据，海上年平均风速大约为 6.0 米 / 秒。这表明该国风能只具有驱动小型—中型风力发电机的可行性（A-Hamid Marafia，Hamdy A. Ashour，2003）。

卡塔尔太阳能资源较为丰富。根据卡塔尔全国 10 个自动气象站 2009—2012 年的测量数据，全球水平辐射值（GHI）的年平均值达到 2113 千瓦时 / 平方米 / 年（D. Bachour，2014）。而根据 SolarGIS 基于卫星测量的太阳辐射数据库（其测量周期为 1994—2010 年），卡塔尔全球年均水平辐射值（GHI）达 2134 千瓦时 / 平方米 / 年（Betak J.，et al.，2012）。

二、能源供需形势

1. 原油产量持续上升，天然气产量快速攀升

2015 年卡塔尔原油产量为 7928 万吨，占世界原油总产量的 1.8%。卡塔尔原油产量由 2005 年的 5264 万吨增加到 2015 年的 7928 万吨，但近年来产量较为稳定。2015 年，卡塔尔天然气产量为 1814 亿立方米，占世界天然气总产量的 5.1%，居世界第 4 位，仅次于美国、俄罗斯和伊朗。卡塔尔天然气产量由 2005 年的 458 亿立方米增加到 2015 年的 1814 亿立方米，增长了约 3 倍（见表 8-28）。卡塔尔几乎所有的天然气产量均来自北方气田。

表 8-28　2000—2015 年卡塔尔油气生产、出口和消费情况

年 份	原油（万吨）			天然气（亿立方米）		
	产量	出口量	消费量	产量	出口量	消费量
2000 年	4023	3088	935	249	—	109
2001 年	4005	3028	977	270	—	105
2002 年	3738	2839	899	295	—	109
2003 年	4384	2704	1680	314	192	122
2004 年	4999	2714	2285	392	241	151
2005 年	5264	3387	1877	458	271	187
2006 年	5678	3100	2578	507	311	196
2007 年	5757	3075	2682	632	435	236
2008 年	6465	3515	2950	770	568	190

续表

年　份	原油（万吨）			天然气（亿立方米）		
	产量	出口量	消费量	产量	出口量	消费量
2009 年	6256	3235	3021	893	635	199
2010 年	7112	2935	4177	1312	1074	321
2011 年	7801	2940	4861	1453	1136	207
2012 年	8221	2942	5279	1570	1157	259
2013 年	8019	2994	5025	1776	1229	427
2014 年	7958	2978	4980	1741	1226	397
2015 年	7928	2454	5474	1814	1241	452

数据来源：BP. *Statistical Review of World Energy 2016*；出口数据来自 *Annual Statistical Bulletin*，OPEC。

2. 天然气出口以 LNG 为主，主要出口到亚太和欧洲

卡塔尔 2015 年的天然气出口量为 1241 亿立方米，其中，LNG 出口 1043 亿立方米，通过管道出口 198 亿立方米（见表 8-29）。LNG 主要出口到亚太（占出口总量的 56.0%）、欧洲和独联体国家（占 22.4%）。其中，亚太主要出口到日本（202 亿立方米）、韩国（163 亿立方米）、印度（135 亿立方米），以及中国台湾地区（87 亿立方米）和中国大陆地区（65 亿立方米）等。1997—2008 年，卡塔尔的液化天然气出口经历了从无到有的过程，到 2008 年已发展为世界最大的 LNG 出口国。

表 8-29　2015 年卡塔尔天然气出口去向

地　区	运输方式	天然气（亿立方米）	占总量的份额（%）
北美	LNG	7	0.5
中南美	LNG	20	1.6
欧洲和独联体国家	LNG	278	22.4
中东	LNG	43	3.5
亚太	LNG	695	56.0
阿联酋	管道	177	14.3
阿曼	管道	21	1.7
总计		1241	100.0

数据来源：BP. *Statistical Review of World Energy 2016*。

3. 能源消费结构以油气为主，能源需求旺盛

卡塔尔一次能源消费中石油、天然气占绝对主导地位，可再生能源所占比重极小（见表 8-30）。

表 8-30　2015 年卡塔尔一次能源消费结构　　　　单位：万吨油当量

类　型	石油	天然气	煤	核能	水电	其他可再生能源	总计
消费量	1088	4064	—	—	—	001	5153
占总消费量比例（%）	21.12	78.86	—	—	—	0.02	100.00

资料来源：BP. *Statistical Review of World Energy 2016*。

随着经济的快速发展，卡塔尔能源消费非常旺盛。卡塔尔一次能源消费量从 2005 年的 2074 万吨油当量快速增长至 2015 年的 5153 万吨油当量，10 年间消费量增长了 148%。

卡塔尔国内电力需求增速也非常快。目前，天然气发电是卡塔尔最主要的发电方式，太阳能发电还处于起步阶段，太阳能发电量在总发电量中的比例较低（见表 8-31）。由于水费、电费由政府出钱，卡塔尔电力浪费惊人，2013 年人均电力消费量为 15471 千瓦时，达到世界平均水平的 5 倍，甚至比美国还多。卡塔尔电力装机容量增长速度也很快，2008—2014 年，卡塔尔总装机容量翻了一倍，达到 8791 兆瓦。

表 8-31　卡塔尔电力信息

年　份	装机容量（兆瓦）	峰值负荷（兆瓦）	发电量（太瓦时）	消费量 *（太瓦时）	利用率 *（%）
2008 年	4314	3990	21.62	20.09	92
2009 年	5321	4535	24.16	22.64	85
2010 年	7830	5090	28.14	26.38	65
2011 年	8789	5375	30.73	28.82	61
2012 年	8786	6255	34.79	32.62	71
2013 年	8791	6000	34.67	32.51	68
2014 年	8791	6740	38.69	36.35	77

注：* 消费量 = 总发电量 + 进口量 − 出口量 − 耗损量；利用率 = 峰值负荷 / 装机容量。

数据来源：电力和水数据来自卡塔尔发展规划与数据部；电力消费量来自 IEA。

三、能源管理体制

1. 能源管理体制概述

卡塔尔油气活动的总体监管由卡塔尔能源和工业部负责。20 世纪 70 年代，卡塔尔政府通过国有化将所有油气权利交给卡塔尔石油公司（Qatar Petroleum，QP），授权 QP 代表政府与国外石油公司进行谈判、签订合同，卡塔尔石油勘探开发采用服务合同和产量分成合同。卡塔尔石油公司控制了卡塔尔的油气工业，包括勘探、开发、运输、储备、市场和销售。

卡塔尔电力管理体制与油气管理体制类似。卡塔尔能源和工业部总体监管国内的电力行业活动。2002 年卡塔尔水电总公司（Qatar General Electricity and Water Corporation，KAHRAMAA）根据合同将发电厂移交给卡塔尔水电公司（Qatar Electricity & Water Company，QEWC）后，总公司的职责包括：制定电力和水购买合同（PWPA）；拥有、建设和运营卡塔尔的电力、水传输与配送网络；编制电力、水传输与配送网络的发展计划；制定向建筑、设施供水、供电的施工条例、标准和规范。

2. 能源公司

1974 年卡塔尔石油公司成立。卡塔尔石油公司负责卡塔尔国内外的一切石油工业活动，包括油气勘探、钻井、生产、炼制，以及油气及其衍生物和副产品的运输、储存、分配、销售和出口贸易等；其下属企业主要有拉斯拉凡液化天然气公司（Ras Laffan LNG Company Limited，RASGAS）、卡塔尔化肥公司（Qatar Fertiliser Company Ltd.，QAFCO）、卡塔尔石化公司（Qatar Petrochemical Co.，QAPCO）、卡塔尔乙烯基公司（Qatar Vinyl Co.，QVC）、卡塔尔化工公司（Qatar Chemical Company Ltd.，Q-CHEM）、卡塔尔燃料添加剂公司（Qatar Fuel Additives Co.，QAFAC）等。

卡塔尔天然气公司（Qatargas Operating Company Limited，QATARGAS）成立于 1984 年，是世界最大的液化天然气（LNG）生产公司，LNG 生产能力达 4200 万吨 / 年。该公司拥有 7 家 LNG 工厂，其中 4 家是世界最大的 LNG 工厂，每家都达到 780 万吨 / 年的 LNG 生产能力。

四、能源工业发展历程

1882 年英国宣布卡塔尔为英国的"保护地"。1935 年英波石油公司取得在卡塔尔半岛和约 13720 平方千米海域勘探石油的特权。

1937 年英波石油公司将该特权转让给卡塔尔石油开采有限公司，该公司被英国资本垄断，1939 年钻探了第一口油井 Dukhan 1。1949 年，卡塔尔生产的石油开始出口。同年，卡塔尔壳牌石油公司取得了卡塔尔政府管辖的领海以外的海上石油勘探特权，面积达 34300 平方千米，并拥有海底特权。1952年，卡塔尔酋长和卡塔尔石油开采有限公司签订《卡塔尔协定》，实现了"利润平分"。1960 年，卡塔尔发现了 Idal Shargi 和 Maydan Mahzam 油田。

1962—1963 年，卡塔尔石油公司两次共放弃其 2/3 的专利权范围，卡塔尔壳牌石油公司放弃其专利权范围的东北部和北部地区。

1963 年，卡塔尔大陆石油公司获得专利权，包括卡塔尔石油公司和卡塔尔壳牌石油公司放弃的一切陆地和海上地区（包括以前从未给予石油专利权的地区）。至此，卡塔尔石油开发的一切权利均落入外国资本之手。

1970 年，卡塔尔发现了海上最大油田 Bul Hanine，1972 年投产。

1970 年卡塔尔颁布临时宪法，1971 年卡塔尔宣布独立。卡塔尔施行民主政治制度，宣布结束同英国的一切不平等协议，并对境内全部领土和领水行使主权，国家不得放弃主权或割让任何一部分领土或领水。至此，卡塔尔收回了其全部的石油专利权。

1974 年卡塔尔实行石油工业国有化，成立了卡塔尔石油公司，同年收回国外石油公司全部股份。国有化后，卡塔尔终止了与所有国外公司的租让制合同，油气合作也改为产量分成和服务合同。

1971—1994 年，卡塔尔石油工业有了一定的发展，世界最大的北方气田就是在 1976 年发现的。1994 年发现了 AI-Rayyan 油田，这是卡塔尔最后的主要石油发现。

据路透社消息，2013 年，卡塔尔发现了一个储量为 0.71 亿立方米的小型海上气田——AI-Radeef，这是自 1976 年北方气田发现后的第一个天然气发现。新气田的储量仅占卡塔尔天然气可采储量的 0.28%。

20 世纪 50 年代初至 60 年代末，卡塔尔是英国的"保护国"，国内的电力产业被英国通过国家电力部（State Electricity Department）控制。在此期间，第一座柴油发电厂在 Mushaireb 完工。1963 年，Ras Abu Aboud 发电站投入运营，其使用的是蒸汽轮机。

1971 年卡塔尔独立后，建立了水电部。1977 年，计算机化电力系统控制中心成立，保障了电力供应的可靠性与职工和设备的安全性。在此期间，发电能力和电力配送网络得到升级。Ras Abu Aboud 经过多期升级改造，用燃气轮机替代了蒸汽轮机。1977 年，Ras Abu Fontas "A"发电厂投入运营，其使用的也是燃气轮机。

20 世纪 80 年代，为满足不断增长的电力需求，AI Sailiyah 1&2、Doha Super South 和 AI Wajbah 3 等发电厂相继投入运营。

1992 年，AI Wajbah 1&2 发电厂投入运营。1995 年，Ras Abu Fontas "B" 燃气发电厂 1、2、3、4、5 号机组开始发电。

2000 年 6 月，根据 Emiri 10 号法令，卡塔尔水电总公司（Qatar General Electricity and Water Corporation，KAHRAMAA）成立，向消费者提供水电服务。

2002 年卡塔尔水电公司（Qatar Electricity & Water Company，QEWC）与卡塔尔水电总公司签署合同，将卡塔尔水电总公司的发电厂售电和变电业务移交到卡塔尔水电公司。

五、能源产业特色和布局

1. 能源产业现状

（1）炼油化工。

截至 2016 年，卡塔尔共有 2 座炼厂，年原油加工能力为 1415 万吨，催化裂化能力为 312.0 万吨，催化重整能力为 126.4 万吨，催化加氢能力为 314.6 万吨。2 座炼厂为 Mesaieed 和 Ras Laffan，炼油能力分别为 685 万吨 / 年和 730 万吨 / 年。卡塔尔炼厂炼油能力已超过国内石油产品的需求，大部分石油产品用于出口。

（2）油气管道。

截至 2015 年，卡塔尔石油管道长 850 千米，天然气管道长 3882 千米。目前卡塔尔的主要管道包括：杜汉油田—乌姆赛义德输油管道，海上管网连接 Halul Islands 到 AI-Kalij、Bul Hanine 和 Maydan Mahzam 等油田，AI-Bunduq 油田—阿联酋 Das Island 管道（见表 8-32）。

表 8-32　卡塔尔石油主要管道

起点 / 终点	所属公司	长度（千米）	直径（英寸）
Mile 32/Storage Tank Mesaieed（3）	QP	3×96	16、20、24
Bul Hanine/Halule Island	QP	69	20
DP（1&2）/Halule Island（3）	Total	3×64	2×12、20

续表

起点 / 终点	所属公司	长度（千米）	直径（英寸）
GIP/PS3	QPD	66	10
Idd El Shargi/Halule Island（2）	OXY	32，38	20、12
Um Bab/Mile 32（4）	QP	4×40	2×14、16、24

资料来源：OPEC，*Annual Statistical Bulletin*，2016。

　　卡塔尔参与建立中东地区国家之间的天然气销售网络。例如，参与阿联酋海豚项目，该项目是涉及卡塔尔、阿联酋和阿曼的联合天然气管网项目。1999 年阿联酋成立海豚能源有限公司（DEL），标志着海豚（Dolphin）计划正式启动。海豚计划是阿联酋能源有限公司同卡塔尔天然气总公司签订的一项引进卡塔尔天然气的合作协议，内容是建设连接卡塔尔、阿联酋和阿曼的天然气管道网络，该项目造价达 35 亿美元。2007 年 7 月，海豚计划正式向阿联酋用户供气。目前，海豚计划的年输气能力为 207 亿立方米，2015 年输气 198 亿立方米。卡塔尔天然气主要管道如表 8-33 所示。

表 8-33　卡塔尔天然气主要管道

起点 / 终点	所属公司	长度（千米）	直径（英寸）
BRZ-WHPs/Ras Laffan Landfall	BRZ	135	32
DOL-1/Ras Laffan Landfall	Dolphin/Del	132	36
NF B-PU/Ras Laffan Landfall	Qatar Gas	125	32
PEARL-1/Ras Laffan Landfall	Shell	93	30
PS-2 Offshore/PS-1 Offshore	QP	32	6
PS-3 Offshore/PS-1 Offshore	QP	59	10
PS-4/Ras Laffan Landfall（2）	QP	2×124	12、34
Qatargas（-4、-6、-7、-8）/Ras Laffan Landfall	Qatar Gas	3×117、146	3×38、34
Ras Laffan/Mesaieed	QP	217	20
Ras Laffan/NFGP（2）	QP	2×220	12、34
Ras Laffan/United Arab Emirates	Dolphin/DEL	584	48
Ras Laffan：Station V/Station S（2）	QP	2×199	2×36
Ras Laffan：Station V/Station T3	QP	140	36
Rasgas（-4、-6、-7、-8）/Ras Laffan Landfall	Ras Gas	4×157	4×38
RG-A/Ras Laffan Landfall	Ras Gas	144	32

资料来源：OPEC，*Annual Statistical Bulletin*，2016。

（3）LNG 终端。

卡塔尔 LNG 产业主要由卡塔尔天然气公司（Qatargas）和拉斯拉凡液化天然气公司（RasGas）垄断。Qatargas 和 RasGas 目前共有 14 条 LNG 生产线，年出口能力为 7700 万吨，其中，Qatargas 为 4200 万吨，RasGas 为 3500 万吨。

（4）天然气合成油。

为利用卡塔尔北方气田的天然气资源，卡塔尔石油公司开始了一系列以乙烷裂解制乙烯为龙头的石化发展项目计划，同时大力发展天然气合成油品业务，并与外国公司陆续签订了若干该类项目合同。目前，卡塔尔有 2 座 GTL 生产厂，是世界上拥有 GTL 生产厂的 3 个国家之一，另外两个国家为南非和马来西亚。卡塔尔羚羊（Oryx）GTL 厂 2009 年年初投入运行，年生产 GTL 产品可达 150 万吨，卡塔尔政府已讨论将该产能扩大至 500 万吨。珍珠（Pearl）GTL 项目可利用 165 亿立方米天然气制成 700 万吨 GTL 产品、600 万吨 LNG 和 LPG（液化石油气），是世界上最大的 GTL 生产厂。

（5）发电厂。

随着近年卡塔尔国内电力消费的快速上升，卡塔尔新建了多座大型发电厂（见表 8-34），其燃料绝大多数依赖天然气。2014 年卡塔尔发电总装机容量达到 8791 兆瓦。

表 8-34　卡塔尔发电厂信息表

发电厂	装机容量（兆瓦）	投入运行时间	位　置	所属公司
Mesaieed	2007	2008—2010 年	Mesaieed Industrial Area	KAHRAMAA/ Marubeni/QP/ CHUBU
Qatalum	1350	2011 年	Mesaieed Industrial Area	QP/Norsk Hydro
Ras Abu Fontas A	626	1977年、1993年、1997 年	Doha	QEWC
Ras Abu Fontas B	609	1995—1996 年	Doha	QEWC
Ras Abu Fontas B1	376	2002 年	Doha	QEWC
Ras Abu Fontas B2	567	2007 年	Al Wakrah	QEWC

续表

发电厂	装机容量（兆瓦）	投入运行时间	位　置	所属公司
Ras Laffan A	756	2003 年	Ras Laffan Industrial City	QEWC/RLPC
Ras Laffan B	1025	2006—2008 年	Ras Laffan Industrial City	QEWC/IPR/CEPC
Ras Laffan C	2730	2010—2011 年	Ras Laffan Industrial City	KAHRAMAA/QP
Al Saliayah	134	1983 年	Al Rayyan	QEWC
Al Wajbah	301	—	Al Wajbha	QEWC
Doha South Super	67	1980 年	Doha	QEWC

Ras Laffan C 发电厂是一家联合循环、装机容量为 2730 兆瓦、日产达 286400 立方米淡水的独立水电厂（IWPP）。该发电厂是目前中东地区同类型发电厂中最大的，可以满足卡塔尔约 30% 的电力和每天 20% 的饮用水需求。该发电厂 2011 年 4 月投入运营。

Umm AI Houl 联合循环发电厂坐落于多哈南部的卡塔尔 3 号经济区。该发电厂规划装机容量 2520 兆瓦，日产饮用水 59000 立方米。该发电厂由卡塔尔水电总公司（占股 60%）、卡塔尔石油公司（占股 5%）、卡塔尔基金会（占股 5%）、K1 能源（东京电力公司和三菱集团的联合公司，占股 30%）共同组建。一期工程在 2017 年第二季度完工，二期工程在 2018 年第三季度完工。

Duhail 太阳能发电站由卡塔尔太阳能公司（Qatarsolar Energy）开发建设，坐落于 AI Duhail，规划装机容量为 10 兆瓦。该电站于 2017 年投入运营。

2. 未来能源工业布局

2008 年 8 月，卡塔尔正式发布《卡塔尔国家愿景 2030》（Qatar National Vision 2030，以下简称为《愿景》），旨在将经济增长成就与人类、自然资源平衡发展，以推动国家进步。《愿景》为卡塔尔未来的发展确定了四大支柱：经济发展、社会发展、人类发展和环境发展。经济发展是《愿景》的基础支柱，它作为驱动《愿景》的引擎，为公民提供更好的机会和更好的生活方式。实现《愿景》规划目标的关键在于创造石油经济和知识经济的平衡发展，以及国家经济的多元化和稳定、可持续发展的商业环境。《愿景》在"可靠的油气开发"部分，制定了油气领域未来的发展战略。

（1）合理开发油气资源，在油气储量和开采之间建立平衡。

卡塔尔石油勘探一直在进行，但近些年一直没有取得重大进展。卡塔尔最后一个重大的石油勘探发现是 1994 年的 AI-Rayyan 油田，故近期卡塔尔原油产量增长只能依赖已发现油田。卡塔尔的天然气主要产自北方气田，近 40 年来只在 2013 年发现一个储量较小的气田。根据 USGS 2012 年油气资源评价数据，卡塔尔油气储量增长潜力不大。

由于担心在短时期内过度开采导致储层压力过低，2005 年年初北方气田暂停了新的勘探和开发项目。其目的是研究该气田的储层性质，保证气田长期、有效开发。这项措施至今没有设定结束日期。尽管有暂停措施的存在，拉斯拉凡液化天然气公司（RasGas）价值 10.4 亿美元的 Barzan 项目仍然将卡塔尔全国天然气产能提高了 144.7 亿立方米 / 年，天然气产能达到 1137 亿立方米 / 年。

卡塔尔国内石油近年来一直没有新的油田发现。2014 年卡塔尔的石油产量的 85% 左右来自 3 个油田——Dukhan、AI-Shaheen、AI-Sharqi。成熟油田的生产靠提高采收率维持。卡塔尔国家石油公司的石油增产计划仅能勉强维持产量稳定，如果油价在未来持续低迷，卡塔尔石油生产将不可避免地陷入衰退。

（2）重视科技创新，促进油气部门的发展。

尽管卡塔尔国内的勘探一直在进行当中，但近 20 年来却没有重大的勘探发现。石油公司不得不通过提高效率和生产力来延长油田的寿命。水驱法和水平井技术等提高石油采收率的技术得到了广泛应用，成为众多老油田保持产量的关键。

Bul Hanine 油田位于距卡塔尔海岸 120 千米的波斯湾海上，1970 年被发现，1972 年投入开发。2014 年，卡塔尔石油公司宣布投资 110 亿美元用来延长 Bul Hanine 油田的寿命，提高石油产量。2014 年以前，该油田的产量为 0.62 万吨 / 日，再开发项目计划将油田的产量在 2020 年提高到 1.23 万吨 / 日。原油恢复技术、电脑建模和处理技术、水平井技术等新技术将被考虑应用到该项目当中。按照预想，到 2028 年，卡特尔将从已有和新建的井口导管架上钻探 150 口新井。

（3）全面发展天然气产业，提供清洁能源。

为了更好地利用本国天然气丰富的优势，卡塔尔将目光投向了更有价值的天然气合成油（GTL）。天然气合成油是利用炼化技术将干天然气加工成的液态燃料，如低硫柴油和石脑油等。

卡塔尔 LNG 产业主要由卡塔尔天然气公司（Qatargas）和拉斯拉凡液化天然气公司（RasGas）垄断。Qatargas 主要有 4 家 LNG 合资企业（Qatargas Ⅰ～Ⅳ），RasGas 有 3 家 LNG 合资企业。Qatargas 和 RasGas 目前共有 13 条 LNG 生产线，年出口能力为 7700 万吨，其中，Qatargas 为 4200 万吨，RasGas 为 3500 万吨。

（4）长期维持油气战略储量，保障国家安全和可持续发展。

卡塔尔是一个典型的资源国家，国家的一切都严重依赖油气行业。油气出口收入达 283.03 亿美元，占出口总收入的 36.6%，占当年 GDP 的 17.0%。卡塔尔依靠天然气燃料发电供应了本国的几乎全部电力，包括海水淡化，卡塔尔的饮用水全部来自海水淡化。卡塔尔石油剩余可采储量为 26.9 亿吨，天然气剩余可采储量为 24.5 万亿立方米。《卡塔尔国家愿景 2030》是建立在经济发展基础之上的，而经济发展的基础是油气经济。因此，长期维持油气战略储量是卡塔尔实现社会发展、人类发展和环境发展目标的保障，是国家安全和可持续发展的保障。

第五节

科威特

科威特位于阿拉伯半岛东北部，东濒波斯湾，面积为 17818 平方千米，有布比延、法拉卡等 9 个岛屿，水域面积 5625 平方千米。科威特为君主世袭制酋长国，人口 423.9 万（2015 年）。科威特绝大部分土地为沙漠，地势较平坦，境内无山川和湖泊，地下淡水贫乏。科威特石油剩余可采储量居世界第 7 位，石油产量居世界第 9 位。

油气产业作为科威特的支柱产业，对科威特的经济发展有举足轻重的作用。2015 年，科威特 GDP 为 1206.82 亿美元，其中石油出口是国家收入的主要来源；科威特出口总额为 549.59 亿美元，其中石油出口额为 487.82 亿美元，占出口总收入的 88.8%，占当年 GDP 的 40.4%。

一、能源资源潜力

1. 油气资源潜力

科威特油气资源丰富，据 USGS 2012 年评价数据，科威特待发现石油资源量为 2.0 亿吨、天然气液为 0.5 亿吨、天然气为 1087 亿立方米，分别占世界的 0.3%、0.2%、0.1%，如表 8-35 所示。

表 8-35　科威特待发现油气资源潜力

国家及地区	石油（亿吨）	天然气液（亿吨）	天然气（亿立方米）
科威特	2.0	0.5	1087
世界	774.4	228.3	1587513
占世界比例（%）	0.3	0.2	0.1

数据来源：USGS，2012。

2. 含油气盆地和油气田分布

科威特主要油气田有 Greater Burgan、Raudhatain、Minagish、Ratqa、Sabriyah、Bahra、Kra AI-Maru、Abduliyah、Umm、Gudair、Wafra 等，大部分的石油资源集中在科威特东南部，其中，Greater Burgan 是世界第二大油气田，估算石油储量为 95.9 亿吨，约占科威特探明石油总储量的 70%，主要包括布尔干（Burgan）、马格瓦（Magwa）和艾哈迈迪（Ahmadi）3 个油气区。

在科威特和沙特阿拉伯平分的 1.6 万平方千米中立区内，共有在产油井 761 口，估计蕴藏了 7 亿吨石油和 280 亿立方米天然气。1922 年两国规定在两国之间划出一个中立区，两国对该区有平等权利。1970 年两国订约将该区平分，中立区不复存在，地理上改称该区为沙特阿拉伯—科威特平分区。但该区石油资源实际上并未划分，所产石油由分别在两国取得开采权的公司平分。

3. 油气储量

据 BP 数据，截至 2015 年年底，科威特石油剩余可采储量为 139.8 亿

吨，分别占中东、世界的 12.9%、5.8%，居世界第 7 位；天然气剩余可采储量
为 1.8 万亿立方米，分别占中东、世界的 2.3%、1.0%，如表 8-36 所示。

表 8-36 科威特油气剩余可采储量情况

国家及地区	石油（亿吨）	天然气（万亿立方米）
科威特	139.8	1.8
中东地区	1087.4	80.0
世界	2393.6	186.9
占中东地区比例（％）	12.9	2.3
占世界比例（％）	5.8	1.0

数据来源：BP. *Statistical Review of World Energy 2016*。

4. 其他能源资源

科威特常年高温，气候干燥，天然淡水资源极度匮乏，目前只在北部的
Raudhatain 和 Umm AI-Aish 发现两处含有少量天然淡水的区域，储量约为
1.83 亿立方米，因此科威特境内没有水力发电。

科威特境内太阳能和风能较丰富，目前科威特政府已开始积极发展风能
和太阳能产业。

二、能源供需形势

科威特的能源结构以石油和天然气为主。

1. 原油生产和消费总体趋稳，天然气消费小幅增长

从总体变化趋势来看，近年来，科威特的原油产量除在海湾战争期间大
幅下降，总体呈平稳上升态势，2015 年原油产量为 1.49 亿吨。科威特原油消
费量基本稳定，2015 年原油消费量为 5092 万吨，较 2000 年增长了 258 万吨。

科威特天然气产量总体呈上升趋势，目前科威特生产的天然气完全用于
国内消费，2009 年开始少量进口天然气。2015 年科威特天然气产量为 150
亿立方米，进口量为 39 亿立方米（见表 8-37）。

2. 原油出口主要流向亚太地区

2015 年，科威特原油出口量为 9819 万吨，主要流向亚太地区（7805.5
万吨）、北美（982.5 万吨）、欧洲（590 万吨）、非洲（441 万吨），其中，中国
从科威特进口原油 1443 万吨。

表 8-37　科威特油气生产、出口、进口和消费情况

年　份	原油（万吨）			天然气（亿立方米）		
	产量	出口量	消费量	产量	进口量	消费量
2000 年	10988	6154	4834	96	0	96
2001 年	10659	6071	4588	105	0	105
2002 年	9892	5690	4202	95	0	95
2003 年	11556	6215	5341	110	0	110
2004 年	12338	7075	5263	119	0	119
2005 年	13038	8254	4784	122	0	122
2006 年	13371	8615	4756	125	0	125
2007 年	12991	8065	4926	121	0	121
2008 年	13612	8695	4917	128	0	128
2009 年	12099	6740	5359	115	9	124
2010 年	12335	7150	5185	117	9	145
2011 年	14085	9081	5004	135	7	165
2012 年	15395	10350	5045	155	7	184
2013 年	15151	10293	4858	163	35	186
2014 年	15079	9974	5105	150	30	186
2015 年	14911	9819	5092	150	39	194

数据来源：产量数据来自 *Statistical Review of World Energy 2016*，BP；进出口数据来自 *Annual Statistical Bulletin*，2016，OPEC。

另外，科威特 2015 年出口成品油 739.4 万吨，主要出口到亚太地区（440.3 万吨）、欧洲（291.7 万吨）。

3. 能源产业现状

科威特的能源产业主要为石油产业，其天然气开发尚处于较低水平；同时，由于严重缺水，科威特没有水力发电，因此科威特已开始着手发展核电产业和可再生能源产业。

三、能源管理体制

科威特宪法规定，所有自然资源都归国有，不允许外国公司拥有科威特的油气储量，石油上游领域不对外开放，目前正在实施的国有企业私有化改革不包括石油领域。

1974 年，科威特政府成立了最高石油委员会（SPC）。SPC 是负责油气区管理、制定和审查石油政策的最高权力机构（见表 8-38）。1980 年组建科威

特石油总公司（Kuwait Petroleum Corporation，KPC），公司所有权归政府，由石油部部长担任公司总裁。KPC 承担所有油气勘探生产、石化经营和投资责任，对下设的所有子公司实施全面监督。KPC 的子公司包括：

科威特石油公司（KOC）——负责油气勘探和生产；

科威特国家石油公司（KNPC）——负责原油炼制和运输；

科威特国际油气公司（KPI）——控制海外的原油炼制和油品销售上下游业务；

科威特石化工业公司（PIC）——负责石化产品的生产和销售；

科威特海外油气勘探公司（KUFPEC）——负责海外油气勘探作业；

科威特油轮公司（KOTC）——负责油轮运输业务。

表 8-38　科威特油气主要管理机构及职能

管理机构 / 石油公司	主要职能
最高石油委员会（SPC）	负责油气区管理、制定和审查石油政策的最高权力机构
石油部（Ministry of Petroleum）	监管油气行业（包括上下游一切相关部分）政策执行和实施情况
科威特石油总公司（KPC）	科威特的国家石油公司，管理科威特国内外石油投资，和其子公司控制着科威特整个油气行业，归石油部管辖
科威特石油公司（KOC）	KPC 的上游子公司，负责油气勘探和生产
科威特国家石油公司（KNPC）	KPC 的子公司，负责原油炼制和运输等下游业务
科威特石化工业公司（PIC）	KPC 的子公司，负责石化产品的生产和销售
科威特油轮公司（KOTC）	KPC 的子公司，负责科威特的油轮运输业务，与 KNPC 共同监管油气的出口业务
科威特海外油气勘探公司（KUFPEC）	KPC 的子公司，负责科威特海外油气勘探作业
科威特国际油气公司（KPI）	KPC 的子公司，控制海外的原油炼制和油品销售下游业务
科威特海湾石油公司（KGOC）	KPC 的子公司，监管 KPC 公司在中立区的一切业务
科威特能源公司（KEC）	私营企业，在也门、埃及、俄罗斯、巴基斯坦和阿曼等国家发展了大量的海外业务
美国独立石油公司（Aminoil）	监管科威特中立区的陆上油气业务
格蒂石油公司（Getty Oil）	雪佛龙下属公司，开发中立区的 Wafra、South Umm Gudair、Humma 油田
Al-Khafji 联合作业公司（KJO）	KGOC 和 AOGC 的合资企业，管理中立区的海上生产业务

资料来源：EIA，*International energy data and analysis*：*Kuwait*，November 2，2016。

科威特当前对外合作的方式始于 1975 年，外国石油公司只能参与提供技术支持、建设和维修服务，科威特分别按固定的价格支付费用。科威特政府希望寻求一种方法，使国外石油公司既能帮助提高产量，又不违背科威特宪法。1997 年，科威特最高石油委员会（SPC）原则上通过了对外合作提案，但向国外开放油气上游领域遭到国会反对派的强烈反对。目前，科威特政府正在设计一种不同于产量分成合同的协议结构，称为作业服务协议（Operating Service Agreements，OSA）。新的作业服务协议将使科威特保留石油储量的全部所有权，按桶支付给国外公司费用，包括资本回收和增加储量的附加费。

科威特宪法禁止国外占有科威特的矿产资源，但科威特政府允许外国投资石油开发。2000 年 2 月，科威特国会通过了一项议案，要求政府在法律问题得到解决之前不要采取行动。2000 年 4 月 9 日，科威特内阁批准了允许国外公司参加科威特北部油田开发需要满足条件的草案。

四、油气勘探开发历程

1933 年 12 月，英国波斯石油公司和美国海湾石油公司组建科威特石油公司，各占 50% 份额，开发科威特石油资源。1934 年 12 月 23 日，科威特艾哈迈德酋长同科威特石油公司正式签订了石油租借地协议，授予科威特石油公司为期 75 年在科威特找油及石油的开采权。1936 年科威特石油公司打了第一口石油勘探井，1938 年科威特石油公司发现了世界第二大油田——布尔干油田。第二次世界大战期间，科威特油气勘探开发中断，1945 年油气生产恢复。之后，科威特探区迅速扩大，大油田不断发现，石油储量和产量急剧上升。1946 年科威特原油产量仅为 79.7 万吨，1960 年增至 8459 万吨，1972 年产量达到历史顶峰 1.67 亿吨，居世界第 5 位。

1958 年 7 月 5 日，科威特与日本的阿拉伯石油公司签订了关于开发沙特阿拉伯—科威特中立区近海油田的租让协定。与旧租让方式相比，产油国可获得更多的权益。1960 年科威特同其他 4 个产油国一起成立石油输出国组织（OPEC），中东产油国开始制定统一的石油政策，并逐步收回被国际石油公司垄断的定价权和定产权。1973 年 10 月，中东战争爆发，引发第一次石油危机。为打击以色列及其支持者，欧佩克阿拉伯成员国宣布收回石油定价权，由此触发了第二次世界大战后最严重的全球经济危机。

1974年1月29日，科威特政府同英国波斯石油公司、美国海湾石油公司签订合作协议。同年，科威特政府成立了最高石油委员会，加强政府对石油工业的控制和管理。1975年4月，科威特石油部从财政部分离。同年，科威特同外国石油公司签署协议，实现了石油工业国有化，收回并控制了石油资源，接管了科威特石油公司。但直到1996年3月16日科威特政府和两家西方石油公司签署协议，才彻底结束了他们在科威特石油工业的垄断。

1975年之后，科威特民族石油工业开始起步，政府开始实施严格的保护石油资源政策，大幅降低原油产量；另外，受世界石油需求量减少影响，科威特石油产量不断下降，1975年原油产量降为10635万吨，1982年降到低谷4266万吨。

1980年科威特政府组建了上下游一体化的石油总公司，制定了严格的油气资源保护政策，延长油田开采寿命，原油产量由1980年的8683万吨降低到1990年的4680万吨；建立国际石油投资公司和科威特海外石油勘探公司，通过购买、参股等方式加大海外油气投资力度，使得国际石油业务蓬勃发展。

受战争影响，科威特原油产量由1989年的6841万吨下降到1991年的922万吨。石油生产几乎完全停顿，只有中立区的一些油田维持生产，在产油井仅有20口。其后，科威特石油工业迅速发展，原油产量和出口量大幅提升，1992年原油产量增长到5396万吨。炼油能力也有所提高，国内消费量稳步提升，天然气开发能力增强，下游产业进一步发展。2012年，科威特原油产量达15395万吨，天然气产量达155亿立方米，炼油能力达4680万吨/年。

2015年，科威特东部和西部地区发现了4个新油田，其中Umm Ruaiss North发现了科威特首个高品质轻质原油油田。

五、能源产业特色和布局

科威特的能源产业主要以石油、天然气为主。

1. 能源产业现状

（1）炼油化工。

据美国《油气杂志》数据，截至2016年年底，科威特目前运行的炼厂有3座，分别为米纳艾哈迈迪（Mina AI-Ahmadi）、米纳阿卡杜拉（Mina

Abdullah）和舒艾巴（AI-Shuaiba）炼厂，年原油加工能力为 4680 万吨，减压蒸馏能力为 1737.1 万吨，催化裂化能力为 187.2 万吨，催化重整能力为 200.5 万吨，催化加氢能力为 3733.5 万吨。米纳艾哈迈迪炼厂为世界上年原油加工能力超过 2000 万吨的 31 座炼厂之一，年原油加能力为 2330 万吨，科威特自身炼油能力约占科威特原油总产量的 30%。

（2）油气管道。

据 OPEC 数据，截至 2015 年年底，科威特主要原油管道总长 572 千米，主要管道有 13 条，分别为 Kadma/Doha PS、Kadma/MF-CR181R、MF-Cphmaa/Calm 21、MF-CR125L/MF-CR125R、MF-GC27L/R/MF-TWK、MF-GC28L/R/MF-TWK、MF-NPP MS/Calm20、MF-PointA/MF-CR119R、MF-Ratqa1/SC-130、MF-T18/ MF-TWK、MF-TB1/2/MF-CR088R、Point-A/Kadma、Wafra/MF/TB1。这些原油管道将科威特最重要的大布尔干（Greater Burgan）、劳扎塔因（Raudhatain）、米纳吉什（Minagish）等油田与集炼厂和港口功能于一体的艾哈迈迪连接起来（见表 8-39）。

表 8-39　科威特主要的原油管道情况

管道的起点 / 终点	拥有者或操作者	长度（千米）	直径（英寸）
Kadma/Doha P S	KOC	22.5	20
Kadma/MF-CR181R	KOC	77	30
MF-Cphmaa/Calm 21	KOC	22.5	56
MF-CR125L/MF-CR125R	KOC	54.5	16
MF-GC27L/R/MF-TWK	KOC	38.5	24
MF-GC28L/R/MF-TWK	KOC	45	24
MF-NPP MS/Calm 20	KOC	22.5	56
MF-PointA/MF-CR119R	KOC	117	48
MF-Ratqa1/SC-130	KOC	35	36
MF-T18/MF-TWK	KOC	35	20
MF-TB1/2/MF-CR088R	KOC	25.5	36
Point-A/Kadma	KOC	38.5	30
Wafra/MF/TB1	KGOC/KOC	38.5	16

资料来源：*Annual Statistical Bulletin*，2016，OPEC。

科威特的石油产品主要管道有 4 条，总长 181.7 千米，分别为 Mina AI-Ahmadi Refinery/AI-Zour/Doha、Mina AI-Ahmadi/Kafco、Mina AI-

Ahmadi Refinery/AI-Ahmadi（2）、Mina AI-Ahmadi Refinery/Subhan（2），如表 8-40 所示。

表 8-40 科威特主要的石油产品管道情况

管道的起点 / 终点	拥有者或操作者	长度（千米）	直径（英寸）
Mina Al-Ahmadi Refinery/Al-Zour/Doha	KNPC	83.7	2 × 18、2 × 20
Mina Al-Ahmadi/Kafco	KNPC	40.1	12
Mina Al-Ahmadi Refinery/Al-Ahmadi（2）	KNPC	19.3	8、2 × 6
Mina Al-Ahmadi Refinery/Subhan（2）	KNPC	2 × 19.3	12、8

资料来源：*Annual Statistical Bulletin*，2016，OPEC。

科威特的天然气管道总长 170.5 千米，主要天然气管道有 2 条，分别为 Khafji Offshore/Khafji Onshore（2）、Wafa/KOC Booster Station2，如表 8-41 所示。

表 8-41 科威特主要的天然气管道情况

管道的起点 / 终点	拥有者或操作者	长度（千米）	直径（英寸）
Khafji Offshore/Khafji Onshore（2）	KJO	109.4	12、42
Wafa/KOC Booster Station2	WJO	61.1	18

资料来源：*Annual Statistical Bulletin*，2016，OPEC。

（3）港口。

科威特可供原油和石油产品出口的港口有 4 个，分别为艾哈迈迪港、阿卜杜拉港、舒艾巴港、祖尔港。海湾战争中，这些港口破坏严重，尤其是艾哈迈迪港，经修复后于 1992 年年底重新投入运营。艾哈迈迪港属于 KOC，最大停油吨位 32.6 万吨，能够装卸原油、成品油和液化石油气。阿卡杜拉港由 KNPC 管理，最大停油吨位为 15 万吨。舒艾巴港的所有权归舒艾巴地方当局，最大停油吨位 7 万吨。祖尔港位于中立区，属于格蒂（Getty）石油公司，最大停油吨位为 30 万吨（商务部，2015）。

2. 未来能源工业布局

科威特未来能源发展主要集中在加强重油和海上油田的开发、改造和新建炼厂、延长石油产业链、积极发展可再生能源等方面。

（1）加强重油和海上油田的开发。

尽管油价暴跌，科威特仍保持在能源方面的投资，计划至 2020 年把原油产能提高至每天 54.79 万吨，并将此水平保持至 2030 年。目前，科威特几乎所有的原油产量均来自陆上油田，未来计划扩大海上原油生产能力；另外，可增加的原油产量来自重油开发和侏罗纪气田的伴生油。据 KOC 称，2018 年 12 月开始 RATQA 油田的重油生产，初始产量为 1370 吨 / 日，计划到 2020 年增至约 8219 吨 / 日；同时，来自侏罗纪天然气田的凝析油可达 4.79 万吨 / 日。

（2）延长石油产业链。

为满足科威特国内日益增长的石油需求、增加高品质石油产品出口，2011 年 6 月，科威特最高石油委员会批准了两个长期拖延的项目：清洁燃料项目（Clean Fuels Project，CFP）和 AI-Zour 炼厂项目，两个项目计划投资 280 亿美元。2014 年 2 月，科威特中央招标委员会批准了清洁燃料项目（CFP），投资超过 120 亿美元。CFP 的主要目标是提升现有炼厂的炼油能力，计划将 Mina AI-Ahmadi 和 Mina Abdullah 炼厂的年炼油能力由目前的 2330 万吨、1350 万吨分别提升 1730 万吨和 2270 万吨，2019 年将年炼油能力分别提高到 4000 万吨左右。2015 年 10 月，AI-Zour 炼厂项目签署了建设合同，项目总金额 48.7 亿科威特第纳尔，年设计能力为 3075 万吨，预计 2020 年开始运营。另外，对老旧炼厂 AI-Shuaiba 进行退役关闭，届时科威特年炼油能力将达 7075 万吨（EIA，2016）。

表 8-42　科威特炼厂发展计划

炼厂名称	目前炼油能力（万吨 / 年）	计划提升的炼油能力（万吨 / 年）
Mina Al-Ahmadi	2330	1730
Mina Abdullah	1350	2270
Al-Shuaiba	1000	0
Al-Zour	0	3075
总计	4680	7075

数据来源：EIA. *Oil & Gas Journal*，*Middle East Economic Survey*，*Arab Oil & Gas Directory*。

2011 年 11 月，中国和科威特合资的广东炼化一体化项目（简称中科炼化）正式开工建设，科威特提供原油，科威特石油公司（KPC）和中石化（Sinopec）按股比 50 ：50 合资建设，计划总投资 590 亿元人民币。中科炼化是一个包括炼油 1500 万吨 / 年、乙烯及其衍生物 100 万吨 / 年、30 万吨级原油码头及配套公用工程等在内的大型炼化项目，当时预计 2015 年建成投产。之后，Sinopec 与 KPC 在乙烯等化工项目建设上产生分歧，为分散投资风险，KPC 引入道达尔（Total）入股中科炼化。2016 年 12 月，中科炼化项目设计通过专家审查，按照总体设计，项目建设总规模为炼油 1000 万吨 /年、乙烯 80 万吨 / 年，规模比原计划明显缩小，预计 2019 年投产。

2013 年 7 月，科威特与越南合作兴建的炼化石化项目在越南开工建设，总投资 90 亿美元，项目日处理原油 2.74 万吨。科威特国际石油公司（KPI）的合作伙伴包括两家日本公司和一家越南公司，KPI 拥有 35.1% 的股份。

2016 年 12 月，科威特石化工业公司（PIC）发布了 2040 年战略发展目标，计划将公司年产量增至 1600 万吨，公司员工数量增加 3 倍。目前该公司的年产量为 800 万吨，主要包括 300 万吨化肥、200 万吨烯烃和 200 吨芳烃等。

（3）积极发展可再生能源。

按照科威特埃米尔"更多地依靠替代能源，实现可持续发展"的指示，科威特制定了到 2030 年可再生能源发电量占国家电力需求 15% 的战略目标，启动了多个可再生能源项目。例如，Shaqaya 综合发电项目，设计总发电能力 70 兆瓦，其中，光伏发电 10 兆瓦，风能发电 10 兆瓦，热力发电 50兆瓦。2017 年 2 月，科威特石油大臣 Essam 称，AI-Dabdaba 太阳能发电厂项目预计于 2020/2021 年完工，届时将能满足石油部门电力总消费量的15% 左右。

第六节

阿联酋

阿拉伯联合酋长国（The United Arab Emirates，以下简称阿联酋）位于阿拉伯半岛东部，北濒波斯湾，与卡塔尔、沙特阿拉伯、阿曼毗连，面积8.36 万平方千米，海岸线长 734 千米，人口 958.1 万（2015 年）。阿联酋由 7个酋长国组成，分别是阿布扎比、迪拜、沙迦、哈伊马角、阿治曼、乌姆盖万和富查伊拉。2015 年，阿联酋石油剩余可采储量占世界总量的 5.8%，居世界第 8 位，石油产量占世界总产量的 5.3%，居世界第 8 位；天然气剩余可采储量占世界总量的 3.3%，居世界第 7 位，天然气产量占世界总产量的 1.6%。虽然阿联酋拥有丰富的天然气资源，但国内天然气需求旺盛，自 2008 年起，阿联酋成为天然气净进口国。随着阿联酋经济多元化的不断发展，油气产业对阿联酋国民经济的影响作用呈逐渐下降趋势。2015 年阿联酋国内生产总值（GDP）为 3702.93 亿美元（当时汇率），出口收入为 3333.7 亿美元，其中，石油出口收入为 523.69 亿美元，占阿联酋总出口收入的 15.7%，占当年 GDP 的 14.1%。

一、能源资源潜力

1. 油气资源潜力

阿联酋油气资源丰富，据 USGS 2012 年评价数据，阿联酋待发现石油资源量为 0.6 亿吨、天然气液为 0.5 亿吨、天然气为 2147 亿立方米，分别占世界的 0.1%、0.2%、0.1%（见表 8-43）。

表 8-43　阿联酋待发现油气资源潜力

国家及地区	石油（亿吨）	天然气液（亿吨）	天然气（亿立方米）
阿联酋	0.6	0.5	2147
世界	774.4	228.3	1587513
占世界比例（%）	0.1	0.2	0.1

资料来源：USGS，2012。

阿联酋的页岩油气资源十分丰富，据美国能源信息署（EIA）2015 年 9 月公布的《页岩油和页岩气技术可采资源报告：阿联酋》的数据，对阿联酋的 Rub' AI-Khali 盆地中的 Qusaiba、Diyab、Shilaif 3 套页岩层系进行的页岩油气评价结果显示，阿联酋页岩气地质资源量为 23.67 万亿立方米，技术可采资源量为 5.85 万亿立方米，居世界第 10 位；页岩油地质资源量为 512.12 亿吨，技术可采资源量为 30.83 亿吨，居世界第 5 位（见表 8-44）。

2. 含油气盆地和油气田分布

阿联酋的主要含油气盆地是鲁卜哈利盆地（Rub' AI-Khali Basin）。阿联酋的主要油气田有 30 多个。其中，阿布扎比的主要油田有 Asab、Bab、BuHasa、扎库姆油田；迪拜的主要油田有法奇（Fateh）、Fallah、西南 Fateh、Margham 和 Rashid 油田；沙迦的主要油田有 Mubarak 油田（位于 AbuMusa 岛附近）。阿联酋的主要气田有 Abu AI-Bukhoosh、Bab、Bu Hasa、Umm Shaif 和扎库姆。其中，三大油气田分别为扎库姆（Zakum）、萨贾（Saja'a）和法奇（Fateh）。扎库姆油田位于阿布扎比近海，地质储量为 65.8 亿吨，可采储量为 21.9 亿～ 27.4 亿吨。

表 8-44 阿联酋页岩油气资源分布情况

盆　地	层　系	页岩气（万亿立方米）		页岩油（亿吨）	
		地质资源量	技术可采资源量	地质资源量	技术可采资源量
Rub' Al-Khali	Qusaiba	7.09	1.77	0	0
	Diyab	12.09	3.54	12.33	0.69
	Shilaif	4.49	0.54	502.79	30.14

数据来源：EIA. *Technically Recoverable Shale Oil and Shale Gas Resources*：*United Arab Emirate*，2015。

3. 油气储量

据 BP 数据，截至 2015 年年底，阿联酋石油剩余可采储量为 129.8 亿吨，分别占中东、世界的 11.9%、5.8%，居世界第 8 位；天然气剩余可采储量为 6.1 万亿立方米，分别占中东、世界的 7.6%、3.3%，居世界第 7 位（见表 8-45）。阿联酋境内大约有 94% 的油气资源位于阿布扎比（Oil & Gas Journal，2015）。

表 8-45 阿联酋油气剩余可采储量情况

国家及地区	石油（亿吨）	天然气（万亿立方米）
阿联酋	129.8	6.1
中东地区	1087.4	80.0
世界	2393.6	186.9
占中东地区比例（%）	11.9	7.6
占世界比例（%）	5.8	3.3

数据来源：BP. *Statistical Review of World Energy 2016*。

4. 其他资源潜力

阿联酋的核电产业起步于 2008 年 4 月发布《核能白皮书》。2009 年 12 月 27 日，阿联酋与韩国签订一份价值 200 亿美元的合同，由韩国在阿联酋承建 4 座核电厂，装机容量达 5.4 吉瓦。2012 年 7 月，阿联酋核电公司 Barakah 核电站第一号和第二号反应堆获得环保署批准。2016 年阿联酋核能公司（ENEC）对 Barakah 核电站 1 号机组的相关测试显示，2017 年并网发电，最后一座在 2020 年完工（阿联酋国家能源部，2015）。第一座反应堆完工后，阿联酋将成为中东地区第二个拥有核电站的国家（第一个国家是伊朗）。该核电项目完成后预期能满足阿联酋国内大约 20% 的电力需求。

阿联酋境内绝大部分地区是海拔 200 米以上的沙漠和洼地。阿联酋每天平均日照超过 10 小时，每年大约有 350 个晴天。根据不同地区和不同日期，总太阳能资源平均每天能达到 6.5 千瓦时 / 平方米，太阳直接辐射强度每天能达到 4 ～ 6 千瓦时 / 平方米，具有巨大的太阳能开发潜力。2013 年，阿联酋首个大型太阳能发电站——Shams-1 建成投产。根据迪拜 2030 年的能源发展战略，计划届时能够实现 5% 的能源由太阳能提供，要达到这个目标至少要部署 1000 兆瓦的太阳能发电设备来满足需求。迪拜水电局正在开发 Mohammed bin Rashid AI Maktoum 太阳能公园，该项目是全球最大的单体太阳能发电厂，2020 年其总装机容量将达到 1000 兆瓦，2030 年预期能够达到 5000 兆瓦。

阿联酋的风能资源远不如太阳能资源丰富，但还是展现出一定的资源潜力，特别是在阿联酋北部富查伊拉海岸一带和近海地区（IRENA，2015）。

根据 2010 年公布的《迪拜整体能源战略规划 2030》，为满足 2020 年迪拜世界博览会的用电需求，迪拜水利电力署规划建设燃煤发电厂——哈翔清洁燃煤发电厂。该项目位于迪拜阿拉伯海湾 Saih Shuaib 区，计划分 3 期完成，每期装机容量为 1200 兆瓦，共计 3600 兆瓦。2015 年 10 月 13 日，哈电集团哈尔滨电气国际工程有限责任公司与沙特 ACWA 公司联合体获得迪拜水利电力署正式颁发的哈翔清洁燃煤电站一期 2 台 600 兆瓦项目的授标函，正式赢得项目开发权，获得总承包合同。

二、能源供需形势

阿联酋能源生产和消费均以石油和天然气为主，随着太阳能产业的不断发展，这种情况可能在未来发生改变。阿联酋石油产量的 70% 用于出口，2008 年起成为天然气净进口国，天然气消费主要满足国内的电力需求。

1. 石油产量稳中有增，天然气产量稳定增长

阿联酋的石油产量总体呈现逐步上升趋势，2015 年达到 1.75 亿吨，为历史最高产量，较 2000 年增加 40.9%。阿联酋天然气产量同样呈现比较稳定的上升趋势，产量由 2000 年的 384 亿立方米上升到 2015 年的 558 亿立方米，上升 45.2%（见表 8-46）。

表 8-46　阿联酋油气生产、出口和消费情况

年　份	石油（万吨）			天然气（亿立方米）			
	产量	出口量	消费量	产量	进口量	出口量	消费量
2000 年	12449	9075	3374	384	0	124	314
2001 年	11941	8934	3007	449	0	137	379
2002 年	11252	8070	3182	434	0	160	364
2003 年	12618	10240	2378	448	0	159	379
2004 年	13199	10860	2339	463	0	160	402
2005 年	13572	10975	2597	478	106	163	421
2006 年	14430	12100	2330	488	111	168	434
2007 年	13957	11715	2242	503	162	173	492
2008 年	14140	11670	2470	502	250	157	595
2009 年	12622	9765	2857	488	255	152	591
2010 年	13334	10520	2814	513	257	161	608
2011 年	15128	12285	2843	523	283	128	632
2012 年	15479	12226	3253	543	282	134	656
2013 年	16548	13507	3041	546	290	126	673
2014 年	16663	12484	4179	542	258	135	663
2015 年	17546	12208	5338	558	271	132	691

数据来源：产量数据来自 *Statistical Review of World Energy 2016*，BP；进出口数据来自 *Annual Statistical Bulletin*，OPEC。

2. 石油出口主要流向亚太地区，天然气净进口

阿联酋生产的石油 70% 用于出口。据 OPEC 数据，2015 年阿联酋石油出口量为 12208 万吨，占石油产量的 70%，其中 97.7% 的石油出口到亚太地区。从近 10 年的数据看，阿联酋出口到亚太地区的石油总量占石油出口总量的比例基本每年都超过 90%（见表 8-47）。

表 8-47　阿联酋石油出口去向

地　区	2000 年（万吨）	占总量份额（%）	2005 年（万吨）	占总量份额（%）	2010 年（万吨）	占总量份额（%）	2015 年（万吨）	占总量份额（%）
北美	6.5	0.07	45	0.41	200	1.90	—	—
欧洲	6.5	0.07	25	0.23	15	0.14	85	0.7
中东	—	—	—	—	5	0.05	35	0.3
非洲	171.5	1.89	205	1.87	245	2.33	160	1.3
拉美	—	—	—	—	—	—	—	—
亚太	8890.0	97.97	10700	97.49	10055	95.58	11927.5	97.7
总计	9074.5	100	10975	100	10520	100	12207.5	100

资料来源：OPEC，*Annual Statistical Bulletin*，2004，2006，2013，2016。

3. 钻探力度逐年增强，平均单井石油产量小幅升降

2010 年以后阿联酋工作钻机数量快速增加，由 13 台增加到 51 台；完井数量自 2000 年后逐年增加，达到 2012 年的最高峰 304 口后有所下降，2015年完井数量为 219 口，钻井效率处于较高水平。阿联酋平均单井产量相对较稳定，维持在 7.9 万～ 9.6 万吨 / 年；生产井数量和国际油价密切相关，剩余产能较为充裕，2001 年之后，国际石油价格持续攀升，阿联酋生产井数量也逐年攀升，由 2001 年的 1410 口增加到 2008 年的 1782 口。2008 年之后，国际油价大幅回落，生产井数量也大幅下降为 1456 口，之后随着国际油价的不断升高，生产井数量又开始攀升；但最近几年为了维持市场份额，生产井数量维持在较高水平。2015 年生产井数量达到了有史以来最高的 1792 口（见表 8-48）。

表 8-48 阿联酋石油平均单井产量情况

年 份	工作钻机数量（口）	完井数量（口）	生产井数量（口）	原油产量（万吨）	平均单井产量（万吨）	WTI（美元/桶）
1970 年				3690		
1980 年		109	445	8430	18.9	
1990 年	4	75	1209	10760	8.9	
2000 年	6	87	1505	12449	8.3	30.5
2001 年	7	92	1410	11941	8.5	25.89
2002 年	11	101	1417	11252	7.9	26.1
2003 年	7	103	1546	12618	8.2	31.06
2004 年	12	101	1507	13199	8.8	41.41
2005 年	14	109	1583	13579	8.6	56.44
2006 年	15	105	1659	14432	8.7	66.28
2007 年	16	112	1719	13955	8.1	72.26
2008 年	14	124	1782	14137	7.9	100.06
2009 年	12	173	1456	12619	8.7	61.92
2010 年	13	182	1458	13334	9.1	79.45
2011 年	19	266	1592	15126	9.5	95.04
2012 年	26	304	1640	15413	9.4	94.16
2013 年	30	277	1722	16567	9.6	105.87
2014 年	30	292	1735	16663	9.6	96.29
2015 年	51	219	1792	17546	9.8	49.49

资料来源：*Annual Statistical Bulletin*，OPEC；原油产量数据来自 BP；WTI 价格来自普氏。

4. 电力装机容量、产电量、消费量快速上升

阿联酋电力生产依赖天然气。2015 年，阿联酋 99.7% 的电力来自天然气，唯一的可再生能源——太阳能发电仅占 0.2%（见表 8-49）。从 2006 年起，阿联酋电力装机容量快速增长，由 2006 年的 15865 兆瓦快速增长到 2015 年的 28745 兆瓦，10 年间增长 81.2%（见表 8-50）。新增装机容量绝大部分来自天然气。阿联酋国内能源消费量增长很快，2008 年共消费电量 77878 吉瓦时，2015 年电力消费量达到 126581 吉瓦时，增长 62.5%（见表 8-51 和表 8-52）。2013 年，阿联酋国内人均用电量位居世界前列，达到 10904 千瓦时，是世界人均用电量 3104 千瓦时的 3.5 倍（世界银行，2017）。

表 8-49　阿联酋 2015 年发电厂装机容量

发电机类型	联邦水电局	沙迦水电局	迪拜水电局	阿布扎比水电局	总　　计	占比（%）
柴油		33.56			33.56	0.1
天然气	703	2374	1926	669	5672	19.7
蒸汽		432	340	1485	2257	7.9
联合循环			7380	13342	20722	72.1
太阳能			10	50	60	0.2
总计	703	2840	9656	15546	28745	

资料来源：阿联酋能源部. *Statistical Data for Electricity and Water*，2014—2015。

表 8-50　阿联酋电力装机容量

年　　份	联邦水电局	沙迦水电局	迪拜水电局	阿布扎比水电局	总　　计
2006 年	1252	2102	4199	8312	15865
2007 年	1252	2302	5448	8698	17700
2008 年	1119	2382	6676	9637	19814
2009 年	1080	2382	6997	10110	20569
2010 年	1056	2576	7361	12222	23215
2011 年	936	2576	8721	13850	26086
2012 年	924	2768	9646	13842	27180
2013 年	924	2895	9656	13899	27374
2014 年	733	2894	9656	15546	28829
2015 年	703	2840	9656	15546	28745

资料来源：阿联酋能源部. *Statistical Annual Report Electricity and Water*，2008—2012；*Statistical Data for Electricity and Water*，2013—2014，2014—2015。

表 8-51 阿联酋电力产量

年 份	联邦水电局	沙迦水电局	迪拜水电局	阿布扎比水电局	总 计
2008 年	4735	8093	29089	38546	80463
2009 年	3730	7311	31013	43644	85698
2010 年	3401	6864	33742	49942	93949
2011 年	2540	5415	34606	56576	99137
2012 年	2398	5362	36267	62165	106222
2013 年	1581	5428	37478	65492	109979
2014 年	399	5683	39599	70487	116528

资料来源：阿联酋能源部. *Statistical Annual Report Electricity and Water*，2008—2012；*Statistical Data for Electricity and Water*，2013—2014。

表 8-52 阿联酋电力消费量

年 份	联邦水电局	沙迦水电局	迪拜水电局	阿布扎比水电局	总 计
2008 年	10168	8301	27931	31478	77878
2009 年	11363	8269	30056	34716	84404
2010 年	9219	8644	32551	39173	89587
2011 年	9850	8915	33498	43245	95508
2012 年	10000	9215	35124	47115	101454
2013 年	9970	9836	36290	49267	105363
2014 年	10269	10160	38415	52840	111685
2015 年	12065	10797	40740	62979	126581

资料来源：阿联酋能源部. *Statistical Annual Report Electricity and Water*，2008—2012；*Statistical Data for Electricity and Water*，2013—2014，2014—2015。

三、能源管理体制

1. 能源管理体制概述

根据阿联酋国家宪法，该国实行总统制，除外交和国防相对统一外，各酋长国拥有相当的独立性和自主权，各酋长国控制自己的石油生产和资源开发，油气业务相对独立，各酋长国拥有实施许可证规定的生产经营权利。阿联酋能源部仅具有协调各酋长国能源部门的职能，对各酋长国油气产业不能发挥实质性作用。

阿布扎比是阿联酋最大的酋长国，阿联酋大约有94%的油气资源位于阿布扎比，基本可代表阿联酋的油气工业。阿布扎比最高石油委员会（The

Supreme Petroleum Council，SPC）成立于 1988 年 6 月，其职能是：制定石油政策，监督执行情况，管理石油公司，监督油气及相关产业的生产经营。

2. 能源公司

在阿联酋 7 个酋长国中，有 4 个酋长国建立了国家石油公司，分别是阿布扎比国家石油公司（Abu Dhabi National Oil Company，ADNOC）、酋长国国家石油公司（Emirates National Oil Company，ENOC）（迪拜）、沙迦国家石油公司（Sharja National Oil Company，SONC）、RAK Petroleum Plc.。

阿布扎比国家石油公司成立于 1971 年 11 月 27 日。该公司是世界领先的能源生产者，是阿布扎比发展和多元化的首要催化剂，该公司建立了广泛的商业网络，业务涵盖整个油气产业链，包括勘探、开采、储存、炼化和分销。2016 年，阿布扎比国家石油公司在全球最大石油公司中排名第 12 位，每天生产 43 吨石油，拥有 151 艘油轮和辅助船只。公司下设 18 家子公司，其中阿布扎比陆上石油公司（ADCO）、阿布扎比海洋石油公司（ADMA）、ZADCO 石油公司 3 家主要石油公司产油量占阿布扎比产油总量的 96% 以上。

阿布扎比水电局（Abu Dhabi Water & Electricity Authority，ADWEA）成立于 1998 年，所有权归阿布扎比政府，但经济和管理上具有独立性。该公司的发电能力从 2002 年的 5246 兆瓦快速增加到 2015 年的 15360 兆瓦，该公司有 5 家子公司，分别为 AI Mirfa 电力公司（AI Mirfa Power Company，AMPC）、阿布扎比水电公司（Abu Dhabi Water & Electricity Company，ADWEC）、阿布扎比传输和分拨公司（Abu Dhabi Transmission & Despatch Company，TRANSCO）、阿莱因分拨公司（AI Ain Distribution Company，AADC）、阿布扎比分拨公司（Abu Dhabi Distribution Company，ADDC）。

马斯达尔（Masdar）成立于 2006 年，位于阿布扎比，是一家可再生能源商业公司。该公司是穆巴达拉投资公司（Mubadala Investment Company）的子公司，其使命是投资、孵化和发展阿布扎比和全世界的清洁能源工业。该公司主导的马斯达尔计划（Masdar Initiative），在阿布扎比市区附近的沙漠地区开发面积为 6.4 平方千米的卫星城——马斯达尔城（Masdar City），总投资金额为 220 亿美元，原计划 2016 年完工，但由于金融海啸，被延期至 2025年。该城的现有能源由一座 10 兆瓦的太阳能发电厂和 1 兆瓦的屋顶光伏电池板提供。新的电站建成后，将成为全球首个完全由可再生能源提供电力的"零碳排""零废弃""零辐射"城市。

四、能源工业发展历程

1935 年，隶属伊拉克石油公司的特鲁西尔海岸石油开发公司（PDTC）开始在特鲁西尔诸国（阿联酋古称）找油，20 世纪 50 年代初开始地球物理勘探，1953 年获得第一个油气发现——木尔巴油田。1958 年开始石油生产，同年发现海上乌姆谢夫油田。1960 年 10 月 PDTC 在阿布扎比城西发现大量石油，1962 年公司改名为阿布扎比石油公司。1964 年，在阿布扎比发现了超大型油田——扎库姆油气田，它是当前阿联酋最重要的油气田。

迪拜的石油勘探始于 1963 年。1963 年 4 月，大陆石油公司获得陆上租让地并建立了迪拜石油公司（DPG）。同年，迪拜石油公司取得迪拜海域有限公司（DUMA）近海租地的一半股份，1966 年发现法特油田，1971 年石油产量达到 620 万吨。

1971 年 12 月 2 日，阿布扎比、迪拜、沙迦、阿治曼、富查伊拉、乌姆盖万宣告组成阿拉伯联合酋长国，临时宪法生效；1972 年 2 月，哈伊马角酋长国加入。阿联酋建立独立国家后，通过各种途径将石油资源收归国有，并实施以石油生产和出口为核心的经济发展战略。1971 年，阿布扎比石油公司（ADNOC）成立，该公司集石油开采、加工、运输和销售于一体，控制了阿布扎比石油产量的 96% 以上。

2006 年 4 月，马斯达尔（Masdar）计划启动。马斯达尔公司在阿布扎比市区附近的沙漠地带开发面积为 6.4 平方千米的卫星城——马斯达尔城（Masdar City），计划建成一个完全由可再生能源提供动力的"零碳排""零废弃""零辐射"的城市。

2008 年 4 月阿联酋发布《核能白皮书》称，阿联酋政府将成立阿联酋核能公司，作为其实施和平利用核能计划的机构。2009 年 12 月 27 日，阿联酋与韩国签订了一份价值 200 亿美元的合同，由韩国在阿联酋承建 4 座核电站。2012 年 7 月，阿联酋核电公司核电项目 Barakah 核电站第一号和第二号反应堆获得环保署批准；2016 年 Barakah 核电站一号机组通过相关测试，2017年建成投产；最后的一号反应堆将在 2020 年完工。届时，核电站将能满足阿联酋 20% 的电力需求。

2011 年 3 月，阿联酋新能源巨头马斯达尔（Masdar）公司融资 6 亿美元，与法国道达尔石油公司、西班牙阿文戈亚太阳能公司合作，建设阿联酋首个大型太阳能发电站——Shams-1，项目装机容量 100 兆瓦。2013 年 3 月 17 日，Shams-1 建成投产，是中东目前规模最大的可再生能源电站，有望满足 20000 户家庭的用电需求。

根据《迪拜 2030 年能源发展战略》，迪拜希望能够实现 5% 的能源由太阳能提供。2012 年 1 月，迪拜水电局启动开发 Mohammed bin Rashid AI Maktoum 太阳能公园。该项目是全球最大单体太阳能工厂，计划总装机容量在 2020 年达到 1000 兆瓦，在 2030 年达到 5000 兆瓦。

五、能源产业特色和布局

1. 能源产业现状

（1）炼油化工。

据美国《油气杂志》数据，截至 2016 年年底，阿联酋在中东地区原油加工能力排名第 3 位，仅次于沙特阿拉伯和伊朗。2016 年，阿联酋运行的炼厂有 4 座（见表 8-53），年原油加工能力为 5535 万吨，减压蒸馏能力为 390.5 万吨，催化裂化能力为 99.6 万吨，催化重整能力为 215 万吨，催化加氢能力为 2485.9 万吨。

表 8-53　阿联酋现有炼厂简介

炼厂名称	所属公司	炼油能力（万吨／日）
AI-Ruwais	阿布扎比国家石油公司	81.7
Jebel Ali	酋长国国家石油公司	14
Umm AI-Narr	阿布扎比国家石油公司	8.5
Fujairah	METRO Oil	8.2

资料来源：OPEC，*Annual Statistical Bulletin*，2016。

AI-Ruwais 炼厂是阿联酋最大的炼油设施，属于阿布扎比石油炼制公司。2015 年完成扩建，炼化能力从 5.48 万吨／日上升到 11.19 万吨／日。

（2）油气管道。

据 OPEC 数据称，截至 2015 年，阿联酋境内铺设的石油管道全长 1636.3 千米，其中最重要的管道是阿布扎比原油管道（见表 8-50）。该管道的建设目的是降低阿拉伯湾原油终端的依赖，缓解哈布桑（Habshan）海峡的船只拥堵状况，增强阿联酋东海岸的原油出口能力。2008 年中国石油工程建设集团被选为 EPC 承包商，2012 年管道注油试运行。该管道起点位于哈布桑（Habshan）的主泵站，区间设有一个中间泵站，终点位于富查伊拉（Fujairah），全长 383 千米，输油能力 20.55 万吨／日。

表 8-54　阿联酋主要原油管道

起点/终点	所属公司	长度（千米）	直径（英寸）
ABK/Das Island	ABK	53.1	10
AR Site Terminal Mubarraz Terminal	ADOC	16.1	8
ASAB（MOL3）/BAB	ADCO	93.3	36
BAB（MOL I.1-4.1）/MP21（2）	ADCO	2×33.8	24、36
BIDA QEMZAN/Bu Hasa	ADCO	19.3	16
Buhasa Spur Line I-2/MP21（2）	ADCO	2×35.4	2×24
Bunduq/Das Lsland	Bunduq	25.7	18
Dhabbiya/BAB	ADCO	101.4	20
Huwaila/Remote Degassing Station 3	ADCO	27.4	10
Intermediate Pumping Station/Fujeirah Main Oil Terminal	ADCO/IPIC	148.1	48
Main Pumping Station/Intermediate Pumping Station	ADCO/IPIC	234.9	48
MP21（MOL I.2）/Jebel Dhanna	ADCO	78.8	24
MP21（MOL 3.4）/Mile Post 48	ADCO	43.5	32
MP21（MOL 3.5）/Jebel Dhanna	ADCO	35.4	36
MP21（MOL 4.2）/Jebel Dhanna	ADCO	78.8	36
MP21/MPS	ADCO/IPIC	19.3	48
Mubarraz Field/Mubarraz Terminal	ADOC	35.4	14
Nasr Field/TABK	ADMA-OPCO	38.6	20
Qushawira/ASAB	ADCO	80.5	14
Rumaitha（Neb El 2）/Tiein to Dy-BAB Main Pipeline	ADCO	6.4	12
Sahil/ASAB	ADCO	45.1	16
Satah/Zirku Island	ZADCO	57.9	14
Shah/ASAB	ADCO	59.5	16
Umm Al Dalkh/Upper Zakum	ZADCO	65.9	14
Umm Lulu Field/UAD	ADMA-OPCO	16.1	12
Umm-Shaiffield/Das Island（2）	ADMA-OPCO	33.8、35.4	18、36
Upper Zakum/Zirku（2）	ZADCO	2×59.5	2×42
Zakum Field（ZWSC）/Das Island	ADMA-OPCO	91.7	30

资料来源：OPEC, *Annual Statistical Bulletin*, 2016。

（3）发电厂。

伴随着阿联酋国内电力需求的快速增长，发电厂总装机容量不断攀升。截至 2015 年，阿布扎比共有发电厂 16 座，绝大部分使用天然气作为燃料，总装机容量达 15546 兆瓦，2015 年发电量为 80900.25 吉瓦时（见表 8-55）。

表 8-55 阿布扎比发电厂数据

公 司	发 电 厂	原动机类型	装机容量（兆瓦）	生产电量（吉瓦时）
TAPCO	Taweelah B	蒸汽	825	1601.21
	Taweelah B2	天然气—蒸汽	358	2307.85
	Taweelah New Extension	天然气—蒸汽	1037	7732.24
AMPC	Al Ain	天然气	256	198.08
	Al Mirfa	天然气	186	7.80
	Madinat Zayed	天然气	109	29.12
ECPC	Taweelah A2	天然气—蒸汽	760	5205.50
GTTPC	Taweelah A1	天然气—蒸汽	1671	9620.03
SCIPCO	Shuweihat S1	天然气—蒸汽	1615	9990.54
RPC	Shuweihat S2	天然气—蒸汽	1627	9747.13
SAPCO	Shuweihat S3	天然气—蒸汽	1647	8182.83
APC	Umm Al Nar	天然气—蒸汽	2430	12892.07
ESWPC	Fujairah F1 IWPP	天然气—蒸汽	861	4263.34
FAPCO	Fujairah F2 IWPP	天然气—蒸汽	2114	8879.55
Masdar	Shamsl	蒸汽	50	242.97
MIPCO	Mirfa IWPP	天然气	384	0.00
总计			15546	80900.25

资料来源：阿布扎比水电公司. *Statistical Report 1996—2015*。

由韩国在阿联酋承建的 4 座核电站，装机容量达到 5.4 兆瓦。2016 年 Barakah 核电厂 1 号机组通过了阿联酋核能公司（ENEC）的相关测试，2017 年并网发电，最后一号反应堆将在 2020 年完工（阿联酋国家能源部，2015）。该核电项目完成后将能满足阿联酋大约 20% 的电力需求。

Shams-1 太阳能电站位于阿布扎比西部，2013 年 3 月 17 日投入运营，是中东地区最大的已投入运营的可再生能源项目。该电站占地 2.5 平方千米，发电能力达 100 兆瓦，产生的电能可满足阿联酋 20000 户家庭的需求。电站共有 768 个槽式抛物面集热器被用来生产清洁、可再生电力。和光伏技术相比，该电站属于聚焦型太阳能热发电（CSP），生产的电力来自太阳的热能而非阳光，即通过吸收热能产出蒸汽，再驱动常规机组，生产出电力。Shams-1电站直接助力阿布扎比 2020 年前实现可再生能源的发电能力达到总发电能力的 7%，有助于阿联酋能源结构多元化。该电站每年降低碳排放 17.5 万吨，相当于种了 150 万棵树。

2. 未来能源工业布局

阿联酋 2017 年 1 月 10 日发布《2050 年能源战略》。该战略的目标是建立包括可再生能源、核能和清洁能源在内的能源结构，可以满足阿联酋经济发展需求并实现环境目标。《2050 年能源战略》的实施通过 3 个阶段完成：第一阶段，提高能源消费效率，促进能源结构多元化，保障能源安全；第二阶段，寻求能源、运输等各方面相结合的解决方案；第三阶段，除创新和创造力之外，关注可再生能源供应其他方面的研究和进展（阿联酋国家能源部，2017）。

2016 年 11 月 2 日，阿布扎比最高石油委员会批复了阿布扎比国家石油公司 2030 发展战略、五年发展计划和 2017 年经营预算。制定该战略旨在保持该公司在油气产业上游、中游和下游部门的持续、战略性增长。

（1）不断增加石油供给。

2015 年阿联酋原油产量为 1.7546 亿吨，出口总量为 1.35 亿吨。阿联酋国土面积较小，境内油气勘探程度较为成熟。由于近年来在勘探领域几乎没有重大石油发现，阿联酋将目光转向提高原油采收率技术，以此延长现存油田的寿命。阿布扎比国家石油公司的 2030 发展战略再次确认了 2018 年石油产量提高至 48 万吨/日的生产目标，不断采用新技术提高原油采收率，提高生产效率，在目前日产量的基础上增产 5.5 万吨/日。

（2）大力发展天然气产业，满足国内天然气增长需求。

阿联酋天然气探明储量为 6.1 万亿立方米，居世界第 7 位，但从 2008 年开始，阿联酋成为天然气净进口国。这显然和其储量是不匹配的，具体原因主要有两方面：一是为提高石油采收率（EOR），阿联酋 2003—2012 年将其天然气产量的约 26% 注入油田中；二是天然气用于发电，以满足近些年阿联酋经济和人口的不断增长。

过去，为满足国内天然气快速增长需求，阿联酋主要通过"海豚天然气项目"管道从卡塔尔进口大量天然气保障国内供给。1999年阿联酋成立海豚能源有限公司（DEL），正式启动"海豚计划"。2007年7月，"海豚计划"正式向阿联酋用户供气。

阿联酋天然气硫含量相对较高，处理过程相对较难。几十年来，阿联酋因处理费用昂贵，将油田伴生气简单放空烧了，而不是将硫从天然气中分离出来，高含硫的技术难题阻碍了阿联酋天然气的开发，但随着技术的进步和天然气需求的大幅增长，阿联酋巨大的天然气储量必将大规模开发。

阿布扎比国家石油公司2016年11月推出新的天然气总体规划。该总体规划遵循阿布扎比国家石油公司的2030年发展战略，并重点关注新技术和创新技术在更大作业范围的应用和推广，以进一步提升采气效率。该公司还计划开采更多的含硫气田以提升天然气的产量，以此保障经济发展和持续的天然气供应。此外，规划还将着手调整天然气价格制定机制，确保阿联酋天然气价格具有竞争力。

（3）大力发展油气下游产业，增加企业效益。

阿布扎比国家石油公司将整合炼化和石化产业，利用协调增效效应增强利润率。通过投资新项目，提高汽油、芳烃和聚烯烃产品的产能，提高阿联酋炼化和石化生产能力。到2020年，由新的汽油和芳烃项目带来的新增产能分别达到420万吨/年和140万吨/年，汽油的产能增长至1020万吨/年，将有力地保障阿布扎比自身供应充足。石化产能将从2016年的450万吨/年增加到2025年的1140万吨/年。

随着含硫天然气产量的增加，硫黄产量将在未来10年快速增长，并推动阿布扎比成为世界上最大的硫黄生产国。该公司计划通过与主要化肥市场的密切合作，最大限度地发挥硫黄价值，支持本地合成氨、尿素等硫制品行业的发展。

（4）促进电力结构多元化，重点发展清洁化石燃料、可再生能源和核能。

目前阿联酋超过90%的能源来自天然气。预计未来30年阿联酋能源需求年均增长6%，可再生能源在能源结构中的比例从目前的25%提高至50%，减少发电碳排放量 70%，整体能源使用效率提升 40%。到 2050 年，在阿联酋能源消费结构中 44% 为可再生能源、38% 为天然气、12% 为清洁煤、6% 为核能。阿联酋还计划大幅降低住宅能源消耗，降幅达 40%，以此来改变能源消费习惯。阿联酋预计总投资约 163.4 亿美元建立一个包含可再生能源、清洁化石燃料和核能的能源结构。

由韩国在阿联酋承建的 4 座核电站总装机容量达到 5.4 吉瓦，第 1 号机组在 2017 年投入运行，预计 2020 年全部完工。届时，该核电站将能满足阿联酋 20% 的电力需求。

2013 年 3 月 17 日，Shams-1 建成投产，是中东目前规模最大的可再生能源电站，有望满足 20000 户家庭的用电力需求。

迪拜水电局开发的 Mohammed bin Rashid AI Maktoum 太阳能公园总装机容量在 2020 年达到 1000 兆瓦，到 2030 年达到 5000 兆瓦，将有力地支持阿联酋能源计划的落实。

第七节

阿 曼

阿曼苏丹国（The Sultanate of Oman，简称阿曼）位于阿拉伯半岛东南部。与阿联酋、沙特阿拉伯、也门接壤，濒临阿曼湾和阿拉伯海。阿曼国土面积为 30.95 万平方千米，沙漠和沙地占陆地总面积的 82%，海岸线长 2092 千米。截至 2017 年 4 月 2 日，阿曼本国人口 249 万，外来人口 211 万。阿曼为非欧佩克成员国，与其他中东国家相比，油气资源量较少，在中东国家中居第 6 位。阿曼经济发展高度依赖石油。2015 年阿曼名义 GDP 为 698.3 亿美元。据阿曼中央银行报告，阿曼石油部门税收占政府收入的 78.7%，石油出口占国家出口总额的 59.4%，占 GDP 总量的 34%。阿曼毗邻世界上最重要的油气运输通道——波斯湾—霍尔木兹海峡—阿曼湾，这增强了阿曼在全球能源供应链的地位。

一、能源资源潜力

1. 油气资源潜力

阿曼油气资源较丰富，据 USGS 2012 年评价数据，阿曼待发现石油资源量为 1.7 亿吨、天然气液 0.6 亿吨、天然气 2699 亿立方米，分别占世界的 0.2%、0.3%、0.2%（见表 8-56）。

表 8-56　阿曼待发现油气资源潜力

国家及地区	石油（亿吨）	天然气液（亿吨）	天然气（亿立方米）
阿曼	1.7	0.6	2699
世界	774.4	228.3	1587513
占世界比例（%）	0.2	0.3	0.2

数据来源：USGS，*An Estimate of Undiscovered Conventional Oil and Gas Resources of the World*，2012。

2. 含油气盆地和油气田分布

阿曼位于波斯湾油气区的南部，主体位于阿曼盆地，西部为鲁卜哈利盆地。阿曼盆地东部勘探程度较高，其他地区勘探程度较低。鲁卜哈利盆地在阿曼部分由于地形复杂，尚处于低勘探阶段，这些地区都可能是有希望的远景区。阿曼迄今已发现 270 个油气田，主要分布在陆上北部，海域仅 3 个油气田（全部为气田），油气田面积为 4224 平方千米，阿曼比较重要的油田包括 Yibal、Natih、Fahud、Al Huwaysah、Lekhwair、Shibkah、MarmLil、Nimr 和 Safah 等。Yibal 是阿曼最大的油田，该油田位于阿曼西北部，发现于 1962 年 11 月，含油区面积 60 平方千米。Yibal 油田 2000 年的产量为 2.46 万吨／日，占阿曼原油总产量的 20%。

3. 油气储量

据 BP 数据，截至 2015 年年底，阿曼石油剩余可采储量为 7.2 亿吨，分别占中东、世界的 0.7%、0.3%；天然气剩余可采储量为 6881.0 亿立方米，分别占中东、世界的 0.9%、0.4%（见表 8-57）。

表 8-57　阿曼油气剩余可采储量情况

国家及地区	石油（亿吨）	天然气（亿立方米）
阿曼	7.2	6881.0
中东地区	1087.4	800409.1
世界	2393.6	1868747.3
占中东地区比例（%）	0.7	0.9
占世界比例（%）	0.3	0.4

数据来源：BP. *Statistical Review of World Energy 2016*。

4. 其他资源潜力

2008 年阿曼电力管理局委托顾问对阿曼多种可再生能源资源潜力进行了全面研究，确定利用可再生能源的技术和经济门槛，推荐将来利用可再生能源的技术和方法。结果表明，阿曼太阳能辐射密度在世界范围内处于最高水平区间，并且具有广阔的空间可以开发太阳能资源；在阿曼南部的风速可以与运营了大量风电机组的欧洲内陆地区相媲美；不过，沼气、地热和波浪能目前不具有开发意义。

阿曼国内太阳辐射量可以达 4.5～6.1 千瓦时 / 平方米 / 日，相当于 1640～2200 千瓦时 / 平方米 / 年（Ahmed Said AI-Busaidi，2015）。阿曼水电公共管理局在 2010 年做过一项调查研究，该研究在阿曼境内确定了 23 处具有发展大规模太阳能发电站的地点，然后依据航空地形学、地质学、气象学和基础设施 4 个方面的数据优选出了 3 个最优目标地区，分别位于 Manah、Adam 和 Ibri。Manah 目标区，被认为是发展大型独立太阳能发电站最优越的地区，太阳辐射量可以达到 6.47～6.85 千瓦时 / 平方米 / 日；Adam 目标区太阳辐射量为 6.61 千瓦时 / 平方米 / 日；Ibri 目标区太阳辐射量为 6.26 千瓦时 / 平方米 / 日。在 23 处潜在目标区中，太阳辐射量最低的是 AI Khaburah 目标区，但辐射量可达到了 6.18 千瓦时 / 平方米 / 日，该目标区的优势之一是可以集成发展太阳能电站和联合循环燃气电站（阿曼水电采购公司，2012）。

根据阿曼电力管理局对阿曼可再生能源的一项调查结果，该国南部海岸地区和 Salalah 以北山区的风能资源具有开发意义（阿曼电力管理局，2008）。Sultan AL-Yahyai 等根据阿曼遍布国内的 29 个气象站风力观测数据对阿曼风能潜力进行了研究，研究结果表明 Qayroon Hyriti、Thumrait、Masirah 和 Rah Alhad 等地区的风能潜力很高，其中 Qayroon Hyriti 地区的风能资源最为丰富（Sultan AL-Yahyai, et al.，2010）。Qayroon Hyriti 地区的年平均风速为 5.77 米 / 秒，风能密度达到 122.5 瓦 / 平方米；Masirah 地区的年平均风速超过 5 米 / 秒，风能密度达到 167.44 瓦 / 平方米。

二、能源供需形势

1. 原油产量稳中有升，天然气产量增长较快

1976 年，阿曼原油产量达到一个小高峰，产量达到 1818 万吨。随后由于北部油田减产，1980 年产量降为 1419 万吨。20 世纪 80 年代由于新油田的不

断发现及投入生产，阿曼原油产量不断上升。1990 年，阿曼原油产量达 3411 万吨。20 世纪 90 年代，阿曼原油产量继续增长，在 2000 年达到新的顶点，年产原油 4840 万吨。由于老油田产量的下降，而新发现油田的产量不足以扭转产量下降趋势，2007 年阿曼原油产量触底，降到 3540 万吨。21 世纪以来，提高采收率技术受到阿曼的重视，并被广泛应用，成为 2008 年之后原油产量增加的关键因素。自 2008 年以来，阿曼石油产量逐年增加。2016 年阿曼石油产量达到 5014 万吨。阿曼油气生产、出口和消费情况如表 8-58 所示。

自 2000 年以来，阿曼天然气产量一直稳定增长，从 2002 年的 221 亿立方米增长到 2015 年的 398 亿立方米。

表 8-58　阿曼油气生产、出口和消费情况

年　份	原油（万吨）				天然气（亿立方米）			
	产量	进口量	出口量	消费量	产量	进口量	出口量	消费量
2002 年	4468	0	4177	417	221		84	—
2003 年	4080	0	3799	423	239	0	93	—
2004 年	3894	0	3596	394	239	0	104	—
2005 年	3857	0	3576	431	257	0	105	—
2006 年	3673	0	3180	427	299	0	128	—
2007 年	3540	0	3027	688	300	0	130	—
2008 年	3779	0	2956	885	299	3	108	299
2009 年	4046	0	3329	816	307	15	114	307
2010 年	4304	0	3708	677	330	19	114	330
2011 年	4407	0	3675	789	344	19	108	344
2012 年	4585	0	3816	805	356	19	108	356
2013 年	4690	0	4150	708	388	19	111	368
2014 年	4698	0	3986		373	20	102	373
2015 年	4896	0	4203		398		107	398

数据来源：阿曼国家统计信息中心（NCSI）；天然气进口量、出口量数据来自 EIA。

2. 天然气消费快速增长

阿曼生产原油主要用于出口。2015 年，阿曼原油出口量占产量的 85.9%。阿曼的一次能源消费主要是天然气。随着经济发展，阿曼天然气消费增速很快，从 2009 年的 299 亿立方米大幅增至 2015 年的 398 亿立方米。阿曼最大的天然气消费是工业项目，主要是 LNG 工业。2015 年工业项目消费天然气 211.7 亿立方米，占天然气总消费量的 56.2%（见表 8-59）。

表 8-59　阿曼天然气生产量和消费量　单位：亿立方米

	2014 年	2015 年	同比增长（%）
生产量	373	398	6.7
伴生气产量	67	70	4.5
非伴生气产量	306	328	7.2
总消费量	373	398	6.7
发电消费量	80	83	3.8
工业领域消费量	6.3	6.7	6.3
工业项目消费量	211.7	220.3	4.1
油田消费量	75	88	17.3
燃料	25	27	8.0
重新注入	28	37	32.1
放空燃烧	15	14	-7.1
其他	7	10	42.9

资料来源：阿曼国家统计信息中心。

3. 阿曼石油主要流向中国

阿曼石油绝大部分流向亚洲国家。根据阿曼国家统计信息中心数据，阿曼石油主要出口国是中国，出口量从 2011 年的 1806 万吨快速增长到 2015 年的 3620 万吨，4 年间增幅达 100.4%，2015 年阿曼出口到中国的石油量占总出口量的 86.1%（见表 8-60）。据中国国家海关总署数据，2016 年中国从阿曼进口石油达 3507 万吨。

表 8-60　阿曼石油出口量和目的地　单位：万吨

目　的　地	2011 年	2012 年	2013 年	2014 年	2015 年	占比（%）
中国大陆地区	1675	1911	2467	2872	3241	77.1
日本	375	521	400	188	131	3.1
韩国	280	149	64	83	80	1.9
印度	457	71	180	67	63	1.5
中国台湾地区	131	456	374	462	379	9.0
泰国	296	259	233	206	128	3.1
新加坡	131	271	184	45	136	3.2
其他地区	295	97	250	63	44	1.1
总计	3640	3735	4152	3986	4202	100.0

资料来源：阿曼国家统计信息中心。

4. 电力需求旺盛

随着经济快速增长，阿曼电力需求日益旺盛。电力消费量从 2002 年的 7743 吉瓦时快速增至 2014 年的 25172 吉瓦时，增幅达到 325.1%。阿曼的发电能力也快速增长，从 2002 年的 2304 兆瓦增至 2014 年的 8259 兆瓦，增幅达到 358.4%（见表 8-61）。

表 8-61　阿曼电力生产和消费情况

年　份	装机容量（兆瓦）	发电量（吉瓦时）	电力消费量（吉瓦时）
2002 年	2304	10331	7743
2003 年	2788	10714	8059
2004 年	3024	11499	8825
2005 年	2983	12648	8402
2006 年	3314	13287	10495
2007 年	3420	14167	11193
2008 年	3859	15829	12850
2009 年	4202	17823	14483
2010 年	4265	19159	16133
2011 年	4861	21354	18512
2012 年	5808	24444	20958
2013 年	6598	25661	22791
2014 年	8259	28343	25172

资料来源：阿曼国家统计信息中心。

三、能源管理体制

1. 能源管理体制概述

阿曼油气部是管理油气部门的政府机构，其职责包括：制定和落实油气资源勘探最优化开发的研究规划和政策；监管所有和油气有关的勘探、开采和生产活动；研究国际油气市场，为油气生产制定市场政策；批准国内公司与国际石油公司签订的合同，并监督合同的落实；管理和监督政府在国内油气田的投资。

阿曼石油开发有限公司（Petroleum Development Oman，PDO）是阿曼最大的石油勘探和生产公司。阿曼政府是该公司的控股股东。阿曼石油公司（Oman Oil Company，OOC）于 1996 年成立，是阿曼政府全资控股的公司，职责是在国内外能源领域进行投资。阿曼石油炼化和石油工业公司（Oman Oil

Refineries and Petroleum Industries Company，ORPIC）控制了阿曼的炼化
工业，旗下共 2 座炼化厂。

2. 能源公司

阿曼石油开发有限公司是阿曼最大的油气勘探和生产公司。阿曼石油开
发有限公司贡献了阿曼 70% 的石油产量及接近全部的天然气产量，几乎承
担了阿曼全部的钻井作业。2015 年，该公司共有 130 个油田、14 个气田、
8000 口生产井。阿曼石油开发有限公司实际上是一个跨国财团，成立于 1937
年，最初由几家西方公司联合组成。1974 年 1 月 1 日，阿曼政府收购 PDO 的
25% 股份，同年 7 月将持股比例增加到 60%。实际上阿曼政府通过 PDO 直接
控制着全国的石油工业。PDO 的持股比例为：阿曼政府 60%，壳牌公司 34%，
道达尔公司 4%，Patex 公司 2%。不过，阿曼大多数主要油田都由壳牌公司经
营，包括 Yibal 油田和 Lekhwair 油田。

阿曼液化天然气有限责任公司（Oman Liquefied Natural Gas LLC，
OLNGC）是 1994 年根据阿曼皇家法令成立的合资企业。公司业务包括液化
天然气的生产和销售（含副产品天然气液）；公司旗下共有 3 家液化生产线，
液化能力达到 1040 万吨 / 年。公司持股比例为：阿曼政府 51%，壳牌 30%，
道达尔 5.54%，韩国 LNG 公司 5%，日本三菱公司 2.77%，日本三井公司
2.77%，Partex 公司 2%，伊藤忠商事 0.92%。

阿曼炼化和石油工业公司是阿曼唯一的炼化公司，经营 Mina AI Fahal
和 Suhar 炼化厂。该公司由 3 家公司合并而成，分别是阿曼炼化和石化
公司（Oman Refineries and Petrochemicals Company LLC，ORPC）、阿
曼芳香剂公司（Aromatics Oman LLC，AOL）和阿曼聚丙烯公司（Oman
Polypropylene，OPP）。阿曼炼化和石油工业公司是阿曼最大的公司之一，其
股东是阿曼油气部和阿曼石油公司。

阿曼水电采购公司（Oman Power and Water Procurement Company，
OPWP）成立于 2003 年，是阿曼公用事业控股公司——Nama 集团的子公司，
是阿曼所有电力和淡水项目的采购商。阿曼皇家 78/2004 号法令规定了公司
的职能和责任。公司的职责是以最低的成本保障充足的电力生产和输电能力，
以满足阿曼各领域日益增长的水电需求。

四、能源工业发展历程

阿曼石油工业始于 1924 年壳牌在阿曼境内开始地面地质调查。阿曼虽然于 1937 年成立了阿曼石油开发公司，但在 20 世纪 60 年代之前并未获得商业油气发现。

20 世纪 60 年代后期，阿曼石油发现取得突破。1962 年，PDO 发现 Yibal 油田，阿曼石油工业正式起步；1963—1969 年，相继发现 Naith 和 AI Huwaysah 等油田，1967 年开始生产石油，同年建成 Mina AI Fahal 油港。

20 世纪 70—80 年代是阿曼石油工业快速发展阶段。PDO 不断加强油气勘探，20 年间共发现 58 个油田，石油储量逐年提高，大量油田投产。1988 年，PDO 开始海上油气勘探，石油产量在 2000 年达到了历史最高峰 4771 万吨，之后产量一直保持 3500 万～4800 万吨，2015 年阿曼石油产量为 4660 万吨。

1984 年阿曼编制了找气计划，天然气储量、产量开始剧增，但开采的天然气主要是伴生气。1989 年开始勘探深层构造，发现了大量新气藏，天然气储量、产量快速上升。阿曼天然气产量由 1990 年的 33 亿立方米增加到 2000 年的 109 亿立方米，2015 年天然气产量为 398 亿立方米。

阿曼的石油工业一直依赖国外石油公司，PDO 是阿曼主要油气生产商和油气权益拥有者，拥有全国大部分石油储量及超过 70% 的原油产量，该公司阿曼政府占股 60%、壳牌占股 34%、道达尔占股 4%、Portugal's Partex 占股 2%。美国西方石油公司是阿曼最大的国外石油公司，其他还有壳牌、道达尔、Partex、BP、中国石油、KoGas 和 Repsol。

五、能源产业特色和布局

1. 能源产业现状

（1）炼油化工。

阿曼石油下游产业相对薄弱，生产的原油主要用于出口。目前运行的炼厂有 2 座，为 Mina AI Fahal 炼厂和 Suhar 炼厂。Mina AI Fahal 炼厂将原油炼化成燃料产品，炼化剩余的残渣通过管道被传送到 Suhar 炼厂。Suhar 炼厂将原油炼化成燃料、石油脑和丙烯。这两座炼厂的原油炼化总能力达到了 1105 万吨 / 年。这两座炼厂归属于阿曼炼化和石油工业公司。

（2）管道。

海豚天然气管道是阿曼唯一的天然气管道。1999 年阿联酋成立海豚能源有限公司（DEL），标志着"海豚计划"正式启动。"海豚计划"是阿联酋海豚能源有限公司与卡塔尔天然气总公司签订的一项引进卡塔尔天然气的合作协议，内容是建设连接卡塔尔、阿联酋和阿曼的天然气网络，该项目造价达 35 亿美元。2008 年 10 月，"海豚计划"正式向阿曼供气。目前，海豚天然气管道的年输气能力为 207 亿立方米，2015 年输气 198 亿立方米，阿曼通过该管道进口天然气 21 亿立方米。

（3）LNG 终端。

阿曼国内有 3 座 LNG 终端，位于目前 Sur 附近的 Qalhat。在 2013 年阿曼液化天然气公司（Oman LNG）和 Qalhat LNG 合并之后，阿曼液化天然气公司控制了全部 3 座 LNG 终端。LNG 终端的天然气来自阿曼石油开发有限公司运营的 Central Oman Gas Field Complex，通过长 360 千米、直径 48 英寸的天然气管道输送过来。阿曼液化天然气公司的液化天然气处理能力达到 1040 万吨／年。

（4）发电厂。

阿曼水电采购公司（OPWP）是 Nama 集团的子公司，是阿曼所有电力和淡水项目的采购商。该公司与各家发电公司签署电力采购合同，向 MIS 电力系统和 Dhofar 电力系统（DPS）两大电网供应电力，满足国内各大领域的用电需求。目前，阿曼水电采购公司（OPWP）主要从 13 大发电厂购电。

2. 未来能源工业布局

1995 年，阿曼发布未来愿景《阿曼 2020》(Oman 2020)，旨在建设可持续和多元化的经济。它的首要目标是保证国内人均收入在 1995 年收入水平基础上实现翻倍；同时，要为经济发展创造良好的环境，实施以油气资源开发为主导的发展政策，推动经济多元化发展。油气收入在保障国民健康、教育和社会服务方面也要扮演重要角色。《阿曼 2020》的一个基础主题是为经济多元化创造良好环境，努力最优化开发阿曼的自然资源。

自 20 世纪 70 年代以来，阿曼一直制定五年计划来发展国内经济。目前，阿曼正进入《第 9 个五年发展计划（2016—2020）》(以下简称《九五计划》)

实施的前半程。这个计划是《阿曼 2020》的收官阶段。该计划的实施目的是寻求实现财政和经济的可持续性，使经济基础和国家收入来源多元化，转变政府在国内经济中扮演的角色，扩大私营部门在经济活动中的参与程度，提高阿曼公民的生活质量。阿曼《第 9 个五年发展计划（2016—2020）》在第 8 个五年计划的基础上，根据现实情况，制定了谨慎和现实的目标。该计划的目标是2016—2020 年平均原油产量达到 13.5 万吨／日；5 年内石油经济平均增长速度达到 0.2%；降低石油产业对 GDP 的贡献率，在当前油价下从第 8 个五年计划的 44% 下降到 26%。

（1）加强油气生产，保障经济多元化战略的实施。

《阿曼 2020》中提到，要以油气资源开发为主导，推动经济多元化发展。在第 9 个五年发展计划时期，石油产量要达到 13.5 万吨／日，相较于第 8 个五年计划提高了 0.75 万吨／日。另外，要促进一次性自然资源的最优化开发，阿曼独特和优越的地理位置，与世界经济发展中心的距离优势是阿曼经济多元化的有力保证。

阿曼经济高度依赖石油。2015 年，阿曼石油部门税收占政府收入的78.7%，石油出口额占国家出口总额的 59.4%，占 GDP 总量的 34%。加强油气生产，对于保证阿曼财政和经济的可持续性至关重要。2014 年，Masirah石油公司在 50 区块（海上）的一口勘探井自喷轻油油流达到 411 吨／日。2015 年，阿曼石油开发有限公司（PDO）宣布在阿曼南部的 Sadad North 新增石油经济储量 610 万吨，这只是全年石油新增经济储量 1493 亿吨的一部分。Mabrouk Southwest 的天然气发现新增 0.1 亿立方米的经济储量。2015年年底，阿曼南部的 Tayseer 气田新增 263 亿立方米天然气储量和 1603 万吨凝析油储量。

虽然不断有新的油气发现，但阿曼若要保持油气产量乃至增产，仍然严重依赖提高原油采收率技术（EOR）。阿曼石油开发有限公司开展了多种提高原油采收率技术的项目，包括化学剂驱油、注气混相驱和热力采油，将来还会应用目前实验室和油田试验中更加有前景的提高原油采收率的技术。为了保护环境并提高油气资源开发的可持续性，目前更强调常规的油气开发模式，而不是注重短期增产的提高原油采收率技术项目。油气资源的最优化开发是阿曼目前发展方案中最好的选择。2015 年，阿曼石油开发有限公司将 2025 年提高原油采收率技术项目的石油产量占总产量 33% 的预测下调为 25% 左右。

（2）重点发展油气下游产业，延长油气产业链。

阿曼《第 9 个五年发展计划（2016—2020）》中提出为促进多元化和可持续发展的经济，在纵向上，要增加国内油气资源的价值。目前阿曼有 2 座炼厂、3 座 LNG 终端。

Suhar 炼厂升级项目（Suhar Refinery Improvement Project，SRIP）是为了升级阿曼国内炼化能力建立的，它可以最大限度地利用原油的价值。该项目 2013 年启动，投入资金达数十亿美元。该计划新增 5 个炼化单元，分别是原油蒸馏单元、真空蒸馏单元、延迟焦化单元、氢化裂化单元和沥青氧化单元。2017 年 2 月，阿曼炼化和石油工业公司宣布已经成功完成原油蒸馏单元、真空蒸馏单元和延迟焦化单元，整个升级计划已经完成 99.2%，在几个月后新产能就可投入运行。升级项目完成后，产能将从现在的 1.59 万吨 / 日上升到 2.56 万吨 / 日。

Liwa 塑料石油综合体项目（Liwa Plastics Industries Complex，LPIC）由 6 个部分组成：Fahud 气田、300 千米长的 Fahud-Suhar 工业港区天然气管道、1 座 800+kTA 蒸汽裂解单元、1 座高密度聚乙烯工厂、1 座线型低密度聚乙烯工厂和 1 座聚丙烯工厂。该项目计划于 2019 年完工，届时将年产塑料 100 万吨、聚乙烯和聚丙烯 140 万吨。

Muscat Suhar 管道项目（Muscat Suhar Pipeline Project，MSPP）计划修建一条长 280 千米的管道连接 Mina AI Fahal 炼化厂和 Suhar 炼化厂至 Jifnain 新建的一座配送和储存设施。

Ras Markaz 原油公园项目（Ras Markaz Crude Oil Park）一期工程将于 2019 年完工，届时将具备 137 万吨原油的储存能力。

（3）发展非油产业，实现经济发展多元化。

阿曼《第 9 个五年发展计划（2016—2020）》认为，阿曼经济多元化政策的实施必须发展非油经济，对国家经济结构做出重大积极的改变；为了促进多元化和可持续发展的经济，在横向上，要优先发展的有前景的行业，包括制造业、运输和物流服务业、旅游业、渔业和采矿业；为减少财政对石油出口的依赖，阿曼计划增加非油产品在出口中的比重，增加非油部门的税收收入。相较于油气行业在 2016—2020 年预期平均增速只能达到 0.2%，阿曼计划通过一系列措施，包括增加非油部门的投资、为非油行业创造良好的发展条件、设立特别经济区、兴建工业园等，促进非油行业发展，非油行业在第九个五年计划期间预期发展速度将达到 4.3%。

阿曼政府在《第九个五年发展计划（2016—2020）》中规划的投资项目总额高达 1065 亿美元，但由于油价低迷，财政收入相较于第 8 个五年计划期间大幅下滑，吸引私营部门的资金成为必然的选择；另外，采用政府和社会资本合作模式（PPP）来推进大型基础设施项目的建设，以减轻政府的财政负担。

阿曼铁路公司（Oman Rail）2017 年 1 月表示将新建一条矿业铁路项目，矿业铁路项目是阿曼政府提出的"Tanfeedh"行动倡议中与物流业相关联的重要投资机会之一，是加速非石油经济多元化、促进阿曼投资增长、创造就业机会的关键。该矿业铁路长 625 千米，连接 Shuwaymiyah、Manji 等石灰石和石膏储量丰富的矿区，通达杜库姆港；第二阶段，"Tanfeedh"行动倡议设想将铁路与另一富矿区 Thamrait 相连，并延伸至萨拉拉港。根据阿曼铁路公司完成的初步研究估计，矿业铁路的年货运能力包括 500 万吨石膏、500 万吨石灰石、约 100 万吨油田设备。

（4）发展可再生能源。

阿曼《至 2040 年国家能源战略》（*National Energy Strategy to 2040*）建议，至 2025 年阿曼电力消费的 10% 要来自可再生能源，主要是陆地上的风能和太阳能。在部长会议中批准的另一项政策中提出，可再生能源项目的实施要对比国际天然气价格，确定项目在经济和技术上的可行性。阿曼公共水电局的职责包括研究可再生能源发电的开发潜力。通过和国外顾问的合作，阿曼公共水电局已经完成了对国内可再生能源的评估，评估证实阿曼境内拥有可投入商业开发的丰富风能和太阳能资源。

Al-Mazyunah 太阳能电站是一个实验性项目，由 Bahwan Astonfield 太阳能公司所有和运营。该电站与农村地区电力公司（Rural Areas Electricity Company，RAECO）在 2014 年签署购电合同，2015 年 5 月正式开始商业运行。自开始并网发电至 2015 年年底，该电站共发电 320.4 兆瓦时。

　　阿曼石油开发有限公司和 GlassPoint 太阳能公司（GlassPoint Solar）将合作在阿曼南部建设世界上最大的 Miraah 太阳能项目，这是一个 1021 兆瓦的太阳能热力设施，共包括 36 个温室模块。该项目生产的蒸汽将被用于 Amal 油田的重油和黏性油的热驱开采。该项目投入运行后，平均每天将可以生产 6000 吨太阳能蒸汽，可以每年节省约 1.6 亿立方米天然气。该项目的建设开始于 2015 年 10 月，2017 年第一个温室模块开始生产蒸汽。

本章小结

　　中东是世界油气资源最丰富的地区，是世界重要的油气供给区，是我国油气进口的重要来源地。2017 年，伊拉克和叙利亚恢复稳定，卡塔尔断交危机僵局却未化解，美国宣布耶路撒冷为以色列首都，为巴以和平解决蒙上了阴影。目前，中国是中东地区石油最大的买家，中国和中东国家未来发展潜力巨大，在"一带一路"倡议下，共建命运共同体，开创美好未来。

第九章 南亚地区之印度 09

南亚地区油气资源相对贫乏，能源主要生产国包括印度、巴基斯坦等。印度是世界重要的能源消费国和原油进口国，2017 年印度一次能源消费量为 7.5 亿吨油当量，占世界总消费量的 5.6%，居世界第 3 位；2016 年印度进口原油 2.1 亿吨，占世界进口总量的 9.7%，居世界第 3 位。

印度是南亚次大陆最大的国家，国土面积 298 万平方千米（不包括中印边界印度占区和克什米尔印度实际控制区）。印度东濒孟加拉湾，西临阿拉伯海，大陆海岸线长约 5560 千米，邻国有中国、尼泊尔、不丹、缅甸、孟加拉国、斯里兰卡、巴基斯坦 7 个国家。人口 12.9271 亿（2015年），2015 年 GDP 为 20907.1 亿美元（International Monetary Fund，2016）。

一、能源资源潜力

1. 油气资源潜力

印度油气资源相对不足，据 USGS 2012 年评价数据，印度待发现石油资源量为 15.0 亿吨、天然气液 3.2 亿吨、天然气 11914 亿立方米，分别占世界的 1.9%、1.4%、0.8%（见表 9-1）。

表 9-1 印度待发现油气资源潜力

国家及地区	石油（亿吨）	天然气液（亿吨）	天然气（亿立方米）
印度	15.0	3.2	11914
世界	774.4	228.3	1587513
占世界比例（%）	1.9	1.4	0.8

数据来源：USGS, 2012。

据印度石油和天然气部 2016—2017 年度的报告数据，印度对 15 个沉积盆地和深水区的常规油气资源进行了评价，估算的资源量约 281 亿吨油当量（包括石油和天然气），如表 9-2 所示。

表 9-2 印度主要含油气盆地估算的油气资源量　　单位：亿吨油当量

盆地名称	海上	陆上	总计
孟买（Mumbai）	91.9	—	91.9
阿萨姆—若开褶皱带（Assam-Arakan Fold Belt）	—	18.6	18.6
坎贝（Cambay）	—	20.5	20.5
上阿萨姆（Upper Assam）	—	31.8	31.8
克里希纳—戈达瓦里（Krishna-Godavari）	5.55	5.75	11.3
高韦里（Cauvery）	2.7	4.3	7
拉贾斯坦邦（Rajasthan）	—	3.8	3.8
Kutch	5.5	2.1	7.6
安达曼—尼科巴（Andaman-Nicobar）	1.8	—	1.8
Kerala-Konkan	6.6	—	6.6
Saurashtra 海域	2.8	—	2.8
Ganga Valley	—	2.3	2.3
Baengal	0.3	1.6	1.9
喜马拉雅前陆（Himalayan Foreland）	—	1.5	1.5
Mahanadi	1	0.45	1.45
深水	70	—	70
总计	188.15	92.7	280.85

数据来源：Ministry of Petroleum and Natural Gas. *Government of India Annual Report 2016—2017*。

据印度石油和天然气部 2016—2017 年度报告数据，印度煤层气地质资源量为 25994.8 亿立方米，分布在全国 11 个邦（见表 9-3）。截至 2016 年 4 月 1 日，印度探明煤层气地质储量为 2803 亿立方米。

表 9-3　印度各邦估算的煤层气资源量

序　号	邦名称	煤层气资源量（亿立方米）
1	贾坎德（JHARKHAND）	7220.8
2	拉贾斯坦（RAJASTHAN）	3596.2
3	古吉拉特（GUJARAT）	3511.3
4	奥里萨（ORISSA）	2435.2
5	恰蒂斯加尔邦（CHATTISGARH）	2406.9
6	马哈拉施特拉（MADHYA PRADESH）	2180.4
7	西孟加拉（WEST BENGAL）	2180.4
8	泰米尔纳德（TAMILNADU）	1047.7
9	安得拉（ANDHRA PRADESH）	991.1
10	马哈拉施特拉（MAHARASHTRA）	339.8
11	东北（NORTH EAST）	85.0
总计		25994.8

数据来源：Ministry of Petroleum and Natural Gas. *Government of India Annual Report 2016-2017*。

2. 油气和煤炭储量

　　据 BP 数据，截至 2015 年年底，印度石油剩余可采储量为 7.6 亿吨，分别占亚太地区、世界的 13.5%、0.3%；天然气剩余可采储量为 1.5 万亿立方米，分别占亚太地区、世界的 9.5%、0.8%；煤炭剩余可采储量为 606.0 亿吨，分别占亚太地区、世界的 21.0%、6.8%（见表 9-4）。

表 9-4　印度能源资源剩余可采储量情况

国家及地区	石油（亿吨）	天然气（万亿立方米）	煤炭（亿吨）
印度	7.6	1.5	606.0
亚太地区	56.6	15.6	2883.3
世界	2393.6	186.9	8915.3
占亚太地区比例（%）	13.5	9.5	21.0
占世界比例（%）	0.3	0.8	6.8

数据来源：BP. *Statistical Review of World Energy Full Report 2016*。

　　据美国能源信息署（EIA）公布的《世界 41 个国家页岩油和页岩气技术可采资源报告》，对印度 4 个盆地（Cambay、Krishna-Godavari、Cauvery、Damodar Valley）、4 套页岩层系进行的页岩油气评价结果显示，印度页岩气地质资源量为 16.5 万亿立方米，技术可采资源量为 2.7 万亿立方米；页岩油地质资源量为 119.2 亿吨，可采资源量为 5.2 亿吨。

3. 主要含油气盆地

印度大陆主要位于印度板块，主体是稳定的克拉通。印度有 26 个沉积盆地，面积为 313.47 万平方千米，其中，陆地和海洋 400 米水深以浅的沉积盆地面积为 178.47 万平方千米，超过 400 米水深的沉积盆地面积 135 万平方千米。印度主要的含油气盆地有坎贝（Cambay）、阿萨姆（Assam）、Krishna-Godavari、Cauvery、孟买（Mumbai）、印度河等。按照沉积盆地的油气勘探开发现状和发展潜力，可将盆地分为 4 类，如表 9-5 所示。

表 9-5 印度沉积盆地分类

盆地类型	面积（万平方千米）	油气前景	盆地 / 地区
Ⅰ类（7 个盆地）	51.85	商业生产	坎贝、阿萨姆、孟买海域、Krishna-Godavari、Cauvery、阿萨姆阿拉干山脉褶皱带、拉贾斯坦邦
Ⅱ类（3 个盆地）	16.4	有油气发现，但没有商业生产	Kutch、Mahanadi-NEC & Andaman-Nicobar
Ⅲ类（6 个盆地）	64.1	有油气显示，有地质前景	Himalayan Foreland、Ganga、Vindhyan、Saurashtra、Kerala-Konkan-Lakshadweep & Bengal
Ⅳ类（10 个盆地）	46.12	前景不确定	Karewa、Spiti-Zanskar、Satpura-South、Rewa-Damodar、Narmada、Decan Syneclise、Bhima-Kaladgi、Cuddapah、Pranhita-Godavari、Bastar、Hhattisgarh
深水沉积盆地	135		东部和西部海域，超过 400 米水深到经济专属区范围

数据来源：Ministry of Petroleum and Natural Gas. *Government of India Annual Report 2016—2017*。

二、能源供需形势

1. 能源消费以煤炭、石油和天然气为主

2000—2015 年，印度一次能源消费总量从 3.2 亿吨油当量增长到 7.0 亿吨油当量。自 2013 年起，印度成为继中国、美国之后的第三大能源消费国。2015 年，印度一次能源消费结构主要为石油（占 27.9%）、天然气（6.5%）、煤炭（58.1%），如表 9-6 所示。2015 年，印度煤炭产量为 67746 万吨。

表 9-6 印度一次能源消费结构情况

种 类	石油	天然气	煤炭	核能	水电	可再生能源	总计
能源消费（百万吨油当量）	195.5	45.5	407.2	8.6	28.1	15.5	700.5
占总量的比例（%）	27.9	6.5	58.2	1.2	4.0	2.2	100

数据来源：BP. *Statistical Review of World Energy Full Report 2016*。

2．印度主要能源均依赖进口，对外依存度不断攀升

印度原油进口量不断增加，对外依存度逐渐攀升。2008 年印度原油进口量为 12769 万吨，2015 年快速飙升为 19513 万吨，年均增长率为 6.2%，对外依存度由 2008 年的 77.1% 上升到 2015 年的 82.6%（见表 9-7）。

表 9-7　2000—2015 年印度油气生产、进出口和消费情况

年　份	原油（万吨）				天然气（亿立方米）		
	产量	进口量	出口量	消费量	产量	进口量	消费量
2000 年	3416				264		264
2001 年	3409				264		264
2002 年	3524				276		276
2003 年	3539				295		295
2004 年	3634				292	26	319
2005 年	3492				296	60	357
2006 年	3605				293	80	373
2007 年	3644				301	100	403
2008 年	3780	12769	0	16549	305	108	415
2009 年	3800	14579	10	18369	376	126	507
2010 年	4127	16203	0	20330	493	122	615
2011 年	4288	16968	7	21249	445	171	619
2012 年	4255	17713	0	21968	388	205	575
2013 年	4247	19048	0	23295	322	178	504
2014 年	4164	18837	0	23001	304	189	506
2015 年	4118	19513	15	23616	292	217	506

数据来源：BP. *Statistical Review of World Energy 2016*。

2004 年印度开始进口天然气，2013 年印度天然气进口量从 2004 年的 26 亿立方米增加到 178 亿立方米，对外依存度从 8.2% 增加到 35.3%。2015 年，印度天然气对外依存度为 42.9%。

尽管印度拥有较丰富的煤炭资源，是煤炭生产大国，但因煤炭品质差，产量不能满足需求，优质煤炭严重依赖进口。印度煤炭进口量从 2000 年的 1209 万吨油当量增加到 2015 年的 12336 万吨油当量，对外依存度也从 7.4% 增加到 30.3%。

三、能源管理体制

印度能源管理分中央和邦两级，印度各邦的能源管理主要参与电力监

管，油气、煤炭、核能、新能源和可再生能源由中央政府统一管理，涉及能源的管理部门主要有石油和天然气部、煤炭部、电力部、新能源和可再生能源部等。

印度政府于 2005 年成立了由煤炭部、石油和天然气部、电力部、原子能部和计划委员会等部委组成的最高能源委员会，协调国家能源的总体供需，并使国家能源政策得以有效贯彻执行。

1. 石油和天然气部

石油和天然气部（Ministry of Petroleum & Natural Gas）统领印度整个石油工业的产业链，包括油气勘探开发、炼油、储运和市场贸易。其下属机构主要有两个：石油工业理事会（The Directorate General of Hydrocarbons，DGH），管理油气行业的上游业务，包括煤层气项目在内；石油天然气管理局（The Petroleum and Natural Gas Regulatory Board，PNGRB），管理油气行业的下游业务，包括油品的销售和分配。

2. 煤炭部

煤炭部（Ministry of Coal）主要负责印度煤炭、褐煤储量的勘探开发政策和发展战略，核准高价值的重大项目及相关问题，负责煤炭的生产、供给、销售和价格等。煤炭部通过印度煤炭有限公司（Coal India Limited，CIL）及其附属公司，以及内伊韦利褐煤有限公司（Neyveli Lignite Corporation Limited）行使政府的管理职能。另外，煤炭部还与安得拉邦政府共同管理合资企业 Singareni Collieries 有限公司，其中，安得拉邦政府持有 51% 股权，印度中央政府持有 49% 股权。

3. 新能源和可再生能源部

新能源和可再生能源部（Ministry of New and Renewable Energy，MNRE）由原非常规能源部于 2006 年 10 月更名而来，其主要职能是管理一切新能源和可再生能源事宜，负责研发和开发新能源和可再生能源，进行知识产权保护和国际合作，推广使用新能源和可再生能源。MNRE 的主要目标是开发部署新的能源政策，以补充国家的能源需求。

4. 主要能源公司

（1）石油公司。

印度主要石油公司有印度石油天然气公司（Oil and Natural Gas Corporation，ONGC）、印度石油公司（Indian Oil Corporation Limited，

Indian Oil 或 IOCL）、印度石油勘探公司（Oil India Limited，OIL）、印度斯坦石油有限公司（Hindustan Petroleum，HPCL）、信实工业公司（Reliance Industries Limited，RIL）、巴拉特石油公司（Bharat Petroleum Corporation Limited，BPCL）等。

印度石油天然气公司（ONGC）是进行石油和天然气勘探生产的国家石油公司，也是印度最大的油气生产商，创建于 1956 年，控制了印度约 70% 的石油产量。ONGC Videsh Ltd.（OVL）是 ONGC 的下属子公司，主要负责海外油气勘探开发业务。

印度石油公司（IOCL）主要从事炼油及销售、石油国际贸易，是印度下游最大的国有石油公司，控制了印度 23 座炼厂中的 9 座。

印度石油勘探公司（OIL）是印度国有第二大油气生产商，主要从事油气勘探开发、原油管输、液化石油气生产等，并持有 Numaligarh 炼油有限公司26% 的股权。

信实工业公司（RIL）是印度最大的私营公司，在能源和原材料方面开展业务，在贾姆讷格尔（Jamnagar）拥有 2 座加工能力超过 2000 万吨 / 年的炼厂，在 2016 年《财富》世界 500 强中排名第 215 位。

印度斯坦石油有限公司（HPCL）成立于 1958 年，在印度经营 3 座炼厂，主营业务包括石油和天然气开采、炼油和石油产品销售等，在 2016 年《财富》世界 500 强中排名第 367 位（见表 9-8）。

表 9-8　2016 年《财富》世界 500 强中的印度石油公司

排　名	2015 年排名	公司名称	营业收入（百万美元）	利　润（百万美元）
161	119	印度石油公司（IOCL）	54710.80	1713.70
215	158	信实工业公司（RIL）	43437	4220.50
358	280	巴拉特石油公司（BPCL）	29082.40	1219.20
367	327	印度斯坦石油公司（HPCL）	28829.40	751.8

资料来源：《财富》，2016。

（2）煤炭公司。

印度煤炭有限公司（Coal India Limited，CIL）是印度国有控股煤炭开采公司，下属 8 家子公司，煤炭产量约占印度煤炭总产量的 80%。

四、油气勘探开发历程

印度石油勘探工作开始于 19 世纪，1865 年开始在阿萨姆盆地调查马库姆煤田的油田。1889 年在阿萨姆邦发现了第一个油田——迪格博伊油田。1915 年在印度孟买边境发现了巴达普尔油田。之后，印度先后在阿萨姆盆地、坎贝盆地及孟加拉盆地进行地质、地球物理调查和钻探，但 1947 年之前进展不大，石油勘探和生产活动都主要局限于印度东北部地区。

1947—1959 年，印度陆续成立印度石油天然气公司（ONGC）、石油印度有限公司（OIL），开始发展本国油气勘探开发技术。1950 年与外国石油公司签订合同，分别于 1952 年和 1956 年在阿萨姆盆地发现 2 个油田。1958 年钻探发现坎贝油气田，之后坎贝盆地和阿萨姆盆地成为重点探区，并不断有新发现，到 1967 年坎贝盆地已发现 9 个油气田。

1959—1974 年是印度陆上石油发展阶段，主要在陆上的阿萨姆、孟买两个盆地进行油气勘探开发，到 20 世纪 60 年代末，石油储量达到 1.75 亿吨，天然气产量达到 750 亿立方米，1974 年石油产量达到 749 万吨。

1974 年发现孟买海上大油田后，印度加大了海上石油勘探的力度。到 1976 年，海上发现了 8 个油气田，印度油气储量、产量也随之大幅增长，海上石油产量由 1975 年的 0 飙升到 1985 年的 2000 万吨（国家发展改革委，中国石油集团经济技术研究院，2007）。

自 1989 年以来，由于老油田难以增产，新油田大规模开发未能跟上，印度石油产量连续 4 年滑坡，产量由 1989 年的 3445 万吨下降到 1993 年的 2788 万吨。面对石油产量下滑的严峻形势，印度政府采取加大勘探开发力度，尤其是加大中小油气田的勘探开发力度，扩大对外招商范围等措施，允许私营企业向电力、油气、航空运输、公路等行业投资。

自 1990 年以来，印度石油剩余可采储量一直保持 7 亿～ 8 亿吨。

2013 年，印度石油和天然气部开展一个行动计划，旨在 2030 年实现印度能源独立。该计划包括：增加化石燃料的生产，提高煤层气和页岩气等资源的开发，通过国内企业出售上游油气资源给外国，减少机动车燃料补贴，改革调整油气价格等。2014 年 5 月，印度石油和天然气部再次重申了实现印度能源独立的目标。印度政府也一直在寻求开发和利用各种可再生能源。这些举措将有效增加印度的能源供给，提高能源消费效率。

五、油气储炼运

1. 能源产业现状

（1）炼油化工。

截至 2016 年年底，印度共有 23 座炼厂，年原油加工能力为 23006.6 万吨，印度炼厂减压蒸馏能力为 4303.5 万吨，催化裂化能力为 2643.7 万吨，催化重整能力为 222.2 万吨，催化加氢能力为 1957.0 万吨。印度年原油加工能力超过 2000 万吨的炼厂有 3 座（见表 9-9）。

表 9-9　印度炼厂建设情况

序　号	炼厂位置	所属公司名称	炼油能力（万吨）
公有（Public Sector Undertakings，PSUs）炼厂			
1	Digboi-1901#	印度石油天然气公司	65
2	Guwahati-1962		100
3	Barauni-1964		600
4	Koyali-1965		1370
5	Bongaigaon-1974		235
6	Haldia-1975		750
7	Mathura-1982		800
8	Panipat-1998		1500
9	Paradip-2016		1500
10	Mumbai-1954	印度斯坦石油有限公司	650
11	Visakhapatnam-1957		830
12	Mumbai-1955	巴拉特石油公司	1200
13	Kochi-1963 9.500		950
14	Manali-1965	钦奈（Chennai）石油有限公司	1050
15	Nagapattinam-1993		100
16	Numaligarh-2000	Numaligarh 炼油有限公司	300
17	Mangalore-1996	Mangalore 炼油石化有限公司	1500
18	Tatipaka，AP-2001	石油和天然气委员会	6.6
小计			13506.6
合资炼厂			
19	Bina-2011	巴拉特阿曼炼油公司	600
20	Bathinda-2012	印度斯坦米塔尔能源公司	900
小计			1500

续表

序号	炼厂位置	所属公司名称	炼油能力（万吨）
	私营炼厂		
21	DTA-Jamnagar-1999	信实工业公司	3300
22	SEZ, Jamnagar-2008		2700
23	Vadinar-2006	埃萨（Essar）石油有限公司	2000
小计			8000
总计			23006.6

资料来源：Ministry of Petroleum and Natural Gas. *Government of India Annual Report 2016—2017*。

据印度石油和天然气部数据，印度的主要炼厂有信实工业公司在贾姆讷格尔（Jamnagar）的 2 座炼厂（年原油加工能力 3300 万吨和 2700 万吨）、埃萨石油公司的 Vadinar 炼厂（年原油加工能力 2000 万吨）、Mangalore 炼油石化有限公司的 Mangalore 炼厂（年原油加工能力 1500 万吨）、印度石油天然气公司的 Panipat 炼厂（年原油加工能力 1500 万吨）和 Paradip 炼厂（年原油加工能力 1500 万吨）等。

（2）管道。

原油管道：据印度石油和天然气部数据，印度原油管道网络延伸长度为 9495 千米，运输能力可以达到 14000 万吨／年。印度共有近 30 个管道终端，大多分布在西北海岸，主要用于原油进口。这些管道从港口和石油产地一直延伸到古吉拉特邦（Gujarat）、马图拉（Mathura）、北方邦（Uttar Pradesh）和哈里亚纳邦（Haryana）地区的大型炼厂。在印度东部地区，原油管道从孟加拉邦（West Bengal）延伸到巴拉迪布（Paradip）炼厂。由于大量原油来自油轮和海上油田，炼厂一般分布在沿海地区。印度中部和南部地区只有少数的大型炼厂，炼油产能主要分布在印度西北部和东北部。

天然气管网：据印度石油和天然气部 2016—2017 年度报告的数据，目前，印度天然气管网里程 15000 千米，在建和规划天然气管网 15000 千米，其中约 14500 千米已授权建设。印度主要天然气管道运输商是 GAIL（印度天然气有限公司）、GSPL 和 RGTIL。

土库曼斯坦—阿富汗—巴基斯坦—印度（TAPI）项目，也称跨阿富汗管道，全长 1680 千米，管输能力为 198.1 亿立方米／年。2012 年 5 月，印度和土库曼斯坦签署天然气供应和购买协议。2015 年 12 月，土库曼斯坦开始 TAPI 项目建设，预计该管道 2019 年投入运营。

（3）LNG 终端。

2015 年，印度 LNG 进口居世界第 4 位，进口量约 221 亿立方米，占世界天然气贸易量的 7%。Petronet 是印度 LNG 供应的主要进口公司，它是 GAIL、ONGC、IOC 和几个外国公司的合资企业。截至目前，印度有 4 个 LNG 接收站，主要位于印度西海岸，2016—2017 年天然气年处理能力为 347 亿立方米，2017—2018 年天然气处理能力为 394 亿立方米，能满足印度天然气需求的 50% 以上；预计 2018—2019 年天然气处理能力为 639 亿立方米（见表 9-10）。

表 9-10　印度已建成和计划建设的 LNG 接收站　　单位：百万吨 / 年

LNG 接收站位置	接收站所属公司	2016—2017 年能力	2017—2018 年能力	2018—2019 年预计能力
Dahej	Petronet LNG	15	15	17.5
Hazira	Hazira LNG	5	5	7.5
Dabhol	RGPPL	1.3	5	5
Kochi	Petronet LNG	5	5	5
Mundra	Adani, GSPC	0	0	5
Ennore	Indian Oil	0	0	5
Kakinada FSRU	Andhra Pradesh Gas Distribution	0	0	3.5
总计（百万吨 / 年）		26.3	30	48.5
总能力（亿立方米 / 年）		347	394	639

资料来源：Ministry of Petroleum and Natural Gas. *Government of India Annual Report 2016—2017*。

（4）石油储备。

印度分两期建立战略石油储备。一期战略石油储备的 3 个在建储油设施总库容量为 535 万吨，这些设施分布在维沙帕特南、帕杜尔和芒格洛尔。印度政府 2015 年 3 月 31 日批准 494.8 亿卢比的总预算支持（GBS），用于向目前在建的 3 个战略原油储备项目进行存储。

印度战略石油储备有限公司正在规划二期战略石油储备，目标是建立 4 个储油设施，总计容量 1255 万吨。其中，帕杜尔 251 万吨，昌迪霍尔 377 万吨，比卡内尔 377 万吨，拉杰科特 251 万吨。

2. 国际合作现状

21 世纪以来，印度为保障国家能源安全，积极推进"走出去"战略，鼓励国内石油公司走出国门，不断加强国际交流与合作。印度目前在全球 25 个国家进行油气勘探开发、管道、炼油等业务，包括俄罗斯、哈萨克斯坦、阿塞拜疆、伊朗、伊拉克、也门、叙利亚、孟加拉国、东帝汶、印度尼西亚、缅甸、越南、澳大利亚、新西兰、利比亚、尼日利亚、莫桑比克、南苏丹、苏丹、加蓬、美国、加拿大、巴西、哥伦比亚、委内瑞拉。

印度在全球 25 个国家共有 58 个油气项目，参与这些项目的公司主要有 ONGC Videsh、OIL、Indian Oil、IOC 等。其中，ONGC Videsh 在全球 17 个国家拥有 37 个油气勘探开发项目和 2 个管道项目，油气产量分别占印度总产量的 14.9% 和 12.9%。37 个油气勘探开发项目分布如下：阿塞拜疆（2 个）、越南（2 个）、俄罗斯（3 个）、苏丹（2 个）、南苏丹（2 个）、伊朗（1 个）、伊拉克（1 个）、利比亚（1 个）、缅甸（4 个）、叙利亚（2 个）、孟加拉国（2 个）、巴西（2 个）、莫桑比克（1 个）、哥伦比亚（8 个）、委内瑞拉（2 个）、哈萨克斯坦（1 个）、新西兰（1 个），如表 9-11 所示。

ONGC Videsh 的海外项目目前有 14 个在进行油气生产，分布在 10 个国家，即俄罗斯（Vankor、Sakhalin-1、Imperial Energy）、叙利亚（Al-Furat Petroleum Co.）、越南（Block 06.1）、哥伦比亚（MECL）、苏丹（GNPOC）、南苏丹（GNPOC、SPOC）、委内瑞拉（San Cristobal）、巴西（BC-10）、阿塞拜疆（ACG）和缅甸（Block A-1、BlockA-3）。

表 9-11 印度海外油气资产情况

序 号	国 家	项目名称	合作公司及所占份额
1	越南	Block 06.1，海上	ONGC Videsh, 45%; TNK, 35%（Operator）; Petrovietnam, 20%
		Block 128，海上	ONGC Videsh, 100%
2	俄罗斯	Sakhalin-1，海上	ONGC Videsh, 20%; Exxon Mobil, 30%（Operator）; Sodeco, 30%; SMNG, 11.5%; RN Astra, 8.5%
		Imperial Energy	ONGC Videsh, 100%
		Vankor	ONGC Videsh, 26%; OIL、IOCL、BPRL 共 23.9%
		Taas-Yuryakh	OIL、IOCL、BPRL, 29.9%
		License 61	OIL, 50%; Petroneft, 50%
3	苏丹	GNPOC 区块 1、2 & 4	ONGC Videsh, 25%; CNPC, 40%; Petronas, 30%; Sudapet, 5%（Jointly Operated）
		Khartoum-Port Sudan Pipeline	ONGC Videsh, 90%（Operator）; OIL, 10%
4	南苏丹	GPOC 区块 1、2 & 4	ONGC Videsh, 25%; CNPC, 40%; Petronas, 30%; Nilepet, 5%（Jointly Operated）
		SPOC 区块 5A	ONGC Videsh, 24.125%; Petronas, 67.875%; Nilepet, 8%（Jointly Operated）

续表

序 号	国 家	项目名称	合作公司及所占份额
5	缅甸	Block A-1	ONGC Videsh, 17%; Daewoo, 51%（Operator）; KOGAS, 8.5%; GAIL, 8.5%; MOGE, 15%
		Block A-3	ONGC Videsh, 17%; Daewoo, 51%（Operator）; KOGAS, 8.5%; GAIL, 8.5%; MOGE, 15%
		Shwe 海上中流项目	ONGC Videsh, 17%; Daewoo, 51%（Operator）; KOGAS, 8.5%; GAIL, 8.5%; MOGE, 15%
		陆上天然气运输管道	ONGC Videsh, 8.347%; CNPC-SEAP, 50.9%（Operator）; Daewoo, 25.041%; GAIL, 4.1735%; KOGAS, 1735%; MOGE, 7.365%
		Block B-2	ONGC Videsh, 97%（Operator）; M&S, 3%
		Block EP-3	Myanmar ONGC Videsh, 97%（Operator）; M&S, 3%
		Block M4	OIL, 60%（Op）; Oilmax, 10%; Mercator, 25%; Oil Star, 5%
		Block YEB	OIL, 60%（Op）; Oilmax, 10%; Mercator, 25%; Oil Star, 5%
6	莫桑比克	Rovuma Area-1	ONGC Videsh, 16%; Anadarko, 26.5%（Operator）; OIL, 4%; ENH, 15%; Mitsui, 20%; BPRL, 10%; PTTEP, 8.5%
7	伊拉克	Block 8	ONGC Videsh, 100%
8	伊朗	Farsi 海上区块	ONGC Videsh, 40%（Operator）; IOC, 40%; OIL, 20%
9	利比亚	Block 43	ONGC Videsh, 100%
		Area 95-96	Sonatrach, 50%; Indian Oil, 25%; OIL, 25%
10	叙利亚	Block 24	ONGC Videsh, 60%; IPR International, 25%（Operator）; Tri Ocean Mediterranean, 15%
		Al Furat Petroleum Co.	B.V., 33.33%～37.5%; Shell, 62.5%～66.67%（Operator——Al Furat Petroleum Company）
11	巴西	Block BM-SEAL-4	ONGC Videsh, 25%; Petrobras, 75%（Operator）
		BC-10，海上	ONGC Videsh, 27%; Shell, 50%（Operator）Qatar Petroleum International, 23%
		BM-SEAL-11（3个区块），Sergipe 盆地	Petrobras（Operator），60%; IBV, 40%
		BM-C-30（1 区块），Campos 盆地	Anadarko Petroleum（Operator），30%; British Petroleum, 25%; Maersk, 20%; IBV, 25%
		BM-POT-16（2个区块），Potiguar 盆地	Petrobras, 30%（Operator）; BP, 30%; Galp Energia, 20%; IBV, 20%
12	哥伦比亚	Mansarovar Energy Golombia Limited（MECL）	ONGC Videsh, 25%～50%; Sinopec, 25%～50%; Ecopetrol, 50%（Jointly Operated）
		Block RC-8	ONGC Videsh, 40%（Operator）; Ecopetrol, 40%; Petrobras, 20%
		Block RC-9	ONGC Videsh, 50%; Ecopetrol, 50%（Operator）
		Block RC-10	ONGC Videsh, 50%（Operator）; Ecopetrol, 50%
		Block LLA-69	ONGC Videsh, 50%; SIPC, 50%（Jointly Operated）
		Block GUA OFF 2	ONGC Videsh, 100%

续表

序号	国家	项目名称	合作公司及所占份额
12	哥伦比亚	CPO-5	ONGC Videsh, 70% (Operator); Petrodorado, 30%
		SSJN7	ONGC Videsh, 50%; Pacific Rubieales Energy(PRE), 50% (Operator)
13	委内瑞拉	San Cristobal Project	ONGC Videsh, 40%; PDVSA, 60% (Jointly Operated)
		Carabobo-1 Project	ONGC Videsh, 11%; IOC, 3.5%; OIL, 3.5%; Petronas, 11%; PDVSA, 71% (Jointly Operated)
14	哈萨克斯坦	Satpayev Project	ONGC Videsh, 25%; KMG, 75% (Operator)
15	阿塞拜疆	ACG	ONGC Videsh, 2.7213%; BP, 36% (Operator); SOCAR, 12%; Chevron, 11%; INPEX, 11%; Exxon, 8%; StatOil, 8%; TPAO, 7%; ITOCHU, 4%
		BTC 管道（1760 千米）	ONGC Videsh, 2.36%; BP, 30.1% (Operator); SOCAR, 25%; StatOil, 8.71%; TPAO, 6.53%; ITOCHU, 3.4%; Chevron, 8.9%; INPEX, 2.5%; ENI, 5%; TOTAL, 5%; Conoco Philips, 2.5%
16	孟加拉国	Block SS4	ONGC Videsh, 45% (Operator); OIL, 45%; BAPEX, 10%
		Block SS9	ONGC Videsh, 45% (Operator); OIL, 45%; BAPEX, 10%
17	新西兰	Block 14TAR-R1	ONGC Videsh, 100%
18	印度尼西亚	Nunukan 区块	BPRL, 12.5%; PT Pertamina Hulu Energy, 35% (Operator); PT Medico, 40%; Videocon Indonesia, 12.5%
19	澳大利亚	Block EP - 413 (onland)	BPRL, 27.803%
		T/L 1 & T/18P	—
20	东帝汶	Block JPDA 06-103	BPRL, 20%
21	美国	Niobrara Shale Oil/ Condensate JV Asset	Carrizo (Niobrara) LLC, 60%; OIL, 20%; Indian Oil, 10%; Haimo Oil & Gas, 10%
		Eagle Ford Shale acreage in Texas State	GAIL, 20%
22	加拿大	大西洋西北 LNG 项目	Progress Energy Canada Ltd., 62%; Sinopec, 15%; Indian Oil, 10%; Japex, 10%; Petroleum Brunei, 3%
23	尼日利亚	OPL- 205	Summit Oil, 30%; Suntera Nigeria 205 Ltd., 70%
		OML - 142	Suntera, 50%; Indian Oil, 25%
24	加蓬	Shakthi	Old PSC: OIL, 45%; Indian Oil, 45%; Marvis Pte Ltd., 10%; New PSC: OIL, 50%; Indian Oil, 50%
25	也门	82	Medco, 45%; Kuwait Energy, 25%; IOC, 15%; OIL, 15%

资料来源：Ministry of Petroleum and Natural Gas. *Government of India Annual Report 2016—2017*。

3. 未来能源工业布局

印度为全球第三大能源消费国，能源消费以煤为主，优质能源供给不足，石油、天然气、铀等需要大量进口，故印度未来能源布局的核心是保障国内能源的安全供给。印度能源布局的主要举措是制定《印度东北地区 2030 年油气能源愿景》、不断加大海外油气勘探开发、加强可再生能源的开发利用。

（1）不断加大东北地区的油气勘探开发。

目前，印度东北地区原油产量约占印度原油总产量的 11.8%，截至 2016 年年底，东北地区生产原油 318.2 万吨，其中阿萨姆邦生产原油 314.1 万吨。印度东北地区天然气产量约占印度天然气总产量的 14.3%，截至 2016 年年底，东北地区生产天然气 34.19 亿立方米，其中阿萨姆邦生产天然气 23.47 亿立方米，特里普拉生产天然气 10.52 亿立方米。

2016 年 2 月，印度石油和天然气部发布了《印度东北地区石油 2030 年愿景》（ North East Vision 2030 ），覆盖的范围为阿萨姆邦、曼尼普尔邦、梅加拉亚邦、米佐拉姆邦、纳加兰邦、锡金邦和特里普拉邦，主要有政策、合作关系、项目和生产等五大支柱，项目建设重点是液化天然气（LNG）的管道连接。按照规划，到 2030 年印度东北地区石油和天然气产量将翻番。

（2）加大海外油气勘探开发。

近几年，印度不断加大海外能源的投资力度，充分利用全球石油价格降低及中国海外并购放缓的优势，不断购买海外能源资产。2016 年 4 月，印度投资 200 亿美元，用于伊朗南部恰巴哈尔港的能源和工业项目开发。2016 年 7 月，印度 4 家国有石油公司签署协议从俄罗斯石油公司（Rosneft）收购一系列的石油生产资产，收购价值为 55 亿美元。2016 年 8 月，沙特阿美公司与印度 Larsen & Toubro 公司签订了海上天然气项目等。

（3）加强可再生能源的开发利用。

2017 年 1 月，印度中央电力管理局发布《全国电力规划草案》（以下简称《草案》），称到 2035—2036 财年印度的峰值电力需求预计从当前的 153 吉瓦增至 690 吉瓦。据《草案》预测，2017—2022 年印度将不需要增加燃煤发电容量；到 2027 年，印度潜在可再生能源发电能力将增加到 275 吉瓦，非化石燃料占比将由目前的 31.5% 提高到 57%。

据印度中央电力管理局（Central Electricity Authority）数据，印度发电主要依赖煤炭（占总发电能力的 60.2%）、水电（占 13.7%）、风能（占 9.1%）、天然气（占 8.0%）等，其中化石能源发电装机容量占印度发电装机总容量的 68.5%。近些年，印度可再生能源发电发展势头强劲，截至 2016 年年底，印度风能、太阳能、生物质能、小水电装机容量分别为 28700 兆瓦、9013 兆瓦、7971 兆瓦、4334 兆瓦（见表 9-12）。

表 9-12 印度发电站装机能力情况   单位：兆瓦

	煤炭	天然气	柴油	核电	水电	小水电	生物质能	风能	太阳能	总装机容量
装机能力	188968	25282	919	5780	43139	4334	7971	28700	9013	314106
占比(%)	60.2	8.1	0.3	1.8	13.7	1.4	2.5	9.1	2.9	100

资料来源：Central Electricity Authority（CEA），Ministry of Power，Government of India。

截至 2017 年 3 月，印度运行的核电机组为 22 台，发电能力为 6219 兆瓦；在建核电机组 5 台，发电能力为 3300 兆瓦；计划建设核电机组 20 台，发电能力为 18600 兆瓦；建议建设核电机组 44 台，发电能力为 51000 兆瓦。

印度政府编制了雄心勃勃的核电发展计划，计划到 2032 年实现 63000 兆瓦的核电装机容量。截至 2016 年年底，印度已与阿根廷、澳大利亚、加拿大和美国等多个国家签订了民用核协议，48 国核供应集团同意印度从 2008 年 9 月起获取民用核技术和核燃料。印度是目前唯一一个既没有在《核不扩散条约》上签字，又可以与国外进行核贸易的国家。目前，印度正与美国、俄罗斯、日本等多个民用核电大国深入进行原子能合作。

本章小结

南亚能源资源禀赋相对贫乏，油气消费主要依赖进口。印度居南亚霸主地位，中印能源合作潜力大，两国应继续推进海外油气资源的联合竞购和联合开发，加强在太阳能、风能、燃煤发电和电网建设、油气管道等领域的技术及投资合作。中国和巴基斯坦合作如火如荼，中巴经济走廊快速推进，中巴经济走廊首个重大能源项目——华能巴基斯坦萨希瓦尔电站竣工投产。

第十章 东南亚地区

东南亚是全球能源资源较为丰富的地区，油气生产国主要包括印度尼西亚、马来西亚、越南、缅甸、文莱、泰国等。截至 2017 年年底，石油、天然气探明剩余可采储量分别为 17.0 亿吨和 7.9 万亿立方米，分别占全球剩余可采总储量的 0.7% 和 4.1%；东南亚地区 2017 年原油、天然气产量分别为 1.2 亿吨、2245 亿立方米，分别占全球产量的 2.7%、6.1%。

第一节

马来西亚

马来西亚（Malaysia）位于东南亚地区，由不相连接的马来西亚西部和马来西亚东部两部分组成。马来西亚国土面积 33 万平方千米，人口 3099.57 万（2015 年）。马来西亚是东南亚地区重要的油气生产国和出口国。马来西亚石油探明储量位于中国、印度、越南、印尼之后，居亚太地区第 5 位，马来西亚几乎所有原油产量来自海上油田，为世界第三大液化天然气（LNG）出口国。

一、能源资源潜力

1. 油气资源潜力

据 USGS 2012 年数据，马来西亚待发现石油资源量为 0.2 亿吨、天然气液为 0.1 亿吨、天然气为 476 亿立方米，分别占世界的 0.03%、0.04%、0.03%（见表 10-1）。

表 10-1　马来西亚待发现油气资源潜力

国家及地区	石油（亿吨）	天然气液（亿吨）	天然气（亿立方米）
马来西亚	0.2	0.1	476
世界	774.4	228.3	1587513
占世界比例（%）	0.03	0.04	0.03

数据来源：USGS. *An Estimate of Undiscovered Conventional Oil and Gas Resources of the World*，2012。

2. 油气储量

据 BP 数据，截至 2015 年年底，马来西亚石油剩余可采储量为 4.7 亿吨，占亚太地区和世界的比例分别为 8.3% 和 0.2%；天然气剩余可采储量为 1.2 万亿立方米，分别占亚太地区和世界的 7.5% 和 0.6%（见表 10-2）。

表 10-2　马来西亚油气探明剩余可采储量

国家及地区	石油（亿吨）	天然气（万亿立方米）
马来西亚	4.7	1.2
亚太地区	56.6	15.6
世界	2393.6	186.9
占亚太地区比例（%）	8.3	7.5
占世界比例（%）	0.2	0.6

数据来源：BP. *Statistical Review of World Energy 2016*。

二、能源供需形势

2015 年，马来西亚一次能源消费量 9314 万吨油当量，其中，石油占一次能源消费总量的 38.8%，天然气占 38.4%，煤炭占 18.9%，水电占 3.6%，可再生能源占 0.3%。油气是马来西亚一次能源消费的主体，总占比超过 77%。

1. 原油产量逐年下降，天然气产量逐年递增

1968 年马来西亚原油产量为 19.2 万吨，2004 年原油产量达到历史最高峰 3628 万吨，之后原油产量逐年下降，2015 年为 3189 万吨。1983 年，马来西亚天然气产量为 2 亿立方米，之后产量不断攀升，2015 年产量为 682 亿立方米（见表 10-3）。

表 10-3 2000—2015 年马来西亚油气生产、进出口和消费情况

年 份	原油（万吨）				天然气（亿立方米）			
	产量	进口量	出口量	消费量	产量	进口量	出口量	消费量
2000 年	3350	709	1667	2392	466			266
2001 年	3253	873	1741	2385	460			257
2002 年	3418	696	1749	2365	475			260
2003 年	3539	778	1811	2506	497			282
2004 年	3628	781	1859	2550	567	0	250	305
2005 年	3462	789	1835	2416	638	0	293	349
2006 年	3268	791	1668	2391	625	0	303	353
2007 年	3384	929	1639	2674	614	0	298	355
2008 年	3402	837	1449	2790	636	0	316	392
2009 年	3220	562	1183	2599	609	13	307	354
2010 年	3259	762	1656	2365	609	29	320	345
2011 年	2937	895	1103	2729	620	20	333	348
2012 年	2978	982	1159	2801	613	23	318	355
2013 年	2853	894	1043	2704	671	12	338	403
2014 年	2983	900	1392*	2491	667			408
2015 年	3189	900	1828*	2261	682	48	342	398

数据来源：BP. *Statistical Review of World Energy 2016*；原油进出口量数据来自 IEA；标 * 的数据来自 *Annual Statistical Bulletin 2016*，OPEC。

2. 马来西亚为原油净出口国、世界第三大 LNG 出口国

马来西亚是原油净出口国，2013 年原油净出口量为 149 万吨，是世界第三大 LNG 出口国，排在卡塔尔、澳大利亚之后。2015 年马来西亚 LNG 出口量为 342 亿立方米，主要出口到日本（215 亿立方米）、韩国（48 亿立方米），以及中国大陆地区（44 亿立方米）和中国台湾地区（30 亿立方米），马来西亚天然气通过管道出口较少。另外，2015 年马来西亚从印度尼西亚通过管道进口天然气 26 亿立方米。

三、能源管理体制

马来西亚石油与天然气资源的所有权和开发权均为国家所有，马来西亚能源、绿色工艺与水务部是能源政策的制定者和服务管理者。马来西亚油气工业分为以下 3 个层面进行管理：能源委员会，能源、绿色工艺与水务部，马来西亚国家石油公司（Petronas）。

1. 能源委员会

能源委员会是根据 2001 年《马来西亚能源委员会法案》设立的监管马来西亚半岛和沙巴能源行业的机构，主要监管马来西亚电力和天然气供应。

2. 能源、绿色工艺与水务部

能源、绿色工艺与水务部负责制定马来西亚能源政策，建立有效的法律和监管框架；确定马来西亚能源行业、绿色工艺和水行业的发展方向，并发展高效的管理体制和有效的监督机制。

3. 马来西亚国家石油公司（Petronas）

马来西亚国家石油公司（Petronas）成立于 1974 年，是马来西亚国有公司。根据马来西亚国会通过的《石油开发法令》，公司被授权拥有和控制马来西亚石油资源的所有权利。经过 40 年的发展建设，Petronas 已成长为一家综合性的跨国石油天然气公司，拥有 3 家子公司，分别为马来西亚石油贸易有限公司、马来西亚石油天然气有限公司和马来西亚国际船务有限公司。Petronas 在《美国石油情报周刊》公布的 2015 年世界最大 50 家石油公司中排名第 20 位，在 2016 年《财富》世界 500 强中排名第 125 位。

四、油气勘探开发历程

早在 19 世纪末，马来西亚就曾发现石油。1910 年，壳牌沙捞越石油公司在沙捞越的美里地区发现石油，并获得沙捞越的石油独家开采权。此后进行了勘探开发，马来西亚石油工业逐渐兴起（廖小健，2006）。

由于陆地发现的油储有限，20 世纪 50 年代，壳牌沙捞越石油公司开始勘探近海石油资源，20 世纪 60—70 年代先后在沙捞越近海发现巴兰、西鲁东、图高等一大批油田。同一时期，壳牌沙巴石油公司也在马来西亚的沙巴海岸外先后发现西埃尔卜、塞芒等多处油田。接着，马来半岛东海岸的丁加奴州海域也发现了杜荣、达比士和塞利基等油田。这一系列近海油田的发现，奠定了马来西亚产油国的地位。

马来西亚能源的勘探开发，很长一段时期是由外国公司独资或与当地政府合资运营的。1973 年中东石油危机后，马来西亚为掌控本国能源资源，于 1974 年颁布了《石油开发法》，并成立了国家石油公司，以统管全国石油资源。该公司独家拥有对石油和天然气资源的勘探开发权。公司成立之初，主要管理石油开发事宜，但随着天然气的开发，1978 年又与日本三菱、荷兰壳牌及沙捞越州政府联合成立了马来西亚第一家液化天然气公司，专门负责天然气勘探开发事宜。

1979 年，马来西亚开始实施国家能源战略，其目标有 3 个方面：一是保障供给，旨在以最低成本开发本国能源资源，为国家提供充足、安全和经济的能源；二是有效利用资源，提倡节能，防止浪费，促进能源高效利用；三是在保证前两方面的前提下重视保护环境。

为了保证国内成品油市场的健康发展，延长油气资源开采年限，马来西亚政府推行以下 3 项政策。一是石油补贴政策。政府长期对国内石油产业实施补贴政策，油价越高，补贴负担越重。为了确保这项关系民生的政策持续，马来西亚政府将其在海外的大部分盈利用于国内油价补贴。二是保护国家能源资源政策。为有效保护国家能源资源，延长油气资源开采年限，马来西亚政府将原油年产量限制在 3150 万吨，天然气消费量限制在 9 亿立方米/日（Mariyappan，2000）。三是通过法律形式，规范成品油市场，对石油石化产品的销售、储存、运输等经营活动进行严格管制，建立成品油市场经营许可证制度，对外资制定了成品油市场准入政策。

20 世纪 80 年代以前，马来西亚曾严重依赖单一能源资源——石油。在经历了 1973 年和 1979 年两次世界石油危机和油价暴涨之后，为防止类似危机再次爆发，马来西亚政府努力实现能源供给多元化。马来西亚有大量未开发的水电和天然气储量，煤炭资源也有一定潜力。1980 年，马来西亚政府提出了石油、天然气、水电、煤炭 4 种能源的多元化战略。

以天然气发展为例，天然气开发主要集中在马来半岛丁加奴州的居茶和杜荣、马来西亚东部沙捞越州的明都鲁和美里及沙巴州的拉布安岛等地区。1984 年，杜荣天然气通过海底管道成功输送上岸，标志着马来西亚大规模天然气生产的开始。

为最大限度地利用天然气，马来西亚国家石油公司在马来半岛、沙巴州和沙捞越州建立了一系列天然气加工、输送和利用项目。著名的马来半岛天然气利用工程（PGU），从 1981 年开始施工，分 3 个阶段，用了 10 多年时间才基本完工。至今，纵贯马来半岛的天然气管网已达 1700 多千米。

由于马来西亚能源需求量不断增长，政府进一步认识到扩大开发利用替代能源的重要性。1999 年，马来西亚政府决定把 4 种能源改为 5 种能源，增加了可再生能源，并在第 8 个五年计划（2001—2005 年）中实施。

在多种可再生能源中，生物质能成为马来西亚着重发展的方向。马来西亚是世界领先的棕榈油生产国。早在 1982 年，马来西亚棕榈油局便致力于研发棕榈油生物质能源作为替代能源。2000 年，马来西亚棕榈油委员会（MPOB）正式成立。近年来，马来西亚政府出台一系列政策鼓励推广生物燃料。2010 年，马来西亚政府宣布，2011 年 6 月开始执行《生物质燃料法案》，马来西亚国家石油公司将被强制为棕榈油混合柴油支付额外成本，并要求到 2011 年所有汽车使用生物燃料。马来西亚种植业及商品部规定，包括马来西亚国家石油公司在内的所有石油公司必须从源头对生物燃料混合物进行补贴。目前，马来西亚每年可用 50 万吨棕榈油代替石油，现已拟定短、中、长期行动计划，多部门合作致力于国家生物燃料政策的成功落实。

五、油气储炼运

据《油气杂志》数据，马来西亚共有 7 座炼厂，截至 2015 年 1 月 1 日，年原油加工能力为 2694 万吨。其中，马来西亚国家石油公司（Petronas）经营其中的 3 座炼厂，年加工能力为 1295 万吨；壳牌经营 2 座炼厂，年加工能力为 850 万吨；埃克森美孚经营 1 座炼厂，年加工能力为 430 万吨；Kemanan Bitumen Co. 经营 1 座炼厂，年加工能力为 119 万吨。

第二节

缅 甸

缅甸联邦共和国（简称缅甸）位于东南亚，西南临安达曼海，西北与印度和孟加拉国为邻，东北靠近中国，东南接壤泰国与老挝。国土面积为 67.66 万平方千米，海岸线约 2800 千米，人口 5184.6 万（截至 2015 年），GDP 为 669.83 亿美元。

天然气是缅甸出口收入的重要来源，主要出口泰国和中国。2015
年，缅甸出口天然气 134 亿立方米，出口到中国的天然气总量为 39 亿
立方米。

据联合国贸易与发展大会报告称，缅甸目前列全球吸收外国直接投资目
的地前 15 位。2018 年，美国、中国和印度仍是缅甸最大的外国投资目的地。
截至 2016 年 5 月底，缅甸吸收外资总额达 630 亿美元，缅甸政府 2016—
2017 财年吸收外资 80 亿美元。缅甸《20 年国家全面发展规划》制定了吸收
外资目标，计划到 2030 年，吸收外资总额达 1400 亿美元，2017—2030 年
年均吸收外资 60 亿～ 80 亿美元。

一、能源资源潜力

1. 油气资源潜力

据 USGS 2012 年数据，缅甸待发现石油资源量为 3.1 亿吨、天然气液
为 0.6 亿吨、天然气为 4582 亿立方米，分别占世界的 0.4%、0.3%、0.3%（见
表 10-4）。

表 10-4　缅甸待发现油气资源潜力

国家及地区	石油（亿吨）	天然气液（亿吨）	天然气（亿立方米）
缅甸	3.1	0.6	4582
世界	774.4	228.3	1587513
占世界比例（%）	0.4	0.3	0.3

资料来源：USGS，*An Estimate of Undiscovered Conventional Oil and Gas Resources of the World*，2012。

2. 油气储量

据《油气杂志》和 BP 数据，截至 2015 年年底，缅甸石油剩余可采储量
为 0.07 亿吨，天然气剩余可采储量为 0.5 万亿立方米，分别占世界的 0.003%
和 0.3%（见表 10-5）。

表 10-5　缅甸油气探明剩余可采储量

国家及地区	石油（亿吨）	天然气（万亿立方米）
缅甸	0.07	0.5
世界	2268.78	186.9
占世界比例（%）	0.003	0.3

资料来源：石油数据来自《油气杂志》；天然气数据来自 BP。

3. 含油气盆地及油气田

缅甸共发育 17 个含油气盆地，其中，陆上 14 个，海上 3 个。陆上含油气盆地仅对中缅甸（Central Myanmar，又称伊洛瓦底 Irrawaddy）、钦敦（Chindwin）两个盆地进行了较充分的勘探开发，共发现 30 多个油气田，目前在生产油气田 17 个。海上 3 个含油气盆地分别为若开（Rakhine）、马达班（Moattama）和德林达依（Tanintharyi），盆地勘探程度较陆上油气盆地更低，已发现 10 个大小不等的油气田，均在水深 200 米以内的浅海（迟愚，等，2014）。中缅甸盆地包括 Salin 次盆、Pyay 坳陷和伊洛瓦底三角洲，宽约 200 千米，长约 1100 千米（国家发展改革委，中国石油集团经济技术研究院，2007）。

4. 其他能源资源

根据缅甸矿业部统计，缅甸煤炭探明储量为 2.7 亿吨，主要分布在克钦邦、实皆省、掸邦、马圭和德林达依省的 16 个区域，煤炭开采企业以合资公司和私营公司为主。

缅甸地势总体北高南低，主要河流有伊洛瓦底江、萨尔温江、钦敦河和湄公河，估计水力发电潜力达 10 万兆瓦，是目前缅甸发电量的 30 倍。据西方国家和国际组织勘测，缅甸蕴藏水力装机容量为 1800 万千瓦。

二、能源供需形势

2012 年，缅甸的一次能源供应约为 1527 万吨油当量，主要包括煤炭、石油、天然气、水电和生物能。缅甸 70.3% 的一次能源供应来自生物能，8.0% 来自天然气，14.2% 来自石油，水电和煤炭合计 7.5%。当前，缅甸的能源供应结构正发生着较大的变化。近年来，缅甸水电、煤电厂、天然气田和油气管道领域的投资迅速增加。

1. 原油产量不高，石油消费量有限

自 1980 年以来，缅甸原油产量变化不大，长期维持在 75 万～115 万吨，1980 年产量为 98 万吨，2015 年产量为 100 万吨。石油消费量长期维持在 200 多万吨，近几年石油消费量不升反降，由 2005 年的 215 万吨下降到 2015 年的 145 万吨（见表 10-6）。

表 10-6 2000—2015 年缅甸油气生产、进口和消费情况

年 份	石油（万吨）				天然气（亿立方米）		
	原油产量	产量	进口量	消费量	产量	出口量	消费量
2000 年	60	64	120	184	34		
2005 年	100	104	111	215	122	89	33
2006 年	115	119	81	200	126	90	36
2007 年	106	110	89	199	135	99	36
2008 年	107	110	35	146	124	86	38
2009 年	90	94	39	133	116	83	33
2010 年	102	106	28	133	124	88	36
2011 年	100	104	31	135	128	86	42
2012 年	100	104	33	137	127	85	42
2013 年	100	104	36	141	131	85	46
2014 年	100	105	40	145	168	127	41
2015 年	100	105	40	145	196	134	62

资料来源：原油、石油数据来自 EIA；天然气数据来自 BP 发布的 *Statistical Review of World Energy 2016*。

2. 天然气产量增长较快，约 2/3 的天然气用于出口换汇

缅甸天然气产量总体呈现不断增长态势，尤其是由 1999 年的 17 亿立方米增加到 2000 年的 34 亿立方米，然后又快速攀升至 2015 年的 196 亿立方米，产量主要来自海上的 Yadana 气田和 Yetagun 气田。这两个气田分别于 1998 年和 2000 年开始生产，而 1999 年开始生产的天然气经管道运至泰国。Shwe 气田由大宇国际 2004 年发现，该气田生产的天然气出口到中国。

三、能源管理体制

缅甸能源部是缅甸石油与天然气业的主管部门，能源部下设计划司、缅甸国家石油天然气公司（MOGE）、缅甸石油化工公司（MPE）和缅甸石油产品贸易公司（MPPE）。MOGE 负责原油和天然气的勘探开发与运输；MPE 负责 3 座炼厂、5 个尿素化肥厂、3 个液化石油气厂和 1 个甲醇厂；MPPE 负责石化产品的销售与分配。此外，缅甸还有电力部、负责煤炭的矿业部、负责生物质能和灌溉用小水电的农业水利灌溉部、负责薪柴 / 气候变化 / 环境保护等的环保林业部、负责能效的工业部。

目前，缅甸油气对外合作的合同模式主要包括产量分成协议、提高采收率协议、恢复开发生产协议（RSF）3 种类型。

1963 年,缅甸油气工业实施国有化;1970 年 3 月成立了属于矿业部的缅甸石油公司;1985 年,缅甸能源部成立,石油工业划归能源部管理,同年缅甸石油公司更名为缅甸国家石油天然气公司(MOGE),MOGE 拥有陆上及海上石油勘探开发权。能源部还成立了两个能源公司:缅甸石油化工公司(MPE),负责炼油和化工;缅甸石油产品贸易公司(MPPE),负责石化产品的分销。

四、油气勘探开发历程

缅甸石油开发历史悠久。缅甸已陆续发现 30 多个油气田,目前仍在生产的油气田共有 17 个,但总体油气勘探程度还很低。

早在 1759 年,缅甸仁安羌油田就已向其他国家供应原油;1797 年,缅甸共有人力挖掘井 520 口,日产原油 27 ~ 55 吨;1887 年缅甸开始应用顿钻钻井,1893 年发现仁安吉油田,1902 年发现稍埠油田(Chauk);1910 年英国资本进入缅甸,成立了英缅石油公司,缅甸石油工业迅速发展,1937 年产油高达 109 万吨。

因历史原因,缅甸石油勘探活动到 1957 年才得以恢复。1963 年缅甸石油工业实现国有化,成立了国家石油公司,在日本和德国的技术援助下,勘探活动进展顺利,相继投产了一些新油田,如苗旺油气田(Myanaung,1964 年)、皮耶油气田(Pyay,1965 年)、瑞比塔油气田(Shwepyitha,1967 年)、比亚洛气田(Pyalo,1969 年)、曼恩油田(Mann,1970 年)、力班多油气田(Letpando,1974 年)、Mindegy 油田(1977 年)、陶沙宾油气田(Htaukshabin,1978 年)、勒当油田(Ledaung,1979 年)、Tetma 油田(1982 年)、Payagone-Kyaiklatt 气田(1984 年)、Kanni 油气田(1985 年)等,缅甸石油产量不断增加,并开始生产天然气。1984 年,缅甸原油产量达到 122 万吨的历史高峰。之后未获大的油气发现,石油产量逐年下降。1988 年缅甸政府开始采取利用外资发展本国石油工业的政策,1989 年之后,外国投资逐年增加;特别是 2000 年以后,外国公司对缅甸油气勘探开发参与明显增多。1990 年开始,最早投资天然气租借区块的外国石油公司是 Premier Oil 和道达尔。此后,缅甸政府与道达尔、Petronas Crigali 、大宇、PTTEP、中海油签署了 20 个海上产量分成协议,目前缅甸海上勘探开发的区块达 21 个。

缅甸海上天然气开发油气成果显著。1992 年，在 Moattama 湾发现了 Yetagun 气田；2004 年大宇国际公司宣布在 Sittwe 海岸发现了 Shwe 气田；泰国国家石油公司 PPTEP 在 Matarban 湾的 M-7 区块和 M-9 区块有一系列重大发现，包括 Zawtika、Gawthika、Shweypyihtay、Kokona 和 Zalita 等；2016 年年初，MOGE、MPRL、Woodside 和 Total 在若开（Rakhine）近海深水区 A-6 区块 1 号井钻探发现了 129 米天然气层，这是缅甸首次在深水区发现大储量天然气层。

五、油气储炼运

1. 炼油

近年来缅甸石化产品需求显著增加，但炼厂不能满足国民经济发展的需要。据《油气杂志》数据，截至 2015 年年底，缅甸有 3 座炼厂，年原油加工能力为 285 万吨。

广东振戎能源有限公司将在缅甸"土瓦经济特区"附近建设炼厂，投资额约 30 亿美元，年原油加工能力为 500 万吨，还计划建设停泊油轮的港湾和液化石油气（LPG）相关设备。缅甸投资委员会（MIC）2016 年 3 月批准了广东振戎的投资计划，力争 2019 年之后投产。

2. 管道

缅甸主要管道有：中缅天然气管道，设计年输气量达 120 亿立方米，于 2013 年建成通气；中缅原油管道，于 2015 年 1 月投产运行。马德岛原油码头开港投运。

第三节

印度尼西亚

印度尼西亚共和国（以下简称印尼）是世界最大的群岛国家，由太平洋和印度洋之间 17504 个大小岛屿组成，陆地面积 190.4 万平方千米，海洋面积

316.6 万平方千米（不包括专属经济区），海岸线长 54716 千米，人口 25546.2
万。印尼是亚太地区重要的能源生产国，1962 年加入石油输出国组织（欧佩
克），2009 年 1 月退出，2016 年 1 月 1 日重返欧佩克。印尼是世界第五大
LNG 出口国、第五大煤炭生产国。

一、能源资源潜力

1. 油气资源潜力

印尼油气资源丰富。据 USGS 数据，印尼待发现石油资源量为 3.5 亿吨、
天然气液为 1.6 亿吨、天然气为 14289 亿立方米，分别占世界的 0.5%、0.7%、
0.9%（见表 10-7）。

表 10-7 印尼待发现油气资源潜力

国家及地区	石油（亿吨）	天然气液（亿吨）	天然气（亿立方米）
印尼	3.5	1.6	14289
世界	774.4	228.3	1587513
占世界比例（%）	0.5	0.7	0.9

资料来源：USGS, *An Estimate of Undiscovered Conventional Oil and Gas Resources of the World*，2012。

2. 石油、天然气和煤炭储量

截至 2015 年年底，印尼石油探明剩余可采储量为 5.0 亿吨，占亚太地
区和世界的比例分别为 8.8% 和 0.2%；天然气探明剩余可采储量为 2.8 万亿
立方米，占亚太地区和世界的比例分别为 18.1% 和 1.5%；煤炭探明剩余可
采储量为 280.2 亿吨，占亚太地区和世界的比例分别为 9.7% 和 3.1%（见
表 10-8）。

表 10-8 印尼石油、天然气和煤炭剩余可采储量

国家及地区	石油（亿吨）	天然气（万亿立方米）	煤炭（亿吨）
印尼	5.0	2.8	280.2
亚太地区	56.6	15.6	2883.3
世界	2393.6	186.9	8915.3
占亚太地区比例（%）	8.8	18.1	9.7
占世界比例（%）	0.2	1.5	3.1

资料来源：BP. *Statistical Review of World Energy 2016*。

2015 年 9 月，据美国能源信息署（EIA）公布的 *World Shale Resource Assessments* 的数据，印尼页岩气地质资源量为 8.6 万亿立方米，技术可采资源量为 1.3 万亿立方米；页岩油地质资源量为 320.5 亿吨，技术可采资源量为 10.8 亿吨。

二、能源供需形势

2015 年，印尼一次能源消费量为 19565 万吨油当量。其中，石油占一次能源消费量的 37.6%，天然气占一次能源消费量的 18.3%，煤炭占一次能源消费量的 41.1%，水电占一次能源消费量的 1.9%，可再生能源占一次能源消费量的 1.2%。石油、煤炭和天然气是印尼一次能源消费的主体，占比高达 97%。

1. 石油产量逐年下降，天然气产量稳中有降，煤炭产量快速攀升

1965 年，印尼石油产量高达 2454 万吨，1977 年达到历史最高峰 8494 万吨，之后总体呈逐年下降趋势，2015 年为 3997 万吨。1970 年，印尼天然气产量为 12 亿立方米，之后总体呈不断攀升态势，2010 年达到 857 亿立方米的顶峰，2015 年降至 750 亿立方米（见表 10-9）。1990 年，印尼煤炭产量为 1073 万吨，2000 年达到 7704 万吨，2014 年攀升到历史最高值 4.58 亿吨，2015 年产量为 3.92 亿吨。目前，印尼是世界第五大煤炭生产国。

2. 原油进出口基本平衡，天然气净出口，煤炭出口大幅增长

印尼自 2006 年以来，原油开始净进口，但总体上原油进出口基本平衡。2015 年，印尼是世界第五大液化天然气（LNG）出口国，排在卡塔尔、澳大利亚、马来西亚、尼日利亚之后。2015 年，印尼出口天然气 324 亿立方米，其中，出口 LNG 219 亿立方米，出口管道天然气 105 亿立方米。印尼 LNG 主要出口到日本（89 亿立方米）、韩国（49 亿立方米），以及中国大陆地区（39 亿立方米）和中国台湾地区（31 亿立方米）。印尼天然气通过管道出口量较少，只出口到新加坡和马来西亚。2015 年，印尼通过管道分别向新加坡和马来西亚出口天然气 79 亿立方米和 26 亿立方米。印尼煤炭出口量增长迅速，目前已是世界第二大煤炭出口国，2014 年出口量达 4.5 亿吨，其前四大出口目的国分别是印度（占出口总量的 33%）、中国（占 27%）、韩国（占 9%）和日本（占 9%）（EIA，2015）。

表 10-9 2000—2015 年印尼油气生产、进出口和消费情况

年 份	石油（万吨）				天然气（亿立方米）			
	产量	进口量	出口量	消费量	产量	进口量	出口量	消费量
2000 年	7181	1087	2963	5305	696			325
2001 年	6817	1534	3217	5134	676			336
2002 年	6333	1687	2870	5150	745			366
2003 年	5765	1755	2603	4917	780	0	394	390
2004 年	5555	2018	2358	5215	746	0	396.4	357
2005 年	5372	1607	2100	4879	751	0	362.9	359
2006 年	5023	1534	1477	5080	743	0	344	366
2007 年	4783	1536	1767	4552	715	0	331	341
2008 年	4943	1261	1617	4587	737	0	335	391
2009 年	4841	1591	1756	4676	769	0	356.7	415
2010 年	4862	1417	1745	4534	857	0	417	434
2011 年	4631	1584*	1285*	4930	815	0	386	421
2012 年	4462	1648*	1145*	4965	771	0	350	422
2013 年	4270	2009*	1143*	5136	765	0	324	408
2014 年	4122	1916*	1280*	4758	753	0	315	409
2015 年	3997	1872*	1576*	4293	750	0	323	397

资料来源：BP. *Statistical Review of World Energy 2016*；原油进出口量数据来自 IEA；标 * 的数据来自 *Annual Statistical Bulletin 2016*，OPEC。

三、能源管理体制

1. 能源和矿产资源部

能源和矿产资源部是印尼能源供应的最高权力机构，其主要职责是制定和实施国家能源产业政策、监督和管理能源领域的一切活动。印尼能源和矿产资源部下设石油和天然气、电力、地热等管理局，并附设印尼石油协会。

国家能源协调局（BAKOREN）制定和协调能源政策，是内阁级的决策机构。该局对开发和利用国家能源资源进行指导。

能源资源委员会（ERTC）是国家能源协调局的支持组织，由与能源有关机构的成员及预测能源需求的常设机构组成。

国营煤炭公司在 1994 年前代表印尼政府负责管理与国内外承包商签订合同事宜，1994 年后，此职能移交能源和矿产资源部，该公司集中经营武吉阿桑和翁化林矿，并进行其他战略性开发工作。

印尼采矿协会于 1988 年 9 月 20 日在雅加达成立，现有 24 家成员公司。

2. 国家石油公司

印尼国家石油公司（Pertamina）是发展独立自主石油工业的主力军，成立于 1968 年，从 1971 年起成为一个在国家监督委员会直接管理下的国家企业。Pertamina 的任务是勘探、开发石油和天然气，加工原油，为印尼消费者提供充足的石油产品，通过出口为印尼国民经济的发展提供充足的外汇。Pertamina 在印尼享有发放产量分成合同和加油站许可证的专营权，垄断了油品销售业务及石油和天然气业务，具有制定规章制度的职能。根据印尼 2001年新的《油气法》，由印尼油气总理事会（Migas）取代 Pertamina 成为印尼油气工业的管理机构，结束了其特权和垄断地位。Pertamina 经过逐步改革，更名为 Persero。Pertamina 在美国《石油情报周刊》公布的 2012 年世界最大50 家石油公司排名第 28 位。

四、油气勘探开发历程

印尼石油勘探历史悠久，早在公元 8 世纪，便开始使用原始方式在苏门答腊开采原油。印尼近代石油工业起步于 19 世纪中期，从那时起印尼国家能源政策大致经历了 4 个发展时期。

以第二次世界大战爆发为分界线，印尼的石油工业又可分为两个时期。第二次世界大战开始前为第一个时期。这个时期的印尼石油工业主要被英国、荷兰，以及美国石油资本控制。1872 年在西爪哇马贾钻出第一口井。从 1880年开始，印尼在苏门答腊、爪哇、婆罗洲等陆上进行面积较大的油田地质调查，1885 年在苏门答腊北部钻了一口具有商业价值的油井，开始了印尼的石油开采工业。随后，英国壳牌运输和贸易公司在婆罗洲东部找到石油。1890年荷兰殖民者在荷属东印度建立荷兰皇家石油公司，并掀起全区的勘探石油浪潮。

美国石油公司于 1912 年以后开始进入印尼，并获得石油租让地。第一次世界大战后，美国趁英国、荷兰力量遭到削弱之机，竭力扩大在印尼的"阵地"。

第二次世界大战期间，印尼被日本占领。印尼的石油工业开始了第二个时期。到 1945 年，印尼全国原油产量只有 103 万吨。

1945 年后，印尼政府为了掌握本国石油资源主权，对石油工业实行国有化。1957 年将境内独资经营的荷兰企业全部收归国有，1962 年加入石油输出国组织，成为亚太地区唯一的石油输出国组织成员国。1963 年通过《国有化第 44 号法令》，规定石油和天然气资源归国家所有，由国有企业专门经营，取消外国石油公司在印尼所拥有的"租让制"特许权；外国石油公司只有以承包商身份与印尼国有企业签订工作合同之后，才能参与印尼石油和天然气勘探开发。1968 年成立印尼国家石油公司，负责全国石油工业的管理与经营，并代表印尼政府与外国石油公司签署合营合同。印尼石油勘探活动起初仅限于陆上，后来逐渐向海上发展。在此期间发现了 90 多个油气田，包括阿朱纳、帮科、贝卡派、汉迪尔等大油田。

20 世纪 60 年代末，印尼政府开始引进外资进行油气勘探。20 世纪 80 年代，印尼政府进一步意识到加强石油勘探的重要性和必要性，放宽了对外国投资的限制，并逐步完善能源开放政策。

五、石油炼制

据《油气杂志》数据，截至 2015 年年底，印尼有 7 座炼厂，年原油加工能力超过 5035.4 万吨。印尼多数炼厂集中在爪哇和苏门答腊，最大的 3 座炼厂分别是：位于中爪哇岛的 Cilacap 炼厂（年原油加工能力 1620 万吨）、位于东加里曼丹的 Balikpapan 炼厂（年原油加工能力 1210 万吨）、位于苏门答腊岛的 Dumai 炼厂（年原油加工能力 790 万吨），如表 10-10 所示。

表 10-10　印尼炼厂概况

炼　厂	作业者	位置	能力（万吨/日）
Cilacap	Pertamina	中爪哇岛	4.44
Balikpapan	Pertamina	东加里曼丹	3.32
Dumai	Pertamina	中苏门答腊岛	2.16
Balongan	Pertamina	西爪哇岛	1.59
Plaju/Musi	Pertamina	南苏门答腊岛	1.55
Tuban（Condensate Splitter）	TPPI	东爪哇岛	1.27
Cepu	Migas	中爪哇岛	0.05
Bojonegoro	Tri Wahana Universal（TWU）	东爪哇岛	0.08

数据来源：EIA，*Country Analysis Brief：Indonesia，October 7*，2015。

印尼是世界主要液化天然气出口国之一，其 LNG 工业开始于 1977 年。LNG 生产基地主要有东加里曼丹的 Bontang、北苏门答腊的 Arun 和西伊里安的 Tangguh。

第四节

越 南

越南（Viet Nam）位于中南半岛东部，北部与中国接壤，西部与老挝、柬埔寨交界，东部和南部临近南海。越南地形狭长，南北延伸约 1600 千米，东南方向最宽处 600 千米、最窄处 50 千米，海岸线长 3260 多千米，国土面积 33 万平方千米，其中 3/4 为山区，人口 9167.8 万。在过去的 20 多年里，越南逐渐成为东南亚地区的重要油气生产国。越南不断加大油气领域的勘探力度，允许更多外国公司进入油气领域，并推出了旨在强化能源工业的市场化改革措施。这些努力帮助越南大幅提升了油气产量，石油剩余可采储量居亚太地区第 3 位。

2006 年 11 月，越南加入世界贸易组织。2015 年，越南 GDP 为 1914.54 亿美元（International Monetary Fund，2016），利用外资 155.8 亿美元。

一、能源资源潜力

1. 油气资源潜力

越南油气资源较丰富。据 USGS 2012 年数据，越南待发现石油资源量为 0.02 亿吨，天然气液为 0.03 亿吨，天然气为 280 亿立方米，分别占世界的 0.0026%、0.013%、0.02%（见表 10-11）。

表 10-11 越南待发现油气资源潜力

国家及地区	石油（亿吨）	天然气液（亿吨）	天然气（亿立方米）
越南	0.02	0.03	280
世界	774.4	228.3	1587513
占世界比例（%）	0.0026	0.013	0.02

资料来源：USGS，*An Estimate of Undiscovered Conventional Oil and Gas Resources of the World*，2012。

2. 石油、天然气和煤炭储量

据 BP 数据，截至 2015 年年底，越南石油剩余可采储量为 5.9 亿吨，天然气剩余可采储量为 0.6 万亿立方米，分别占世界比例为 0.2% 和 0.3%，石油剩余可采储量仅次于中国、印度，居亚太地区第 3 位；煤炭剩余可采储量为 1.5 亿吨，占世界煤炭剩余可采储量的 0.02%（见表 10-12）。

表 10-12 越南石油、天然气和煤炭剩余可采储量情况

国家及地区	石油（亿吨）	天然气（万亿立方米）	煤炭（亿吨）
越南	5.9	0.6	1.5
世界	2393.6	186.9	8915.3
占世界比例（%）	0.2	0.3	0.02

*数据来源：*BP. *Statistical Review of World Energy 2016*。

3. 主要含油气盆地及油气田

由于越南陆地部分主要为山地和丛林，其油气勘探开发活动主要集中在越南北部湾、我国南海西部到南沙西部的广阔海域内，其中部分勘探开发活动已经进入我国的传统海域内。

越南目前主要在莺歌海盆地［越南称为红河（Song Hong）盆地］、万安北和岘港盆地［越南称为富庆（Phu Khanh）盆地］、湄公盆地及其西南海域［越南称为九龙（Cuu Long）盆地］、万安盆地［越南称为南昆嵩（Nam Con Son）盆地］、马来—寿朱（Malay-Tho Chu）盆地、西沙南—中建南—永署—安渡滩盆地群［越南称为黄沙（Hoang Sa）和中沙（Truong Sa）盆地］进行油气勘探活动。这些盆地总的石油可采资源量预测在 7 亿吨以上，天然气可采资源量在 8000 亿立方米以上（约为 7 亿吨油当量），两者合计约为 14 亿吨油当量。其中，万安盆地、湄公盆地和莺歌海盆地的资源量最大，分别为 4 亿吨油当量、3 亿吨油当量和 3.5 亿吨油当量。

目前，越南在南海已经有 20 多个油田投入生产，年生产原油 1705 万吨（见表 10-13）。

表 10-13 越南已投产主要油田基本情况

在产油田	合同区块	作业者	投产时间	平均产量（万吨/年）
Bach Ho（白虎）	09-1	VSP	1986 年	1275
Rong（龙）	09-1	VSP	1994 年	60

续表

在产油田	合同区块	作业者	投产时间	平均产量（万吨/年）
Dai Hung（大熊）	05-1a	PVEP POC	1994年	22
Block PM3-CAA	PM3-CAA	TML	1997年	
Rang Dong（兰东）	15-2	JVPC	1998年	214
Ruby（鲁比）	01&02	PCVL	1998年	105
Block 46-CN	46 CN	TML	1999年	
Su Tu Den（黑狮）	15-1	CLJOC	2003年	
Cendor	PM-304（Malaysia）	Petrofac	2006年	
Su Tu Vang	15-1	CLJOC	2008年	
Song Doc	46/02	TSJOC	2008年	
Ca Ngu Vang	09-2	HVJOC	2008年	
Phuong Dong	15-2	JVPC	2008年	
Nam Rong-Doi Moi	09-3	VRJ/VSP	2010年	
Pearl	01&02	PCVL	2010年	
Topaz	01&02	PCVL	2010年	
Su Tu Den Dong Bac	15-1	CLJOC	2010年	
D30	SK305（Malaysia）	PCPP	2010年	
North Khoseidaien	Nhenhexky（Russian Federation）	Rusvietpetro	2010年	
Dana	SK305（Malaysia）	PCPP	2011年	
Visovoi	Nhenhexky（Russian Federation）	Rusvietpetro	2011年	
Te Giac Trang	16-1	HLJOC	2011年	
Chim Sao	12W	POVO	2011年	

数据来源：Petrovietnam，*Annual Report 2011*。

二、能源供需形势

2015年，越南一次能源消费量为6586万吨油当量，其中，石油占一次能源消费量的29.6%，天然气占14.6%，煤炭占33.8%，水电占21.9%，可再生能源占0.1%。

1. 原油产量呈稳中有降趋势，天然气产量逐年递增

越南于20世纪70年代中期才发现油田，1987年开始产油，进入20世纪90年代后原油生产发展迅速，产量直线飙升，2004年越南原油产量达到历史最高峰2068万吨，之后下降，近两年产量又开始回升，2015年为1744万吨。湄公盆地及其西南海域是越南油气的主产区，由于越南石油后备资源不

足，原油产量增长缺乏后劲，未来几年越南原油产量维持难度较大。

越南天然气生产始于20世纪80年代初，1981年越南天然气产量仅为0.1亿立方米，之后产量一直增长缓慢，1990年为0.4亿立方米，之后开始快速增长，2000年达16亿立方米，2015年为107亿立方米，较2000年增长了6倍以上（见表10-14）。

表10-14 越南油气生产、进出口和消费情况

年 份	原油（万吨）				天然气（亿立方米）			
	产量	进口量	出口量	消费量	产量	进口量	出口量	消费量
2000年	1648	0	1542	106	16	0	0	16
2001年	1708	0	1673	35	20	0	0	20
2002年	1727	0	1660	67	24	0	0	24
2003年	1758	0	1660	98	24	0	0	24
2004年	2068	0	1950	118	42	0	0	42
2005年	1895	0	1797	98	64	0	0	64
2006年	1723	0	1644	79	70	0	0	70
2007年	1626	0	1506	120	71	0	0	71
2008年	1515	0	1375	140	75	0	0	75
2009年	1667	0	1337	330	80	0	0	80
2010年	1556	0	807	749	94	0	0	94
2011年	1577	0	823*	754	85	0	0	85
2012年	1731	0	925*	806	94	0	0	94
2013年	1739	0	852*	887	98	0	0	98
2014年	1805	0	867*	938	102	0	0	102
2015年	1744	0	718*	1026	107	0	0	107

数据来源：BP. *Statistical Review of World Energy 2016*；原油进出口量数据来自IEA；标★的数据来自*Annual Statistical Bulletin 2016*，OPEC。

2. 石油产品需要进口，天然气基本自给，煤炭供大于求

越南长期以来是一个原油净出口国。2009年之前，由于原油加工能力有限，其原油几乎全部出口；2009年建成第一座炼厂，年原油加工能力为650万吨，但石油产品仍需要进口。随着越南国内石油需求的增长，越南石油产品进口量不断增加。越南生产的天然气完全用于国内消费，目前不从国外进口。长期以来，越南煤炭产量大于国内消费量，呈现净出口态势。据BP统计，2015年越南煤炭产量为4152万吨，消费量为3956万吨。

三、油气勘探开发历程

20 世纪 30—60 年代末，越南仅在陆上少数盆地开展石油地质调查，最初的勘探活动主要集中在越南北部的红河三角洲。到 20 世纪 70 年代末，越南在该地区共钻了近 40 口探井，1975 年 3 月，在红河三角洲第 61 号井首次发现了天然气和凝析油，1981 年该井投入生产。20 世纪 70 年代，越南与美孚、埃索、派克顿、马拉松和得克萨斯等国际石油公司合作，在海域开展了油气勘探，勘探区域主要在万安盆地及红河盆地。1975 年，美孚石油公司在湄公盆地及万安盆地海域发现白虎油田，该油田现已成为年产原油 1270 万吨的大油田。

1977 年 9 月 9 日，越南政府成立了越南国家石油公司（Petrovietnam），该公司与几十家外国石油公司签订了一批在海域进行石油勘探的产量分成合同或服务合同，涉及区块 120 余个。1981 年 6 月，越南国家石油公司与俄罗斯扎鲁别日石油公司（Zarubezhneft）共同组建了越南的第一个油气勘探开发企业——Vietsovpetro 公司，在平等的基础上行使在 Cuu Long 盆地的作业权。1986 年 6 月 26 日，Vietsovpetro 公司从 Bach Ho（白虎）油田中生产出了越南第一桶原油，这个油田也是 1994 年以前越南唯一投入生产的油田。1986 年，越南提出了"加快勘探、开发海洋资源，为今后工业化发展创造条件"的海洋经济发展方针，"陆退海进"战略开始实施。1987 年 12 月，越南政府颁布了《外国投资法》，该法案成为越南石油工业发展的里程碑，特别是 1988 年，在越南政府开放国门的绿灯下，其油气勘探开发活动进入了一个崭新的时代，整个越南大陆架的油气勘探开发活动都有显著增加。1993 年 7 月，越南颁布了《石油法》，对越南国家石油公司的权利、石油合同、税费等做了详细的规定。1994 年越南颁布了《关于海洋经济发展任务的指示》，强调要加快南沙等海区石油勘探开发速度；并于同年颁布了《越南国家海洋法》，为其在南沙海域进行的勘探开发活动提供法律依据。1996 年，越南推出 21 世纪石油工业发展战略，积极参与区域和国际合作进程，满足 21 世纪越南国内经济发展对燃料、能源和石化产品的需求。

为加大南海油气开采力度，2000 年越南修订了《石油法》，不仅使国际石油公司参与竞标的过程更加公开透明，而且条件非常优惠，合资公司中外方股份可占到 80%。2007 年年初，越南通过了《至 2020 年越南海洋战略》的决议，明确提出至 2020 年前将越南建成海洋强国和依海而富的国家，强调进一步把开发南海资源、发展海洋经济视为越南经济可持续发展的支柱与重大战略任务。其中，越南发展海洋经济两个最重要的方面是开发油气资源与渔业资源。

四、石油炼制

目前，越南仅有 1 座运行的炼厂——榕桔（Dung Quat）炼厂，年原油加工能力为 650 万吨，2009 年开始运行。

2013 年 7 月，日本出光兴产投资的越南北部清化省的第二座炼厂——宜山（Nghi Son）炼厂开始建设，总投资 90 亿美元，2018 年投入运营。

目前，以泰国石油公司为主导的仁会炼厂，准备在越南平定省投资 270 亿美元兴建世界最大规模的炼厂。另外，日本日挥株式会社投资 40 亿美元在越南中部富安河兴建日炼 1.78 万吨的炼厂。

本章小结

东南亚国家是中国近邻，东南亚各国资源禀赋差别大，水利和油气资源较丰富，而电力、煤炭相对短缺，人均用能较低，制约着东南亚经济发展。中国和东盟在能源基础设施建设、天然气和煤炭进出口贸易等方面合作潜力大。未来，要着力构建中国与东盟能源合作共同体，加强能源基础设施的互联互通，实现能源合作一体化，打造"21 世纪海上丝绸之路"能源合作的典范。

第十一章　北非地区之埃及

北非地区是世界重要的油气生产区之一，油气主要生产国包括阿尔及利亚、埃及、利比亚、苏丹、南苏丹、突尼斯等。截至 2017 年年底，北非地区石油探明剩余可采储量为 90.0 亿吨，分别占非洲、全球的 53.8%、3.8%；天然气探明剩余可采储量为 7.5 万亿立方米，分别占非洲、全球的 54.6%、3.9%。北非地区 2017 年原油产量为 1.5 亿吨，分别占非洲、全球总产量的 39.5%、3.5%；天然气产量为 1518 亿立方米，分别占非洲、全球总产量的 67.5%、4.1%。

阿拉伯埃及共和国（以下简称埃及），跨亚、非两大洲，大部分国土位于非洲东北部，只有苏伊士运河以东的西奈半岛位于亚洲西南部。埃及国土面积 100.1 万平方千米，人口 9249 万。2015 年，埃及名义 GDP3307 亿美元。埃及是非洲重要的石油和天然气生产国，也是非洲最大的石油和天然气消费国。埃及生产的油气不能满足国内日益增长的能源需求，从 2009 年起埃及成为石油净进口国，2015 年成为天然气净进口国。埃及地理位置重要，是波斯湾石油和液化天然气北向输往欧洲、北美、北非及地中海沿岸国家，以及南向输往亚洲的重要运输枢纽和通道，在世界能源市场上发挥着举足轻重的作用。

一、能源资源潜力

1. 油气资源潜力

埃及油气资源较丰富，据 USGS 2012 年评价数据，埃及待发现石油资源量为 1.8 亿吨、天然气液 1.4 亿吨、天然气 10585 亿立方米，分别占世界的 0.2%、0.6%、0.7%（见表 11-1）。

表 11-1　埃及待发现油气资源潜力 ┈┈┈┈┈┈┈┈┈┈┈┈┈┈┈┈┈┈┈┈┈┈┈┈┈┈┈┈┈┈┈┈┈┈┈

国家及地区	石油（亿吨）	天然气液（亿吨）	天然气（亿立方米）
埃及	1.8	1.4	10585
世界	774.4	228.3	1587513
占世界比例（%）	0.2	0.6	0.7

数据来源：USGS, *An Estimate of Undiscovered Conventional Oil and Gas Resources of the World*，2012。

2013 年 6 月，据美国能源信息署（EIA）公布的《世界 41 个国家页岩油和页岩气技术可采资源报告》的数据，对埃及 4 个盆地（Shoushan/Matruh、Abu Gharadig、Alamein 和 Natrun）、4 套页岩层系进行的页岩油气评价结果显示，埃及页岩气地质资源量为 15.2 万亿立方米，技术可采资源量为 2.8 万亿立方米；埃及页岩油地质资源量为 156.2 亿吨，可采资源量为 6.3 亿吨。

2. 含油气盆地和油气田分布

埃及的主要含油气盆地有苏伊士、北埃及、尼罗河三角洲和南来旺特等盆地。近年在尼罗河三角洲盆地不断有天然气新发现，是世界瞩目的热点地区。

3. 油气储量

埃及油气资源较丰富。据 BP 数据，截至 2015 年年底，埃及石油剩余可采储量为 4.6 亿吨，占非洲地区的 2.7%、世界的 0.2%；天然气剩余可采储量为 1.8 万亿立方米，占非洲地区的 13.1%、世界的 1.0%（见表 11-2）。在非洲地区，埃及天然气剩余可采储量居尼日利亚、阿尔及利亚之后的第 3 位。

表 11-2　埃及油气剩余可采储量情况 ┈┈┈┈┈┈┈┈┈┈┈┈┈┈┈┈┈┈┈┈┈┈┈┈┈┈┈┈┈┈┈┈┈

国家及地区	石油（亿吨）	天然气（万亿立方米）
埃及	4.6	1.8
非洲地区	171.0	14.1
世界	2393.6	186.9
占非洲地区比例（%）	2.7	13.1
占世界比例（%）	0.2	1.0

数据来源：BP. *Statistical Review of World Energy 2016*。

4. 其他能源资源潜力

埃及的能源主要是石油和天然气。除了石油、天然气等常规能源的利用，埃及也十分重视水电、太阳能、风能、核能等新能源的开发和利用。

2008 年 2 月，埃及新能源和可再生能源管理局（NREA）批准了一项战略：在 2020 年之前，可再生能源生产要占总发电量的 20%，其中，12% 来自风能，8% 来自其他可再生能源（主要是水电和太阳能）。

在埃及，水电是天然气和石油之后的第三大能源。2015 年，埃及生产水电 13.06 太瓦时，占全国总发电量的 7.2%。埃及大部分水电来自尼罗河阿斯旺高坝和周边水库大坝。尼罗河的绝大部分水电资源已经被开发。

埃及拥有大面积的沙漠地区，常年炎热、干燥、少雨，日照充足，适宜太阳能的开发和利用。埃及境内的太阳直射辐射强度由北至南达到2000 ~ 3200 千瓦时 / 平方米，很少出现多云天气，具有巨大的太阳能潜力。埃及新能源和可再生能源管理局（NREA）计划，至 2017 年新建一座 100 兆瓦的太阳能热电站，光伏发电能力达到 240 兆瓦。

埃及风电资源主要分布在 6 个地区：西北海岸、东北海岸、亚喀巴湾、苏伊士湾、红海和西部沙漠。苏伊士湾具有丰富的风能资源，平均风速和能量密度分别达到 7 ~ 10.5 米 / 秒和 350 ~ 900 瓦 / 平方米，风能资源可以媲美最著名的西北欧。埃及西部和东部沙漠的广阔地区，特别是尼罗河峡谷周边（27° ~ 29°N），平均风速预计为 7 ~ 8 米 / 秒，能量密度为 300 ~ 400 瓦 / 平方米。

二、能源供需形势

埃及是非洲最大的石油和天然气消费国。油气是埃及重要的产业和收入来源。埃及在天然气方面的优势比较明显，储量和产量均居非洲第 3 位。

1. 能源消费结构以石油、天然气为主

埃及一次能源消费以油气为主，占一次能源消费总量的 95.4%，煤炭、水电和其他可再生能源所占比重较小，如表 11-3 所示。

表 11-3　埃及一次能源消费结构　　单位：万吨油当量

	石　油	天然气	煤　炭	核　能	水　电	其他可再生能源	总　计
消费量	3916	4303	69	0	296	36	8619
占总消费量比例（%）	45.5	49.9	0.8	0	3.4	0.4	100

资料来源：BP. *Statistical Review of World Energy 2016*。

2. 油气需求较稳定，电力需求增长旺盛

受经济低迷等因素影响，2012—2015年埃及一次能源消费在8600万吨油当量波动。据路透社报道，为刺激经济，自2014年起，埃及政府开始削减燃油补贴，计划至2020年彻底取消燃油补贴。目前，埃及是非洲最大的石油和天然气消费国。2015年，埃及石油消费量约占非洲石油消费总量的21.4%，天然气消费量约占非洲天然气消费总量的35.3%（BP，2016）。

由于资金短缺因素，埃及的国家电网一直未升级改造，现有的电厂和输变电设备不能满足日益增长的用电需求。近年来，随着埃及政府开放电力市场，积极引进电力投资，电力装机容量不断增长，困扰埃及夏季用电高峰停电的问题已经基本解决。截至2015年6月30日，埃及名义装机容量达到35220兆瓦，较2014年的装机容量32015兆瓦增长幅度达到10%。

3. 原油产量稳中有增，天然气产量长势趋缓

埃及原油产量1993年达最高峰4753万吨，随后逐渐下降，2005年降至3317万吨。此后，埃及原油产量有所恢复，2015年为3562万吨。

近年来，埃及天然气产量增长迅速，2009年埃及天然气产量达历史最高峰627亿立方米，比2000年的210亿立方米增加了近3倍。但从2010年起，埃及天然气产量开始逐年下降，2015年为456亿立方米。埃及天然气主要供国内消费，并有小部分出口，随着埃及国内天然气需求增长和产量下降，天然气出口量逐年下滑，2015年已停止出口，并开始进口（见表11-4）。

表11-4 埃及油气生产和消费情况

年 份	原油（万吨）				天然气（亿立方米）			
	产量	进口	出口	消费量	产量	进口	出口	消费量
2000年	3892	0	989		210	0	10	200
2001年	3760	0	485		252	0	7	245
2002年	3724	0	480		273	0	8	265
2003年	3707	0	474		301	0	4	297
2004年	3484	0	96		330	0	11	317
2005年	3317	250	206		425	0	80	316
2006年	3316	240	180		547	0	169	365
2007年	3381	241	147		557	0	160	384
2008年	3465	235	498	3210	590	0	169	408
2009年	3526	252	544	3268	627	0	183	425

续表

年　份	原油（万吨）				天然气（亿立方米）			
	产量	进口	出口	消费量	产量	进口	出口	消费量
2010 年	3503	369	944	3437	613	0	249	451
2011 年	3460	262	999	3306	614	0	104	496
2012 年	3473	292	953	3310	609	0	67	526
2013 年	3436	298	973	3251	561	0	37	514
2014 年	3514	300	585*	3229	488	0	4.5	480
2015 年	3562	300	779*	3083	456	22	0	478

数据来源：BP. *Statistical Review of World Energy 2016*；原油进出口量数据来自 IEA；标 * 的数据来自 OPEC。

三、能源管理体制

（一）能源管理体制概述

1. 油气管理体制

根据埃及法律，埃及境内和大陆架所蕴藏的矿藏属于国有财产，其开发由国家统一规划并实施归口管理。埃及石油工业政府主管部门为石油部，主要职能是：执行国家石油政策，制定国家油气发展规划，对油气资源勘探开发、石油炼化、油气对外合作等进行宏观管理。政府授权石油公司与承包方谈判签订油气租让协议和产量分成合同，由石油部部长签字后生效。

埃及石油部的其他职责包括：提高油气储量，不断增加油气产量；满足国内油气及石化产品需要；支持出口，增加国库收入；制定国家石油战略；提高青年就业机会和工人技能；加强同发达国家的交流合作，掌握先进技术。

1976 年，埃及石油总公司（EGPC）成立，EGPC 负责编制埃及油气工业的发展规划、发布油气区块招标、代表国家负责协议谈判、监管油气勘探开发活动。EGPC 垄断了埃及的石油工业。

2000 年，埃及石油部进行了机构整合，主要措施是将天然气和石油化工从 EGPC 中分离出来，彼此均为独立实体。之后，埃及石油部又增加了矿产资源的管理职能。2004 年 10 月 14 日，埃及成立矿产资源管理局（The Mineral Resources Authority）。目前，埃及石油部门由 5 个独立的实体组成，即埃及石油总公司（The Egyptian General Petroleum Corporation，EGPC）、埃及天然气控股公司（The Egyptian Natural Gas Holding Company，EGAS）、埃及石油化工控股公司（The Egyptian Petrochemicals Holding Company，ECHEM）、Ganoub El-Wadi 控股公司（GANOPE）、埃及矿产资源管理局（EGSMA）。

2001 年年底，埃及政府筹建了独立于 EGPC 之外的专门负责天然气开发、生产和出口的 EGAS 公司，该公司也负责监督与天然气开发相关的对外事宜（包括颁发许可证）。2003 年埃及政府建立了 GANOPE 公司，负责与苏丹接壤的埃及地区的油气勘探开发业务。

2. 电力管理体制

1961 年以前，埃及电力的生产和配电都由私人公司运营。1962 年埃及发电、输电和配电公司实现国有化，设立电力生产管理局、电力输送管理局、电力项目执行管理局 3 个部门管理电力业务。1965 年，埃及电力总局取代以上 3 个部门，负责电力生产、输电、配电和项目实施。

1964 年，埃及第一次设立电力能源部，之后颁布了很多法令来规范和阐述该部门的职责。

1974 年埃及颁布最后一道法令，规定电力能源部的目标是向全国的消费者提供电力。埃及电力能源部的职责包括：编制总体规划，新建发电、输电和配电设施，制订最新的发展计划，监管规划的落实及电网领域相关的各种活动；建议所有不同的电压等级和不同用途电力的价格；监管重点电力项目的研究和实施；公布电力生产和消费的相关数据；向阿拉伯国家和其他国家提供电力领域的技术咨询和服务。

1976 年，埃及电力管理局成立，垄断了包括电力生产、输电、配电和电力项目在内的电力业务的所有权和运营权。1978 年，在埃及电力管理局的监管下，埃及成立了 7 家地区配电公司。

1983 年，在改革和重组计划的框架内，埃及成立了独立于埃及电力管理局之外的电力配送管理局，监管地区配电公司。

1998 年，隶属于埃及电力管理局的发电厂与配电公司合并，所有发电厂都被重组到与配电公司相同的 7 个地区。每个地区公司根据地域管辖权运营当地的发电、配电业务。埃及电力管理局作为控股公司对输电业务及新成立的 7 家地区配电和发电公司负责。

2000 年，发电公司从配电公司分离出来，新成立了 4 家热电公司、1 家水电公司、7家配电公司和1家输电公司。这些公司隶属于埃及电力控股公司。

2002年和2004年，2家配电公司被拆分成4家，埃及电力控股公司旗下的配电公司变成9家。2004年三角洲发电公司拆分成东三角洲、中三角洲和西三角洲3家发电公司，热电公司数量达到6家。

（二）能源公司

埃及石油总公司（EGPC）是根据埃及1956年颁布的《第135号法令》成立的。在成立初期，公司名称是石油管理总局（The General Corporation of Petroleum Affairs，GPA），隶属于工业部。1976年，埃及根据《第20号法令》组建埃及石油总公司，该公司成为一家拥有12家国有企业的控股公司，包括苏伊士石油加工公司（Suez Oil Processing Co.）、开罗石油炼化公司（Cairo Petroleum Refining Co.）、西部沙漠石油公司（Western Desert Petroleum Co.）、Belayim石油公司（Petroleum Co.）、苏伊士石油公司（Suez Oil Co.）、阿拉伯石油管道公司（The Arab Petroleum Pipelines Co.）、埃及国家天然气公司（Egyptian Natural Gases Co.）等。

埃及电力控股公司的前身是埃及电力管理局（Egypt Electricity Authority）。2000年埃及根据《第164法令》成立埃及电力控股公司，后来经过重组其下属企业共有16家公司，包括6家发电公司、9家配电公司和1家输电公司。1980—2015年，埃及国内电力最大负荷从3306兆瓦增长到35220兆瓦，生产电力从20吉瓦时增长到131吉瓦时。

四、能源工业发展历程

埃及的油气地质调查始于1835年，是由一位法国海军军官完成的。埃及政府于1886年在Gemsa地区开始钻探第一口油井，1910年开始商业化生产。1911年，英埃石油公司在Gemsa地区发现了储量较丰富的油田。同年，在苏伊士修建了年原油加工能力10万吨的炼厂。之后，英埃石油公司又扩大勘探范围，1914年发现哈拉达盖油田，1938年发现哈里卜油田。

至20世纪40年代末，埃及石油领域被英、美石油公司垄断。为摆脱外国垄断，1948年埃及政府颁布了关于矿山开采的《第136号法令》，引起外国石油公司的恐慌，一些外国公司撤出埃及。

　　1953 年埃及政府颁布了《第 66 号法令》，对 1938 年的《第 132 号法令》做了修改，允许油气领域向本国及外国石油公司同时开放，以引进外资。

　　1961 年 11 月，埃及与意大利伊纳石油机构达成石油勘探、提炼、石油化工设备与资金等方面的协议，该石油机构获得尼罗河三角洲 24000 平方千米及东部沙漠、红海西岸 1750 平方千米土地 12 年的石油勘探权。

　　1961 年，埃及第一口近海井和中东的 Balaeem 井发现石油；1965 年，发现了埃及最大的油田——Al Morgan，该油田 1967 年投入生产。

　　1963 年，埃及开始天然气调查，1967 年在 Delta 地区发现第一个天然气井——Abu Mady。地中海的第一个天然气发现为 Abu Kir 气田，同年西部沙漠也取得第一个天然气发现——Abu El Gharadeek 气田。之后，埃及不同地区均采用了最新技术，不断取得天然气新发现。

　　1973 年之后，由于西奈与苏伊士湾的石油勘探工作被迫停止，埃及石油产量锐减，勘探范围也从传统地区转到西部沙漠、尼罗河三角洲与地中海沿岸等地区。埃及政府虽竭力维持石油供求基本平衡，但外国投资减少的后果依然显现，石油产量从 1972 年的 1072 万吨骤然下降至 1974 年的 745 万吨。直到 1975 年之后，埃及石油产量才开始回升，从当年的 1173 万吨递增至 1982 年的 3331 万吨。

　　从 1982 年起，埃及油气及相关产业发展较快，陆续建起了一批新型油气及石化工业企业，并使埃及进入天然气时代。这一时期油气领域的主要特点是：开始收集利用石油伴生气，建起国家天然气输送管网，政府高度重视环境保护，石油领域对私人资本开放等。此阶段，埃及油气工业进步较快，加速了埃及油气领域向世界全面开放。由于国内消费需求的增加和主要产区的各大油田先后进入高峰期，埃及的石油产量自 1993 年达到 4753 万吨的最高峰后逐年下降，到 2006 年降到最低谷（3316 万吨），此后石油年产量有所回升，2016 年达到 3562 万吨。因此，20 世纪 90 年代以来，埃及政府采取了鼓励石油勘探以增加探明储量、对现有油井的技术进行更新和改造等多种措施，以延缓产量下降速度。埃及在西撒哈拉沙漠地区和苏伊士地区主要进行陆上地质勘探，在尼罗河三角洲主要进行海上地质勘探。21 世纪初，埃及又发现了一些油气田，但规模都不大。2003 年发现的 EI Qasr 气田是西撒哈拉沙漠的最大天然气发现，苏伊士湾发现的 Saqqara 油田是苏伊士地区最大的石油发现。

2011 年之后埃及陆续有一些新的油气勘探成果。2013 年 10 月，英国石油公司在埃及地中海港口城市杜姆亚特以北的海域发现巨型天然气田，预测储量达 339.84 亿立方米。2015 年，意大利石油巨头埃尼（Eni）在埃及离岸海域发现 Zohr 气田，该气田覆盖面积为 100 平方千米，是地中海已发现的最大规模天然气田，也可能是全球最大的气田之一。如果该气田能得到完全开发，可以满足埃及数十年的天然气需求。

2016 年，BP 在埃及海上尼罗河三角洲常规水域的 Baltim South 许可区块内 Baltim South West 勘探有利区带取得重大天然气发现。该气田位于 2015 年 7 月发现的 Nooros 油田以北 10 千米，初步估算地质储量 700 亿～ 800 亿立方米。

五、能源产业特色和布局

埃及的石油工业发展主要依靠外国石油公司，对埃及石油工业具有影响力的公司包括 BP、Eni、Apache、BG、Edison 和 Petronas。埃及拥有较丰富的油气资源，而能源产业也主要以石油、天然气为主，但埃及油气产业发展不能满足日益增长的国内需求，从 2009 年起埃及成为石油净进口国，2015 年成为天然气净进口国。同时，电力短缺也是困扰埃及经济发展的顽疾。为解决电力紧缺问题，埃及政府除进一步发展和引进传统能源（如石油和天然气）之外，还整修了原有老旧发电站并建设了新发电站，实现了电网现代化。埃及还积极谋求发展可再生能源，如风能、太阳能、核能等。

（一）能源产业现状

1. 炼油化工

埃及是阿拉伯国家中第一个建炼厂的国家，拥有非洲最大的原油加工能力，约占非洲大陆原油加工总量的 23%。1911 年，埃及建立了第一个石油炼厂，截至 2016 年年底，埃及拥有 8 座炼厂，年原油加工能力为 3813.6 万吨，减压蒸馏能力为 249.1 万吨，催化重整能力为 267.6 万吨，催化加氢能力为 1278.9 万吨。埃及 8 座炼厂主要炼制国产原油，产品主要在当地销售（见表 11-5）。

表 11-5　埃及炼厂概况

运营公司	位　置	冶炼能力（吨／日）
Cairo Petroleum Refining Co.	Mostorod（Cairo）	19452
Alexandria Petroleum Co.	Alexandria（El-Mex）	15753
Middle East Oil Refinery	Alexandria（Sidi Kerir）	13698
Ameriya Petroleum Refining Co.	Alexandria	10274
Suez Petroleum Processing Co.	El-Suez	9315
Assiut Petroleum Refining Co.	Assiut	6849
Cairo Petroleum Refining Co.	Tanta	7397
El-Nasr Petroleum Co.	El-Suez	13698

数据来源：EIA. *Country Analysis Briefs：Egypt*，2015。

2. 油气管道

（1）苏伊士运河。

苏伊士运河归埃及苏伊士运河管理局（Suez Canal Authority，SCA）管辖，连接了红海和地中海，是极其重要的海上交通枢纽。2014 年，原油、成品油占通过运河货物总量的 17%（重量），运输量接近 507 万吨／日，液化天然气占 7%（重量）。苏伊士运河不能满足超大型油轮和满载巨型油轮的通过条件。2010 年，苏伊士运河管理局将运河挖深，使运河可以满足世界上 60% 的油轮的通行要求。

（2）苏伊士—地中海输油管道。

苏伊士—地中海输油管道（SUMED）属于阿拉伯石油管道公司（Arab Petroleum Pipeline Co.，APPC），由两根平行的管道组成，起点位于红海的埃因苏赫纳（Ain Sukhna），经过埃及，直达地中海沿岸的西迪基里尔（Sidi Kerir）。管道直径达 42 英寸，管道输油能力达到 32 万吨／日。因为苏伊士运河的水深不能使巨型油轮（VLCC）满载通过，巨型油轮要在苏伊士—地中海输油管道的起点埃因苏赫纳（Ain Sukhna）卸下部分原油以减小吃水深度，通过苏伊士运河后，在管道终点西迪基里尔（Sidi Kerir）重新将油装满。

这两条石油管道是海湾地区原油输往欧美国家，以及欧洲、北非的成品油、原油输往亚洲国家最便捷的输油线路，在世界石油通道中具有重要的战略地位。2014 年，通过苏伊士—地中海输油管道和苏伊士运河运输的原油达到5200 万桶 / 日，全年原油运输量占世界航运原油交易量的 9%。

（二）未来能源工业布局

2016 年年初，埃及发布了《可持续发展战略：埃及 2030 年愿景》（*Sustainable Development Strategy：Egypt Vision 2030*）。愿景共分三大维度、5 个组成部分、10 个支柱。其中，能源支柱的战略愿景是：能源部门能够满足国家可持续发展的能源需求，最大化地有效利用各种传统的、可再生的能源，为经济持续增长、提高国家竞争力、实现社会公平和保护环境做出贡献。一个可再生能源和有效利用资源管理部门的领导与一个有创新精神的部门应当具有前瞻性的眼光，能够适应本地、区域和国际的发展，能够按照可持续发展目标进行工作。

1. 保障能源安全

保障能源安全的目标是指以可持续的方式提供充足的能源，满足生产、生活及其他部门的需要。兴建和现代化改造原有能源基础设施是实现该目标的重要规划。这项规划从 2015 年开始实施，内容包括：①勘探领域和油气服务基础设施，特别是深水勘探，到 2020 年和 2030 年石油和天然气储量要保证能分别开采 15 年和 33 年，一次能源供给要完全能够满足总计划消费量；②提高中长期炼化能力；③完善天然气管道网络，为市民、工厂和企业提供燃气服务；④发展天然气和煤炭的进口和储存基础设施。规划还提出要增加投入，提高能源生产率，发展可再生能源，提高能源使用效率，优化能源结构；从 2016 年起增加能源研究和开发方面的开支，并促进现代化技术投入，以促进能源领域的创新，定于 2020 年完成。目前埃及的能源主要由石油和天然气构成（二者合计占能源总量的 96%）。为了降低对油气的依赖，埃及重点开发清洁能源，如核能和可再生能源。建设 Dab'aa 核电站是其中的一个计划，该计划在 2030 年前完成。该计划包括了 4 座第三代反应堆的建设。第三代反应堆具有安全性高、设计简单、成本低和寿命长的特点，可以运行超过60 年。每座反应堆的装机容量是 1200 兆瓦，总共 4800 兆瓦。按照计划，埃及第一座核电站将在 2024 年投入运营。2020 年以后，不能出现因为电力紧张而出现拉闸限电的情况。

2. 提高能源部门产值在 GDP 中所占比重

埃及能源部门主要通过向经济和生活部门提供电力、油气出口、电力生产、可再生能源领域的技术产品等方式为 GDP 做出贡献。埃及对能源部门的产值做出了计划，到 2020 年能源部门产值要占 GDP 的 20%，到 2030 年能源部门产值要占 GDP 的 30%。

3. 最大限度利用国内能源资源

最大限度地利用埃及国内能源资源需要提高能源生产企业的效率，对部门机构进行持续、合理的管理。为提高能源部门效率，优化能源结构，埃及提出重组能源管理部门，计划从 2018 年起实施，2030 年完成。加快能源规划局的设立，以制定一般能源政策和全面、可持续的能源战略，管理和评估政策的落实情况，并协调各方利益；考虑合并石油部与电力和可再生能源部，提高行政效率，抑制官僚主义；建立统一的能源管理设施，包括成品油、天然气、电力网络，以保护消费者和投资者；提高能源从业人员技能，计划通过提供和提高能源部门人力资源来满足实现愿景目标的人才需求，这项计划从 2016 年起实施，2020 年完成。石油部、电力和可再生能源部应当与教育和科技教育部、高等教育和科学研究部合作培养所需人力资源，帮助完成提高能源生产和使用效率及满足可再生能源和核能方面需要的目标。

4. 提高能源综合管理水平，实现可持续发展

埃及政府不断提高能源综合管理水平，优化能源结构，制定全面的中长期战略，受到各方广泛赞成。这项战略已经规划完成，并于 2016—2020 年实施。这项战略涉及能源产业链的各个环节（包括规划、生产、运输、分销和控制、炼化及消费），具体内容包括：能源生产要用到的能源燃料结构需求比例，能源进出口计划，提高能源生产效率的监管机构，制订中长期与全球能源价格接轨的计划；改革当前的法律框架，修正阻碍能源部门共同目标实现的法律，2015 年已经开始实施，计划在 2020 年完成；通过重新审议与私人能源生产部门参与者相关的法律，提高能源系统的效率，明确政府作为监管者的角色，为能源部门提供一个公平竞争的环境；起草统一的能源法（涵盖电力和油气），明确和调整各方的关系，特别是生产、运输、分销、销售等能源领域的私营部门的角色，进一步允许私营部门参与成品油的进出口贸易，开放能源市场。

为满足未来迅速增长的能源需求，埃及政府大力提倡开发新能源。目前，可再生能源占埃及一次能源消费量的比重约为 8%，这主要是靠水电创造出来的。埃及政府 2008 年出台了《可再生能源法案》，规定建立有利于投资的机制，鼓励国外和民营企业广泛投资，并提出了面向 2020 年使用可再生能源的目标。根据该法案，到 2020 年，埃及可再生能源的发电量将达到埃及总发电量的 20%，其中 12% 来自风能，风力发电装机容量达 12650 兆瓦。

本章小结

非洲是"一带一路"的重要节点，非洲东部和南部是"21 世纪海上丝绸之路"的历史和自然延伸。2017 年，肯尼亚蒙内铁路（内罗毕—蒙巴萨）开通运营，这是中非共同建设非洲高速铁路、高速公路和区域航空三大网络的重大标志性项目，是实现非洲基础设施互联互通的开端。展望未来，2018 年中非合作论坛北京峰会取得圆满成功，本次峰会以"合作共赢，携手构建更加紧密的中非命运共同体"为主题，规划了新时代中非合作的蓝图。

第四篇

产业合作典型案例分析

第十二章
能源企业与"一带一路"合作现状

油气合作是"一带一路"建设的先行领域，20 多年来，中国石油企业与"一带一路"沿线国家油气合作规模不断扩大、合作领域不断拓宽、合作水平不断深化、合作模式不断创新，为保障国家能源安全、促进能源企业发展壮大及推进国际化进程提供了有力支撑，也为"一带一路"能源合作打下了坚实的基础。本章主要总结中国能源企业沿"一带一路"国家"走出去"的成果和经验教训。

第一节
能源合作进展

"一带一路"倡议提出以来，中国政府大力推进，中国企业积极跟进，"一带一路"沿线国家积极响应，在开放包容、互利共赢、市场运作的原则下，坚持共商、共建、共享，"一带一路"国际合作全面展开。

政策沟通不断深化。中国目前已与 40 多个"一带一路"沿线国家和国际组织签署合作协议；同 30 多个国家开展产能合作，各类双边、多边产能合作基金规模超过 1000 亿美元；有 100 多个国家和国际组织积极参与和支持。

设施联通不断加强。中巴经济走廊、中蒙俄经济走廊、新亚欧大陆桥经济走廊建设稳步推进，西北、东北、西南及海上四大油气进口通道不断完善,初步形成了联通中外、贯穿惠及多国的油气供应市场网络。电力、油气、可再生能源和煤炭等领域技术、装备和服务合作成效显著,核电国际合作迈开新步伐。

贸易畅通不断提升。2014—2016 年,中国同"一带一路"沿线国家贸易总额超过 3 万亿美元,中国对"一带一路"沿线国家投资累计超过 500 亿美元。2016 年,中国对"一带一路"沿线国家直接投资达到 145 亿美元。中国企业已经在沿线 20 多个国家建立了 56 个经贸合作区,累计投资超过 185 亿美元,为东道国增加了近 11 亿美元的税收和 18 万个就业岗位,一批重大基础设施项目正在稳步推进。2017 年,中国与"一带一路"国家的进出口总额达 1.44 万亿美元,同比增长 13.4%,占中国进出口贸易总额的 36.2%。

近年来,中国已与"一带一路"沿线几十个国家建立各种伙伴关系,为"一带一路"油气合作创造了良好的政治氛围。能源合作是"一带一路"国际合作的重要内容和主要平台,能源外交成为近年高层互访的重要议题,重大项目得到国家高层的直接推动。同时,双边、多边政治关系的良性发展,也为海外能源合作奠定了稳固的政治基础,我国对国际能源事务的影响力逐步增强。中国与"一带一路"沿线国家及国际组织签署了一大批协议(见表 12-1),为"一带一路"能源合作提供了重要保障。2017 年 5 月,首届"一带一路"国际合作高峰论坛在北京成功举行,标志着"一带一路"建设进入新阶段。

表 12-1 中国与"一带一路"沿线国家或组织签署的部分协议及相关内容

地 区	国 家	时 间	协议名称	主 要 内 容
东北亚	俄罗斯	2015 年 5 月	《关于丝绸之路经济带建设与欧亚经济联盟建设对接合作的联合声明》	"一带一路"倡议与"欧亚经济联盟"战略实现对接,双方达成共识,优势互补
	蒙古、俄罗斯	2015 年 7 月	《关于编制建设中蒙俄经济走廊规划纲要的谅解备忘录》	明确了三方联合编制《建设中蒙俄经济走廊规划纲要》的总体框架和主要内容,抓紧把三方发展战略对接落实到具体合作领域和项目上来,推进中蒙俄经济走廊建设走向深入

续表

地 区	国 家	时 间	协议名称	主 要 内 容
东北亚	蒙古、俄罗斯	2016 年 6 月	《建设中蒙俄经济走廊规划纲要》	推进交通基础设施互联互通、口岸建设、产能、投资、经贸、人文、生态环保等领域合作，协力实施重点项目，推动中蒙俄经济走廊建设尽快取得阶段性成果；过境蒙古的中俄原油及天然气管道被正式提上研究议程
中亚	哈萨克斯坦	2014 年 12 月	《中华人民共和国国家发展和改革委员会与哈萨克斯坦共和国国民经济部关于共同推进"丝绸之路经济带"建设的谅解备忘录》	提出发展和加强区域间互联互通，促进和深化"丝绸之路经济带"沿线有关交通、经贸、旅游、投资及其他合作领域的经济活动
		2016 年 10 月	《中国和哈萨克斯坦关于"丝绸之路经济带"建设与"光明之路"新经济政策对接合作规划》	实现"丝绸之路经济带"建设与"光明之路"新经济政策的战略对接，中哈两国将在 4 个领域共 30 项内容进行全面务实合作
	土库曼斯坦	2014 年 5 月	《中华人民共和国和土库曼斯坦关于发展和深化战略伙伴关系的联合宣言》	提出双方将共同推动"丝绸之路经济带"建设，在金融、铁路、农业、能源、安全等多领域加强合作，研究开展合作的方式并启动具体合作项目
	乌兹别克斯坦	2015 年 6 月	《关于在落实建设"丝绸之路经济带"倡议框架下扩大互利经贸合作的议定书》	提出进一步全面深化和拓展两国在贸易、投资、金融、交通、通信等领域的互利合作，重点推动大宗商品贸易、基础设施建设、工业项目改造和工业园等领域项目实施，实现双边经贸合作和共建"丝绸之路经济带"的融合发展
	塔吉克斯坦	2015 年 9 月	《关于编制中塔合作规划纲要的谅解备忘录》	明确了共同编制《中塔合作规划纲要》的总体框架和主要内容，以共建"丝绸之路经济带"为契机，继续扩大和深化投资、贸易、产业、人文等各领域务实合作，共同推进中国—中亚—西亚经济走廊建设
东南亚	缅甸	2014 年 11 月	《中华人民共和国与缅甸联邦共和国关于深化两国全面战略合作的联合声明》	提出加强海洋经济、互联互通、科技环保、社会人文等各领域务实合作，支持缅甸农村和农业发展，建立两国政府电力合作机制，继续加强金融、海洋经济、互联互通、科技环保等领域的合作
	马来西亚	2015 年 11 月	《中华人民共和国和马来西亚联合声明》	提出两国加强产能和装备制造合作潜力巨大，继续推动"两国双园"协调发展，共同探讨推进钢铁、船舶、通信、电力、轨道交通等重点领域合作

续表

地　区	国　家	时　间	协议名称	主　要　内　容
东南亚	柬埔寨	2016 年 10 月	《中华人民共和国和柬埔寨王国联合声明》	签署了 31 项合作协议，确立了 2017 年双边贸易规模达 50 亿美元的切实目标，特别提出要着力打造西哈努克港经济特区，并签订了《关于确认并共同推动产能与投资合作重点项目的协议》《关于编制共同推进"一带一路"建设合作规划纲要的谅解备忘录》《关于联合开展水利项目合作谅解备忘录》等文件
	孟加拉国	2016 年 10 月	《中华人民共和国和孟加拉人民共和国关于建立战略合作伙伴关系的联合声明》	双方同意扩大和深化贸易和投资合作，将基础设施、产能合作、能源电力、交通运输、信息通信、农业作为中孟务实合作的重点领域加以推进，鼓励两国有关企业加强合作
南亚	巴基斯坦	2015 年 4 月	《中华人民共和国和巴基斯坦伊斯兰共和国关于建立全天候战略合作伙伴关系的联合声明》	双方同意以中巴经济走廊为引领，以瓜达尔港、能源、交通基础设施和产业合作为重点，形成"1+4"经济合作布局
		2015 年 4 月	双方签订了 51 项合作协议和备忘录，其中超过 30 项协议、备忘录与中巴经济走廊相关，涉及机场、高速、电力、铁路等项目	比较关键的 4 项谅解备忘录包括瓜达尔港国际机场、瓜达尔港东湾高速公路、卡拉奇—拉合尔高速公路和喀喇昆仑公路第二阶段升级的项目；电力项目包括 50 兆瓦的达乌德风电项目、50 兆瓦萨察尔风电项目、900 兆瓦 Zonergy 电力工业园区和 100 兆瓦吉姆普尔风电场项目等；铁路方面包括中国国家铁路局和巴基斯坦铁道部之间关于卡拉奇—白沙瓦线（ML1）升级和巴基斯塔铁路赫韦利杨干散货中心的联合可行性研究的框架协议
中东欧	白罗斯	2015 年 5 月	《中华人民共和国和白罗斯共和国友好合作条约》和《中华人民共和国和白罗斯共和国关于进一步发展和深化全面战略伙伴关系的联合声明》	习近平主席对白罗斯进行国事访问期间，双方签署总价值约 157 亿美元的近 20 份经济合作协议（《"丝绸之路经济带"合作议定书》）
		2016 年 9 月	《中华人民共和国政府与白罗斯政府共同推进"一带一路"建设的措施清单》	涵盖交通物流、贸易投资、金融、能源、信息通信、人文等领域相关措施或项目，是推动中白在"一带一路"框架下开展务实合作的第一份路线图，也是指导两国务实合作的重要框架性文件
	匈牙利	2015 年 6 月	《中华人民共和国政府和匈牙利政府关于共同推进"丝绸之路经济带"和"21世纪海上丝绸之路"建设的谅解备忘录》	中国同欧洲国家签署的第一个此类合作文件。双方希望以签署政府间谅解备忘录为契机，使匈牙利成为"一带一路"建设在欧洲的重要支点；以共同建设匈塞铁路为契机，使匈牙利成为欧亚物流的重要枢纽；以增强两国高度互信为契机，使匈牙利成为中欧友谊的重要桥梁

续表

地 区	国 家	时 间	协议名称	主 要 内 容
中东欧	中东欧 16国	2015年 11月	《中国—中东欧国家中 期合作规划》	结合"一带一路"倡议和《中欧合作2020战略规划》，中国和中东欧16国制定"16+1合作"中国规划图，共同发表《中国—中东欧国家中期合作规划》，推动"16+1合作"提质增效，其中一半国家与中国签署了共建"一带一路"合作备忘录
	波兰	2015年 11月	《中华人民共和国政府 与波兰共和国政府关于共同 推进"一带一路"建设的谅 解备忘录》	提出加强"一带一路"与"可持续发展计划"对接，共同组织编制中波合作规划纲要，开展和深化互利合作
		2016年 6月	《中华人民共和国和波 兰共和国关于建立全面战略 伙伴关系的联合声明》	中波视彼此为长期稳定的战略伙伴，将在中国提出的"丝绸之路经济带"和"21世纪海上丝绸之路"及波兰提出的"可持续发展计划"框架下共同推动经贸、金融、交通物流、基础设施建设、民航、能源、农业、电子商务、科技、环保等领域双边合作
	捷克	2016年 3月	《中华人民共和国和捷 克共和国关于建立战略伙伴 关系的联合声明》	双方将以两国政府签署的共建"一带一路"谅解备忘录为基础，加强"一带一路"与各自发展战略和政策协同，开展和深化互利合作
		2016年 4月	《中华人民共和国政府 和捷克共和国政府关于共同 编制中捷合作规划纲要的谅 解备忘录》	双方商定在基础设施建设、产业投资、贸易、能源资源、科技与研发、金融、运输与物流、医疗保健、航空、标准与认证、农业、文化、体育、教育及地方合作15个领域加强合作
	塞尔 维亚	2016年 6月	《中华人民共和国和塞 尔维亚共和国关于建立全面 战略伙伴关系的联合声明》	将以两国政府签署的共建"一带一路"谅解备忘录为基础，充分把握"一带一路"建设带来的重要机遇，推动双方各自发展战略对接，进一步加强两国能源和交通基础设施建设、产能合作、农业等领域的务实合作
西亚 北非	卡塔尔	2014年 11月	《中华人民共和国和卡 塔尔国关于建立战略伙伴关 系的联合声明》	双方认为应充分利用两国经贸互补优势，促进双边经贸关系和相互投资，扩大在基础设施建设、各项工业和高科技领域，特别是交通、路桥、铁路、电信、国有企业、先进技术转移便利化等方面多种形式的互利合作，建立能源与替代能源领域长期、全面的战略合作关系，扩大两国在银行、金融市场等金融领域的合作等

续表

地　区	国　家	时　间	协议名称	主　要　内　容
西亚北非	南非	2015 年 12 月	26 项双边合作协议	中国和南非签署了价值 419 亿元人民币的 26 项双边合作协议，其中包括：中国工商银行与非洲最大银行标准银行集团签署了总金额为 100 亿兰特的兰特发债合作协议；中国出口信用保险公司为南非国家交通运输集团提供 25 亿美元的授信额度用于设备购买；中国国家开发银行为南非电力公用事业提供 5 亿美元贷款支持电站建设等
	科威特	2014 年 6 月	《科中关于"丝绸之路经济带"和科威特丝绸城建设合作谅解备忘录》	科威特首相对中国进行友好访问，期间与中方签订了《科中能源合作协议》《科中基础设施项目投资合作协议》《科中航空合作协议》等 10 份合作协议
	土耳其	2015 年 11 月	《"一带一路"建设谅解备忘录》	双方应该积极利用丝路基金和亚洲基础设施投资银行等平台，创新合作渠道和模式，实现共同发展和共同繁荣
	阿塞拜疆	2015 年 12 月	《中阿关于共同推进"丝绸之路经济带"建设的谅解备忘录》	双方签署经贸、司法、民航、教育、交通、能源等领域双边合作文件
	沙特阿拉伯	2016 年 1 月	《中华人民共和国和沙特阿拉伯王国关于建立全面战略伙伴关系的联合声明》	提出双方愿继续本着互利共赢原则，开展务实合作，扩大相互投资，进一步深化基础设施领域合作，重点做好铁路、道路桥梁、通信、港口等方面的互利项目，加强产能政策协调与对接，推动技术转让、产业升级和经济多元化
		2017 年 3 月	签署战略合作协议	沙特国王应邀访华，"一带一路"倡议与沙特《2030 愿景》对接。双方致力于共同打造中沙能源领域一体化合作格局，签署了覆盖多个战略项目的合作协议
	埃及	2016 年 1 月	《中华人民共和国政府和阿拉伯埃及共和国政府关于共同推进"丝绸之路经济带"和"21 世纪海上丝绸之路"建设的谅解备忘录》	签署电力、基础设施建设、经贸、能源、金融、航空航天、文化、新闻、科技、气候变化等领域多项双边合作文件，并为中埃苏伊士经贸合作区二期揭牌，这一项目将引进纺织服装、石油装备、摩托、太阳能等 100 多家企业，可以为埃及创造 10000 多个就业机会
		2016 年 1 月	《中华人民共和国和阿拉伯埃及共和国关于加强两国全面战略伙伴关系的五年实施纲要》	从政治经贸、军事和安全、能源油气产业合作等 10 个大项目 80 个分项，对中埃关系未来 5 年发展与合作做了详细的规划安排

续表

地　区	国　家	时　间	协议名称	主 要 内 容
西亚北非	伊朗	2016 年 1 月	《中华人民共和国政府和伊朗伊斯兰共和国政府关于共同推进"丝绸之路经济带"和"21 世纪海上丝绸之路"建设的谅解备忘录》	签署能源、产能、金融、投资、通信、文化、司法、科技、新闻、海关、气候变化、人力资源等领域多项双边合作文件
		2016 年 1 月	《中国国家发展改革委、中国人民大学和伊朗外交部、伊朗政治与国际问题研究院共建"一带一路"智库合作备忘录》	中方愿同伊方在能源领域开展长期稳定的合作，扩大在高铁、公路、建材、轻纺、通信、电力、工程机械等领域合作，实现两国优势产业、优质资源、优良市场对接
其他组织	欧盟	2013 年 11 月	《中欧合作 2020 战略规划》	略
	非盟	2014 年 5 月	《关于全面深化中国非盟友好合作的联合声明》	略
	南美洲多国	2015 年 5 月	多项合作文件	李克强总理出访拉美四国(巴西、哥伦比亚、秘鲁、智利)，签署了包括矿产、能源、农业金融等领域的多项合作文件，并与巴西、秘鲁签署了横跨大西洋和太平洋的"两洋铁路"的可行性研究合作文件
	联合国亚太经社会	2016 年 4 月	《中国外交部与联合国亚太经社会关于推进地区互联互通和"一带一路"倡议的意向书》	双方将共同规划推进互联互通和"一带一路"的具体行动，推动沿线各国政策对接和务实合作。这是中国与国际组织签署的首份"一带一路"合作文件，旨在扩大双方开展"一带一路"合作的共识，加强交流对接，深化务实合作
	联合国开发计划署	2016 年 9 月	《中华人民共和国政府与联合国开发计划署关于共同推进"丝绸之路经济带"和"21 世纪海上丝绸之路"建设的谅解备忘录》	中国政府与联合国开发计划署在双方现有的良好合作基础上，发挥各自优势合作推进"一带一路"建设，推动沿线国家的政策沟通、设施联通、贸易畅通、资金融通、民心相通，为沿线国家的繁荣和发展共同努力

资料来源：据中国政府网、新华社等媒体消息整理。

　　我国与"一带一路"相关地区多个国家在能源合作的各领域取得了一系列先期成果。其中，央企作为"一带一路"建设的先行者和主力军，在"一带一路"沿线 20 多个国家建设了 60 多个能源项目、油气合作项目，在能源贸易、能源基础设施建设和双向投资方面取得重要进展（王金照，2016）。

　　中俄能源合作不断拓宽与深化。中国是俄罗斯原油重要出口市场，俄罗斯石油公司于 2018 年对中国原油出口量增至 5000 万吨，是 2013 年出口量的 2 倍多。2014 年 5 月中俄签署价值 3800 亿美元的东线天然气供气购销合同，同年 11 月，西线天然气供应的合作备忘录和框架协议也达成。尽管受国际气价大跌的影响，中俄天然气领域的合作放缓，但输气量 380 亿立方米的东线管道仍将于 2019 年投产，年供气 300 亿立方米的西线管道建设仍在商谈中。中俄两国能源合作已步入上下游开发并进、相互投资的新阶段。中石油收购诺瓦泰克持有的亚马尔液化天然气股份公司 20% 股份，中俄合资开发博托宾斯克油田项目，合资兴建天津东方炼厂。此外，中俄煤炭领域的合作不断推进，2012 年 12 月，中俄两国签署了《中俄煤炭领域合作路线图》，允许中国企业进入俄罗斯境内开采若干个煤炭资源，俄罗斯计划每年通过东西两线向中国提供大规模的电力输出。2013 年，中国长江电力股份有限公司与俄罗斯能源集团签署了关于核电合作的协议，田湾核电站二期工程上马则是两国核能合作的标志性事件，充分反映了中俄能源合作达到前所未有的深度。

中国—中亚天然气管网进一步完善，能源基础设施互联互通水平升级，新的能源运输通道不断开辟。中亚天然气管道 A 线 2009 年 12 月投产，B 线 2010 年 10 月投产，C 线 2014 年 5 月投产，A 线、B 线设计输气能力 300 亿立方米 / 年，C 线设计输气能力 250 亿立方米 / 年，截至 2017 年 3 月 31 日，A 线、B 线、C 线累计进口天然气 1742.59 亿立方米。中亚天然气管道 D 线全长约 971 千米，设计输气能力 300 亿立方米 / 年，于 2014 年 9 月开工建设。除了管网的互联互通，中国在中亚进行了大量的上游投资。例如，在土库曼斯坦，中石油投资了作为中国进口气主要气源地的阿姆河右岸巴格特亚尔雷克气田群；在哈萨克斯坦，中石油投资了哈萨克斯坦石油公司和阿克纠宾石油公司。

2016 年 11 月，连接中巴经济走廊的瓜达尔港正式开港，从陆路开辟了通向中东的能源通道。中国和中东国家的油气上中下游全产业链合作逐步成型。以中国和沙特阿拉伯合作为例，2016 年中国从沙特阿拉伯进口 5100 原油万吨，沙特阿拉伯是中国第二大石油进口来源国，同时中国是沙特阿拉伯最大的石油出口市场。除了贸易，在双向投资方面也得到了长足发展。沙特阿美石油公司与中石化在福建省共同投资的炼油乙烯大型项目已正式投产运营。中石化与沙特阿美在沙特阿拉伯延布的炼厂于 2016 年 1 月 20 日举行了投产启动仪式，该项目投资近 100 亿美元，设计年原油加工能力约为 2000 万吨。

2017 年 3 月，沙特阿拉伯国王应邀访华，双方致力于共同打造中沙能源领域一体化合作格局，签署了覆盖多个战略项目的合作协议。

中国—东盟互利互惠电力合作积极推进。2013 年《纪念中国—东盟建立战略伙伴关系 10 周年联合声明》中明确提出，加强在能源领域的合作，编制《中国—东盟新能源与可再生能源合作行动计划》。区域间电网互联互通和跨境电力贸易是中国和东盟合作的特点。截至 2015 年年底，南方电网公司累计向越南送电 315 亿千瓦时，向老挝送电 10 亿千瓦时，从缅甸进口电量 125 亿千瓦时。在 2016 年 3 月通过的《澜湄国家产能合作声明》中，电力、电网、可再生能源被选作优先领域。中企总承包的越南永河水电站竣工投产，其他水电、火电、风电项目取得新进展。

第二节

油气合作现状与特点

"一带一路"倡议提出以来，中国海外油气合作进入优化发展的新阶段。中东、非洲、中亚—俄罗斯、美洲、亚太海外油气合作区不断完善，区域能源资源、市场、产业一体化进程不断推进，已形成海陆项目兼顾、油气项目并举、介入非常规资源、油气投资业务与工程技术等服务保障业务一体化协调发展的勘探开发新格局。

中国与"一带一路"沿线国家投资合作稳步推进，增长潜力巨大。2015年，中国企业共对"一带一路"相关的 49 个国家进行了直接投资，投资额合计 148 亿美元，同比增长 18.2%(刘朝全，姜学峰，2017)。截至 2015 年年底，中国石油企业在"一带一路"油气项目总投资高达 2000 亿美元。

中国石油企业通过入股、兼并等方式，在海外上、中、下游及仓储等领域与合作方展开深入合作。中石油成功入股卡沙甘油田，参股亚马尔 LNG 项目，拓展了里海、北极和东非海上油气合作，随着鲁迈拉、艾哈代布等项目成功达产和投产，中石油率先建成"海外大庆"。中石化成功介入天然气和深水领域、沙特阿拉伯延布炼厂和印度尼西亚仓储项目。中海油收购加拿大尼克森石油公司及美国页岩气项目，进入非常规油气领域（杜伟，2016）。民营企业和地方国企为主体的中小油气企业积极实施资产并购取得丰硕成果。

跨国管道建设实现新突破。西北通道逐步完善，中亚 A 线、B 线输气量逐年增加，中亚 C 线建成投产，中亚 D 线开工建设；中俄原油管道建成运行，中俄东线天然气管道开工建设；中缅油气管道初具规模。三大陆上通道油气管线总里程达 14000 千米，年输油能力 8500 万吨，年输气能力 600 亿立方米。

一、"一带一路"油气合作现状与成果

（一）油气合作历程

1. 起步和探索阶段（1993—1996 年）

中国石油企业海外合作是从小项目开始的，是一个发挥自身技术优势、循序渐进的过程（姜学峰，徐建山，2016）。中石油从秘鲁的老油田区块起步，1993 年 10 月中石油获得了秘鲁北部塔拉拉油田七区的作业权，并于 1994 年 1 月接管了油田，1995 年 10 月又接管了塔拉拉油田六区，这是中石油在海外运作的第一个油田开发项目；接着先后在加拿大、泰国、巴布亚新几内亚等国家进行低风险和小项目投资，开展产品分成、许可证和服务合同等多种模式的尝试。中海油从南亚的海上项目开始。1994 年，中海油收购了 ACRO 石油公司南亚一个油气项目，作为该公司第一个海外并购，迈出了开拓国际市场和建设国际化石油公司的第一步。

2. 打基础和快速发展阶段（1997—2007 年）

该阶段油气企业的投资方式是自主勘探和资产并购相结合，合作对象上开始与新兴市场国家石油公司和国际大石油公司合作。中石油方面，1997 年中石油开始参与有一定规模的项目，以苏丹 1/2/4、哈萨克斯坦阿克纠宾和委内瑞拉陆湖项目的签订为标志，在北非、中亚和南美搭建起三大战略发展区；同年，中石油与伊拉克石油部签订中国企业在中东地区的第一个石油合同——伊拉克艾哈代布油田合作项目。2004 年 7 月，中石油和哈萨克斯坦国家石油运输股份公司各自参股 50% 成立了中哈管道有限责任公司。中哈原油管道一期工程阿塔苏—阿拉山口段，西起哈萨克斯坦阿塔苏，东至中国阿拉山口，全长 962.2 千米，于 2006 年 5 月实现全线通油。2005 年中石油在中亚以 41.6 亿美元收购了哈萨克斯坦 PK 公司，创造了当年全球油气市场第二大收并购交易。中石化方面，2001 年中石化成立国际石油勘探开发公司，开始海外投资业务；2002 年中石化与德国普鲁士格公司签订了也门 S2 区块勘探开发权益的转让协议，取得 37.5% 的石油开采权，成功进入中东地区油气勘探市场；2004 年 3 月整体收购哈萨克斯坦第一石油公司（FIOC）；2006 年，中石化完成俄罗斯乌德穆尔特石油公司 96.86% 股权的收购交易，获得超过每年 300 万吨的产量，成为第一家进入俄罗斯能源开采市场的中国公司。中海油方面，2002 年中海油成功收购印度尼西亚及澳大利亚某大型海域油气田的部分权益；2005 年以 1.5 亿加元收购了加拿大 MEG 公司 18.5% 股权，首次进入北美油砂资源市场；2006 年中海油以 22.68 亿美元收购尼日利亚深水项目"OML130"AKPO 油田 45% 股权。另外，2002 年 3 月中化集团以约 2 亿美元成功收购 PGS 公司的子公司亚特兰提斯公司，取得了阿联酋、阿曼、突尼斯 3 个国家的 12 个石油租让合同或开采许可（张伟，2013）。

3. 规模发展阶段（2008—2013 年）

2009 年前后，受全球金融危机影响，全球油气资产大幅缩水。这一时期除了中石油、中石化和中海油，中化集团、振华石油、中信集团、延长石油等企业也陆续参与海外油气投资。中国油气企业先后在俄罗斯、伊拉克、伊朗、土库曼斯坦等国家获得了一批大型油气开发项目，中国—中亚天然气管道也是在这一时期成功构筑的。2012 年前后，在油价持续高企的驱动下，中国油气企业纷纷涉足澳大利亚天然气及液化天然气一体化项目、煤层气项目，以及东非莫桑比克天然气项目及缅甸深水勘探。2008—2013 年中国油气企业累计投入并购资金 1200 亿美元以上，2012 年中海油以 192 亿美元收购尼克森公司是中国油气企业迄今最大的海外并购案。中国油气企业进入了北美非常规领域及巴西、东非的深水等领域。同时，自主投标也取得重大突破，2009 年以来，中国油气企业进入伊拉克、伊朗和巴西等资源国，全面加强了与中亚、俄罗斯及拉美国家的能源合作。这一阶段，中国油气企业与外国在合作方式上有整体并购、战略联盟、参股投资等，合作领域涵盖上游至下游、常规和非常规、陆上到海上。

4. 优化发展阶段（2014 年至今）

受低油价冲击，中国油气企业海外业务发展步伐放缓，经营重心从注重规模向注重效益转变，实施降本增效经营策略。大型石油央企、大型石油国企、中型石油民企在"一带一路"油气合作方面迈上新的台阶。2017 年 2 月，中石油以 18 亿美元收购阿联酋阿布扎比国家石油公司（ADNOC）陆上最大的

ADCO 油田 8% 的股份，中国华信能源以 8.88 亿美元收购上述同一油田 4% 的股份。这给中石油和中国华信能源每年分别带来 640 万吨和 320 万吨的权益油和相应分红。振华石油公司成功与美国雪佛龙石油公司签约，收购美国雪佛龙公司在孟加拉国价值 20 亿美元的天然气田。

（二）油气合作成果

1. "一带一路"已成为石油企业海外核心油气合作区

截至目前，涵盖上游、中游和下游全产业链，以及"资源、供应、效益、品牌"四位一体的中亚—俄罗斯、中东、非洲、亚太、美洲和欧洲 6 个油气合作区基本建成（姜学峰，徐建山，2016）。当前，有 20 多家中国企业参与海外 200 多个油气项目的油气投资，业务遍及全球 50 多个国家（见表 12-2）。

表 12-2　中国石油企业海外部分国家 / 地区项目

项　目	地　区	国　家	年　份	主要项目
上游	俄罗斯	俄罗斯	2006 年	乌德穆尔特
			2014 年	亚马尔 LNG
	中亚	哈萨克斯坦	1997 年	阿克纠宾
			2003 年	北布扎齐
			2005 年	PK
			2006 年	Karazhanbas（KBM）
			2009 年	曼格什套
			2013 年	卡沙甘
		土库曼斯坦	2007 年	阿姆河天然气
	中东	阿联酋	2006 年	UAQ 气田
			2013 年	陆海项目
			2017 年	ADCO 油田
		卡塔尔	2010 年	D 区块勘探项目
			2012 年	4 区块勘探项目
		伊拉克	2008 年	艾哈代布
			2009 年	鲁迈拉
			2009 年	Tap 油田项目
			2010 年	哈法亚
			2010 年	米桑
			2013 年	西古尔纳—1 期
		伊朗	2009 年	北阿扎德甘项目

续表

项　目	地　区	国　家	年　份	主要项目
上游	非洲	安哥拉	2006 年	18 区块
			2011 年	31 区块
		苏丹	1995 年	6 区块
			1997 年	1/2/4 区块
			2000 年	3/7 区块
			2005 年	15 区块
		尼日利亚	2009 年	Addax 项目
	亚太地区	缅甸	2007 年	AD-1/6/8 区块项目
管道	俄罗斯	俄罗斯	2009 年	中俄原油管道
			2014 年	中俄天然气管道（东线）
	中亚	哈萨克斯坦	2004 年	中哈原油管道
		土库曼斯坦	2008 年	中亚天然气管道
	亚太地区	缅甸	2010 年	中缅原油管道
			2010 年	中缅天然气管道
炼厂	俄罗斯	俄罗斯	2013 年	西布尔炼厂
			2014 年	阿穆尔—黑河边境油品储运与炼化综合体
	中东	沙特阿拉伯	2012 年	延布炼厂
	亚太	新加坡	2009 年	润滑油项目

资料来源：据中石油、中石化、中海油等公司网站及有关媒体报道整理。

2. 海外油气权益产量连续多年保持快速增长

　　截至 2016 年年底，中国石油企业在"一带一路"国家的权益油气区块主要分布在中东、中亚、俄罗斯和东南亚等国家及地区，海外权益油产量逐年增加（见图 12-1）。2016 年，中国石油企业海外投资 679 亿元，其中，勘探投资 44 亿元，开发投资 635 亿元。2016 年中国石油企业海外权益油、权益气产量分别超过 1.25 亿吨和 335.6 亿立方米。"一带一路"权益油主要集中在哈萨克斯坦和伊拉克，权益气主要集中在土库曼斯坦、哈萨克斯坦和印度尼西亚，总体权益气量少，集中度高。

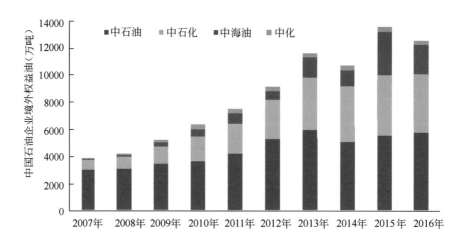

图 12-1　2007—2016 年中国主要石油公司境外权益油

3. 横跨中国的四大战略通道格局基本建成

截至目前，中国西北、东北、西南和东部海上的四大跨国油气战略通道已经成型。三大陆上跨国油气管道连接中亚国家、俄罗斯、缅甸等油气资源国与过境国，总长度近 11000 千米。2014 年，中国—中亚天然气管道 D 线塔吉克斯坦段和中俄东线天然气管道俄罗斯境内段相继开工，陆上油气基础设施建设联通节奏进一步提速。近年来，海上通道基础设施合作明显加快，带动了沿线国家港口、仓储、航运、物流等基础设施建设。目前中国陆上跨境油气输送能力分别达到 6300 万吨、600 亿立方米；中国码头接卸能力、LNG 接收能力分别达到 5.3 亿吨、4080 万吨（刘朝全，姜学峰，2017）。

2016 年中国净进口原油 3.78 亿吨，对外依存度达 65.5%；净进口天然气 702 亿立方米，对外依存度达 36.2%。中国原油进口国家主要包括俄罗斯（占原油进口总量的 13.8%）、沙特阿拉伯（占比为 13.4%）、安哥拉（占比为 11.5%）、伊拉克（占比为 9.5%）、阿曼（占比为 9.2%）、伊朗（占比为 8.2%）、委内瑞拉（占比为 5.3%）、巴西（占比为 5.0%）、科威特（占比为 4.3%）、阿联酋（占比为 3.2%）、哥伦比亚（占比为 2.3%）、哈萨克斯坦（占比为 0.8%），如表 12-3 所示。

表 12-3　2011—2016 年中国原油主要进口来源表　　单位：万吨

国　家	2011 年	2012 年	2013 年	2014 年	2015 年	2016 年
俄罗斯	1972	2433	2435	3311	3762	5248
沙特阿拉伯	5028	5390	5390	4967	4608	5101
安哥拉	3115	4016	4001	4065	3537	4374
伊拉克	1377	1568	2352	2858	2882	3621
阿曼	1815	1957	2547	2974	2894	3507
伊朗	2776	2201	2144	2746	2436	3130
委内瑞拉	1152	1529	1575	1379	1477	2016
巴西	671	607	524	700	1392	1915
科威特	954	1049	934	1062	1268	1634
阿联酋	674	874	1028	1165	1094	1218
哥伦比亚		291	394	1009	784	881
哈萨克斯坦	1121	1070	1198	569	461	323
合计	20655	22985	24522	26805	26595	32968

资料来源：中国国家海关总署。

4. 探索运用了多种有效的合作方式

（1）合作对象多元化。

合作对象由"一家独奏"向"多方合奏"转变。①1 型：自主勘探开发是早期"走出去"的主要方式；②1+1 型：与国际大石油公司或资源国石油公司合作开发；③1+2 型：新兴市场国家石油公司与国际大石油公司和资源国石油公司联合投标；④1+N 型：联合多家国际石油公司共同开发巨型项目。

（2）合作模式多样化。

主要包括 3 种合作模式：①贷款换石油，与中亚、俄罗斯和拉美国家达成多项协议；②市场换资源，取得委内瑞拉胡宁等项目的突破；③项目换项目。合作模式的创新是将中国市场优势和外汇储备充足与油气合作有效结合的重要因素。

（3）合同模式多类型。

油气上游合同模式主要包括矿税制合同、产品分成合同、服务合同、回购合同 4 类。不同合同模式各有优劣的同时，对油价波动的敏感性也存在明显的差异性。随着油价的下跌，产品分成合同项目的效益下降明显；矿税制合同受油价波动的影响程度不一；服务合同主要受成本回收池大小的影响，其报酬与油价不直接相关，项目效益受到油价的影响非常小；回购合同项目收益率将同比下降，但下降比率明显低于产品分成合同和矿税制合同（常毓文，等，2015）。

二、"一带一路"油气合作发展的新特点

1. 石油企业"走出去"面临新的形势

石油企业"走出去"面临的挑战主要有 3 个方面（周吉平，2017）。一是油气市场格局变化带来的风险。国际油价自 2014 年断崖式下跌之后，后期虽有所回升，但受供需总体形势影响，油价低位徘徊还将持续比较长的时间。欧佩克的限产起了一些作用，但受美国页岩油气产量影响，总体还是供大于求。二是地缘政治更加复杂多变，包括资源国的政局动荡及政策变化、恐怖主义威胁等。美国页岩气革命引发世界油气格局的重大调整，生产中心向西半球移动，回归到委内瑞拉—加拿大—美国；消费中心向东移至亚太地区；但是中东依然是能源争夺的重点，包括伊拉克和伊朗。三是国际大国利益关系格局变化。特朗普政府新政把石油视为美国的生命线，特朗普一上台就批准修建从加拿大到美国的油气管道，使美国在世界的霸权和强权政治有了进一步的加强。

石油企业"走出去"面临的机遇也主要有 3 个方面。一是无论是油气生产国还是油气消费国，大部分国家都有油气合作项目和需求。二是国企改革和油气行业改革。在落实"一带一路"倡议过程中，推进石油和天然气体制机制的改革，加快国际化进程，助推企业"走出去"更加优质、高效，实施资产优化调整战略，经营重心从注重规模转向注重效益。三是在低油价下部分资源国的放宽政策，伊朗、阿尔及利亚都在重新修订合同；俄罗斯、哈萨克斯坦、印度尼西亚都在降低开采税；墨西哥、乌干达、安哥拉等国家都在放宽招投标的限制，这些都为我国油气企业加速海外发展提供了难得的机遇。

2. 海上油气通道建设合作成为新的重要支点

"一带一路"倡议实施以来，陆上通道联通继续推进，中亚 D 线、中俄天然气东线进入实施阶段，陆上油气合作继续深化、加快的同时，海陆以重点港口为抓手的合作不断推进，包括承建海外港口项目、获取海外港口经营权、与港口所在国合作建设港口等参与方式，经过持续努力，缅甸皎漂深水港及工业区、吉布提港口码头开始建设，巴基斯坦瓜达尔港正式开航，斯里兰卡科伦坡

港口城项目全面复工，汉班托塔港二期工程即将竣工，中国和马来西亚组建涵盖马来西亚 6 个港口、中国 10 个港口"港口联盟"，中马合建马六甲海峡巴生第三港。沿线港口建设将进一步促进中国油气产业与所在国及周边国家的合作（刘朝全，姜学峰，2017）。

3. 油气合作由国企为主向国企、民企共同参与转变

在"一带一路"倡议提出之前，中国参与国际油气合作的主要是以三大油公司为代表的国有企业。近几年，国企仍是"一带一路"油气合作的主力军，在一些战略型油气合作中发挥着主导作用。中石油联手道达尔公司获得伊朗南帕斯 11 期项目开发权；与莫桑比克国家石油公司签署合作框架协议，双方将全面推动在油气勘探开发、生产、天然气加工和销售领域的合作；与俄罗斯气公司签署了《中石油与俄气公司标准及合格评定结果互认合作协议》，将深化双方标准化领域合作。丝路基金与俄罗斯西布尔公司签署最终交易协议，将收购后者 10% 权益。中化集团和俄罗斯石油公司签署合作协议，合资组建远东石化公司。

2016 年，以民营企业和地方国企为主体的中国中小油气企业全面"走出去"，资产并购是这些中小企业开展海外投资的主要方式，2016 年共完成并购金额 44 亿美元（见表 12-4）。

表 12-4　2016 年中小企业海外投资项目统计

公　司	合作国家	合作领域	获取方式	收购金额（亿美元）
中国华信	乍得	上游	收购	1.1
美都控股	加拿大	上游	收购	1.47
新时代能源	阿根廷	上游	收购	0.04
新奥能源	澳大利亚	上游	收购	15
洲际油气	阿尔巴尼亚	上游	收购	5.35
Sixth Energy	哈萨克斯坦	上游	收购	0.01
Bright Hope	加拿大	上游	收购	0.24
北京燃气	俄罗斯	上游	收购	11
电能实业、长江基建	加拿大	管道	收购	9.1
广东振戎	委内瑞拉	炼厂升级、储油罐扩容等	直接投资	—
广东振戎	缅甸	炼厂建设	直接投资	—
恒源石化	马来西亚	炼厂	收购	0.66

资料来源：刘朝全，姜学峰.《2016 国内外油气行业发展报告》，2017。

2015 年，华信能源获得俄罗斯东西伯利亚地区贝加尔项目 3 个油田区块股权；收购哈萨克斯坦国家油气国际公司欧洲子公司 51% 权益，并通过定增扩股与设立能源投资开发基金，进一步收购欧洲黑海、地中海区域加油站，拓展下游物流体系及上游资源股权，完善公司海外油气终端布局。2016 年 12 月，华信能源宣布完成对哈萨克斯坦国家石油天然气公司控股的哈石油国际（KMGI）的收购，依据双方签订的股份转让协议，华信能源拥有 KMGI 51% 的股权。2017 年 2 月，华信能源与阿布扎比政府和阿布扎比国家石油公司（ADNOC）签署协议，获得阿布扎比陆上租让合同区块 4% 权益，合同期 40 年，投资金额 18 亿美元，其中进入费 8.88 亿美元。

广汇能源股份有限公司下属的新疆广汇石油有限公司，早在 2009 年已进入海外上游油气领域，收购哈萨克斯坦斋桑油气田综合开发项目，目前持有该气区块 52% 的权益。2014 年 8 月，广汇能源股份有限公司获商务部批复，成为国内第一家持有进口原油资质的民营企业。

2014 年，洲际油气以 5.25 亿美元收购哈萨克斯坦马腾石油公司 95% 股权，又于 2015 年以 3.5 亿美元收购 KoZhan 公司（克山公司）100% 股份。油气业务已经成为该公司主要业务。

2015 年 6 月，吉艾科技（北京）股份公司发布定增预案，募集总额不超过 10 亿元人民币，用于新建塔吉克斯坦丹格拉炼厂项目。

2009 年，杰瑞集团向乌兹别克斯坦输送整套的固井设备；2010 年，与中石油并肩开拓中亚油气合作示范区；2011 年，在加拿大购置 3 个油气区块，面积超过 400 平方千米，开始进行装备之外的能源项目布局。

电能实业有限公司和长江基建集团有限公司斥资 8.5 亿美元收购加拿大赫斯基能源旗下输油管道资产 65% 权益。广东振戎能源有限公司与委内瑞拉库拉索岛政府签署框架协议，参与能源基建升级改造项目，包括炼厂升级、油罐区扩容和 LNG 接收站建设；另外，该公司在缅甸的炼厂项目也获得批准。

4. "一带一路"逐步得到了周边国家的积极响应

截至 2016 年 6 月 30 日，中国已经同 56 个国家和区域合作组织发表了对接"一带一路"倡议的联合声明，建立了双边联合工作机制，已与 11 个"一带一路"沿线国家签署了自贸区协定。围绕"一带一路"倡议，充分利用上海合作组织、中国—东欧 16+1、中国东盟 10+1、中国—海合会等机制的平台作用，使"一带一路"的合作理念得到相关各方的充分理解，带动了更多国家和地区参与"一带一路"建设（孙依敏，2017）。很多地区大国的自身发展战略与"一带一路"对接，如俄罗斯提出的欧亚经济联盟、东盟提出的互联互通总体规划、哈萨克斯坦提出的"光明之路"、土耳其提出的"中间走廊"、蒙古提出的"发展之路"、越南提出的"两廊一圈"、英国提出的"英格兰北方经济中心"、波兰提出的"琥珀之路"等，中国同老挝、柬埔寨、缅甸、匈牙利等国家的规划对接工作也全面展开，这为实现地区大国之间的利益融合提供了重要基础。

三、中国石油企业"走出去"的历史经验与教训

中国石油企业"走出去"实施跨国经营，目的是与资源国广泛合作，实现互利共赢；同时，也希望与国际石油公司合作学习先进技术和管理经验。多年来，中国石油企业抓住机遇，充分发挥比较优势与核心竞争力，注重风险管控与本土化合作，在海外的生产经营投资取得了丰硕成果，对世界能源工业发展和中国石油安全供应做出了积极贡献，提升了中国石油企业的国际竞争力，获得了很多成功的经验，如中石油苏丹项目、哈萨克斯坦阿克纠宾项目等。其中，中石油苏丹项目堪称"南南合作"的典范，中苏石油合作20多年来，中石油累计投入过百亿美元，目前，中石油在苏丹拥有1/2/4区块、3/7区块、6区块、15区块4个上游投资项目，投资建设了喀土穆炼厂、喀土穆石油化工厂、石化贸易3个下游项目，以及1/2/4区块、3/7区块和6区块的原油外输管道，提升了苏丹石油技术和管理水平，推动苏丹建成了集勘探开发、炼油化工、管道运输、工程技术和油品销售等于一体的现代石油工业体系。但是，中国石油企业"走出去"并非一帆风顺，在这一进程中也吸取了不少教训，如伊朗取消与中石油签订的油田开发协议等。中国石油企业"走出去"之初在资金、技术、管理经验上都相对欠缺，对资源国的政治、法律、投资环境，以及与政府的合作经验都知之甚少，在具体的项目合作上，存在海外油气项目收购程序不规范、调查研究不到位、管理水平欠缺、资产投资回报率低等问题。目前，中国石油企业面临国际能源地缘政治风险加大、低油价导致海外业务盈利下降等挑战，应持续优化海外资源配置和资产布局，提高风险管控能力。

1. 在面临资源国政治风险的同时，法律和经济制约因素越来越多

"一带一路"贯穿亚非欧大陆，涉及全球多个高风险地带。由于西方跨国

石油公司占据了世界石油的中心地带,因此中国石油企业在"走出去"时,更多时候只能进入西方石油公司不愿意进入的国家和地区。而这些国家和地区往往存在较大的政治风险,包括政治体制变动风险、战乱风险、社会风险、东道国经济政策发生变化等,而且中国石油企业同西方公司相比,在应对这些风险方面经验欠缺(孙仁金,等,2009)。同时,资源国为了保护自身利益,制定了诸多法律法规,并在石油合同里规定了很多限制条款,例如,除支付勘探费、矿产资源税及其他各类税赋外,还要支付资料费或签字费和其他红利等,有成本回收比例,以及原油出口、设备进出口、外汇出口等限制,导致中国石油企业获得海外区块的难度不断增大。

2. 收购整合过程漫长复杂,企业国际化经营和管理水平欠缺

中国石油企业在整体管理水平上同一流公司相比尚有一定差距。以中海油收购加拿大尼克森油气公司为例,该笔收购是中国石油企业已完成的海外收购项目中迄今为止最大的一笔交易,收购前后暴露出来的国际化经营和管理水平欠缺问题值得思考。

尼克森油气公司的核心业务包括常规油气、油砂和页岩气。2012年7月23日,中海油与尼克森油气公司达成协议,中海油以151亿美元现金收购尼克森油气公司全部股份,中海油还另外承担尼克森油气公司43亿美元的债务。2013年2月26日,并购交易完成。中海油设定的战略目标是,通过该并购获得覆盖全球各大洲的石油储量及国际化管理经验。在获得的石油储量中,64%是加拿大油砂资产,22%为英国北海深海油气资源。2014年下半年开始,国际油价断崖式下跌,中海油疲于应付并购造成的沉重财务负担,始终未能实现对尼克森油气公司的有效整合。当前北美页岩油的开采成本降到292美元/吨左右,尼克森油气公司超过438美元/吨开采成本的油砂资产,对中海油已变成拖累。收购尼克森油气公司后,中海油派去的管理团队建立新的管理体系侧重于降低成本,但大规模裁员主要针对一线员工,而这种管理理念与北美当地石油公司相反。直至今日,尼克森油气公司仍未划归中海油,始终由总公司直辖,中海油尚未理顺对尼克森油气公司的管理(李毅,2016)。

3. 风险和成本估计不足,高油价时的大规模收购在低油价时亏损严重

中石化在2000年后通过不断扩张海外资产收购来补充国内的资源短板。中石化的首笔海外资产收购,是2001年收购的也门S1区块,同年注册成立国勘公司作为集团下属的二级子公司,中石化收购的海外上游资产都

纳入该公司。

2003—2008 年，在国家"走出去"的背景下，国勘公司主要以参股项目为主，包括 2004 年收购哈萨克第一石油公司（FIOC）、参股安哥拉 18 区块、2006 年收购俄罗斯 UDM 项目股权和叙利亚项目等。2009—2012 年，中石化海外并购进入快速发展阶段，接连实施了以 90.22 亿美元（含承续债务）整体并购 ADDAX 公司、以 46.75 亿加元收购康菲公司加拿大辛克鲁德油砂公司 9.03% 股权、以 71 亿美元收购 Repsol 巴西公司 40% 股权、以 51.9 亿美元取得葡萄牙 Galp 能源巴西子公司 30% 股权、以累计 40.1 亿美元收购澳大利亚 AP-LNG 项目 25% 股权等一系列项目（张伟，2013）。2013 年之后，中石化海外收购的规模和数量明显放缓，金额超过 20 亿美元的只有收购美国石油和天然气生产商 Apache 的埃及资产项目。截至 2015 年年底，中石化共收购了 62 个海外油气项目，总收购资金 608 亿美元，国勘公司累计勘探开发投资 446 亿美元，加上收购资金，总投资超过 1000 亿美元。

2014 年下半年开始，国际油价呈断崖式下跌。由于资产收购的评估价值与当时的油价水平匹配，中石化便大规模收购资产，而随后国际油价大跌，致使国勘公司 2015 年的净亏损达 207 亿元人民币。对风险和成本估计不足，是造成国勘公司的项目经营状况偏离预期的原因（黄凯茜，2016）。

4. 国际油气合作项目投入大、周期长、风险高，不确定性因素多

（1）投入巨大，周期漫长。

2013 年中海油收购加拿大尼克森油气公司，中海油付出了 185 亿美元，而尼克森油气公司当年的产量水平大概为 2.74 万吨／日，即相当于一个千万吨级的油田。大中型的油气田勘探开发投资基本是数十亿甚至上百亿美元，一些超大型的油气田，其总投资规模甚至高达数百亿、上千亿美元（陆如泉，2017）。以哈萨克斯坦卡沙甘巨型油田项目的开发建设为例，截至目前，由意大利埃尼（ENI）集团、埃克森美孚公司、壳牌和 BP 等公司组成的"超级"财团，在该项目的总投资已接近 1000 亿美元。一个海外油气田区块，如果从风险勘探算起，一直到开发建设和投产运营，需要 6～10 年，甚至更长时间。此外，油气资源投资风险较大。例如，南北苏丹分裂和战争对中石油的苏丹模式产生了重大影响，导致千万吨级油田停产；叙利亚内战从 2011 年延续至今，中石油在叙利亚的项目全面停产（穆龙新，2017）。

（2）油气勘探、资产并购的风险较大，尤其油价难以预估。

原油价格是为数不多的实现全球统一定价的大宗商品。在 2008 年以来的"后金融危机"数年间，国际油价迅速攀升并回升到 730 美元 / 吨以上，这直接加速了中国石油央企和一些民营企业海外扩张与并购的步伐。2014 年下半年以来，油价断崖式下跌，2016 年年初已跌至 189 美元 / 吨的低点，导致油气资产大幅减值。目前，油价的金融属性越来越强，影响油价的因素复杂难判。因此，石油公司的盈利或者利润下滑甚至亏损也应理性看待。

本 章 小 结

能源合作是"一带一路"国际合作的重要内容。近年来，中国能源企业抓住机遇，充分发挥比较优势与核心竞争力，在海外的生产经营投资取得了丰硕成果，对世界能源工业发展和中国石油安全供应做出了积极贡献，提升了中国能源企业的国际竞争力。未来，"一带一路"能源合作将按照"共商、共建、共享"原则，努力构建能源行业互联互通新格局，打造互利共赢能源合作新模式，积极推动能源合作向更宽领域、更深层次、更高水平发展，构建开放共赢、互利互惠的能源合作利益共同体。

第十三章
中哈、中土能源合作典型案例分析

中亚地处亚欧大陆中部，是亚欧大陆的枢纽、东西方文明交往的桥梁，是"一带一路"的关键节点，也是世界大国博弈的重要舞台。中亚是我国实施油气"走出去"的重要地区之一，我国能源企业在中亚取得了显著成果，主要有中哈原油管道、中国—中亚天然气管道、阿克纠宾项目、PK 石油公司、阿姆河右岸项目、卡沙甘油田项目等。本章主要对中哈、中土能源合作现状、合作模式、合作案例进行剖析，并提出油气合作面临的机遇和挑战。

第一节

能源合作现状

中亚五国在 1995 年前后推出了油气等产业私有化政策，其做法就是对外开放，引入国际大资本、先进技术和服务，加快本国油气资源的勘探开发，推动一体化建设，提高国民经济实力。中国与中亚国家的油气合作正起始于这一历史背景（杨丽丽，2016）。

中国与中亚国家的油气合作始于哈萨克斯坦的油气资产私有化。1997 年中石油首先进入哈萨克斯坦西部的阿克纠宾油气开发合作，使油气产量迅速回升，双边合作取得巨大成功，推动了中国与中亚地区的能源合作进程。中国与中亚油气合作经历了从点、到线、再到面的发展过程，为推动地区能源一体化奠定坚实基础（见表 13-1）。中国与中亚之间天然气管道的建设是中国—中亚能源合作的最大成就之一，该项目最初计划修建一条连接中国和哈萨克斯坦的管道，2007年乌兹别克斯坦和土库曼斯坦加入后，就由一个双边项目扩展为多边项目。管道横跨土库曼斯坦、乌兹别克斯坦、哈萨克斯坦、塔吉克斯坦、吉尔吉斯斯坦和中国6个国家，土库曼斯坦通过管道向中国输送天然气。

表 13-1　中国与中亚国家油气合作重要事件

时　间	重要的发展标志	意　义
1997 年	中石油进入哈萨克斯坦阿克纠宾项目	开启中亚油气合作
2005 年	中石油收购哈萨克斯坦 PK 石油公司资产	在哈萨克斯坦实现油气业务的新飞跃
2006 年	中哈原油管道建成运营	建成了中国与中亚第一条石油运输通道
2006—2009 年	2007 年与土库曼斯坦、乌兹别克斯坦两国签署中亚天然气管道项目、天然气购销协议及阿姆河右岸油气田产量分成等协议；2009 年中亚天然气管道 A 线、B 线建成投产	中亚天然气合作项目正式启动，打通了中国—中亚天然气进口通道
2008—2013 年	2008 年在夯实陆上业务的同时，开始进入里海海域；2013 年成功收购北里海财团 8.3% 的股份，成为卡沙甘油田的股东	加速了进入里海油气开发的步伐

2013年9月3—13日，习近平主席先后访问土库曼斯坦、哈萨克斯坦、乌兹别克斯坦、吉尔吉斯斯坦4个国家，并在哈萨克斯坦访问期间提出"丝绸之路经济带"的倡议，大大促进了中国与中亚国家之间的互联互通。中国继与哈萨克斯坦、乌兹别克斯坦建立战略伙伴关系之后，又与其他3个中亚国家（土库曼斯坦、吉尔吉斯斯坦、塔吉克斯坦）建立战略伙伴关系，为相互间的能源交流与合作打下了更为坚实的基础。中国与中亚之间的油气合作是重要的基础性合作领域，对于稳定中国与中亚国家的政治关系及促进其经济发展有重要作用（冯保国，2017）。

一、中哈能源合作

哈萨克斯坦面积 272.49 万平方千米，是世界上最大的内陆国家，能源资源十分丰富。中亚里海地区石油储量约 300 亿吨，而哈萨克斯坦大陆架的石油资源占中亚里海地区总量的一半。中哈能源合作起步较早，建设中哈原油管道以来，两国油气合作发展迅速。据哈萨克斯坦国民经济部统计委员会统计，2015 年中哈双边贸易额 105.67 亿美元。

中哈两国的能源对话始于20世纪90年代初期。21世纪以来，双方的合作更是突飞猛进，取得了许多阶段性的成果，成为中国与中亚国家开展能源合作的典范。中哈两国的能源对话主要通过国家元首或政府首脑间的互访实现（见表13-2）。

表 13-2　中国与哈萨克斯坦油气合作重要事件

时　间	事　件	签署协议 / 发表声明	意　义
1997 年 9 月		中哈两国政府《关于在石油天然气领域合作的协议》	为两国在石油、天然气领域的能源合作奠定了前期基础
2004 年 5 月	哈萨克斯坦总统纳扎尔巴耶夫对中国进行国事访问	《中华人民共和国政府和哈萨克斯坦共和国政府关于在油气领域开展全面合作的框架协议》和《中国石油天然气集团公司与哈萨克斯坦国家油气股份公司关于哈萨克斯坦阿塔苏至中国阿拉山口原油管道建设基本原则协议》	为两国在能源领域的合作奠定了政府指导框架； 6 月 28 日，双方又签署了原油管道建设协议的补充协议，标志着中哈原油管道建设项目正式启动
2004 年 9 月	温家宝总理中亚之行	哈萨克斯坦发表声明表示，支持中国企业在里海大陆架与哈萨克斯坦企业合作进行研究开发	中国企业第一次被里海沿岸国家允许在里海大陆架进行勘探开发
2005 年 8 月		《中国石油公司参与里海达尔汗区块开发的谅解备忘录》和《中哈天然气管道项目可行性研究》	
2007 年 8 月		《中哈原油管道二期工程建设和运行的协议》	
2009 年 4 月	纳扎尔巴耶夫总统访华	双方签署能源领域合作的一系列协议，以扩大两国在石油天然气领域的合作	
2011 年 6 月	胡锦涛主席对哈萨克斯坦进行国事访问	《中哈关于发展全面战略伙伴关系的联合声明》	将中哈关系提高到了一个新的水平
2013 年 9 月	习近平主席对哈萨克斯坦进行国事访问	《中华人民共和国和哈萨克斯坦共和国关于进一步深化全面战略伙伴关系的联合宣言》；习近平主席还首次提出共建"丝绸之路经济带"倡议	双方将做好中哈原油管道扩建和投入运营工作，使其达到协议约定的 2000 万吨/年的输油能力；加快实施中哈天然气管道一期扩建（C线）和二期（别伊涅乌—巴佐伊—奇姆肯特）建设
2014 年 12 月	李克强总理对哈萨克斯坦进行正式访问	中哈两国达成依托"一带一路"开展产能合作的战略共识，双方签署了总额达 140 亿美元的 30 多个合作协议	

资料来源：据新华网等媒体报道整理。

1. 石油

2010 年，中国石油企业在哈萨克斯坦参与的上游项目原油产量为 2900 万吨。目前，中石油拥有阿克纠宾油田、PK 石油公司、北布扎齐油田等多个勘探开发项目，中信集团收购了内森斯能源公司，中石化公司也获得了几个区块勘探权。2013 年 9 月，习近平主席访问哈萨克斯坦，双方签署了近 300 亿美元的合作协议，其中绝大部分是有关能源的，例如，中石油和哈萨克斯坦石油天然气公司达成购买里海油田卡沙甘 8.33% 股份的协议，金额达 50 亿美元；双方还达成了石油、天然气的勘查、开采、加工，以及阿特劳和奇姆肯特炼化厂现代化改造项目、阿克套沥青厂建设项目、煤综合加工等能源合作协议。

2. 油气管道

中哈原油管道西起里海沿岸的阿特劳，东至我国阿拉山口，全长3007千米。先期（肯基亚克—阿特劳）和一期（阿塔苏—阿拉山口）工程已建成投入使用，输油能力1600万吨／年；二期工程第一阶段（肯基亚克—库姆科尔）已经完工；目前正在实施二期工程第二阶段（库姆科尔—阿塔苏），这一阶段完成后，总输油能力可达双边协议规定的2000万吨／年。

中哈天然气管道是中国—中亚天然气管道的组成部分。中国—中亚天然气管道起始于土库曼斯坦、乌兹别克斯坦边境，经乌兹别克斯坦、哈萨克斯坦到达我国霍尔果斯，全长1833千米，最大输气量400亿立方米。2007年，中哈两国政府就建设天然气管道签署政府间协议。一期工程为过境管道，从乌哈边境至中哈边境我国一侧的霍尔果斯，全长1300千米。二期工程为中哈天然气管道支线，从哈萨克斯坦西部别伊涅乌起，至中哈一期管道的奇姆肯特4号压气站。中哈天然气管道一期工程于2008年7月开工建设，2009年12月竣工。二期工程分两个阶段建设：第一阶段为巴佐伊至奇姆肯特段，线路长度1143千米，2012年7月开工，现已全部完工并具备通气条件；第二阶段为别伊涅乌至巴佐伊段311千米，原计划2015年建成通气。

3. 铀矿

2000年起，我国同哈萨克斯坦开展天然铀贸易合作，并逐步拓展至铀矿开发领域。2008年，中国核工业集团公司同哈萨克斯坦原子能工业公司签署《关于在核能领域长期合作项目的实施协议》。2007年，中国广东核电集团公司同哈萨克斯坦原子能工业公司签署《关于扩大和深化双方战略合作框架协议》；2008年，双方共同出资成立谢米兹拜伊公司，中国广东核电集团持有49%股份，项目合作周期为2008—2033年，产量为31000吨。2009年，该公司在哈阿拉木图市举行揭牌仪式，同月我国在海外第一个投入商业运营的铀矿合资企业——伊尔科利铀矿在哈克孜勒奥尔达州举行开工仪式。

4. 核能、风能和太阳能

2009年，中哈签署《中哈和平利用核能合作协议》。同年，中国广东核电集团同哈萨姆鲁克—卡森纳国家基金在北京签署合作协议，双方研究设立合资公司，共同开发哈萨克斯坦南部和中部风能、太阳能项目。双方还在阿斯塔纳签署《中国广东核电集团和哈萨姆鲁克—卡森纳国家基金关于可再生能源领域合作协议》。2011年，中国广东核电集团同哈萨克斯坦国家原子能工业股份公司签署了关于入股核电产业基金的备忘录。

二、中土能源合作

　　土库曼斯坦是中亚五国中天然气储量最为丰富的国家，而中国巨大的天然气消费市场则为两国的能源合作提供了广阔的空间。同时，中国也是土库曼斯坦天然气进入日本、韩国市场的必经之路。中土两国能源合作主要表现为两国政府间对话，企业间合作形式则表现为中国企业参与土库曼斯坦的能源开发项目，以及提供相关技术服务（见表 13-3）。

表 13-3　中国与土库曼斯坦油气合作重要事件

时　间	事　件	签署协议 / 发表声明	意　义
2000 年 7 月	江泽民主席访问土库曼斯坦	签署中土联合声明；中石油与土库曼斯坦石油部签署了《中国石油天然气集团公司与土库曼斯坦石油部在石油天然气领域的合作备忘录》	中土两国能源企业的合作主要表现为中石油执行土库曼斯坦的能源开发项目，同时向土库曼斯坦提供能源技术服务
2002 年		中石油与土库曼斯坦石油康采恩签署《古姆达格油田增产改造技术服务合同》	标志着中国企业首次在土库曼斯坦开展油田技术服务
2006 年 4 月	尼亚佐夫总统访华	签署《关于实施中土天然气管道项目和土库曼斯坦向中国出售天然气的总协议》	规定从 2009 年起的 30 年内，土库曼斯坦每年将经中亚—中国天然气管道，向中国输送 300 亿立方米天然气
2007 年 7 月	别尔德穆哈梅多夫总统访华	《中华人民共和国和土库曼斯坦关于进一步巩固和发展友好关系的联合声明》	双方还正式签署了为期 30 年的《关于土库曼斯坦阿姆河右岸巴格德雷合同区块产品分成合同和天然气购销协议》，使原协议得到具体落实
2008 年 8 月		《扩大 100 亿立方米天然气合作框架协议》	作为中国—中亚天然气管道的起点和主气源的土库曼斯坦将在未来的 30 年内每年向中国输出 400 亿立方米的天然气
2009 年		《100 亿立方米天然气购销协议》和《贷款融资协议》	土库曼斯坦向中国每年增供天然气 100 亿立方米
2011 年 11 月	别尔德穆哈梅多夫总统访华	《中华人民共和国和土库曼斯坦关于全面深化中土友好合作关系的联合声明》	中土双方表示继续深化和扩大两国能源合作，建立长期稳定的能源战略伙伴关系，实施好阿姆河右岸天然气区块开发项目
2013 年 9 月	习近平主席访问土库曼斯坦	《中土关于建立战略伙伴关系的联合宣言》 中石油与土库曼斯坦天然气康采恩签署《年增供 250 亿立方米的天然气购销》等协议	中国—中亚天然气管道 D 线在 2016 年建成通气，并实现每年土库曼斯坦通过天然气管道向中国运送天然气 650 亿立方米的目标；中石油还承建土库曼斯坦加尔金内什气田二期地面工程的钻井、设计、采购、施工（EPC）交钥匙工程，到 2018 年年底建成 300 亿立方米 / 年商品气产能

资料来源：据新华网等媒体报道整理。

此外，我国在土库曼斯坦拥有阿姆河右岸天然气开发项目。2007 年，双方签署《土库曼斯坦阿姆河右岸天然气产品分成合同》；同年，土方向中方授予阿姆河右岸天然气开发许可证。阿姆河右岸区块总面积 1.43 万平方千米，地质储量约 4469 亿立方米，分为 A、B 两个区块，分别建设第一、第二天然气处理厂。目前，第一区块、第二区块及两个天然气处理厂已先后投产通气。阿姆河右岸区块天然气开发一期项目可保证年输气 130 亿立方米。双方准备推动阿姆河右岸天然气二期开发项目的实施。另外，2013 年 5 月完成了土库曼斯坦复兴气田一期工程，正在加紧推进土库曼斯坦复兴气田二期工程 300 亿立方米 / 年天然气产能建设项目的设计和施工。土库曼斯坦复兴气田的探明可采储量 4 万亿～ 6 万亿立方米，是世界第二大单体气田，也是中土天然气主要的气源地。中土在开展上述合作的同时，还大力拓宽合作领域，开展油气加工、炼化合作及风能、太阳能等清洁能源领域的合作，打造两国全方位能源合作的新格局。

第二节

能源合作模式总结与分析

一、油气合作模式

中国与中亚国家的合作模式主要有 3 种，即产量分成模式、联合经营模式、技术服务模式，另外还有 3 种合作模式相互结合的混合模式。其中，联合经营模式的合作最多，主要包括：中哈合作中的阿克纠宾斯克项目、PK 项目、里海达尔汗区块开发项目和北布扎齐油田项目，中乌合作中的对乌斯秋尔特、布哈拉—希瓦和费尔干纳 3 个盆地为期 5 年的油气勘探项目等；产量分成合作主要有乌兹别克斯坦咸海水域油气资源勘探开发项目；技术服务模式主要指中哈石油管道和中土天然气管道的修建等（杨丽丽，徐小杰，2016）。

中国与中亚国家的合作项目主要包括油气勘探开发项目和油气管道建设

项目。油气勘探开发项目主要有：中国与哈萨克斯坦的阿克纠宾油田开发项目、PK 石油公司项目、曼格斯套石油公司项目，中国与土库曼斯坦的阿克纠宾油田开发项目、复兴气田一期工程（南尤洛坦气田）100 亿立方米 / 年产能建设项目，中国与乌兹别克斯坦的陆上独资项目、咸海水域联合勘探开发项目、明格布拉克勘探开发项目等。管道建设项目主要包括中哈原油管道、中国—中亚天然气管道。

二、中哈油气企业间合作形式

自 1997 年开始，中哈开展了一系列油气合作，涉及油气田勘探开发、管道建设、设备出口和技术劳务服务等众多领域。中哈两国能源企业的合作形式众多，但主要是通过股权收购和成立合资公司两种形式实现的（见表 13-4）。

表 13-4 中国石油企业在哈萨克斯坦油气项目合作形式

合作形式	时 间	公 司	项 目	合作内容	合作方式
收购	1997 年 6 月	中石油	阿克纠宾	购买阿克纠宾斯克油气股份公司 60.3% 股权	作业者
	1997 年 8 月	中石油	乌津油田	购买哈萨克斯坦乌津油田 51% 的股份	
	2003 年 6 月	中石油	阿克纠宾	进一步与哈萨克斯坦签订了购买阿克纠宾斯克油气股份公司 25% 股份的协议，至此，中石油已拥有阿克纠宾斯克油气股份公司 85% 的股份	作业者
	2003 年	中石油	北部扎齐	先后从沙特阿拉伯一家公司和美国谢夫隆德士古公司手中分别购买了哈萨克斯坦北部扎齐油田 35% 和 65% 的股权	作业者
	2004 年 6 月	中石化	FIOC	以 1.6 亿美元收购原 FIOC 公司在哈萨克斯坦阿特劳州的油气资产	作业者
	2004 年 12 月	中石化	里海田吉兹地区油田	购买了哈萨克斯坦里海田吉兹地区油田 50% 的股份	
	2005 年 4 月	中石油	ADM		作业者
	2005 年 10 月	中石油	PK 石油公司	全资购买哈萨克斯坦 PK 石油公司	作业者
	2006 年 12 月	中信	内森斯	完成对加拿大内森斯能源有限公司在哈萨克斯坦的石油资产的收购，金额约 19.1 亿美元。	
	2007 年 7 月	中新资源有限公司	东莫尔图克油田（EM）	2.5 亿美元收购哈萨克斯坦的 KKM Operating Company JSC 公司位于哈萨克斯坦西北部阿克纠宾斯克州滨里海盆地的东莫尔图克油田权益	
	2009 年	中石油	曼格什套油气公司	中石油与哈萨克斯坦国家油气公司联合收购曼格什套油气公司	作业者

续表

合作形式	时间	公司	项目	合作内容	合作方式
成立合资公司	2004 年 7 月	中石油		与哈萨克斯坦国家石油运输股份公司各出资 50% 成立中哈管道有限责任公司，负责中哈原油管道的项目投资、工程建设及运营管理	
	2011 年	中石油		与哈萨克斯坦国家油气公司签署《关于哈萨克斯坦乌里赫套项目合作的原则协议》，双方各出资 50% 成立合资企业，联合勘探开发乌里赫套气田	

资料来源：据中石油、中石化、中海油等公司网站及有关媒体报道整理。

三、中国与中亚国家能源合作案例

近年来，中国与中亚国家之间的能源合作取得了长足的进步。中哈原油管道的建成贯通、中土天然气产销合作的达成是最为显著的两个成果。

1. 中哈原油管道建设

中哈原油管道是中国第一条战略级跨国原油进口管道，是连接里海油田到中国的重要能源通道。中哈原油管道规划年输油能力 2000 万吨，全线长 2800 多千米，起点哈萨克斯坦西部阿特劳，终点中国阿拉山口。

中哈原油管道的设想由哈萨克斯坦总统纳扎尔巴耶夫于 1997 年提出。同年，中哈两国政府签署了《关于在石油和天然气领域合作的协议》，中石油也与哈萨克斯坦能源矿产部签署了《关于油田开发和管道建设项目的总协议》。1999 年，中哈双方完成了该原油管道建设的可行性研究报告，但由于管道工程成本较高、石油供应量不充分及开采成本过高等原因，项目整体建设被迫搁置。2002 年，项目提出了"分阶段建设中哈原油管道"的设想，中哈原油管道分为三段，即西段"肯基亚克—阿特劳"、中段"肯基亚克—阿塔苏"和东段"阿塔苏—阿拉山口"，最先修建西段。2004 年 5 月 17 日，中哈双方签署了《关于哈萨克斯坦共和国阿塔苏至中华人民共和国阿拉山口原油管道建设基本原则协议》；6 月 28 日，双方又签署了该协议的补充协议，这标志着中哈原油管道建设项目正式启动。

2004 年 7 月，中国石油天然气勘探开发公司和哈萨克斯坦国家石油运输股份公司各出资 50% 成立中哈管道有限责任公司，负责中哈原油管道项目投资、工程建设及运营管理。9月28日，中哈原油管道东段"阿塔苏—阿拉山口"动工，2005年12月15日竣工投产。管道全长962.2千米，设计年输油能力为2000万吨。2006年5月，正式向中国输油。

中哈原油管道中段"肯基亚克—阿塔苏"分两个阶段修建，第一阶段工程——"肯基亚克—库姆克尔"段全长761千米，于2009年7月建成投产，实现由哈萨克斯坦西部到中国新疆全线贯通。

中哈原油管道的建成对中国而言，是石油进口渠道多元化的一个重要途径，在一定程度上减轻了中国对石油海上运输的过分依赖，降低了中东、北非地区的动荡局势对中国能源安全的威胁。中哈原油管道是一条不经过第三国的陆路管道，且主导权主要在中国，安全性高，可使中国获得长期稳定的原油供应。中哈原油管道改变了哈萨克斯坦的原油出口格局。此前，哈萨克斯坦的原油外输渠道主要在哈萨克斯坦西北方向，通过阿特劳和阿克套两个口岸。中哈原油管道新开辟了一条重要的东向原油出口通道。

2. 中土天然气合作

2006年4月2—7日，土库曼斯坦尼亚佐夫总统访华期间，中土两国签署了《关于实施中土天然气管道项目和土库曼斯坦向中国出售天然气的总协议》。2007年7月，双方签署了天然气购销协议和土库曼斯坦阿姆河右岸天然气产品分成合同。根据协议，从2009年起的30年内，土库曼斯坦每年将向中国输送300亿立方米天然气。

2008年8月29日，中土双方再次签署《扩大100亿立方米天然气合作框架协议》，意味着土库曼斯坦将在未来的30年内，每年向中国输出400亿立方米天然气。2011年11月，中土两国签署了《土库曼斯坦对中国每年增供250亿立方米天然气的协议》。至此，土库曼斯坦每年向中国输出的天然气达到650亿立方米。

土库曼斯坦向中国输出天然气主要通过中国—中亚天然气管道。这是中国修建的第一条跨国天然气管道，管道分A、B双线铺设，并已分别于2009年、2010年建成投产。2012年6月，两条管线的天然气年输送能力达到300亿立方米。中国—中亚天然气管道C线和D线也已开工建设并通气。

中土天然气管道项目的建成和运营，打破了以往俄罗斯对土库曼斯坦天然气出口的垄断，使其实现了出口路线的多元化。中土天然气合作对于土库曼斯坦维护自身利益，在国际能源贸易中掌握更大的主动权具有重要意义。

3. 项目建设过程中面临的具体问题与困难

无论是中哈原油管道还是中土天然气管道，在建设过程中都遇到了包括气候条件、地理情况、各国间的协调等诸多实际困难（中石油中亚天然气管道有限公司，2012）。

（1）气候条件恶劣，地形情况复杂。

中亚地区深居亚欧大陆腹地，是典型的温带干燥大陆性气候。地势总体呈东南高、西北低的特点，地形较复杂；降水稀少，蒸发量大，气温年较差、日较差大，对石油、天然气管道的修建造成了很大困难，加剧了工期的紧迫程度。此外，中哈原油管道和中国—中亚天然气管道的铺设，均要穿越干渠、河流、沙漠、山区、农田、铁路等，修建难度较大。

（2）各国间的协调难度大。

中哈原油管道和中国—中亚天然气管道两个跨国管道项目均由有关国家成立合资公司承建。各国之间语言文化不同，法律框架、技术标准不统一且管理理念有差异等，使项目协调难度增加。此外，利益主体的多元又进一步制约了项目的顺利开展。各方利益点的不同为项目的决策和运行带来了诸多障碍和风险。

第三节

油气合作面临的机遇和挑战

一、主要挑战

1. 大国博弈和地缘政治更加复杂

中亚地区始终处于大国激烈的博弈之中，大国在中亚地区控制油气资源及战略通道的出发点和战略利益各不相同。俄罗斯要力保其对中亚原有的影响力及对中亚油气资源和出口通道的控制权；美国一方面想在中亚获取能源利益、鼓励本国企业积极参与中亚油气资源开发，另一方面要打破俄罗斯对中亚油气出口的控制和垄断；欧盟竭力绕开俄罗斯引进中亚油气，以摆脱对俄罗斯油气的过度依赖。

2. 中亚国家之间的分歧与矛盾短期内难以消除

中亚国家内部仍然存在诸多分歧和矛盾：一是哈乌两国争夺中亚主导权；二是历史留下的边界争议；三是水资源的长期纷争；四是没有一个中亚五国共同参与的解决内部分歧的机制。

目前，中国与中亚能源外交合作更多集中于国别层面和双边关系，多边合作不多，没有显示出地区性和统一性，一定程度上制约了中国与中亚国家能源合作的深化和发展。

3. 中亚国家能源政策有所收紧

近年来，中亚国家为了增强国家在资源利益分配上的话语权，使本国利益最大化，纷纷采取措施加大政府对油气资源的控制力度，对外合作及能源政策较以前有所收紧，对外国公司投资行为渐显严苛。哈萨克斯坦相继出台"国家优先权""当地含量"的本土化机制，设定产量分成协议中的成本回收限制和政府利润要求，提高资源开采领域税收，修订合同条款，调整资源国与投资者的利益关系，强化对外资的社会责任要求等。土库曼斯坦通过修订《油气资源法》，强化对外资企业的监管力度。乌兹别克斯坦取消对外国地下资源利用者的税收优惠，大幅提高产量分成项目的税赋，进一步强化总统对天然气出口关税的调整权等。总之，如何适应新修改的财税政策和法律法规、新的环保高标准及对外合作门槛和条款等，成为外国投资者研究的新议题。

4. 现行的合作模式面临挑战

随着中国在中亚资源国投资合作规模的扩大和程度的加深，上游资产和油气管道的运营面临着越来越大的社会压力。除中央政府外，管道沿线的地方政府也希望共享跨国油气运输带来的巨大利益。这给中国企业的营运带来成本压力。除此之外，欧亚经济联盟对内取消关税，旨在建立统一的石油和天然气市场，这对中国和中亚地区的能源合作产生一定程度的负面影响（杨丽丽，徐小杰，2016）。

二、存在的主要问题

哈萨克斯坦及整个中亚安全形势错综复杂。大国竞争激烈，"三恶"势力猖獗，地区矛盾依旧，有的国家政局走向不明等。哈萨克斯坦对发展与中国的能源合作存疑虑。哈萨克斯坦国内反对派和部分社会舆论担心沦为"中国的能源资源附庸"，扬言一旦时机成熟，将把中国拥有的油气股权收归国有。哈萨克斯坦资源市场准入条件变得苛刻。哈萨克斯坦多次修改《地下资源与地下资源利用法》，确定哈萨克斯坦对外国投资者转让哈萨克斯坦油田股份拥有优先购买权；多次宣布废止多起同外国公司签订的资源开发合同，实行对这部分资源的国有化；反复强调同外国公司签订的能源资源合同必须由哈方控股，而且哈方占有的比例不断扩大。

环里海油气开发成本较高，低油价下经济有效开发难度很大。当前，哈萨克斯坦陆上优质油气资源已基本进入开发中后期，未来计划投产和待建的油气田基本位于环里海地区，油气资源开采难度大、投入成本高、投资回收期长，存在较大的不确定性风险。另外，哈萨克斯坦十分注重环境保护，环里海地区环境脆弱，油气开发环保难度和压力较大（李学成，张霁阳，2015）。

土库曼斯坦实施高度集权和垂直领导体系，政策多变。土库曼斯坦经济与国际不接轨，法制不健全，投资环境较差。

三、几点想法

落实"一带一路"与"光明之路"对接。哈萨克斯坦位于亚欧大陆中心，是"一带一路"的节点，中哈两国应在基础设施、能源矿产、经贸、信息化建设、投融资、人文等领域开展深度合作，把"对接"落到实处（国土资源部油气资源战略研究中心，2015）。

巩固和扩大与中亚国家的油气合作。中国在哈萨克斯坦能源投资规模大，应以巩固为主，同时加强非能源领域合作。加强与土库曼斯坦的天然气合作，不断扩大我国权益气产量。

构建中亚油气运输枢纽，大幅增加中国陆上油气进口能力。中亚地区是我国原油进口的重要来源地。中亚可连接中东"油库"，以中亚为基础，连通俄罗斯、中东地区，构建中国—中亚油气运输网络。加快中哈、中俄原油管道复线建设，打通中巴原油通道，开辟伊朗—土库曼斯坦—乌兹别克斯坦—哈萨克斯坦—中国油气通道。

加强中哈、中土的经济合作与人文合作。中哈、中土经济合作主要是能源合作，已取得了丰硕的成果，但人文合作落后。我国应加大中亚国家人文合作的力度，加大对中亚国家民生工程、人心工程的投入，以便增进感情、加深了解、拉近彼此距离。

本章小结

中亚是中国实施油气"走出去"的重要地区之一。中国与中亚之间的能源合作主要以油气为主，在油气勘探开发和管道建设方面取得了丰硕成果。中哈应继续巩固能源合作成果，适当扩大油气合作规模，加强非能源领域合作。中国应继续加强与土库曼斯坦的天然气合作，不断扩大权益气产量；还应以中亚为基础，构建原油运输网络，加快中哈原油管道复线建设，打通中巴原油通道。

第十四章
中俄能源合作典型案例分析

俄罗斯能源资源非常丰富，中俄能源、经济互补性强。近几年，中俄能源合作取得了突破性进展，主要有中俄原油管道、中俄东线天然气管道、亚马尔液化天然气（LNG）项目、田湾核电站等，但在油气上游、煤炭等领域缺乏深入和务实合作。总体来看，中俄之间的能源合作将在曲折中前行。本章主要阐述了中俄能源合作现状、面临的机遇和挑战、能源合作模式等，并对中俄的能源合作案例进行了剖析。

第一节

能源合作现状

中俄能源合作起步于 20 世纪 90 年代初，由于种种原因，进展一直较缓慢。自 2008 年建立中俄两国副总理级能源谈判机制以来，双方在能源相互投资、油气管道建设、共同勘探开发等方面取得了突破，能源合作转向多层次、全方位、大纵深发展的新阶段。2008 年 7 月中俄能源谈判代表第一次会晤启动，2013 年 2 月更名为中俄能源合作委员会。2008 年 7 月至2016 年年底，中俄能源合作委员会双方代表共会晤 13 次，签订了一系列政府间和企业间能源合作协议。除了高层互访频繁，中俄两国在务实合作层面也成果斐然。欧亚经济联盟和"丝绸之路经济带"的对接合作是其中的亮点。

能源合作是中俄两国经贸合作的传统领域。受世界原油价格暴跌影响，

2015 年，中俄双边贸易额下降 30%。据中国海关总署统计，2016 年中俄双边贸易额达到 695 亿美元，较 2015 年上升 2.2%，中国全年从俄罗斯进口原油5238 万吨，占总进口量的 13.75%，同比增加 23.44%，俄罗斯一跃成为中国第一大原油进口国。2017 年年初，中国丝路基金有限责任公司收购俄罗斯最大天然气加工及石化产品公司西布尔集团 10% 股权，额度达到 10 亿美元。

1. 石油

近年来，中俄两国石油合作已不限于简单的能源贸易，在上游勘探开发、下游炼化和加工等领域也取得了一些进展（见表 14-1）。

表 14-1 中俄石油领域合作重要事件

合作领域	时 间	事 件	签署协议 / 合作内容	意 义
勘探开发	2006 年 10 月	中石油与俄罗斯成立合资公司	中俄在俄罗斯成立了探矿、勘探、采油合资企业东方能源有限公司，俄方占51% 的股份，中方占 49%的股份	2007 年 7 月中国获得了开采伊尔库茨克州某区块的许可证，可开采资源总量为 2.18 亿吨石油和 640 亿立方米天然气，2010 年 5 月开始钻进第一口井
	2006 年以来	中石化与俄罗斯石油公司成立合资公司	俄罗斯石油公司和中石化分别占有 51% 和 49% 的股权，同时中石化和俄罗斯石油公司组成合资公司，共同经营管理乌德穆尔特石油公司	该公司正在 12 个地区的 24 个油田进行原油开采，截至 2015 年年底，累计实现净利润 45.8 亿美元
	2014 年 11 月		中石油与俄罗斯石油公司签署了《关于万科油田项目合作的框架协议》	俄罗斯首次向我国企业开放了国内油田开发项目，又一次实现了中俄油气合作的重大突破
石油管道	2009 年 4 月		中俄签署石油领域合作政府间协议，成功启动两国管道建设、原油贸易、商业贷款等一揽子合作	根据协议，未来 20 年，通过中俄原油管道每年自俄罗斯进口 1500 万吨原油，总计 3 亿吨；同时，中国向俄罗斯提供 250 亿美元贷款。2011 年 1月，中俄原油管道正式投入运营。在俄罗斯向中国开始管道输油的同时，通过铁路进行的每年 1500 万吨规模的原油贸易随即中止
	2013 年 3 月	习近平主席访俄	中俄两国政府签署了《关于扩大原油贸易合作的协议》，中国石油天然气集团公司与俄罗斯石油公司签署了《扩大原油贸易的框架协议》及有关预付款的条款	
	2013 年 6 月	第十七届圣彼得堡国际经济论坛全体会议	俄罗斯总统普京宣称，未来 25 年俄罗斯每年将向中国供应原油 4600 万吨，总价值高达 2700 亿美元；中石油与俄罗斯石油公司签署了《预付款条件下俄罗斯向中国增供原油的购销合同》	俄罗斯将在现有中俄原油管道（东线）1500 万吨 / 年输送量的基础上逐年增加出口供应量，到 2018 年达到 3000 万吨 / 年，增供合同期 25 年，可延长 5 年；通过中哈原油管道（西线）从 2014 年 1 月 1 日开始向中方增供原油 700 万吨 / 年，合同期 25 年，可延长 5 年

续表

合作领域	时　间	事　件	签署协议 / 合作内容	意　义
下游炼化	2010 年 9 月		中俄合资东方石化 1300 万吨炼厂项目	俄罗斯将为该厂提供 70% 的油源，30% 的原油由世界其他市场供给
	2013 年 3 月		《关于建设和运营天津炼化项目和石油勘探开发项目合作的协议》	俄罗斯每年向天津炼厂供应原油 910 万吨，其中，460 万吨由中国授权企业以付款方式购买，其余 450 万吨则由俄罗斯授权企业按照协议提供
	2014 年 5 月		中石油与俄罗斯石油公司签署《天津炼厂投产及向该厂供应原油的工作进度表》	2019 年年底前，天津炼厂建成投产。天津炼厂投产后，预期每年可加工原油 1600 万吨左右，届时将会成为中国华北地区加工规模最大的炼厂

资料来源：据新华网及中石油、中石化等公司网站报道整理。

　　除上述石油国企的合作外，一些民营企业也开始涉足俄罗斯油气合作。2014 年 5 月 23 日，由 3 家中国民营企业、1 家俄方企业合作的跨国能源项目"阿穆尔—黑河边境油品储运与炼化综合体"获得国家发展改革委核准批复，开启了中国民企开展跨国能源项目的先河。该项目由梦兰集团与 2 家中国民营企业、1 家俄罗斯企业组成的梦兰星河能源股份有限公司投资建设，总投资 77.6 亿元。3 家中国民营企业同时还收购了俄罗斯图伊玛达石油天然气封闭式股份公司 75% 股权，与俄方共同投资 19.8 亿美元开发两大油气田，其探明石油储量 9660 万吨、探明天然气储量 644 亿立方米，开采权有效期至 2035 年，将为阿穆尔—黑河综合体项目提供充足、稳定的原油供应。截至目前，中国的民营企业和俄罗斯的私有制企业积极参与中俄能源合作，中国的科瑞集团、杰瑞集团、天狼星集团，以及俄罗斯的诺瓦泰克公司、卢克石油公司等已成为两国能源合作的重要力量。

2. 天然气

　　经过长期谈判，2014 年 5 月 21 日普京总统访华时中俄两国政府签署了《中俄东线天然气合作项目备忘录》；俄气与中石油签署《中俄东线供气购销合同》，合同期限为 30 年，计划年供气量为 380 亿立方米，合同总金额为 4000 亿美元。"西伯利亚力量"天然气管道系统建成后将承担从雅库特自治共和国和伊尔库茨克州境内的天然气田向俄罗斯远东地区和中国运输天然气的职能。与此同时，双方就中方预付 250 亿美元天然气合同款项一事达成协议。2014 年 9 月 1 日，中俄东线天然气管道俄罗斯境内段"西伯利亚力量"管道正式开工，起于科维克金气田和恰扬金气田，止于布拉戈维申斯克，全长约 3250 千米，截至 2016 年 12 月，已建设 445 千米。中国境内天然气管道起于黑河入境点，止于上海白鹤末站，管道全长约 3170 千米，按北、中、南分段分期建设。2014 年 11 月，中石油与俄气又签署了《关于沿西线管道从俄罗斯向中国供应天然气的框架协议》，规定了未来俄罗斯通过中俄西线天然气管道向中国供气的基本技术经济条款，确定供气规模 300 亿立方米 / 年、供气量渐增期为 4 ～ 6 年、供气期限 30 年的合作框架等。

中石油成功进入俄罗斯北极亚马尔液化天然气（LNG）项目，并签署了300 万吨 / 年 LNG 进口协议。2013 年 6 月，中石油与俄罗斯第二大天然气生产商诺瓦泰克签署了关于收购亚马尔 LNG 股份公司部分股权的框架协议，同年 9 月双方签署了正式收购协议。根据协议，中石油获得亚马尔 LNG 股份公司 20% 的股份，成功进入亚马尔天然气资源勘探开发、LNG 生产与销售、北极航道运输等北极油气开发的诸多领域，该液化天然气工厂最大产能达到年均 1650 万吨，协议有效期至 2045 年 12 月 31 日。2014 年 3 月，中俄亚马尔LNG 项目合作正式启动。2014 年 5 月，中石油与诺瓦泰克再次签署《亚马尔液化天然气项目购销合同》，该购销合同有效期 20 年，每年将向中国供应300 万吨液化天然气。

2015 年 9 月，俄罗斯总统普京访华期间，中石化与俄罗斯石油公司签署了《共同开发鲁斯科耶油气田和尤鲁勃切诺—托霍姆油气田合作框架协议》，据此协议，中石化有权收购俄罗斯石油公司下属两家公司 49% 的股份。同年12 月，中石化收购俄石化公司西布尔 10% 股权完成交割，第二笔 10% 的股份收购将在之后 3 年内完成。2016 年 12 月，中国丝路基金有限责任公司与西布尔集团达成协议，收购后者 10% 的股权，至此中国方面共持有西布尔 20%的股份。

3. 核能

中俄合作建设的田湾核电站 1 号、2 号机组于 2007 年顺利投产。2010 年 11 月，双方签署了合作建设田湾核电站 3 号、4 号机组的工程总合同，2012 年 12 月 27 日，田湾核电站二期工程 3 号机组开工建设。两国合作建造的中国首座实验快堆于 2010 年 7 月实现临界，并于 2011 年 7 月正式并网发电。双方就利用俄罗斯第四代技术的快中子反应堆技术在中国建设 5 号、6 号、7 号、8 号机组达成协议。田湾核电站计划建设 8 台核电机组，总容量达到 1000 万千瓦。2012 年 12 月，中俄双方正式签署田湾核电站二期项目政府间协议，并加强核电站、空间核动力、浮动堆、快堆及核燃料等领域一揽子合作。2016 年 11 月 7 日，李克强总理和梅德韦杰夫签署联合公报，发表《中俄政府首脑关于深化和平利用核能领域战略合作的联合声明》。

4. 煤炭

2010 年中国自俄罗斯进口煤炭 1200 万吨，俄罗斯已成为中国第四大煤炭供应国。中俄签署的《关于煤炭领域合作谅解备忘录的议定书》和《关于煤炭领域合作路线图》，就开展煤炭长期贸易、煤制油项目和煤炭资源开采、选洗、加工，以及铁路、港口等相关交通基础设施建设合作达成一致。按照上述文件，未来 5 年，俄罗斯每年向中国出口煤炭 1500 万吨，此后俄罗斯对中国出口煤炭逐年增长，2013 年达到 2500 万吨；而中国将向俄罗斯提供 60 亿美元的贷款开展煤炭合作，重点是相关设施的现代化改造。双方企业还就煤田一体化、煤制油等项目达成合作意向。2015 年，俄罗斯对中国优质煤的出口量为 1640 万吨，同比增长 39%。

2013 年 12 月，神华集团与俄罗斯 En+ 集团签署协议，共同投资 300 亿卢布开发俄罗斯境内后贝加尔边疆区扎舒兰煤矿，这是神华集团在俄罗斯的首个煤炭项目。2014 年 9 月，神华集团与俄罗斯技术集团（Rostec）签署了有关联合开发俄罗斯远东阿穆尔州煤田的备忘录，双方还将共同发展基础设施，包括建设 1 座港口及向中国出口电力的高压输电线路。

5. 电力

2010 年，中俄电力边贸总量近 10 亿千瓦时。根据双方签订的合同，2011 年中国将自俄罗斯购电 12 亿千瓦时。近几年俄罗斯对中国电力出口持续增长。2015 年俄罗斯对中国出口电力 32.99 亿千瓦时，2016 年俄罗斯电力对中国出口电力约 30 亿千瓦时。中方企业将参与俄罗斯电网改造项目。双方计划建立合资企业，采用中国技术在俄罗斯境内生产相关电力设备，向俄罗斯及第三国销售。两国电力龙头企业就共同开发远东和西伯利亚水电资源及股权投资开展实质合作。

6. 能效和可再生能源领域

2010 年，中俄两国政府在第六次能源谈判代表会晤时签署了《关于在能效和可再生能源利用领域合作的谅解备忘录》，开辟了能源合作的新方向。

中俄能源谈判代表第七次会晤期间，双方商定开展能源新技术合作。2011年6月胡锦涛主席访俄期间，双方签署了《可再生能源和能效领域合作框架协议》。

第二节

能源合作面临的机遇和挑战

俄罗斯是能源生产和消费大国，同时也是世界重要的油气输出国。中国是能源生产和消费大国，同时也是全球重要的能源进口国。中俄两国资源和市场的互补性强，能源合作具有长期、稳定、安全等特点。

一、能源合作存在的问题

中俄能源合作尽管谈了多年，但一直徘徊不前。2008年全球金融危机爆发，俄罗斯经济陷入困境，才同中国在2009年4月签署了"贷款换石油"的原油供应协议，每年供应1500万吨原油。后来双方协议增供原油1500万吨，从2018年开始每年共向中国供原油3000万吨。2014年乌克兰危机爆发，西方不断加大对俄罗斯制裁，俄罗斯面临欧洲减少进口俄罗斯天然气的威胁，促使俄罗斯与中国在2014年签署了东线供气协议，计划2018年开始供气，2023年达到供应天然气380亿立方米的目标。

（1）中俄围绕油气价格的博弈非常艰苦，俄罗斯要使自己利益最大化，中国必须考虑国内用户的承受能力，因此西线天然气价格谈判总谈不拢。

（2）大国之间的利益不可能完全一致，俄罗斯对中国的防范心理也可以理解。俄罗斯担心能源合作会造成对中国的经济依赖，变成中国的"能源资源附庸"。俄罗斯甚至对中国发展与中亚国家的能源关系也心存芥蒂。乌克兰危机爆发后西方对俄罗斯采取孤立、打压政策，俄罗斯对中国合作意愿明显增强。

（3）中俄油气合作方式相对单一。截至目前，中俄油气合作主要集中于原油、天然气进出口贸易，在已签署的油气合作协议和合同中，贸易方式占 95% 以上，涉及勘探开发、炼化的合作很少。从合作方式来看，中俄油气合作主要采用"贷款换石油"、预付款等方式，特别是预付款方式几乎贯穿于所有中俄油气合作项目，合作方式单一（赵先良，潘继平，2014）。俄罗斯很希望介入中国下游的炼油和成品油销售市场，分享中国快速增长的市场利益。

（4）俄罗斯能源政策多变，外资投资环境困难，但中国石油企业仍要积极寻找机缘，加强能源合作。自 2004 年开始，随着俄罗斯经济复苏和国际油气价格上涨，从本国经济长期发展战略、能源安全及政治稳定等多重因素考虑，俄罗斯逐步收回之前被私有化的油气资源，加强其能源行业的国有化，同时，进一步收紧本国矿产地产品分成政策，从而增加了包括中国在内的外资油气企业进入俄罗斯市场的难度。此外，俄罗斯利益集团博弈，也直接影响中俄天然气合作的长期性和稳定性。但当前低油价时期，俄罗斯石油企业效益锐减，为解决经济困境，积极开展能源合作，如 2016 年印度 4 家公司花费 55 亿美元收购俄罗斯石油公司系列石油生产资产等。总体来看，俄罗斯是中国重要的能源进口来源国，应转变能源合作方式，变被动为主动，加强能源合作，实现互利共赢。

（5）中俄思维方式、办事方法、工作程序、制度规定、国家标准、生活习俗等方面存在文化差异，影响合作协议的签订与执行。中俄许多投资项目向前推进十分困难，与以上差异密切相关。例如，中俄跨黑龙江同江铁路大桥谈判多年，两国元首会晤公报多次表示要尽早开工，但受以上问题拖累，至今仍在商谈之中；中俄合资天津炼厂虽已签约、挂牌多年，但由于以上问题一直拖到不久前才启动。中俄双方虽有扩大投资合作的强烈愿望，但由于以上原因使两国之间的投资规模长期上不去，往往说得多，做得少。

二、几点想法

宜从中俄两国战略伙伴关系大局和中国能源安全的高度，积极、稳妥地推进中俄能源合作。与俄罗斯开展能源合作，不仅是单纯的经济问题，而且涉及国际能源格局变化和保障中国能源安全、实现经济可持续发展等重要问题。在进行商务谈判时，要适当考虑和照顾对方的利益和关切点，既要算经济账，也要算政治账、安全账，统筹经济利益、政治利益和长远利益（国土资源部油气资源战略研究中心，2015）。

中俄油气合作应准确把握新机遇。当前低油价时期，俄罗斯经济较为困难，有扩大对华能源合作的需求和意愿，中国宜瞄准优质项目，该出手时就出手。当然，低油价对中国也是风险，也要稳妥才行。

第三节

能源合作模式总结与分析

一、中俄油气合作模式

从以往对俄罗斯油气合作的成果和经验看，中国对俄罗斯油气合作主要有以下模式：①贷款换油气，如2005年达成的第一笔和2009年达成的第二笔贷款换石油业务；②预付款换油气，如2013年达成的中俄原油管道复线输油和2014年达成的中俄东线天然气合作项目；③下游换上游，如分别于2006年、2007年成立的合资公司——东方能源公司和东方石化公司；④融资促上游，如亚马尔项目的成功合作（刘贵洲，徐刚，2016）。

除此之外，还可以探索的其他模式有：①市场换能源，在政府引导支持与市场原则相结合的基础上，中方为俄方让出产品销售市场，俄方则向中方供应能源或提供油气项目；②资源换资源或上游换上游，例如，可与俄罗斯的石油公司在第三国开展合作，包括油气串换、上游区块置换等，或者让渡第三国的油气区块资产换取俄罗斯境内的区块合作，以优化要素、互利共赢。

二、中俄能源合作案例分析

1. 中俄东线天然气管道

（1）项目概况。

中俄东线天然气管道中国境内段起自黑龙江省黑河市中俄边境，止于上海市，途经黑龙江、吉林、内蒙古、辽宁、河北、天津、山东、江苏、上海9省（直辖市、自治区），拟新建管道3170千米，并行利用已建管道1800千米，管径1422/1219毫米，设计输量380亿立方米／年。管道分成北段（黑龙江黑河—吉林长岭干线及长岭—长春支线）、中段（吉林长岭—河北永清）、南段（河北永清—上海）并分别核准和建设，同时配套建设地下储气库。按照计划安排，先行完成管径为1422毫米管道试验段工程，2018年完成黑河—长岭段干线和长岭—长春联络线的建设并投产进气。中俄东线天然气管道俄罗斯境内段已于2014年9月初正式开工，并于2018年建成，实现与中国境内段连通。双方约定，2018年俄罗斯开始通过中俄东线向中国供气，供气量逐年增长，最终达到380亿立方米／年。

中俄天然气管道东线主供气源为俄罗斯东西伯利亚的伊尔库茨克州科维克金气田和萨哈（雅库特）共和国恰扬金油气田，俄罗斯天然气公司负责气田开发、天然气处理厂和俄罗斯境内管道建设，中石油负责中国境内输气管道和储气库等配套设施建设。中俄东线天然气项目是迄今为止中俄两国最大的合作项目，也是世界上最大的能源合作项目之一。同时，该管道是目前我国单线输气量最大、管径最大、压力最高、涉及运营单位最多、系统最复杂的天然气管道系统。

（2）谈判历程。

根据俄罗斯对华天然气政策发展变化的趋势和特征，大体上可将中俄天然气管道建设谈判分为3个阶段。

第一阶段（1994—1999年）合作构想期。早在20世纪90年代，俄罗斯为开拓新的油气出口市场，中国为在国际市场寻找油气进口来源，中俄双方就开展了油气资源合作谈判；1994年，中俄两国政府在北京就油气管道合作研究项目和油气领域等方面的合作进行了会谈，签署了会谈纪要和谅解备忘录，标志着中俄两国油气合作的正式开始；1995—1996年，中俄就从俄罗斯东西伯利亚铺设至中国东北的天然气管道，以及俄罗斯向中国并经中国向第三国供应天然气进行了多次谈判，这一方案就是俄罗斯对华供气"东线"的前身；1997年8月，中石油同俄气签署合作协议，计划建设从俄罗斯经中国西部边境向中国输送天然气的管道项目，该合作协议是俄罗斯对中国天然气供应"西线"的前身；1999年，俄罗斯天然气集团和中石油达成意向性天然气出口协议，俄方开价 180 美元 / 千立方米，中方出价 165 美元 / 千立方米，后因国际能源市场价格飙升，双方最终未签署合同。此外，随着普京就任俄罗斯总统，俄罗斯的能源战略和对外能源政策开始进行大幅度调整，受此影响，中俄油气合作的很多协议均被搁置（郭芳芳，等，2014）。

第二阶段（2000—2009 年）政策磨合期。2000 年 11 月，经中俄两国政府同意，韩国派有关能源公司参加项目的研究，中、俄、韩三方签署相关协议；2004 年 10 月，中石油同俄气签署战略合作协议，商定将建设长输管道对华供气；2006 年 3 月，中俄双方重启能源合作谈判，并签署《关于从俄罗斯向中国供应天然气的谅解备忘录》，俄罗斯承诺修建东西两条天然气管道，计划从 2011 年起的 30 年内，每年向中方出口天然气 600 亿～ 800 亿立方米；2008 年，中俄建立副总理级常规天然气谈判机制；2009 年 6 月，中俄元首签署《天然气合作谅解备忘录》，同年 10 月，两国签署协议规定从 2014 年或 2015 年起，俄罗斯每年向中国输送天然气 700 亿立方米；此外，2008—2009 年，全球金融危机使俄罗斯油气工业遭受了严重影响，这促成了中俄"贷款换石油"协议的签署和石油管道的建设。

第三阶段（2010—2014 年）价格谈判期。2010 年 9 月，中石油同俄气签署了《俄罗斯向中国供气的主要条款框架协议》，该协议规定了俄罗斯对中国供气的路线、供应量、交割点等。该文件的签署，使价格成为供气谈判的唯一核心问题，但双方在这一问题上的立场差异极大；2011 年 10 月，中俄总理第 16 次会晤，但未就价格达成一致，谈判接近破裂；2012 年 6 月，普京访华，中俄重启油气谈判；2012 年 12 月，俄气和中石油达成实施"西线"项目意向，商定就互惠决策展开对话；2013 年 3 月，习近平主席访问俄罗斯，中石油与俄气签署初步共识协议；2013 年 9 月，中俄双方再度重启能源合作谈判，就技术与商务方面进行频繁和深入谈判；2013 年 10 月，俄气称与中石油基本商定对中国供气的定价公式；2014 年 5 月 21 日，在中国国家主席习近平和俄罗斯总统普京的见证下，中俄双方签署《中俄东线管道供气购销协议》，跨越近 20 年的中俄天然气谈判终于达成协议。2015 年 6 月 29 日，中俄东线天然气管道中国境内段在黑龙江省黑河市正式开工，标志着这条连接中国和俄罗斯两国的大型陆上能源通道全线启动建设。2015 年 12 月 17 日，《中俄东线天然气管道项目跨境段设计和建设协议》和《中国石油和俄气石油合作谅解备忘录》签署，明确了双方责任，为管道如期建成提供了重要保证，也将深化和拓展双方的合作领域。

（3）经验与反思。

第一，政治互信，维护共同能源安全是合作的基础。在能源合作的问题上，中俄两国不断深化战略伙伴关系是最重要的政治保证。在天然气谈判过程中，俄罗斯逐步整合东部天然气资产，确立了"东进"的天然气政策，而中方发展天然气基础设施、理顺定价机制、积极培育市场、引入多个气源，形成了多元化的供应局面（刘中伟，唐慧远，2017）。目前，中国需要为经济转型提供足够的能源安全保障；而俄罗斯受到国际能源市场变动的影响，也迫切需要中国这一稳定的能源出口市场以巩固国家能源经济，能源安全的共同需求将中俄能源更紧密地联系在一起。

第二，商业利益平衡，互利共赢是合作的原则（刘乾，徐斌，2014）。主导天然气供应商业谈判的中石油和俄气既是代表中俄双方的国有油气公司，也是以获得商业利益为目的、从事跨国商业活动的上市公司。跨国商业合同的签署必须经过充分的论证、严谨的磋商和复杂的谈判。在中俄两国均进行市场经济改革、建立现代市场体系和企业制度的背景下，尊重经济规律和商业利益，成为两国企业谈判和合作的基本原则。

第三，把握国际环境变化带来的机遇。我国同俄罗斯的能源合作，都是在国际环境出现剧烈变化的背景下达成的。2009年，全球金融危机促进了中俄原油管道的建设；中俄东线天然气合同的签署，是在乌克兰危机的背景下进行的。中国与中亚的天然气合作的突破，也在很大程度上受到了当时全球金融危机的影响——俄罗斯大幅减少了从中亚采购的天然气，迫使土库曼斯坦积极寻求新的天然气市场。

第四，掌握谈判要点是推进合作的关键（王保群，等，2017）。这主要包括进口油气管道技术谈判应充分发动集团公司整体力量，打造强有力的谈判阵容，建立高效的沟通机制和快速的响应机制，选择雄辩的首席谈判代表、得力的发起人和具备实战经验的翻译员。谈判准备期间应充分借鉴类似管道谈判经验，并充分调研国外基本情况；谈判策略要抓大放小，既要放眼国际环境又要立足技术细节，必要时可将多项技术条款"捆绑"；谈判技巧需要灵活应对，既坚持原则又不乏折中变通，争取双赢。

（4）西线多磨。

2014年11月，中石油与俄气签署了《关于沿西线管道从俄罗斯向中国供应天然气的框架协议》，规定了未来俄罗斯通过中俄西线天然气管道向中国供气的基本技术经济条款，确定供气规模300亿立方米/年、供气量渐增期为4～6年、供气期限30年的合作框架等。2015年以来，国际天然气价格暴跌，中俄两国企业对天然气西线的价格有了极大分歧，加之中国天然气需求疲软，因此中俄西线天然气项目被推迟。2016年6月，中石油表示，中俄天然气管道东、西线将实施差别化定价。东、西线实施差别化定价主要遵循市场原则，东线项目更靠近销售市场，而西线项目则距离市场较远。目前，中石油已完全确认了东线项目的客户名单，而西线的市场空间仍待开发。中石油和俄气正在磋商、探讨该项目的合作模式。

2. 中俄原油管道

（1）项目概况。

中俄原油管道起自俄罗斯远东管道斯科沃罗季诺分输站，经中国黑龙江和内蒙古，止于大庆。管道全长999.04千米，俄罗斯境内72千米，中国境内927.04千米。按照双方协定，俄罗斯将通过中俄原油管道每年向中国供应原油1500万吨，合同期20年。中俄原油管道工程2010年9月27日竣工，同年11月1日进入试运行阶段。

（2）谈判历程。

中俄原油管道谈判历程大致分为3个阶段。

第一阶段（1994—2002年）合作构想期。1994年，俄罗斯首次向中国提出修建中俄原油管道——安大线；1996年，中俄双方正式签署《中俄共同开展能源领域合作的政府间协定》，拉开了两国在能源领域合作的序幕。2000年，中俄双方达成协议，合作修建一条从俄罗斯安达尔斯克到中国东北大庆的石油管道（安大线），总长度约2400千米。该管道将由中石油、俄罗斯尤科斯石油公司及俄罗斯管道运输公司共同承建，计划于2005年铺设完成，每年向中国输送原油2000万吨，并逐步增加到3000万吨；2001年9月，中俄两国总理定期会晤时，正式签署了《中俄输油管道可行性研究工作总协议》。按照此项协议，中国将是俄罗斯远东输油管道的唯一接收国。安大线的合作计划，一度得到了两国政府的积极推进，进展十分顺利，并将用铁路向中国运输的石油提高到每年450万～550万吨；2002年12月初，俄罗斯总统普京访华，中俄两国首脑签署《中俄联合声明》，保证已达成协议的中俄原油和天然气管道合作项目按期实施。

第二阶段（2003—2005年）一波三折期。2003年1月，日本与俄罗斯签署了俄日能源合作计划，提出了一条以西伯利亚地区安加尔斯克为起点，建成一条直通纳霍德卡的石油管道（安纳线）的建议；2003年3月，俄罗斯提出折中方案，分别建设通往中国和日本的两条支线，但通往中国的支线将优先开工；2003年6月，日本承诺，如果俄罗斯同意优先修建安纳线输油管道，日本将提供75亿美元，并协助俄罗斯开发东西伯利亚新油田；2004年3月，俄罗斯石油运输公司公布了远东石油管道"新方案"：建设一条西起东西伯利亚的泰舍特，东至俄罗斯太平洋沿岸的科济米诺湾，全长4000多千米的"东西伯利亚—太平洋"石油管道，即泰纳线；2005年6月，俄罗斯宣布，一直进展顺利的泰纳线铺设工作由于"环保原因"暂停；2006年1月，俄罗斯总统普京宣布，俄罗斯将开工泰舍特—纳霍德卡的太平洋输油管道一期工程的建设。根据之前约定，并率先开通中国支线。

第三阶段（2008—2012年）贷款换石油期。2008年10月，中俄两国在莫斯科签署《关于在石油领域合作的谅解备忘录》、中石油和俄罗斯管道运输公司《关于斯科沃罗季诺—中俄边境原油管道建设与运营的原则协议》等能源领域合作文件。中国提出了贷款换石油的模式，将分别向俄罗斯石油公司和俄罗斯石油运输公司提供150亿美元和100亿美元的贷款；作为交换，俄罗斯在20年的期限内，向中国出口原油3亿吨，并放行俄罗斯通往中国的中油运输管道；2009年2月，中俄"贷款换石油"的合同细节达成一致，并草签了协议，中国将向俄罗斯提供总计250亿美元的长期贷款，采取固定利率，约为6%；俄罗斯则以石油为抵押，以供油偿还贷款，2011—2030年按照每年1500万吨的规模向中国通过管道供应总计3亿吨原油，价格以俄罗斯原油运到纳霍特卡港口的价格为基准，随行就市；4月，中俄两国在北京共同签署了《中俄石油领域合作政府间协议》；2009年4月27日，中俄原油管道俄罗斯境内段开工建设，5月18日，中国境内段在黑龙江省漠河县兴安镇开工建设；2010年8月29日，中俄石油管道俄罗斯段完工，9月27日，中俄原油管道全线竣工；2010年11月1日，中俄石油管道注油试运行；2011年1月1日，中俄原油管道投入运行，正式投入商业运营，标志着我国东北方向的原油进口战略要道正式贯通；2012年9月，中俄石油管道谈判历经15年，最终签约。

本章小结

中俄能源合作起步较晚，前期进展缓慢。目前，中俄能源合作处于历史最好时期，中俄双方在能源相互投资、油气管道建设、共同勘探开发等方面取得了突破，能源合作正转向多层次、全方位、大纵深发展的新阶段。中俄能源合作要石油、天然气、核能、煤炭、电力、新能源等一起发展，东线、西线并举，上游、下游协调推进。中国政府应鼓励企业积极参与俄罗斯油气田开发、电网改造、煤电一体化等项目，积极推动能源项目建设，不断创新合作模式。

第十五章
中国与中东能源合作典型案例分析

15

中东地区油气资源潜力巨大，作为中国油气进口的重要来源地，实现了市场和资源的强力互补，中国与中东能源合作成为"一带一路"建设的重要支点。中国与中东的油气合作涵盖勘探开发、石油贸易、炼化、工程技术服务等多个方面的全产业链合作，主要项目有鲁迈拉、艾哈代布、哈法亚、米桑项目及延布炼厂等。本章主要对中国与中东地区能源合作现状、合作模式进行剖析，并提出油气合作面临的机遇和挑战。

第一节

能源合作现状

多年来，中国与中东产油国积极开展能源外交，健全合作机制，拓宽合作领域。合作主要有两种形式：一是石油企业参与到中东油气勘探开发活动中，即"走出去"；二是抓住中东产油国推行全球化能源发展战略的机遇，投资能源合作项目，在石油炼制和销售方面建立战略联盟，以市场换资源，即"引进来"。能源合作主要体现在油气贸易和能源项目合作，包括资产收购、勘探开发、管道运输、风险承包、双向投资等。

目前，中国—中东能源合作机制有"中阿合作论坛""中阿能源合作大会""中国—海合会战略对话""中阿博览会""中阿能源合作联盟"等。中国与中东国家的能源合作，在油气贸易方面总体发展比较平稳，但在项目合作方面，相对滞后。例如，双向投资仍处于探索阶段，项目数量和规模方面仍有待开拓。由于政治和历史原因，除伊拉克、伊朗外，中国企业尚未在其他中东资源国获得较大规模的油气开发与生产机会。中国—中东油气贸易与投资不平衡，虽然项目合作潜力巨大，但尚待积极发掘（许帆婷，2016）。

目前，中国与中东国家能源合作模式主要有如下几种。①"资本＋技术服务"。对于沙特阿拉伯等低资金需求国家，可以在石油领域就生产设备改造与更新、设备后期维护与安全防护、技术培训与交流等项目，采取以"资本＋技术服务"为一体的长期合作方式，这不仅有助于中国降低石油的支付成本，而且有助于防范石油安全风险。②商品、服务换油气模式。对于低资金需求的中东产油国，还可以根据其社会发展需要展开合作，如优先开展投资领域的双边合作，当两国在货物和服务贸易领域的合作上规模后，再尝试以"商品、服务换油气"的合作模式。③建立大型石油基地模式。近年来，沙特阿拉伯等中东产油国已在东亚国家合作建立大型石油储备基地，这是有利于共赢的新合作方式。

当前，中国与中东的油气合作涵盖油气勘探、管道建设、石油贸易、炼化、工程技术服务、仓储等多个方面的全产业链合作（见表 15-1～表 15-3）。2016 年，我国从沙特阿拉伯进口原油 5100 万吨，占进口总量的 13.4%，沙特阿拉伯为我国第二大原油进口国；从伊朗进口原油 3130 万吨，占进口总量的 8.2%；从伊拉克进口原油 3622 万吨，占进口总量的 9.5%；从科威特进口原油 1634 万吨，占进口总量的 4.29%；从阿联酋进口原油 1218 万吨，占进口总量的 3.2%。2016 年中国成为中东地区最主要的投资者，投资总额 295 亿美元。中国和中东地区双边贸易额达到 2300 亿美元，其中，与沙特阿拉伯双边贸易额达 422.6 亿美元，与伊朗双边贸易额为 312.3 亿美元，与科威特双边贸易额为 93.7 亿美元，与卡塔尔双边贸易额约为 55.3 亿美元，与阿联酋双边贸易额达 400.6 亿美元。伊朗还是我国最重要的对外工程承包市场之一；除原油贸易外，中国与科威特还在石油、天然气领域展开投资、工程承包合作。

表 15-1　中国与中东之间政府间合作历程 / 进展

领域	时间	事件	签署协议 / 发表声明	意义 / 进展
油气领域	2008 年 3 月	国家发展改革委副主任张晓强访问卡塔尔	中卡签署《加强能源合作谅解备忘录》	标志着两国能源领域合作的开始，并将为能源合作的全面发展打开通道
	2009 年 2 月	胡锦涛主席访问沙特阿拉伯	双方签署了《进一步加强能源合作的谅解备忘录》	使中沙在石油领域的合作上了一个新台阶
	2012 年 1 月	温家宝总理访问阿联酋	与阿联酋签署中阿战略合作协议，进一步推动双方在能源领域的合作	中方愿在油气贸易、开发、利用及发展新能源方面扩大同阿方的合作，建立长期、稳定、全面的能源合作伙伴关系
	2012 年 1 月	温家宝总理访问卡塔尔	中石油与卡塔尔石油国际有限公司、荷兰皇家壳牌有限公司签署了浙江台州炼化一体化项目合资原则协议	该项目拟利用进口凝析油等原料生产乙烯等，总投资将达 800 亿元，中石油持股 51%，壳牌和卡塔尔石油国际公司分别持股 24.5%，项目包括年炼油 2000 万吨、年生产乙烯 120 万吨及 30 万吨级原油码头等工程
	2014 年 3 月	习近平主席会见沙特阿拉伯王储兼副首相、国防大臣萨勒曼	双方要以能源合作为支柱，拓展航天、新能源等高技术领域合作；中方欢迎沙特阿拉伯参与"一带一路"建设，推进交通基础设施互联互通；中方愿与沙特阿拉伯共同努力，加快推进中国—海合会自贸区谈判	
	2014 年 6 月	科威特首相贾比尔访问中国	中国和科威特在北京签署了 10 份合作协议或备忘录；李克强总理和科威特首相主持了签字仪式	国家能源局和中石油将深化与科威特的合作。我国在推动建立亚洲基础设施投资银行时也赢得了科威特的支持。李克强总理敦促科威特向中国公司开放其油气开发的上游市场
	2016 年 1 月	习近平主席访问沙特阿拉伯、埃及和伊朗三国	《中华人民共和国和沙特阿拉伯王国关于建立全面战略伙伴关系的联合声明》，宣布建立中沙全面战略伙伴关系，推动双边关系深入发展，加强在政治、能源等领域的合作关系；中石化和沙特阿美在两国元首见证下签署战略合作框架协议	首次提出中国与中东国家打造长期稳定的能源合作共同体。双方将共同提升沙特阿美向中石化供应原油的竞争力，并积极探索在油气服务、炼油、化工、原油供应、成品油销售、石油服务、石化服务、科技研发、新能源等领域世界范围内的合作

续表

领 域	时 间	事 件	签署协议 / 发表声明	意义 / 进展
油气领域	2016 年 1 月	习近平主席在开罗阿拉伯国家联盟总部发表题为《共同开创中阿关系的美好未来》的演讲	中方愿同阿拉伯国家开展共建"一带一路"行动；推进结构调整，开展创新合作行动；推进"油气+"合作新模式	中方愿同阿方加强上、中、下游全产业链合作，续签长期购油协议，构建互惠互利、安全可靠、长期友好的中阿能源战略合作关系
	2016 年 1 月	习近平主席在德黑兰萨德阿巴德王宫同伊朗总统鲁哈尼举行会谈	签署《中华人民共和国政府和伊朗伊斯兰共和国政府关于共同推进"丝绸之路经济带"和"21 世纪海上丝绸之路"建设的谅解备忘录》及能源、产能、金融、投资、通信、文化、司法、科技、新闻、海关、气候变化、人力资源等领域多项双边合作文件；双方发表了《中华人民共和国和伊朗伊斯兰共和国关于建立全面战略伙伴关系的联合声明》	双方一致同意建立中伊全面战略伙伴关系，推动双边关系迈上新台阶
其他能源领域	2013 年	国家能源局局长吴新雄访问沙特阿拉伯	中沙共同签署了《关于加强和平利用核能合作的谅解备忘录》	双方一致同意建立合作机制，在联合研究、核电项目、装备制造、人员培训等 12 个方面开展合作
	2014 年 8 月		沙特阿拉伯阿卜杜拉国王核能与可再生能源城和中国核工业集团公司上海就加强双方在和平利用核能方面的合作签订谅解备忘录	
	2017 年 3 月		中核集团与沙特阿拉伯地质调查局签署了《中国核工业集团公司与沙特阿拉伯地质调查局铀钍资源合作谅解备忘录》	中核集团将在两年内对沙特阿拉伯 9 片潜力地区开展放射性资源勘查工作

资料来源：据新华网等媒体报道整理。

表 15-2 中国与中东企业间油气勘探开发合作项目

合作形式	时 间	签署协议 / 合作内容	合作意义 / 进展	合作方式 / 合同模式
组建合资公司	1997 年 6 月	中石油与北方工业公司共同出资组建了绿洲石油公司，与伊朗石油部签订了艾哈代布石油开发生产合同	因联合国对伊拉克的制裁和美伊战争而被迫搁置	
	2003 年	中石化与阿美石油公司共同投资，在沙特阿拉伯注册了中沙天然气有限公司，中方控股 80%	带动了中石化、中石油在沙特阿拉伯的勘探、钻井业务	

续表

合作形式	时　间	签署协议 / 合作内容	合作意义 / 进展	合作方式 / 合同模式
投资参股	2004 年 5 月	中石油获得 MIS 油田项目	2004 年 5 月，中石油与加拿大 Sheer Energy 公司正式签署伊朗 MIS 油田项目股权转让协议。2005 年 10 月 8 日，再获得伊朗方面出让的 26% 权益，至此，中石油拥有 75% 的权益和油田作业权，NESCO 公司拥有 MIS 油田 25% 的权益	回购
中标	2005 年 5 月	中石油在伊朗第一轮对外招标中中标 3 区块	该区块为勘探开发一体化区块，合同模式为回购合同。2011 年在勘探期结束时，中石油退出了该项目	回购
联合经营	2006 年 2 月	中化集团下属的阿特兰蒂斯公司与所在国政府达成了联合开发阿联酋乌姆盖万海上气田的合作协议	中化—阿特兰蒂斯此前是挪威 PGS 在挪威注册成立的油气田勘探开发公司，2003 年 2 月由中化集团收购，成为中化集团的全资子公司。此项目以作业者开发乌姆盖万酋长国海上天然气田，然后将天然气输往哈伊马角酋长国，项目总投资为 1.30 亿美元。项目还包括建设海上天然气自动码头、分离油气的天然气处理厂、铺设 75 千米天然气输送管道等	作业者
回购技术服务	2007 年 12 月	中石化与伊朗签署了亚达瓦兰油田（Yadavaran）部分开发合同，中石化投资 20 亿美元用于该油田的开发	亚达瓦兰油田探明石油储量约 16.5 亿吨、3540 亿立方米伴生天然气和 2.6 亿吨凝析油。自 2015 年 10 月起，中石化可在伊朗亚达瓦兰油田（Yadavaran）的一期项目中每日开采 1.16 万吨石油	回购服务
技术服务	2008 年 10 月	中海油与伊朗签署了《北帕尔斯气田开发服务合同》	合同额 309.67 亿美元，静态总利润 658 亿美元，年均生产液化天然气 2000 万吨。由于美国加大制裁，中海油暂时搁置开发该项目，并将设备运回国内	服务合同
	2008 年	中石油与伊拉克石油部签署了《艾哈代布油田开发服务合同》	中方将在 3 年内建成日产原油 0.34 万吨的生产能力，6 年内建成日产 1.58 万吨的生产能力。油田投产后，还将为附近电站提供发电燃料，缓解伊拉克电力短缺状况	服务合同
回购技术服务	2009 年 1 月	中石油和伊朗国家石油公司旗下投资公司 Naftiran Intertrade Company（NICO）正式签署《伊朗北阿扎德干（North Azadegan）油田开发合同》，该合同采用回购模式	阿扎德干油田是伊朗近 30 年来发现的最大油田，原油储量约 57.5 亿吨。2015 年 10 月 28 日，中国石油工程建设公司伊朗分公司 EPC 总承包的伊朗北阿扎德干油田地面工程成功投油，一期工程建成后生产能力为原油 1.01 万吨 / 日	回购

续表

合作形式	时　间	签署协议 / 合作内容	合作意义 / 进展	合作方式 / 合同模式
参股 投资	2009 年	中石油与伊朗签署价值47 亿美元合约，取代法国道达尔石油公司成为南帕斯气田第 11 阶段工程的作业者，其他股东为伊朗国家石油公司和马来西亚国家石油公司	由于欧美制裁，气田开发的关键设备无法运抵、合同条款苛刻等因素，中石油 2012 年撤出该项目	作业者
收购	2009 年 9 月	中石油与伊朗国家石油公司旗下投资公司 NICO 签署协议，中石油购得伊朗南阿扎德干（South Azadegan）油田 70% 股权	中石油将持有南阿扎德干油田70% 股权，NICO 持有该油田20% 股权，另外 10% 的股权为日本 INPEX 公司持有。南阿扎德干油田量产后计划日产原油 3.56万吨，开发成本约 25 亿美元	
联合 经营	2009 年 6 月	中石油与 BP 组成联合体成功中标伊拉克鲁迈拉油田项目	2011 年 5 月 14 日，伊拉克政府以价值 2 亿美元的 200 万桶伊拉克巴士拉原油支付 BP 鲁迈拉油田项目的投资回收和报酬费；5 月28 日，中石油装载 27.39 万吨巴士拉轻质原油的油轮驶往中国，这标志着中石油开发鲁迈拉油田以来首次获得回报	
产品 分成	2009 年 8 月	中海油与卡塔尔石油公司在多哈签署《卡塔尔海上 BC 区块勘探与产品分成协议》	该协议长达 25 年，首个开发项目为期 5 年，将开掘 3 口油井，耗资约 1 亿美元	产品分成
联合技术 服务	2009 年 12 月	中石油、道达尔、马来西亚国家石油公司和伊拉克南方石油公司组成的投标联合体与伊拉克石油部草签了《哈法亚油田技术服务合同》	由中石油担任项目作业者。2012 年 6 月，哈法亚油田一期年 500 万吨产能成功投产，是第二轮中标 7 个项目中首个投产项目。2014 年 8 月，提前两年迈上1000 万吨大油田台阶	作业者
参股 投资	2010 年 5 月	卡塔尔石油公司就卡塔尔 D 区块与壳牌和中石油签署了一份新的勘探与产量分成协议	三方将联合勘探 D 区块天然气。该协议有效期为 30 年，其中第一期勘探为 5 年。壳牌作为作业者将持有 75% 股权，中石油持有 25%股权。如果勘探评价成功，壳牌和中石油将在卡塔尔石油公司监督下开采天然气。卡塔尔石油公司将购买 D 区块可能产出的全部天然气	产品分成
联合 经营	2010 年 5 月	中海油与土耳其石油公司联合赢得了《开发伊拉克米桑油田的技术服务合同》	中海油拥有伊拉克境内 Missan油田群的技术服务合同 63.75%的参与权益。根据合同，公司担任该油田群的主合同者 / 作业者。2012 年，米桑油田群进入项目回收期。2013 年，米桑油田群产量逐步提升，平均日净产量达 0.20万吨	服务合同

续表

合作形式	时间	签署协议 / 合作内容	合作意义 / 进展	合作方式 / 合同模式
联合 经营	2010 年 7 月	伊鲁迈拉项目作业管理权正式移交至英国石油公司、中石油和伊拉克南方石油公司三方组成的鲁迈拉油田作业管理机构（ROO）	自 2009 年 12 月服务合同签署以来，鲁迈拉油田原油产量已超过 2.74 亿吨，较之前作业权接管时增产超过 30%	服务合同
参股 投资	2011 年 5 月	卡塔尔石油公司与中海油中东（卡塔尔）有限公司及法国道达尔（卡塔尔）公司签署了《卡塔尔 BC 区块胡夫以下地层天然气勘探及生产分成协议》	协议规定了道达尔公司持有项目 25% 的股份；中海油中东（卡塔尔）有限公司持 75% 的股份，并继续作为该项目的作业者	作业者
技术 服务	2011 年 6 月	中石油艾哈代布油田一期年产 300 万吨产能建设项目提前投产	标志着中石油挺进中东高端市场开发建设油气田的目标成功实现，这也是伊拉克 20 多年来首个新建油田投产。2011 年 11 月，二期年产 600 万吨产能建设提前 3 年建成	服务合同
收购	2012 年 7 月	中石油收购法国苏伊士环能集团卡塔尔海上第 4 区块 40% 石油勘探开发权益	合同模式为产品分成，合同者主要通过成本油回收投资和开发成本，通过剩余成本油（气）和利润油（气）获得分成。此前，中石油与壳牌已在卡塔尔 D 区块勘探项目进行合作。中石油拥有 25% 权益，壳牌拥有 75% 权益，并担任作业者	产品分成
参股 投资	2013 年 11 月	中石油及印尼国家石油公司（Pertamina）和埃克森美孚签署伊拉克西古尔纳油田项目（1 期）股权转让协议，前两家公司分别获取后者所持该项目 25% 和 10% 的股份	埃克森美孚所持该项目的股份从 60% 减至 25%，并继续担任作业者。该项目其余的股份分别由壳牌（15%）和伊拉克南方石油公司（25%）持有。目前，该油田日产原油 5.48 万吨左右	
收购	2017 年 2 月	中石油与阿布扎比国家石油公司签署了《阿布扎比陆上油田开发合作协议》	中石油以 18 亿美元收购阿联酋阿布扎比国家石油公司（ADNOC）陆上最大的 ADCO 油田 8% 的股份，合同期 40 年	
	2017 年 2 月	华信能源与阿布扎比政府和阿布扎比国家石油公司签署协议	获得阿布扎比陆上租让合同区块 4% 权益，合同期 40 年，投资金额 18 亿美元，其中进入费 8.88 亿美元	

资料来源：据中石油、中石化、中海油等公司网站及有关媒体报道整理。

表 15-3　中国与中东企业间其他类油气合作项目

合作领域	时　间	签署协议 / 合作内容	合作意义 / 进展
管道建设	2007 年 2 月	中石油工程建设公司与阿联酋国际石油投资公司签署建设从阿布扎比哈卜善到富查伊拉的石油输送管道初步协议	
	2008 年 11 月	阿联酋 IPIC 公司与中石油管道工程公司签订从阿布扎比到富查伊拉的输油管道线协议	总价值约 27 亿美元，输油管道总长为 370 千米，共有 48 个基站，还有 8 个 900 万立方米的储油罐，输油能力为 7500 万吨 / 年
	2016 年 7 月	中石油管道局中标沙特阿拉伯斯坦努拉管道项目	合同额 3.3 亿美元。项目包括：新建 24 ～ 48 寸各类口径陆上管道 250 千米，道路穿越 45 处，铺设光缆 154 千米；拆除旧管道 45 千米、废弃管道 271 千米
工程建设 / 工程技术服务	2003 年 11 月	东方物探 8647 队与沙特阿美公司签约的第一份合同运作成功	打破了西方勘探公司独占沙阿拉伯特勘探市场十几年的局面
	2009 年 4 月	科威特石油总公司与中石化签署了 3.5 亿美元的石油钻机服务合同	
	2009 年 9 月	宝鸡石油机械有限责任公司与阿布扎比钻探公司签订 2.18 亿美元合同	宝鸡石油机械有限责任公司向阿布扎比钻探公司提供陆上油气钻井设备，这是我国石油企业第一次与阿布扎比签订提供钻井设备的合同
	2015 年 5 月	中国石油工程建设公司在阿拉伯联合酋长国首都阿布扎比与阿布扎比陆上石油公司（ADCO）签署合同，为后者开发阿联酋曼德油田	合同总额为 3.3 亿美元
	2016 年 1 月	东方物探公司中标沙特阿美公司 S78 大型三维过渡带地震采集项目，价值工作量 3.4 亿美元	该项目是阿布扎比陆上石油公司实现石油日产量从 19 万吨增至 24.5 万吨的重要工程之一
油气贸易	1993 年	中化进出口公司与沙特阿美石油公司签订了从 1995 年起每年向沙特购买 350 万吨原油的意向书	拉开了中沙能源合作的序幕
	2008 年 4 月	中海油与卡塔尔液化天然气公司签署液化天然气购买框架协议	中海油购买 200 万吨液化天然气，以供应我国沿海的液化天然气站线项目
	2008 年 4 月	中石油和壳牌集团签署销售和购买液化天然气协议，液化天然气来源于卡塔尔天然气公司四期项目	每年供应 300 万吨液化天然气，共 25 年。卡塔尔天然气公司四期项目是卡塔尔石油公司(持股 70%)与壳牌(持股 30%)的合作项目
	2014 年 8 月	科威特石油总公司（KPC）与中石化达成 10 年的石油供应合同	KPC 使用自己的油轮，每日向中石化供应 4.1 万吨原油，占科威特原油出口量的 15%，合同额达 1200 亿美元

续表

合作领域	时间	签署协议 / 合作内容	合作意义 / 进展
炼厂 / 加油站	1995 年 12 月	中国石油工程建设公司以总承包方式承建的科威特石油公司 27 号、28 号集油站项目	合同金额 3.86 亿美元，于 2001 年 3 月全部竣工
	2005 年 7 月	中国、美国、沙特阿拉伯三方共同投资兴建福建炼油乙烯一体化合资项目	2009 年 8 月相继全面投产，主要加工沙特阿拉伯含硫原油
	2005 年 7 月	中石化上海工程公司、中石化第二建设公司与荷兰 AK 公司组成联合体参与沙特阿拉伯萨比克公司年产 40 万吨聚乙烯、40 万吨聚丙烯生产装置建设项目中标	合同金额约 7 亿美元，项目建于红海重镇延布开发区，2008 年 3 月生产线正式投入使用
	2009 年 11 月	由中石化与沙特阿拉伯基础工业公司共同投资的中沙（天津）石化有限公司成立	天津百万吨乙烯项目双方合资股份各为 50%，总投资约为 183 亿元
	2011 年 3 月	中石油与沙特阿美共同签署《云南炼油项目谅解备忘录》和《原油销售协议补充协议》	共建云南炼油项目，该项目是中缅油气管道的配套项目，2013 年 1 月，该项目获中国政府批准
	2011 年 11 月	中科合资的广东炼化一体化项目正式开工建设	该项目是中石化和科威特石油公司合资的石油炼化项目，总投资额 590 亿元，中方和科方各占 50% 的股份。设计年炼油加工能力 1500 万吨、乙烯生产能力 100 万吨。2016 年 12 月 20 日，该项目全面开工建设
	2012 年 1 月	中石化和沙特阿拉伯国家石油公司签署合资协议，拟在沙特阿拉伯延布建炼油厂，日加工重油 5.48 万吨，总投资近 100 亿美元，其中，沙特阿拉伯持股 62.5%，中石化持股 37.5%	2016 年 1 月，习近平主席和沙特阿拉伯国王萨勒曼共同出席中沙延布炼厂投产启动仪式。延布炼厂是中石化首个海外炼化项目，也是中国在沙特阿拉伯最大的投资项目
	2012 年 4 月	中石化和沙特阿拉伯基础工业公司共同投资建设的年产 26 万吨聚碳酸酯项目在天津开工	继年产 100 万吨乙烯合资项目后在天津合作建设的又一大型石油化工项目
仓储项目	2015 年 3 月	由中石化冠德控股有限公司在海外投资建设完成的第一个石油仓储合资项目——富查伊拉石油仓储公司（FOT 仓储项目）在富查伊拉酋长国自由贸易区举行竣工投产仪式	FOT 仓储项目的投产运营是中石化国际化运作的一个重要里程碑，将进一步提升中石化国际石油贸易能力
办事处 / 研究机构	2012 年 4 月	沙特阿拉伯基础工业公司宣布，投资 1 亿美元在上海建立新技术中心	
	2012 年 11 月	沙特阿美石油公司宣布成立阿美亚洲公司，总部位于北京，在上海和厦门设立两个分部	
	2016 年 1 月	中石化在沙特阿拉伯成立中东研发中心	

资料来源：据中石油、中石化、中海油等公司网站及有关媒体报道整理。

第二节

能源合作面临的机遇和挑战

当前，受美国页岩油气革命和世界经济增长乏力影响，国际油价持续低迷，能源供大于需的局面短期难有改观，中东地区产油国遭遇重大挑战，企业生产经营压力增大，国家财政收入大幅下滑，政府可持续发展面临巨大压力。

在此背景下，严重依赖石油出口的中东产油国迫切希望加快经济增长并稳定财政收入，调整经济结构，扩大能源与非能源国际合作。美国对中东的原油进口不断减少，中东国家将能源合作的重心更多地转向了中国等亚洲国家，双方相互依赖程度不断增加，这为中国与中东国家加强能源与经贸合作提供了重大机遇。

一、机遇和挑战

（1）中东地区油气资源潜力巨大，未来30年，中东地区依然是世界重要的油气供给区，也是我国能源进口的重要来源地。中东地区丰富的油气资源造成了其地缘政治复杂，各方争夺激烈，不测因素增多，但中东地区对中国现在及未来能源供给极其重要。如何保障中东油气稳定供给，这将是我国面临的重要课题，我国应继续保持与中东大国的传统合作，不断增加该地区的投入。

（2）中东炼化规模不断扩大，导致原油出口量下降，影响我国原油供给。沙特阿拉伯、伊朗、伊拉克等国家凭借其丰富的油气资源，在国内不断新建炼厂，延长产业链，同时在国际上和能源消费国合建炼厂，产品直接供应消费国市场，不仅延伸了石油产业链，还可以分散风险，获取更多利润。美国页岩油气产量不断攀升，世界经济低迷，目前全球油气供需宽松；但从长远看，中国国内炼厂可能会面临原油供给不足的问题。

（3）中国企业在中东地区石油上游合作成果偏少，多为工程技术服务。中东产油国几乎均由政府掌控国家石油工业，对油气资源拥有所有权和管理权。大多数产油国禁止或限制外商投资石油上游勘探开发领域，故中国石油企业在中东的油气合作多为技术服务合同。2015年，中国石油企业在中东的权益油气产量分别为3000万吨和2.4亿立方米，其中87%的权益油来自伊拉克。

（4）中国企业应增进交流，加大中东能源合作统筹力度。中东地区石油工业长期被美国和西方石油公司垄断，中东国家对中国石油产业的技术、能力等有一个认识和认可的过程，因此要增加交流，增进相互了解，促进全方位合作。此外，中国对外能源合作也需要加大统筹力度，形成国家的整体实力，力避中国公司之间的恶性竞争。

二、几点想法

1. 密切高层联系，巩固全面的中沙关系

中国非常重视同沙特阿拉伯的外交关系，沙特阿拉伯也很重视与中国的关系，双方互有需要，从更深的层次讲，就是战略上的需求。沙特阿拉伯需要一个长期稳定的市场作为保障，它看准中国保持快速发展对能源需求的长期性，如果中国把沙特阿拉伯作为进口石油的优先对象，而沙特阿拉伯保证中国石油需求的供给，中沙可以签订至少50年的油气供应协议，这是一个战略合作（吴思科，2014）。

目前，国际油价低迷，美国页岩油气价格较低，中国进口美国原油的数量激增，从沙特阿拉伯进口原油数量开始下滑，2017年2月进口沙特阿拉伯原油477万吨，较1月减少了26万吨。从长远看，中东仍是中国原油进口的重要来源地，中国在原油进口上要有长远规划，要考虑能源老伙伴的利益。

中沙两国领导人的高层互访为两国的能源经贸合作奠定了良好政治基础。今后两国应保持高层更密切联系。此外，中国应继续加强同沙特阿拉伯在经济、政治、文化等各方面的交流与合作，进一步加强两国间的经贸往来，巩固全面的中沙关系。

2. 加强与海湾阿拉伯国家合作委员会的能源合作

沙特阿拉伯、阿联酋、科威特、卡塔尔作为海湾阿拉伯国家合作委员会（简称海合会）的重要成员，中国宜把海合会作为开展能源合作的重要地区组织，从长远战略着眼推动与该地区的能源合作，中国特别需要保障来自海合会国家的原油供应，也希望扩大对海合会商品出口，扭转对海合会的贸易赤字。2015年，中国与海合会贸易额达1367亿美元，占中国与阿拉伯国家贸易总

额的 70%。2016 年 1 月，中国与海合会双方宣布重启自贸区谈判，2016 年 12 月，中国—海合会自贸区第 9 轮谈判在沙特阿拉伯举行。

积极探索中国与海合会在"一带一路"的合作前景。2014 年 6 月，科威特首相到中国访问，习近平主席发表演讲，提出"一带一路"同阿拉伯国家合作的构想，特别提到"1+2+3 合作模式"。1 就是以能源合作为基础、为主轴，把与海合会合作放在很重要的位置，2 就是基础建设、贸易便利化建设，3 就是新能源合作，如航天、核能等。中国应利用中东油气资源优势，实现中国与中东国家市场和资源的强力互补。

3. 中沙应加强能源、非能源大项目的合作

中国应用好沙特阿拉伯在能源投资、勘探开发中的政策，加强与沙特阿拉伯企业的合作，使沙特阿拉伯成为中国原油进口的稳定基地，同时要加强在核能、太阳能等可再生能源领域的合作，积极推动中国核电"走出去"。

4. 利用强大市场优势，加强同能源资源国合作，保障国家能源安全

中东地区的产油国油气资源丰富，财力雄厚，但经济比较单一，与我国能源需求强、市场规模大的特点存在较强的互补性，中国应把握机遇，调整以油气贸易为主的单一能源合作模式，充分利用中东产油国的资源优势，建立合资企业，在国内共建炼厂，以市场换资源，实现能源长期稳定供给。同时，加强工程承包、劳务合作等方面的力度，尽可能采取多种合作方式，实现优势互补、互利共赢。

5. 促进与伊朗互联互通，巩固和扩大务实能源合作

伊朗位于亚洲东西交通要塞，区位优势明显，是具有"特殊战略价值"的国度，在我外贸和能源交易中的独特地位不容小觑。目前，西方对伊朗制裁在一定程度上已解除，多家西方石油公司纷纷重返伊朗，中国应择机多做伊朗方面的工作，巩固扩大能源资源和产业合作。

6. 加强中国石油企业在技术服务领域的合作，不断扩大合作成果

中国石油企业在油田专业服务的一些领域和劳务输出方面，以及在复杂油田的勘探开发方面，具有一定的优势。中国石油企业在南美、中东、北非等地区参加了一些油田工程项目，积累了一些经验。目前，中石油在伊拉克已拥有 4 个油气项目，成为伊拉克最大的外国投资者。但是，由于伊拉克服务合同利润薄，中国石油企业应积极、审慎地面对这一机遇，要考虑到未来伊拉克大油田开发项目或将面临的较高社会风险。为此，可考虑和跨国公司强强联

合，以降低经营风险。

　　另外，参与伊拉克项目的所有中资公司，务必预先进行风险评估。伊拉克议会各方力量因石油利益分配难以调和，中国相关公司应及时跟踪，准确研判规划，在现有业绩基础上扩大合作领域与规模。

本章小结

　　中东地区油气资源潜力巨大，是世界石油重要的供给区，也是中国油气进口的重要来源地，中国与中东的能源合作已成为"一带一路"建设的重要支点。中国与中东的油气合作已涵盖勘探开发、石油贸易、炼化、工程技术服务等多个方面的全产业链合作。未来，要按照习近平主席提出的中阿"一带一路"合作的构想，深化"1+2+3"合作模式，打造中阿利益共同体和命运共同体，不断加强与中东国家的能源合作。

第十六章
中国与缅甸能源合作典型案例分析

16 Chapter

能源一直是中缅合作的重要内容，中缅油气管道是中国重要的能源战略运输通道。虽然中缅两国能源领域合作遭遇过挫折，但未来在海上油气资源开发、矿产、电力等领域合作前景依然可期。本章主要对中国和缅甸能源合作现状、合作模式进行剖析，并提出能源合作面临的机遇和挑战。

第一节

能源合作现状

据中国海关总署数据，2016 年中缅双边贸易额为 812.0 亿美元，同比下降 13.6%。其中，中国出口额为 540.5 亿美元，下降 9.9%；进口额为 271.5 亿美元，下降 20.0%。

近年来，中国加大了在缅甸的能源投资，中石油、中海油及中石化均在缅甸有项目。缅甸与中国在石油、天然气等能源领域的合作始于 2004 年。中石油进入缅甸开展化工项目总承包工程建设，中海油牵头的一家财团在缅甸开始勘探石油、天然气。但 2011 年 9 月密松电站被搁置后，中缅两国在交通基础设施、电力、石化、经济特区开发等领域的合作就停滞不前，没有再推出重大的合作项目，如表 16-1 所示。

表 16-1　中缅能源领域合作重要事件

合作领域	时间	合作方式	签署协议/合作内容	意义
勘探开发	2004 年		中石化与 MOGE 签订合同	获得 D 区块 100% 的勘探权
	2005 年 8 月		中石化与 MOGE 启动了首个在缅甸合作进行勘探的石油天然气项目	首期投入资金达 3000 万美元，勘探期 3 年；如有商业发现，该合同将延长 20 年，拟建成年产能达 100 万吨级的油田
	2005 年 1 月	产量分成	中海油缅甸有限公司、新加坡 Golden AaronPte 有限公司及中国寰球工程公司 3 家组成的联合体，同 MOGE 签署了开发缅甸 C1、C2 和 M2 区块石油气的产量分成合同	之前，该联合体还与 MOGE 签署了另外 3 个区块的开发合同。加上这 3 个区块，中海油在缅甸获得了 6 个开发区块，总开采面积超过 80000 平方千米
	2007 年 1 月	产量分成	中石油与 MOGE 签订正式合同	获得缅甸在 AD-1、AD-6 和 AD-8 共 3 个区块勘探石油、天然气的产量分成协议，这些深水区块位于缅甸若开邦近海，总面积 10000 平方千米
	2011 年 1 月		中石化在缅甸中部发现油气田，储量为 257.4 亿立方米天然气及 98 万吨原油	这是中石化在缅甸首次获得重大发现
工程服务	2014 年 10 月		中海油与泰国国家石油管理局签订《缅甸 Zawtika Phase 1B EPCI 油气区块项目合同》	合同包括 4 座井口平台的设计、建造和海上安装业务及 4 条海底管线铺设等业务
管道建设	2009 年 3 月		中缅两国签订了《关于建设中缅原油和天然气管道的政府协议》	
	2009 年 6 月		中石油与缅甸能源部签署《中国石油天然气集团公司与缅甸联邦能源部关于开发、运营和管理中缅原油管道项目的谅解备忘录》	
	2009 年 12 月		中石油与缅甸能源部签署协议	缅甸政府授予中石油控股的东南亚原油管道公司对中缅原油管道的特许经营权，并负责管道的建设及运营等
	2010 年 6 月		中石油与缅甸国家油气公司签署《东南亚原油管道有限公司股东协议》《东南亚天然气管道有限公司权利与义务协议》《东南亚天然气管道有限公司股东协议》	中缅石油、天然气管道工程正式开工建设
	2013 年 7 月		中缅天然气管道（境外段）正式投产通气	2013 年 10 月 20 日，中缅天然气管道干线全线建成投产，管道干线全长 2520 千米，年输气能力 120 亿立方米。截至 2016 年 4 月 12 日，累计向中国国内输气 93 亿立方米

续表

合作领域	时间	合作方式	签署协议/合作内容	意义
管道建设	2015年1月		中缅原油管道工程试投产	管道以马德岛为起点，抵达位于掸邦北部的南坎地区，总建设长度为771千米，设计年输量2200万吨
	2017年4月		《中缅原油管道运输协议》	中缅原油管道工程在缅甸马德岛正式投运
炼厂	2015年2月		广东振戎能源有限公司在缅甸东南部的土瓦经济特区合资建设500万吨炼厂	已获得国家发展改革委的正式批复；2016年3月29日缅甸投资委员会正式签发了该项目的投资许可证，该项目总投资约26亿美元
水电	2006年12月		缅甸政府与中国电力投资集团签订了谅解备忘录	计划首期建设600万千瓦的密松水电站与340万千瓦的其培水电站
	2009年3月		中缅两国政府签署《关于合作开发缅甸水电资源的框架协议》	
	2011年9月		缅甸总统吴登盛在缅甸国会宣布密松水电站在其总统任期内搁置	
	2012年3月		我国广东珠海新技术有限公司承建的缅甸马圭省吉荣吉瓦水电站落成	该水电站位于缅甸马圭省敏布市，又称KK电站，年发电量7400万千瓦
	2014年5月		中国电建集团所属水电顾问集团与缅甸电力部在缅甸仰光正式签署缅甸丹伦江纳沃葩水电站、楠马河满通水电站项目投资协议备忘录（MOA）	两座水电站紧邻中缅边界，开发条件较好。纳沃葩水电站装机容量120万千瓦，满通水电站装机容量22.5万千瓦，水电站发电将以输送中国为主

资料来源：据中石油、中石化、中海油等公司网站及有关媒体报道整理。

第二节

能源合作面临的困难和挑战

　　2001年中国石油企业首次正式进入缅甸，多年来，开创了勘探、开发、管道、销售与工程技术服务一条龙，并且境内外业务协同发展的良好格局。中缅油气管道项目，成为中缅之间"互利共赢，友谊长青"的品牌工程。然而，就在中缅能源合作实现跨越式发展的同时，缅甸的国际、国内环境发生了剧烈变化，影响了中缅能源合作项目的顺利推进，甚至有项目被搁置或叫停，中国与缅甸合作面临新形势和新挑战。

1. 大国政治角逐，中缅能源合作面临更大的困难和挑战

美国、日本、印度等国家都视东亚为战略要地，缅甸不仅拥有丰富的油气和矿产资源，还扼守着印度洋与太平洋、南亚与东南亚的战略通道。美国、欧盟、加拿大、日本等国家与缅甸的外交关系直接影响到中国能源供应通道安全及地缘政治安全，使中资企业面临多方博弈旋涡。

2. 缅甸国内政治转型不断深化，中缅能源合作前景看好

2011 年开始的缅甸政治转型对中缅此前 20 余年的特殊关系构成了重大的冲击，导致缅甸民间对中国不满情绪急剧上升，中缅经济合作特别是能源合作趋于停滞。在反思中缅关系存在问题的同时，中国对缅甸外交做出了重大政策调整，特别是加大与缅甸民间交往的力度、督促中国企业更好地履行企业社会责任（刘景，2015）。

2011 年 3 月，缅甸民选总统吴登盛上台后，开始推行政治经济改革，奉行"全方位外交"和"大国平衡"策略，缅甸在对华能源合作方面将越来越考虑西方立场，并且在中国、印度、泰国等国家之间追求平衡，给中缅在能源领域的合作带来了不确定因素（王晓梅，2013）。

2016 年 3 月，吴廷觉当选缅甸总统，中缅两国政府不断调整外交政策。2017 年 4 月，吴廷觉对中国进行国事访问，两国签署联合公报，两国坚持从战略高度和长远角度出发，推动中缅全面战略伙伴关系不断取得新进展。

目前，缅甸政府在发展经济和结束内战问题上需要中国扮演重要角色，尤其是大型基础设施项目上的投资，中国不可或缺。据缅甸投资与公司管理局统计，截至 2017 年 5 月，中国在缅甸有 183 个已批准投资项目，总投资额达 180 亿美元，居缅甸外资投资国和地区之首。对中国而言，缅甸是落实"一带一路"倡议的重要支点，中缅油气管道均已投入运行，在推进基础设施建设、能源项目合作、管道安全等方面需要缅甸政府支持。

3. 缅甸中央政府与地方武装对立，社会安全风险将长期存在

当前，缅甸民盟政府把经济发展和民族和解作为政府工作的重中之重，

但民族和解进程缓慢。伴随着缅甸民主化进程的不断深入及美国等外部势力的介入，缅甸国内政治动荡有可能导致安全环境进一步恶化，中资在缅企业将长期面临较为严峻的安全风险（陆如泉，等，2015）。

第三节
能源合作模式总结与分析

一、中缅油气管道

1. 基本情况

中缅油气管道是继中哈原油管道、中亚天然气管道、中俄原油管道之后又一条重要能源进口通道。中缅油气管道项目分为中缅原油管道和中缅天然气管道。中缅原油管道由中石油和缅甸油气公司合资成立的东南亚原油管道公司建设，起点位于缅甸西海岸的马德岛，缅甸境内段全长771千米，缅甸境内设计年输量2200万吨，中国境内段全长1631千米，中国境内设计年输油能力2000万吨。中缅天然气管道由"四国六方"共同出资成立的东南亚天然气管道有限公司建设，起点位于若开邦皎漂兰里岛，缅甸境内段全长793千米，设计年输气量120亿立方米，占管道输气量的20%；中国境内段全长1727千米，设计年输气能力100亿～130亿立方米。项目总投资预计25.4亿美元，其中，石油管道投资15亿美元，天然气管道投资10.4亿美元。石油管道公司由中缅出资建设，比例为50.9%和49.1%；天然气管道公司由中国、缅甸、韩国和印度4个国家共同出资，比例分别为50.9%、7.4%、29.2%和12.5%（綦宇，2017）。

2. 建设历程

2004年8月，有关专家论证修建从缅甸到昆明输油管道的可行性和战略意义；2006年10月，中缅两国政府就油气管道项目合作达成一致。谈判初期，缅方坚持只向中国输气，中方坚持油气并行；2009年3月26日，中缅两国签订了《关于建设中缅原油和天然气管道的政府协议》等文件；2009 年 6 月，中石油与缅甸能源部签署《中国石油天然气集团公司与缅甸联邦能源部关于开发、运营和管理中缅原油管道项目的谅解备忘录》，项目包括原油管道、储运设施及其附属设施，以及在缅甸皎漂港东南方的马德岛建设一个可从超大型油轮卸载原油的码头和终端，并在附近建设原油储运设施及其他附属设施。2010 年 6 月 3 日，中缅石油天然气管道工程正式开工建设，中石油与缅甸国家油气公司签署了《东南亚原油管道有限公司股东协议》《东南亚天然气管道有限公司权利与义务协议》和《东南亚天然气管道有限公司股东协议》，协议明确了中石油所属东南亚管道公司作为合资公司的控股股东，负责油气管道工程的设计、建设、运营、扩建和维护；2010 年 9 月 10 日，中国境内段开工建设。2013 年 7 月 28 日，来自孟加拉湾的天然气注入中缅天然气管线首站——皎漂分输站；2013 年 10 月 20 日，缅甸天然气抵达中石油西南管道公司贵港输气站，中缅天然气管线全线贯通。2015 年 1 月 20 日，中缅原油管道工程在缅甸皎漂马德岛举行试运行仪式，马德岛港同时正式开港，但由于各种原因一直未能联通原油集输管道。2017 年 4 月 10 日，在缅甸总统访华期间，中缅双方签署了《中缅原油管道运输协议》，中缅原油管道工程在缅甸马德岛正式投运。

中缅天然气管道缅甸境内通过 6 个下载点为缅甸发电厂提供了充足的燃料，基本解决了缅甸中部"电荒"问题。中缅油气管道项目启动以来，累计投入 2300 多万美元在管道沿线开展社会经济援助 178 个，包括学校、医院、道路、桥梁、供水供电、通信等工程。

3. 存在的问题和挑战

第一，缅甸国内宗教、民族矛盾不断，中缅油气管道面临安全风险。中缅油气管道途经的若开邦，2012 年爆发了暴力冲突，局势不稳。2012 年 7 月，缅甸民族民主政党联盟向联邦国会提出议案，要求对中缅油气管道项目重新审议。另外，中缅油气管道还经过缅甸北部地区，缅甸军方、政府与克钦邦等多股反政府武装之间存在错综复杂的矛盾。除此之外，管道还需要经过其他 3 个割据地点：巴朗国家解放阵线、北掸邦军、南掸邦军。缅甸复杂的局势给中缅油气管道的安全带来了极大的风险。

第二，部分中资企业的违规行为造成了一定负面影响。在缅甸的中资企业，有的缺乏企业社会责任、行为模式不规范、缺乏透明度；有的习惯于追求"超法律地位"，不注意尊重当地的风俗及文化差异。由于缅甸中央政府对少数民族地区的治理能力较弱，地区联邦、民族地区武装的实际影响力往往大于中央政府。反思中缅修建密松水坝项目，由于相关企业曾试图走缅甸上层路线，未及时公布环境评估报告，未得到克钦邦地区实权派的同意，未向当地民众做好说明解释和安抚工作，这一切导致项目最终搁浅（陆如泉，2015）。

第三，恶意宣传与渗透增加缅甸社会环境复杂性。一些国际与缅甸国内的非政府组织，蓄意歪曲、丑化中国投资，直接影响到中资项目的开展。近年来，就有数家非政府组织，紧密跟随中缅油气管道项目建设，展开一系列的活动，干扰管道项目的正常运行。

二、密松水电站

多年来，中缅在能源领域的合作有诸多成功的经验，也有失败的教训，典型案例是密松水电站被叫停。密松水电站位于缅甸北部克钦山区，投资额高达 36 亿美元，是中电投在伊洛瓦底江上游干流流域七级水电站中最大一级水电站，于 2009 年开始建设。2011 年 9 月 30 日，缅甸联邦议会宣布，在总统吴登盛任期内，缅甸政府将搁置密松水电站，官方给出的解释是有民众担心密松水电站破坏环境，损及部分居民的利益。受其影响加上其他因素，三峡、大唐、电建、华能、云南能投等国企，以及民营汉能控股集团投资的项目大多停滞，缅甸水电开发尤其是中国企业投资、以送电中国为主的项目基本处于停顿状态。同一时期，其他国家投资的项目也无大的进展，部分项目甚至被缅甸政府收回了开发权。

1. 建设历程

密松水电站是伊江上游水电项目（伊洛瓦底江、恩迈开江和迈立开江）规划的 7 座大坝之一。早在 1952 年缅甸政府就提出开发密松大坝的计划。此后邀请了欧洲、日本、中国等多个国家的投资者，但因各种问题都没有实施开发。2001 年，缅甸电力企业及缅甸农业与灌溉部开展了"伊洛瓦底江密松大坝多用途水利项目"。2003 年昆明水电勘测设计院进行了勘测；2006 年 10 月，缅甸政府在第三届中国东盟投资峰会上邀请中国电力投资集团投资开发缅甸的水电；同年 12 月，缅甸政府与中国电力投资集团签订了谅解备忘录，计划首期建设 600 万千瓦的密松水电站与 340 万千瓦的其培水电站；2009 年 3 月，中缅两国政府签署《关于合作开发缅甸水电资源的框架协议》；2009 年 12 月 21 日，密松水电站正式开工；2011 年 9 月 30 日，缅甸总统吴登盛在缅甸国会突然宣布密松水电站在其总统任期内搁置；2013 年 3 月，中国撤出了全部参建单位和设备。2016 年 8 月，昂山素季访华，李克强总理同昂山素季举行会谈，中方愿同缅方加强发展战略对接，更好地规划重点领域合作，妥善推进中缅油气管道、密松水电站等大项目合作。

2. 存在的问题和教训

第一，缺乏科学、合理的政治风险评估体系。中国电力投资集团对缅甸国内错综复杂政治形势的评估是否充分、全面、科学、合理值得商榷。密松水电站项目早在奈温时代就由一家日本公司（Kansai）负责勘探与设计，他们较了解当地克钦军与缅军之间的冲突，担心项目会承担风险，所以一直没有实施。中国电力投资集团在可行性论证时，是否科学、实事求是地将控制克钦邦 80% 以上领土和资源的克钦党、政、军充分考虑进来，是否过于相信缅甸政府军的实力。在跨国工程建设中，对于东道国中央政府与地方政府之间的关系，以及当地政府的具体的情况必须要考虑进来，并且应当作为重要的政治因素进行考量（贾秀飞，叶鸿蔚，2015）。

第二，缺乏公关意识，舆论宣传不到位。为安置伊洛瓦底江上游的移民，中国电力投资集团投资已达 2500 万美元，对于环保问题也相当重视，而缅甸国内的舆论环境却很少宣传中国电力投资集团的上述作为和信息。中国大型企业在东道国的工程建设中，很少进行积极的公关，更多的是"只做不说"，这对于民意的争取是不利的。此外，对当地文化与民意走向的了解不充分。中国电力投资集团缺乏与当地的自治政府及民意的充分沟通，一定程度上忽视了当地文化习俗的因素。

第三，利益分配问题存在分歧与矛盾。目前，密松水电站仍悬而未决，双方焦点不只是经济问题，更多是缅甸内部利益的分配。问题的关键是缅甸中央政府既要考虑少数民族地区发展，还要琢磨诸多敏感的政治问题。缅甸中央政府仅考虑自身利益，不愿将自己与中方合作开发水电中的既得利益与地方分享，导致了地方民族武装对于中方水电开发产生了一定的抵触情绪（周华林，2016）。此外，在中方与缅方利益分配上，除以往与缅甸政府谈判中所设计的10%免费电量和15%干股外，缅甸中央政府也开始要求中方开发水电必须惠及地方，如要求中方开发企业在水电开发前对建设当地的供水供电、基础电网、教育医疗等民生方面进行建设，同时让中方企业保证将发电利润的1%～2%投入当地经济的长期扶持中。诸如此类的要求影响了中方企业在缅甸的投资收益率和投资积极性。

本章小结

中缅两国能源领域合作虽遭遇过挫折，但存在较大合作空间。中缅天然气管道和原油管道的相继投运，在促进中缅两国经贸关系、推动东南亚区域经济发展乃至更广泛领域合作中具有"标杆效应"。中国提出建设中缅经济走廊，打造三端支撑、三足鼎立的大合作格局，将进一步推动中缅能源合作向更深层次、更广空间发展。

第五篇

"一带一路"能源产业合作构想

第十七章 "一带一路"与区域合作

17
Chapter

　　"一带一路"是中国的，更是世界的。按照"共商、共建、共享、共赢"的原则，构建"一带一路"国际合作大平台，加强政策沟通、道路联通、贸易畅通、货币流通、民心相通，以点带面，从线到片，逐步形成区域合作大格局。其中，能源合作是"一带一路"的重要组成部分。

　　本章主要从"一带一路"提出的背景出发，深入剖析"一带一路"的内涵，探索"一带一路"与区域合作、经济发展、能源供给、国家安全等方面的相互关系。

第一节

"一带一路"的内涵

一、"一带一路"提出的时代背景

　　2008 年全球金融危机之后，世界经济复苏乏力，增长基础不稳，"逆全球化"思潮抬头，经济一体化和"碎片化"矛盾凸显。

　　2012 年 11 月 29 日，习近平主席在参观《复兴之路》展览时首次阐释了"中国梦"，并提出了两个一百年的奋斗目标。

　　"一带一路"是习近平主席 2013 年 9—10 月访问中亚和印度尼西亚时提出来的。"一带"指的是"丝绸之路经济带"，从中国到中亚、中东再到欧洲这样一条带状之路；"一路"是指"21世纪海上丝绸之路"。

2013年11月，十八届三中全会通过的《中共中央关于全面深化改革若干重大问题的决定》将"一带一路"首次纳入我国重大事项规划序列。2014年11月，中央财经领导小组第八次会议专门研究了"丝绸之路经济带"和"21世纪海上丝绸之路"规划，发起建立亚洲基础设施投资银行和设立丝路基金，这表明"一带一路"倡议实施的资源筹划有了大手笔。

2014年12月召开的中央经济工作会议更是将"一带一路"与"京津冀协同发展""长江经济带"并列为今后中国优化经济发展空间格局的三大举措。

2015年3月，中国政府发布《推动共建丝绸之路经济带和21世纪海上丝绸之路的愿景与行动》，明确了"一带一路"的共建原则、框架思路、合作重点、合作机制等。

2016年3月，《"十三五"规划纲要》正式发布，"一带一路"成为其中专门一章，这标志着实施"一带一路"倡议已经被纳入中国的长远规划。

近几年，中国经济增长持续放缓，2016年中国GDP增长率为6.7%，为2000年以来的最低。中国要实现两个一百年的奋斗目标，要跨越"中等收入陷阱"，就需要大力深化改革，积极主动扩大对外开放，进一步完善对外开放布局，加快构建开放型经济新体制，推动更深层次、更高水平的对外开放。

二、"一带一路"的内涵

"一带一路"是中国提出的，但不是中国一家的"独奏曲"，而是各国共同参与的"交响乐"，是各国共同受益的重要国际公共产品（《人民日报》，2017）。

全球金融危机以来，世界经济持续低迷不振。现有国际合作的碎片化、排他性，导致难以把资源有效整合起来。当今世界迫切需要一个开放、包容、共享的合作平台，把各方力量汇聚起来，共同应对全球性挑战。

2016年8月17日，中共中央召开了"推进'一带一路'建设工作座谈会"，习近平主席指出，以"一带一路"建设为契机，开展跨国互联互通，提高贸易和投资合作水平，推动国际产能和装备制造合作，本质上是通过提高有效供给来催生新的需求，实现世界经济再平衡。特别是在当前世界经济持续低迷的情况下，如果能够使顺周期下形成的巨大产能和建设能力"走出去"，支持"一带一路"沿线国家推进工业化、现代化和提高基础设施水平的迫切需要，有利于稳定当前世界经济形势。

2017 年 5 月 14 日，中国在北京举办"一带一路"国际合作高峰论坛。习近平主席在《携手推进"一带一路"建设》的主旨演讲中呼吁，"要抓住新一轮能源结构调整和能源技术变革趋势，建设全球能源互联网，实现绿色低碳发展"，强调要"践行绿色发展的新理念，倡导绿色、低碳、循环、可持续的生产生活方式，加强生态环保合作，建设生态文明，共同实现 2030 年可持续发展目标"。习近平主席指明了今后全球能源的发展趋势和"一带一路"建设中能源合作的方向。

第二节

实现区域合作的互联互通

"一带一路"建设秉持的是"共商、共建、共享"原则，不是封闭的，而是开放包容的。"一带一路"建设不是要替代现有地区合作机制和倡议，而是要在已有基础上，推动沿线国家实现发展战略相互对接、优势互补。

据中国商务部 2017 年 3 月 11 日数据，"一带一路"倡议提出以来，已经有 100 多个国家和国际组织积极响应，有 50 多个国家已经与中国签署了相关的合作协议。其中，包括与沿线国家签订的 130 多个互通交通协定、与 26 个沿线国家签署的学位互认协定、与近 60 个国家达成的双边投资协定。

国家发展改革委对外经济研究所研究员张建平认为，"一带一路"在合作理念、合作空间、合作领域、合作方式上都是开放包容的，这 4 个特征充分说明"一带一路"是一个新型国际区域合作平台。

区域合作是世界发展的大趋势，"一带一路"的核心是大区域而不是"碎片化"的合作。"一带一路"贯穿亚欧非大陆，一头是活跃的东亚经济圈，一头是发达的欧洲经济圈,如此广阔的空间经济发展潜力巨大。共建"一带一路"致力于陆地及海上的互联互通,建立和加强沿线各国互联互通伙伴关系,构建全方位、多层次、复合型的互联互通网络,实现"一带一路"沿线各国多元、自主、平衡、可持续的发展。

本章小结

"一带一路"是各国共同参与的"交响乐"。以"一带一路"建设为重点,坚持"引进来"和"走出去"并重,遵循共商、共建、共享原则,积极促进"一带一路"国际合作,努力实现政策沟通、设施联通、贸易畅通、资金融通、民心相通,打造国际合作新平台,推动构建人类命运共同体。

第十八章 "一带一路"能源合作构想

"一带一路"合作平台主要包括基础设施（铁路、公路、航空、海运和通信）、经济贸易、金融、产业投资、能源矿产、电子商务、文化交流、海洋合作、生态环保等。"一带一路"能源合作不是孤立的，而是"一带一路"合作平台的重要组成部分。

第一节

"一带一路"能源合作的重点

一、政府报告中的能源合作

2015 年 3 月 28 日，中国发布了《推动共建丝绸之路经济带和 21 世纪海上丝绸之路的愿景与行动》，涉及能源合作的主要内容如下。

（1）加强能源基础设施互联互通合作，共同维护输油、输气管道等运输通道安全，推进跨境电力与输电通道建设，积极开展区域电网升级改造合作。

（2）加大煤炭、油气、金属矿产等传统能源资源勘探开发合作，积极推动水电、核电、风电、太阳能等清洁、可再生能源合作，推进能源资源就地、就近加工转化合作，形成能源资源合作上下游一体化产业链，加强能源资源深加工技术、装备与工程服务合作。

中国政府2016年1月发布了《中国对阿拉伯国家政策文件》，涉及能源合作的主要内容包括如下方面。

（1）坚持"共商、共建、共享"原则，推进中阿共建"一带一路"，构建以能源合作为主轴，以基础设施建设和贸易投资便利化为两翼，以核能、航天卫星、新能源三大高新领域为突破口的"1+2+3"合作格局，推动务实合作升级换代。

（2）在互惠互利基础上开展合作，推动并支持中阿在石油、天然气领域，特别是石油勘探、开采、运输和炼化方面的投资合作，推动油田工程技术服务、设备贸易、行业标准对接；加强在太阳能、风能、水电等可再生能源领域的合作；共同建设中阿清洁能源培训中心，全面推动双方在相关领域的合作。

（3）民用核领域合作。加强中阿双方在核电站设计建造、核电技术培训等领域合作；积极开展中阿核工业全产业链合作，推动双方在核基础科研、核燃料、研究堆、核技术应用、核安保、放射性废物处理处置、核应急、核安全等领域合作，加快共建阿拉伯和平利用核能培训中心，提升双方核领域合作水平。

二、"一带一路"能源合作的重点

通过对"一带一路"国家的能源资源潜力、供需形势、能源产业状况等的分析，以及对国际能源形势的研判，尤其考虑到未来国际油价低迷将持续相当长时间的判断，得出如下结论。

（1）中东、中亚和俄罗斯是我国油气重要的目标区。

"一带一路"沿线国家油气资源丰富，但分布非常不均，主要富集在中东、中亚和俄罗斯等国家及地区，除中国外，石油和天然气可采资源量分别为3155亿吨和344万亿立方米，分别占世界的56%和66%。"一带一路"国家2015年石油和天然气产量为25.1亿吨和1.9万亿立方米，分别占世界的58%和54%，占中国石油和天然气进口份额的67%和82%。2014年中国石油企业在"一带一路"国家权益石油和天然气产量为5255万吨和194亿立方米，占全球石油和天然气权益总量的45%和55%。

（2）石油勘探开发是投资的方向。

从资源量的角度来看，未来石油勘探开发投资的主要方向仍是西亚、中亚和俄罗斯等大型含油气区。

从待发现石油可采资源丰度来看，"一带一路"区域内进行石油勘探投资的重点盆地包括阿拉伯（沙特阿拉伯、阿联酋、伊朗、伊拉克、叙利亚等）、扎格罗斯（伊朗、伊拉克）、西西伯利亚（俄罗斯）、南里海（阿塞拜疆、土库曼斯坦）、滨里海（哈萨克斯坦、俄罗斯）、东西伯利亚（俄罗斯）、东巴伦支海（俄罗斯北极西部大陆架）等盆地。

从已发现剩余石油可采储量的角度来看，"一带一路"区域内进行石油开发投资的重点盆地包括阿拉伯（沙特阿拉伯、阿联酋、伊朗、伊拉克、叙利亚）、扎格罗斯（伊朗、伊拉克）、西西伯利亚（俄罗斯）、伏尔加—乌拉尔（俄罗斯）、滨里海（哈萨克斯坦、俄罗斯）等盆地。

（3）天然气勘探开发投资重点。

从资源量的角度来看，未来天然气勘探开发投资的主要方向仍是西亚、中亚和俄罗斯等大型含油气区。

从待发现天然气可采资源丰度来看，"一带一路"区域内进行天然气勘探投资的重点盆地包括：俄罗斯的西西伯利亚、东巴伦支海、东西伯利亚，西亚地区的扎格罗斯、阿拉伯、尼罗河三角洲和黎凡特盆地，以及中亚地区的南里海、卡拉库姆和滨里海盆地。

从已发现剩余天然气可采储量的角度来看，"一带一路"区域内进行天然气开发投资的重点盆地包括：西亚的阿拉伯、扎格罗斯，俄罗斯的西西伯利亚、东巴伦支海和东西伯利亚盆地，以及中亚的卡拉库姆、南里海和滨里海盆地。

（4）继续加强与中东地区的油气合作。

未来30年，甚至更长时间，中东地区依然是世界石油重要的供给区，也是我国能源进口的重要基地。中东丰富的油气资源造就了其地缘政治复杂、各方利益争夺激烈、不测因素增多。中阿要加强"一带一路"合作的构想，深化"1+2+3合作模式"，不断加强能源合作。中国要巩固与沙特阿拉伯良好的合作基础，正确研判伊朗局势，择机增加对伊朗、伊拉克的能源投入，包括基础设施建设、油田勘探开发、炼油化工等领域。这些国家投资风险大，但相对机遇也多，可采取"见缝插针"、灵活多样的项目开发方式，包括合资、自主经营、并购、参股等。

（5）中俄能源领域合作要石油、天然气、核能、煤炭、电力、新能源等领域一起发展，东线、西线并举，上游、下游协调推进。

目前，中俄能源合作正处于历史最好时期。俄罗斯总统普京曾提到，俄罗斯对待外国伙伴准入方面非常谨慎，但对中国朋友则没有限制，建议中国入股俄罗斯石油公司旺科尔油气群。中国政府应鼓励企业积极参与俄罗斯油气田开发、电网改造、煤田开发等项目，建立企业海外能源风险基金，积极推动能源项目建设，为企业解决后顾之忧。此外，要转换煤炭领域的合作模式，建议在俄罗斯建设煤炭发电厂，构建中俄智能电网，将煤电通过特高压输电线输入中国。

（6）巩固和扩大与中亚国家的能源合作。

中国在哈萨克斯坦能源投资规模大，应以巩固为主，适当扩大油气合作规模，加强非能源领域合作，密切注视和研判其局势，确保投资万无一失。中国应加强与土库曼斯坦的天然气合作，不断扩大权益气产量。抓紧做俄罗斯的工作，减少同中亚国家开展能源合作的阻力。

中亚地区是中国原油进口的重要来源地。中亚可连接中东"油库"，以中亚为基础，构建原油运输网络；加快中哈、中俄原油管道复线建设，打通中巴原油通道，开辟伊朗—土库曼斯坦—乌兹别克斯坦—哈萨克斯坦—中国油气通道。

第二节

能源合作的点、线、面

"一带一路"能源合作已全面展开，中巴经济走廊能源合作深入推进。中国西北、东北、西南及海上四大油气进口通道不断完善；电力、油气、可再生能源和煤炭等领域技术、装备和服务合作成效显著，核电国际合作迈开新步伐；双边与多边能源交流广泛开展，中国对国际能源事务的影响力逐步增强（国家发展改革委，国家能源局，2016）。

一、点

"一带一路"能源合作的点主要包括油气勘探开发区块、炼厂、民用核电、水电、煤矿开发、能源各类技术服务合同、港口、LNG 接收站等方面的能源合作。

炼厂:"一带一路"炼厂大部分分布在亚太地区、东欧及俄罗斯、中东地区。据《油气杂志》2016 年 1 月数据,"一带一路"亚太地区有炼厂 150 座,年原油加工能力为 13.2 亿吨;东欧等地区有炼厂 83 座,年原油加工能力为 5.1 亿吨;中东地区有炼厂 56 座,年原油加工能力为 4.7 亿吨;中国有炼厂 49 座,主要分布在东部沿海城市及西气东输管线沿线。世界年原油加工能力在 2000 万吨以上的炼厂有 39 座,"一带一路"国家有 16 座。

港口:港口多分布在亚太沿海国家、海湾国家和地中海北岸等。中东海湾地区是世界上主要的石油输出地区,重要港口有巴林的锡特拉、伊朗的居鲁士港、伊拉克的法奥、科威特的艾哈迈迪港、阿曼的法哈尔港、卡塔尔的哈卢尔岛、沙特阿拉伯的腊斯塔努腊、阿联酋的阿布阿尔布霍什和法特等。

油气合作区块:截至 2014 年年底,中国石油企业在"一带一路"国家的权益油气区块主要分布在中东、中亚、俄罗斯和东南亚等国家及地区。2014 年中国石油企业在海外的权益石油和天然气产量分别为 11759 万吨和 350 亿立方米,其中,"一带一路"国家的权益石油和天然气产量分别为 5255 万吨和 194 亿立方米,分别占世界权益石油和天然气总产量的 45% 和 55%。

二、线

"一带一路"能源合作的线主要包括公路、铁路、航空、通信、特高压输电线、输油管道、输气管道等基础设施。

油气管线:"一带一路"范围内陆上原油和天然气管线以中东、俄罗斯、中亚等资源国为中心,向欧洲、东南亚、东亚等方向延伸。俄罗斯的油气管线主要通往欧洲。中国西北部油气通道(中哈油管线、中国—中亚天然气管线)、西南部油气通道(中缅油管线、中缅气管线)和东北油气通道(中俄油管线)是中国陆上能源进口的重要战略通道。中缅油气管道是继中亚油气管道、中俄原油管道、海上通道之后的我国第四大能源进口通道。

海上航运线:海上油气贸易主要是原油和 LNG 运输,贸易流向主要为:

中东、波斯湾至亚太、北美、欧洲等国家和地区，以及西非至亚太等国家和地区。波斯湾—印度洋—马六甲海峡—南海通道是中国油气进口海上运输总动脉。

三、面

"一带一路"能源合作的面（网）主要包括油气管网、智能电网、经济合作走廊、物联网、商贸开发区、能源一体化合作区等。

经济合作走廊：中国在"一带一路"构建了6条国际经济合作走廊，分别为中蒙俄、中国—中亚—西亚、中国—中南半岛、新亚欧大陆桥、中巴、孟中印缅等。

基础设施网络：主要包括油气管网、智能电网、能源一体化合作区等。推进与周边国家基础设施互联互通，共同构建连接亚洲各次区域及亚欧非之间的基础设施网络。

能源一体化合作区：主要包括油气勘探开发、炼油化工、管道运输等，加强能源资源和产业链合作，提高就地加工转化率。

本章小结

能源合作是"一带一路"建设极为重要的组成部分。在"一带一路"框架下，未来中国油气勘探开发投资的主要方向仍是中东、中亚和俄罗斯等大型含油气区。中国要继续加强与中东地区的油气合作，巩固和扩大与中亚国家的能源合作；要积极参与全球能源治理，深化双边、多边能源合作，不断扩大中国在国际能源事务中的话语权和影响力。

第十九章
积极推进"一带一路"能源合作

19 Chapter

"一带一路"能源合作是一项系统工程，涉及内容广泛，包括政治、经济、外交、能源政策等。"一带一路"倡议是中国走向国际的重要平台，而能源合作又是"一带一路"倡议的重要组成部分，积极推进国际能源合作，实现"一带一路"国家之间的互联互通，构建多边能源合作机制，促进地区经济繁荣，保障国家能源安全供给具有重要的现实意义。

第一节

构建"一带一路"能源合作平台

构建"一带一路"能源合作平台，共商合作大计，共享合作成果。

一、"一带一路"国家共同做好能源合作等发展规划

"一带一路"旨在通过加强国际合作，对接彼此发展规划，实现优势互补，促进共同发展。

2014年6月，中阿合作论坛第六届部长级会议召开，会议强调，中阿双方应该坚持"共商、共建、共享"原则，构建中阿"1+2+3"的合作格局，即以能源合作为主轴，以基础设施建设、贸易和投资便利化为两翼，以核能、航天卫星、新能源三大高新领域为新的突破口；加快协商和推进中国—中亚自由

贸易区。目前，中国正在与海湾阿拉伯国家合作委员会（海合会）开展自由贸
易协定（FTA）谈判。中阿"1+2+3"的合作模式的核心是能源合作，该模式
也同样适用于沙特阿拉伯等阿拉伯国家的经济发展计划、战略规划等与"一带
一路"的对接（见表19-1）。

表 19-1　与"一带一路"倡议对接的部分大国战略

国家/组织	"一带一路"国家经济发展、战略规划名称	与"一带一路"倡议对接情况
俄罗斯	欧亚经济联盟	2015年5月，中俄签署《关于"丝绸之路经济带"建设和欧亚经济联盟建设对接合作的联合声明》
哈萨克斯坦	光明之路	2016年9月，中哈签署《"丝绸之路经济带"建设与"光明之路"新经济政策对接合作规划》
欧盟	欧洲投资计划（容克计划）	2015年12月14日，中国正式成为欧洲复兴开发银行成员
沙特阿拉伯	《2030愿景》和《国家转型计划》	2016年1月，习近平主席出访沙特阿拉伯，双方签署了《建立全面战略伙伴关系的联合声明》，建立了高级别委员会。2017年3月，中沙签署了650亿美元的合作协议，涉及产能、贸易、航天、新能源、教育等多个领域，为双方共建"一带一路"、实现沙特阿拉伯《2030愿景》注入了新动力
越南	两廊一圈	中越高层互访，"一带一路"建设与越南"两廊一圈"规划得到有效对接，双方产能合作不断深化。2016年前三季度，中国对越南投资协议金额达10.1亿美元，同比增长304%，2016年两国贸易额达1000亿美元
柬埔寨	以"增长、就业、平等、效率"为内涵的"四角"战略、"2015—2025工业发展计划"	2016年10月，中柬两国发布联合声明，双方同意加快中国"一带一路"倡议、"十三五"规划同柬埔寨"四角"战略、"2015—2025工业发展计划"的有效对接，制定并实施好《共同推进"一带一路"建设合作规划纲要》，落实好产能和投资合作相关谅解备忘录及重点项目协议
孟加拉国	《"金色孟加拉"愿景》	2016年10月，中孟两国发布联合声明，将中孟关系提升为战略合作伙伴关系，确定了产能、能源电力、交通运输、信息通信、基础设施、农业等大项目合作重点领域，同意启动双边自贸区可行性研究，建立两国海洋对话合作等一系列新的机制
印度尼西亚	全球海洋支点	两国政府已在基础设施建设和产能合作等领域达成系列协议。2016年1月，亨通集团收购印尼PT Voksel Electric Tbk公司30.08%的股权，该公司2016年业绩同比增长26倍，堪称合作典范
巴基斯坦	《愿景2025》	2015年4月，习近平访问巴基斯坦时，双方确定了以经济走廊建设为中心，以瓜达尔港、能源、交通基础设施、产能合作为重要领域的"1+4"合作框架

资料来源：中国政府网、新华网、*Saudi Arabia's Vision 2030*、*Pakistan Vision 2025* 等。

2016 年 1 月，中国政府发布了《中国对阿拉伯国家政策文件》，在能源合作方面提出，在互惠互利基础上开展合作，推动并支持中阿在石油、天然气领域，特别是石油勘探、开采、运输和炼化方面的投资合作，推动油田工程技术服务、设备贸易、行业标准对接。加强在太阳能、风能、水电等可再生能源领域的合作，推动务实合作升级换代。

2017 年 1 月，首列从中国浙江义乌市启程的货运列车抵达英国伦敦，这是"丝绸之路经济带"建设与欧亚经济联盟建设对接的例证之一。

二、建立多边能源合作机制，构建信息交流平台

借鉴国际能源署、欧佩克、美国能源信息署等建设经验，建立"一带一路"能源协调机制，组建"一带一路"能源署。

"一带一路"能源署应是一个政府间的能源组织，隶属于"一带一路"国家的一个自治机构，其主要职能是协调"一带一路"能源建设相关的重大问题，建立"一带一路"稳定的能源供需市场体系，改进"一带一路"投资环境和能源政策，实现"一带一路"各国能源资源、勘探开发、炼油化工、电网管网等能源基础数据的搜集、整理和共享。

加强"一带一路"信息基础设施建设，构建"一带一路"信息交流平台。以各国的大中型城市为节点，实现数据资源的互联互通，依托大数据、云平台技术，实现"一带一路"基础设施共建、信息共享，强化信息资源深度整合，打通"一带一路"经济、社会发展的信息"大动脉"。以信息流带动物资流、资金流、技术流、人才流，促进"一带一路"资源的优化配置。

三、加强国际合作，构建"一带一路"能源互联网

"一带一路"既是世界能源生产中心，也是世界能源消费中心。据 BP 数据，2015 年，"一带一路"一次能源消费量、产量分别占全球的 52.8% 和 57.2%。

"一带一路"能源互联网的建立将能源传输"点对点"模式变革为"网对网"传输模式，其目标是建立新的能源利用体系，推动"一带一路"能源生产、运输、消费的互联互通，推动"一带一路"国家能源政策的调整和变革。

建立"一带一路"开放共享的能源互联网国际合作机制，加强与周边国家能源基础设施的互联互通。建设以智能电网为基础，与原油管网、天然气管网、成品油管网、LNG 接收站、交通（公路、铁路、海运和航空）网络、通信等多种类型网络互联互通，多种能源形态协同转化、集中式与分布式能源协调运行的综合能源网络。要积极推动中国能源互联网，特别是特高压输电的先进技术、装备、标准和模式"走出去"。

四、发展能源高新技术，提高管理水平

近年来，中国能源科技创新能力和技术装备自主化水平显著提升，取得多项重大成果，如 3000 米深水半潜式钻井船等装备实现自主化的复杂地形和难采地区油气勘探开发、部分技术自主知识产权第四代核电高温气冷堆技术、核能装备"华龙一号"自主三代技术、千万吨炼油技术、陆上风电技术等均达到国际先进水平，光伏发电实现规模化发展，纤维素乙醇关键技术取得重要突破（国家发展改革委，国家能源局，2016）。

虽然我国能源科技水平有了长足进步和显著提高，但与世界能源科技强国还有较大的差距。核心技术缺乏、关键装备及材料依赖进口等问题比较突出，三代核电、新能源、页岩气等领域关键技术长期以引进消化吸收为主，燃气轮机及高温材料、海洋油气勘探开发技术装备等长期落后。

国际能源合作需要的是中国企业的高新技术和先进管理经验，而不是低端技术、低端产品等过剩产能。

五、积极推进南海油气合作，实现互利共赢

按照邓小平同志在 20 世纪 70 年代提出的"主权在我、搁置争议、共同开发"的战略思想，解决南海油气的合作问题。2005 年，中国、越南、菲律宾三方石油公司签署了《在中国南海协议区三方联合海洋地震工作协议》，并取得了阶段性成果。2017 年 8 月，中国和东盟国家顺利通过"南海行为准则"框架文件，期待在全面、有效落实《南海各方行为宣言》框架下，按照"先远后近、先难后易"的原则，在争议区积极推进南海油气务实合作，实现互利共赢。

第二节

中国在"一带一路"能源合作中的重要作用

一、积极开放国内的能源市场

能源合作不仅要"走出去",还要"引进来"。以中国石油市场为例,在中国从事油气资源勘探开发须经国务院批准,目前仅有中石油、中石化、中海油和延长石油4家石油公司具有油气勘查开采资质。油气对外合作实行专营制度,中国分别于1982年、1993年制定了《对外合作开采海上石油资源条例》和《对外合作开采陆上石油资源条例》,规定中海油在海上对外专营,中石油、中石化在陆上对外专营,目前这个专营格局没有改变。

中国需要开放的世界,世界也需要开放的中国。中国倡导实施"一带一路",中国能源企业积极走出国门,希望"一带一路"国家能源政策透明、投资环境良好;而外国能源企业进入中国,也希望中国有开放的能源市场,希望政府主管部门和能源企业的信息更加透明。"一带一路"能源合作应先从中国的能源市场开放开始,逐步放开油气下游、中游市场,有条件开放油气上游市场,能源合作既要"走出去",也要"引进来"。

二、大力发展中国天然气市场

中国仍处于社会主义初级阶段,发展仍是解决中国所有问题的关键。中国经济的高速发展离不开能源供给的支撑,尤其是优质的能源资源,如石油、天然气、铀等,但优质能源资源的利用却受到经济发展阶段的制约,如中国石油、天然气的利用。中国成品油价格长期以来由国家掌控,当油价高涨时,为保护消费者采取压制油价的策略,以免影响国民经济正常运行,结果成品油出口大幅增加,石油公司惜售,国内油荒已上演多轮;当油价低迷时,为保护石油工业,调动石油企业的积极性,将油价提高,使得低价成品油进口剧增。中国一直没将成品油价格和国际接轨的原因就在于此。

天然气的利用也同样存在类似问题。中国天然气价格偏低,稀缺资源没有稀缺价格,石油企业的积极性难以调动;对外天然气进口谈判举步维艰,中亚天然气管线虽已通气，但也面临价格的尴尬，俄罗斯天然气的引进因价格问题迟迟未能谈妥，究其根本原因是仍然受我国经济发展阶段的制约，故我国亟须理顺国内天然气价格的形成机制，促进国内天然气勘探开发和国外进口，减少煤炭的使用。

三、完善"一带一路"能源交易市场

油气市场供需格局已由卖方市场转为买方市场，应创新价格形成机制，确保亚洲能源安全供应。中国是油气消费大国，原油进口居世界第2位，但却缺乏定价权，2018年中国原油期货上市，正式加入亚太原油定价权竞争，但在天然气引进的价格谈判中仍处于被动局面。

"一带一路"2016年原油总产量为26.1亿吨，占世界的60%；"一带一路"原油消费量为19.9亿吨，占世界的45%。油气定价主要参考WTI和布伦特（Brent）油价，区内价格没有灵活调整空间。

"一带一路"国家能源期货和期权交易所较多，在全球前20位能源期货、期权交易合约中，"一带一路"有7个，但交易量仅占26%，小而散，缺乏竞争力。2015年，全球能源期货和期权交易量为14.07亿手，其中，前20位合约的交易量为10.89亿手，占全球的77%（见表19-2）。

构建"一带一路"能源交易中心，加快建设天然气和成品油期货市场，促进资源配置更加合理。建立与"一带一路"能源消费相匹配的洲际市场体系。目前，中国正处于亚太建立油气定价中心的战略机遇期，故亟须发展中国的油气市场，逐步培育中国原油、天然气现货市场，上市中国天然气、成品油期货，争夺油气定价话语权。

表 19-2　2015年全球能源期货、期权交易合约前 20 位

排　名	能源合约名称	交易所名称	交易量（手）
1	轻质低硫原油（CL）期货	纽约商业交易所	202202392
2	布伦特原油期货	洲际期货交易所	183853174
3	布伦特原油期货	莫斯科交易所	111415185
4	亨利港天然气期货	纽约商业交易所	81772492
5	天然气期货	洲际期货交易所	63239874
6	美国石油基金 ETF 期权 *	—	53478669

续表

排　名	能源合约名称	交易所名称	交易量（手）
7	原油期货	印度大宗商品交易所	47788400
8	原油 Mini 期货	印度大宗商品交易所	46296623
9	RBOB 汽油期货	纽约商业交易所	40302099
10	WTI 原油期货	洲际期货交易所	39802954
11	轻质低硫原油（LO）期权	纽约商业交易所	39627070
12	纽约港超低硫柴油期货	纽约商业交易所	36947020
13	沥青期货	上海期货交易所	32397823
14	布伦特最后一日金融（BZ）期货	纽约商业交易所	26251078
15	亨利港天然气（LN）欧洲期权	纽约商业交易所	19594491
16	硬焦煤期货	大连商品交易所	15706560
17	焦炭期货	大连商品交易所	15662329
18	布伦特原油期货	洲际期货交易所	13594212
19	天然气期货	印度大宗商品交易所	13501292
20	RBOB 汽油期货	洲际期货交易所	5807503
总计			1089241240
"一带一路"合计			282768212
"一带一路"占比			26.0%

数据来源：美国期货业协会（Futures Industry Association，FIA）. *2015 Annual Survey: Global Derivatives Volume*。

注：带 * 的数据表示由希腊、以色列、南非和土耳其的其他交易所组成。

第三节

能源企业是"一带一路"能源合作的主力军

　　1993 年 12 月，江泽民主席在中央财经领导小组会议上提出"稳定东部，发展西部，国内为主，国外补充、油气并举，节约开发并重"的能源发展方向。这一思想的提出，标志着我国能源产业发展发生转折性变化，开始酝酿国际发展道路。1993 年，中石油在泰国邦亚区块获得石油开发作业权，开创了中国石油企业进军海外之先河，1995 年中海油从印度尼西亚马六甲区块运回中国第一批权益油。

一、坚持"两种资源、两个市场"战略

未来中国原油、天然气对外依存度仍将逐年增加。国内油气产量远不能满足经济发展的需要，仍需要大量进口。

鼓励石油公司积极拓展国际市场，拓宽油气进口渠道，尤其是加强"一带一路"油气合作。

政府要加强境外油气资源调查评价，做好"一带一路"油气国际合作的战略规划，加强对企业"走出去"的引导和监管，做好投资风险评估、防范和预警。

二、积极开拓国外能源市场

国有石油企业仍然是中国实施"走出去"的行动主力，担负着增强保障国家能源安全的主体责任。当前国际油价低迷，受世界经济低迷和美国页岩油气革命的影响，世界油气资源供大于求，并将持续相当长时间。中国石油企业海外"走出去"工作受到较大影响，部分油田关闭，油气企业境外并购几乎停滞（见图 19-1）。

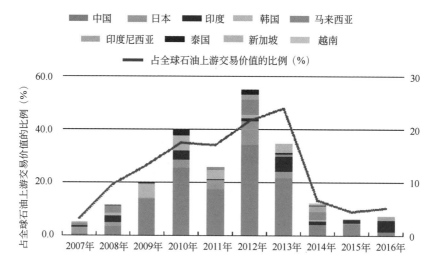

图 19-1   2007—2016 年亚洲跨国公司和国有企业石油上游跨境交易价值对比

资料来源：IHS Markit。

未来30年，油气仍为世界主要能源，中国应未雨绸缪、长远规划。中国石油企业虽面临种种困难，但机遇和挑战并存，仍要坚持积极开拓海外市场。

三、加强与资源国"捆绑式"合作

第一，坚持"互利共赢"原则，考虑资源国诉求，形成利益共同体。充分把握资源国由于政治、经济等各种原因产生的合作需要，加强与资源国的合作，增加国际市场的有效供给。

第二，中国是世界最大的能源消费市场，中国缺油，但炼厂产能过剩，以现有炼厂与市场为筹码和资源国合作，积极推动煤炭开采地发电，推进中俄能源的深度合作，实现互利共赢。

第三，中国石油企业应考虑和资源国主要国有石油公司互换股份，形成利益共同体，实现资源和市场的互补。例如，可考虑俄罗斯石油公司、俄罗斯天然气公司、沙特阿美等。

本章小结

如何推进"一带一路"能源合作，可谓仁者见仁，如下建议供参考：一是构建"一带一路"能源合作平台，"一带一路"国家共同做好能源合作等发展规划，建立"一带一路"多边能源合作机制，构建"一带一路"信息交流平台和能源互联网；二是发挥中国在"一带一路"能源合作中的重要作用，完善"一带一路"能源交易市场，加快建设天然气、成品油期货市场；三是能源企业是"一带一路"能源合作的主力军，三大石油公司仍要积极开拓国外能源市场。

附表 1

"一带一路"行政区划及国家经济社会和贸易概况

			"一带一路"国家经济社会概况			中国与"一带一路"国家贸易情况		
序号	分区	国别	国土面积（万平方千米）	人口（万）	国内生产总值（亿美元）	进出口总额（亿美元）	进口额（亿美元）	出口额（亿美元）
1	东北亚	中国	960	137349	103548.3	—	—	—
2		蒙古	156.7	291	120.2	53.5	37.8	15.7
3	俄罗斯	俄罗斯	1709.8	14382	18606	680.6	332.8	347.8
4		哈萨克斯坦	272.5	1728.9	2178.8	143	58.6	84.4
5		吉尔吉斯斯坦	19.9	583.4	74	43.4	0.6	42.8
6	中亚	塔吉克斯坦	14.3	829.6	92.4	18.5	0.5	18
7		乌兹别克斯坦	44.7	3075.8	626.4	35	12.7	22.3
8		土库曼斯坦	49.1	530.7	479.3	86.4	4.7	81.7
9		越南	33	9073	1862	959.7	298.5	661.2
10		老挝	23.7	668.9	120	27.8	15.5	12.3
11		柬埔寨	18.1	1532.8	167.8	44.3	6.7	37.6
12		泰国	51.3	6772.6	4048.2	754.6	371.6	383
13	东南亚	马来西亚	33	2990.2	3381	973	533	440
14		新加坡	0.1	547	3078.6	795.6	275.5	520.1
15		印度尼西亚	190.4	25445.5	8885.4	542.3	343.4	198.9
16		文莱	0.6	41.7	171	15.1	1	14.1
17		菲律宾	30	9913.9	2847.8	4456.5	189.8	266.7
18		缅甸	67.6	5343.7	643.3	152.8	56.3	96.5
19		东帝汶	1.5	121.2	14.2	1.1	0	1.1
20		印度	298	129529.2	20485.2	716.2	133.8	582.4
21		巴基斯坦	79.6	18504.4	2436.3	189.3	24.8	164.5
22		孟加拉国	14.8	15907.8	1728.9	147.1	8.1	139
23	南亚	阿富汗	64.8	3162.8	200.4	3.8	0.2	3.6
24		尼泊尔	14.7	2817.4	197.7	8.7	0.4	8.3
25		不丹	3.8	76.5	19.6	0.1	0	0.1
26		斯里兰卡	6.6	2063.9	788.2	45.6	2.5	43.1
27		马尔代夫	0.03	40.1	30.6	1.7	0	1.7

续表

			"一带一路"国家经济社会概况			中国与"一带一路"国家贸易情况		
序号	分区	国别	国土面积（万平方千米）	人口（万）	国内生产总值（亿美元）	进出口总额（亿美元）	进口额（亿美元）	出口额（亿美元）
28		波兰	31.3	3799.6	5449.7	170.9	27.4	143.5
29		捷克	7.9	1051.1	2052.7	110.1	27.8	82.3
30		斯洛伐克	4.9	541.8	1002.5	50.3	22.3	28
31		匈牙利	9.3	986.2	1383.5	80.7	28.7	52
32		斯洛文尼亚	2	206.2	495	23.8	2.9	20.9
33		克罗地亚	5.7	423.8	571.1	11	2.8	8.2
34		罗马尼亚	23.8	1991.1	1990.4	44.6	13	31.6
35		保加利亚	11.1	722.4	567.2	17.9	7.3	10.4
36		塞尔维亚	8.8	712.9	438.7	5.5	1.3	4.2
37	中东欧	黑山	1.4	62.2	45.9	1.6	0.3	1.3
38		马其顿王国	2.6	207.6	113.2	2.2	1.3	0.9
39		波黑	5.1	381.8	182.9	1.2	0.6	0.6
40		阿尔巴尼亚	2.9	289.4	132.1	5.6	1.3	4.3
41		爱沙尼亚	4.5	131.4	264.9	11.9	2.4	9.5
42		立陶宛	6.5	292.9	483.5	13.5	1.4	12.1
43		拉脱维亚	6.5	199	312.9	11.7	1.5	10.2
44		乌克兰	60.4	4536.3	1318.1	70.7	35.5	35.2
45		白罗斯	20.8	947	761.4	17.6	10.1	7.5
46		摩尔多瓦	3.4	355.6	79.6	1.2	0.2	1
47		格鲁吉亚	7	450.4	165.3	8.1	0.4	7.7
48		阿塞拜疆	8.7	953.8	752	6.6	2.2	4.4
49		亚美尼亚	3	300.6	116.4	3.3	2.2	1.1
50		土耳其	78.4	7593.2	7984.3	215.7	29.5	186.2
51		伊朗	164.5	7814.4	4253.3	338.4	160.4	178
52		叙利亚	18.5	2215.8	—	10.3	0.1	10.2
53	西亚	伊拉克	44.2	3481.2	2235.1	205.9	126.8	79.1
54		阿联酋	8.4	908.6	3994.5	485.6	115.3	370.3
55		沙特阿拉伯	225	3088.6	7462.5	516.6	300.4	216.2
56		卡塔尔	1.2	217.2	2101.1	68.9	46.1	22.8
57		巴林	0.1	136.1	338.6	11.2	1.1	10.1
58		科威特	1.8	375.3	1636.1	112.7	74.9	37.8
59		黎巴嫩	1	454.7	457.3	23	0.1	22.9

续表

"一带一路"国家经济社会概况						中国与"一带一路"国家贸易情况		
序 号	分 区	国 别	国土面积（万平方千米）	人口（万）	国内生产总值（亿美元）	进出口总额（亿美元）	进口额（亿美元）	出口额（亿美元）
60	西亚	阿曼	31	423.6	818	171.9	150.7	21.2
61		也门	55.5	2618.4	—	23.3	9	14.3
62		约旦	8.9	660.7	358.3	37.1	2.8	34.3
63		以色列	2.5	821.5	3056.7	114.2	28	86.2
64		巴勒斯坦	0.3	510	75	0.7	0	0.7
65	北非	埃及	100.1	8958	2865.4	128.8	9.2	119.6
"一带一路"合计			5137.6	453143.4	233146.8	—	—	—
世界总计			13426.9	726071.1	778451.1	—	—	—
"一带一路"占世界比重			38.20%	62.40%	30.00%	—	—	—
中国对"一带一路"合计			—	—	—	14030	3956.1	6073.7
中国对世界总计			—	—	—	39569	16819.5	22749.5
中国对"一带一路"合计占中国对世界总计比例			—	—	—	35.50%	23.50%	26.70%

数据来源：国土面积数据来自中国外交部网站；人口、GDP数据来自世界银行（World Bank）等；中国人口数据来自国家统计局；进出口数据来自海关统计咨询网，数据截至2015年年底。

附表 2

"一带一路"区域内石油储量、产量

分区	国家	已发现储量（亿吨）			剩余可采储量（亿吨）			产量（亿吨）		
		海上	陆上	总计	海上	陆上	总计	海上	陆上	总计
中亚	哈萨克斯坦	17.56	40.50	58.06	17.51	22.63	40.15	0.04	17.87	17.92
	土库曼斯坦	1.69	7.38	9.07	1.32	2.31	3.62	0.37	5.07	5.44
	乌兹别克斯坦	0.00	4.46	4.46	0.00	2.42	2.42	0.00	2.04	2.04
	吉尔吉斯斯坦	0.00	0.47	0.47	0.00	0.35	0.35	0.00	0.12	0.12
	塔吉克斯坦	0.00	0.12	0.12	0.00	0.03	0.03	0.00	0.09	0.09
中东欧	罗马尼亚	0.27	9.60	9.87	0.08	1.94	2.02	0.19	7.66	7.85
	乌克兰	0.04	8.42	8.46	0.03	4.28	4.31	0.01	4.14	4.15
	白罗斯	0.00	1.70	1.70	0.00	0.37	0.37	0.00	1.33	1.33
	匈牙利	0.00	1.35	1.35	0.00	0.27	0.27	0.00	1.08	1.08
	阿尔巴尼亚	0.23	1.08	1.31	0.23	0.47	0.69	0.00	0.61	0.61
	克罗地亚	0.00	1.24	1.25	0.00	0.45	0.46	0.00	0.79	0.79
	塞尔维亚	0.00	0.89	0.89	0.00	0.50	0.50	0.00	0.39	0.39
	波兰	0.10	0.51	0.61	0.06	0.22	0.28	0.05	0.29	0.33
	捷克	0.00	0.11	0.11	0.00	0.05	0.05	0.00	0.06	0.06
	保加利亚	0.00	0.11	0.11	0.00	0.02	0.02	0.00	0.08	0.08
	立陶宛	0.00	0.07	0.07	0.00	0.03	0.03	0.00	0.05	0.05
	斯诺伐克	0.00	0.07	0.07	0.00	0.06	0.06	0.00	0.01	0.01
	斯诺文尼亚	0.00	0.01	0.01	0.00	0.00	0.00	0.00	0.01	0.01
	摩尔多瓦	0.00	0.00	0.00	0.00	0.00	0.00	0.00	0.00	0.00
	马其顿	0.00	0.00	0.00	0.00	0.00	0.00	0.00	0.00	0.00
	波黑	0.00	0.00	0.00	0.00	0.00	0.00	0.00	0.00	0.00
西亚	黎巴嫩	0.00	0.00	0.00	0.00	0.00	0.00	0.00	0.00	0.00
	沙特阿拉伯	65.27	481.97	547.24	18.70	327.15	345.85	46.57	154.82	201.39
	伊拉克	0.00	261.08	261.08	0.00	206.16	206.16	0.00	54.91	54.91
	伊朗	46.68	212.86	259.54	36.72	124.47	161.19	9.95	88.39	98.34
	科威特	0.16	135.04	135.21	0.16	75.64	75.80	0.00	59.40	59.40
	阿联酋	65.44	58.03	123.47	40.02	33.17	73.19	25.42	24.86	50.28
	卡塔尔	49.14	8.50	57.63	41.00	1.54	42.54	8.14	6.96	15.09
	阿塞拜疆	17.24	13.02	30.26	10.28	6.27	16.55	6.96	6.75	13.71
	阿曼	0.07	23.93	24.00	0.02	8.83	8.85	0.05	15.09	15.15

续表

分区	国 家	已发现储量（亿吨）			剩余可采储量（亿吨）			产量（亿吨）		
		海上	陆上	总计	海上	陆上	总计	海上	陆上	总计
西亚	叙利亚	0.00	10.17	10.17	0.00	2.97	2.97	0.00	7.20	7.20
	也门	0.00	5.63	5.64	0.00	1.52	1.53	0.00	4.11	4.11
	巴林	0.00	2.26	2.26	0.00	0.56	0.56	0.00	1.70	1.70
	土耳其	0.01	1.76	1.77	0.01	0.33	0.35	0.00	1.43	1.43
	约旦	0.00	0.80	0.80	0.00	0.80	0.80	0.00	0.00	0.00
	格鲁吉亚	0.00	0.51	0.51	0.00	0.24	0.24	0.00	0.27	0.27
	以色列	0.25	0.08	0.33	0.25	0.05	0.30	0.00	0.03	0.03
	阿富汗	0.00	0.18	0.18	0.00	0.16	0.16	0.00	0.01	0.01
南亚	印度	10.88	9.21	20.09	3.55	4.01	7.57	7.33	5.20	12.52
	巴基斯坦	0.00	1.80	1.80	0.00	0.69	0.69	0.00	1.11	1.11
	孟加拉国	0.00	0.16	0.16	0.00	0.11	0.11	0.00	0.05	0.05
	斯里兰卡	0.01	0.00	0.01	0.01	0.00	0.01	0.00	0.00	0.00
俄罗斯	俄罗斯	9.34	418.89	428.23	8.79	186.95	195.74	0.55	231.94	232.49
东南亚	印度尼西亚	11.21	35.47	46.68	2.25	9.69	11.94	8.96	25.78	34.74
	马来西亚	16.86	0.14	17.00	5.07	0.01	5.08	11.79	0.12	11.91
	越南	6.88	0.03	6.91	3.39	0.03	3.42	3.49	0.00	3.49
	文莱	4.66	1.74	6.40	1.17	0.13	1.30	3.49	1.61	5.09
	泰国	2.70	0.68	3.38	1.11	0.28	1.39	1.59	0.40	1.99
	缅甸	0.15	0.94	1.09	0.08	0.11	0.18	0.07	0.83	0.90
	菲律宾	0.47	0.01	0.48	0.28	0.01	0.29	0.19	0.00	0.19
	马来西亚/泰国争议区	0.23	0.00	0.23	0.19	0.00	0.19	0.03	0.00	0.03
	柬埔寨	0.18	0.00	0.18	0.18	0.00	0.18	0.00	0.00	0.00
	东帝汶	0.00	0.00	0.00	0.00	0.00	0.00	0.00	0.00	0.00
东北亚	蒙古	0.00	0.27	0.27	0.00	0.22	0.22	0.00	0.05	0.05
北非	埃及	13.82	8.54	22.36	1.75	3.58	5.33	12.07	4.96	17.03
"一带一路"合计		341.55	1771.78	2113.33	194.23	1032.10	1226.33	147.31	739.69	887.00
全球总计		832.03	3337.60	4169.64	430.48	1885.78	2316.26	401.55	1451.83	1853.38
占全球份额（%）		41	53	51	45	55	53	37	51	48

数据来源：IHS，数据截至 2015 年 9 月。

附表 3

"一带一路"区域内天然气储量、产量

分区	国家	已发现储量（亿立方米）			剩余可采储量（亿立方米）			产量（亿立方米）		
		海上	陆上	总计	海上	陆上	总计	海上	陆上	总计
中亚	哈萨克斯坦	17092	25774	42866	17092	19799	36891	0	5975	5975
	土库曼斯坦	2609	188371	190980	2543	162487	165030	66	25883	25949
	乌兹别克斯坦	0	34566	34566	0	12618	12618	0	21949	21949
	吉尔吉斯斯坦	0	285	285	0	211	211	0	74	74
	塔吉克斯坦	0	110	110	0	18	18	0	92	92
中东欧	罗马尼亚	1154	13315	14469	1070	−191	879	85	13505	13590
	乌克兰	614	28483	29096	375	9608	9983	238	18874	19113
	白罗斯	0	189	189	0	57	57	0	133	133
	匈牙利	0	3071	3071	0	883	883	0	2188	2188
	阿尔巴尼亚	295	447	743	295	315	610	0	132	132
	克罗地亚	397	897	1294	182	439	621	216	458	673
	塞尔维亚	0	402	402	0	132	132	0	271	271
	波兰	78	4217	4295	76	725	801	2	3492	3493
	捷克	0	169	169	0	125	125	0	43	43
	保加利亚	45	162	207	4	115	119	41	47	89
	立陶宛	0	3	3	0	3	3	0	0	0
	斯诺伐克	0	484	484	0	309	309	0	175	175
	斯诺文尼亚	0	28	28	0	17	17	0	11	11
	摩尔多瓦	0	4	4	0	1	1	0	3	3
西亚	黎巴嫩	0	0	0	0	0	0	0	0	0
	沙特阿拉伯	18243	97201	115445	15361	72552	87913	2882	24649	27531
	伊拉克	0	61351	61351	0	54993	54993	0	6359	6359
	伊朗	180447	152391	332838	178129	123551	301679	2318	28841	31159
	科威特	34	41736	41770	34	36313	36347	0	5423	5423
	阿联酋	30963	32957	63920	23871	21860	45731	7092	11097	18189
	卡塔尔	288902	3058	291961	277215	1298	278513	11687	1760	13448
	阿塞拜疆	21463	2825	24288	18389	1020	19410	3074	1805	4879
	阿曼	178	18768	18946	97	13486	13584	81	5281	5362
	叙利亚	0	3872	3872	0	1944	1944	0	1928	1928
	也门	0	4535	4535	0	4258	4258	0	277	277

续表

分区	国 家	已发现储量（亿立方米）			剩余可采储量（亿立方米）			产量（亿立方米）		
		海上	陆上	总计	海上	陆上	总计	海上	陆上	总计
西亚	巴林	0	5879	5879	0	1485	1485	0	4393	4393
	土耳其	65	375	440	30	263	293	36	112	148
	约旦	0	103	103	0	43	43	0	61	61
	格鲁吉亚	0	81	81	0	47	47	0	34	34
	以色列	10964	42	11005	10496	21	10516	468	21	489
	阿富汗	0	1795	1795	0	1106	1106	0	689	689
南亚	印度	18500	7252	25752	12243	4868	17111	6256	2384	8641
	巴基斯坦	0	15777	15778	0	6116	6116	0	9661	9661
	孟加拉国	426	7347	7774	282	3646	3927	145	3702	3846
	斯里兰卡	218	0	218	218	0	218	0	0	0
俄罗斯	俄罗斯	64667	577296	641962	64563	358303	422867	103	218992	219095
东南亚	印度尼西亚	39426	30762	70188	29856	15047	44903	9571	15715	25286
	马来西亚	40578	86	40664	27250	72	27323	13328	13	13341
	越南	7809	30	7839	6486	23	6509	1323	7	1330
	文莱	7880	516	8396	3320	30	3350	4560	487	5046
	泰国	8835	879	9714	3381	534	3915	5454	344	5799
	缅甸	4835	904	5738	2987	439	3426	1848	465	2313
	菲律宾	1730	15	1745	1258	14	1272	472	1	473
	马来西亚/泰国争议区	3405	0	3405	2593	0	2593	811	0	811
	柬埔寨	35	0	35	35	0	35	0	0	0
东北亚	蒙古	0	3	3	0	3	3	0	0	0
北非	埃及	27071	7636	34707	21198	4280	25479	5872	3356	9228
"一带一路"合计		798958	1376450	2175408	720929	935286	1656215	78029	441164	519193
全球总计		1257003	2268537	3525540	1015512	1310825	2326337	241490	957712	1199203
占全球份额（%）		64	61	62	71	71	71	32	46	43

数据来源：IHS，数据截至2015年9月。

附表4

"一带一路"诸盆地石油可采储量、资源量

序号	盆地名称	盆地英文名称	所属国家	已发现可采储量（亿吨）	待发现可采资源量（亿吨）	总可采资源量（亿吨）
1	阿拉伯	Arabian	伊朗、科威特、沙特阿拉伯、卡塔尔、阿曼、也门、伊拉克	1123.42	71.37	1194.79
2	扎格罗斯	Zagros	伊朗、伊拉克、土耳其、叙利亚	264.11	60.78	324.88
3	西西伯利亚	West Siberia	俄罗斯	232.55	39.50	272.05
4	伏尔加—乌拉尔	Volga-Ural	俄罗斯	103.82	2.06	105.88
5	滨里海	North Caspian	哈萨克斯坦、俄罗斯	50.30	13.06	63.36
6	南里海	South Caspian Basin	阿塞拜疆	33.04	22.84	55.88
7	东西伯利亚	East Siberia	俄罗斯	9.87	20.62	30.49
8	季曼—伯朝拉	Timan-Pechora	俄罗斯	19.21	2.56	21.77
9	中里海	Middle Caspian	俄罗斯、乌克兰、哈萨克斯坦	18.38	3.10	21.48
10	阿曼	Oman	阿曼、阿联酋	18.87	1.87	20.74
11	文莱—沙巴	Brunei-Sabah	马来西亚	13.13	6.86	19.99
12	中苏门答腊	Central Sumatra	印度尼西亚	18.82	0.23	19.05
13	孟买	Bombay	印度	12.60	3.22	15.82
14	苏伊士湾	Gulf of Suez	埃及	14.64	0.95	15.59
15	北库页岛	North Sakhalin	俄罗斯	5.77	8.36	14.13
16	东巴伦支海	East Barents Sea		0.62	12.09	12.72
17	尼罗河三角洲	Nile Delta	埃及	1.51	10.60	12.11
18	库特	Kutei Basin	印度尼西亚	6.58	5.29	11.87
19	红海	Red Sea	沙特/苏丹、厄立特里亚	0.47	9.70	10.17
20	马来	Malay	越南、马来西亚、泰国、印度尼西亚	8.52	1.22	9.74
21	湄公	Mekong	越南、印度	5.41	2.54	7.95
22	喀尔巴阡—巴尔干纳	Carpathian-Balkanian	罗马尼亚、保加利亚、摩尔多瓦	6.23	1.55	7.78
23	东爪哇	East Java	印度尼西亚	2.14	5.25	7.39
24	卡拉库姆	Amu-Darya	阿富汗、伊朗、土库曼斯坦、乌兹别克斯坦	4.60	2.12	6.71

续表

序号	盆地名称	盆地英文名称	所属国家	已发现可采储量（亿吨）	待发现可采资源量（亿吨）	总可采资源量（亿吨）
25	黎凡特	Levantine	埃及、以色列、塞浦路斯、黎巴嫩	0.06	6.53	6.58
26	拉普捷夫海	Laptev Sea		0.00	5.86	5.86
27	西北爪哇	Northwest Java	印度尼西亚	4.64	1.21	5.84
28	南苏门答腊	South Sumatra	印度尼西亚	4.60	0.69	5.29
29	曾母	Greater Sarawak	马来西亚	2.43	2.45	4.88
30	泰国	Thai	泰国、柬埔寨	2.39	2.33	4.72
31	第聂伯—顿涅茨	Dnieper-Donets	俄罗斯、乌克兰	4.26	0.29	4.55
32	西巴伦支海	West Barents Sea		1.30	3.20	4.50
33	潘诺尼亚	Pannonian	乌克兰、匈牙利、罗马尼亚、塞尔维亚、克罗地亚、斯洛伐克、波斯尼亚和黑塞哥维那、奥地利	3.59	0.67	4.25
34	西沙漠	Western Desert	埃及	4.21	0.00	4.21
35	北乌斯秋尔特	North Ustyurt	乌兹别克斯坦、哈萨克斯坦	3.37	0.55	3.92
36	北苏门答腊	Norht Sumatra	印度尼西亚、马来西亚	2.21	1.50	3.72
37	亚速海—库班河	Azov-Kuban	俄罗斯、乌克兰	3.25	0.43	3.67
38	阿萨姆	Assam	印度	3.17	0.43	3.60
39	伊洛瓦底	Irrawaddy	缅甸、印度尼西亚、印度	1.37	2.07	3.44
40	北喀尔巴阡	North Carpathian	波兰、捷克、乌克兰	2.65	0.69	3.34
41	北喀拉海	North Kara Sea	苏联北极	0.00	3.01	3.01
42	万安	Saigon	越南	1.00	1.56	2.56
43	科弗里	Cauvery	印度、斯里兰卡	0.30	2.18	2.48
44	克里希纳	Krishna	印度	1.18	1.30	2.48
45	库拉河	Kura	阿塞拜疆、格鲁吉亚	2.42	0.00	2.42
46	印度河	Indus	巴基斯坦、印度	1.44	0.92	2.35
47	南图尔盖	South Turgay	哈萨克斯坦	2.15	0.00	2.15
48	打拉根	Tarakan	印度尼西亚	0.68	1.27	1.94
49	普里皮亚季	Pripyat	白罗斯	1.69	0.05	1.75
50	塔吉克	Tadzhik bsin	乌兹别克斯坦、土库曼斯坦、塔吉克斯坦、阿富汗	0.31	1.41	1.72
51	北斯兰岛	North Seram	印度尼西亚	0.13	1.43	1.56
52	宾图尼	Bintuni	印度尼西亚	0.17	1.34	1.51

续表

序号	盆地名称	盆地英文名称	所属国家	已发现可采储量（亿吨）	待发现可采资源量（亿吨）	总可采资源量（亿吨）
53	萨拉瓦提	Salawati	印度尼西亚	0.71	0.63	1.34
54	费尔干纳	Fergaba	乌兹别克斯坦、吉尔吉斯斯坦、塔吉克斯坦	1.25	0.00	1.25
55	西纳土纳	West Natuna	马来西亚、印度尼西亚	0.92	0.17	1.09
56	泰国新生代	Thai Cenozoic	泰国	0.45	0.55	1.00
57	莺歌海	Bac Bo-Yinggehai	越南、中国	0.33	0.62	0.96
58	巴拉望	Palawan	菲律宾	0.38	0.43	0.81
59	北部湾	Beibu Gulf	越南、中国	0.67	0.00	0.67
60	府庆	Phu Khanh		0.00	0.67	0.67
61	苏禄海	Sulu Sea	马来西亚、菲律宾	0.03	0.63	0.65
62	孟加拉	Bengal	印度、缅甸、孟加拉国	0.09	0.52	0.60
63	巴里托	Barito	印度尼西亚	0.26	0.26	0.53
64	亚喀巴湾	Gulf of Aqaba		0.00	0.47	0.47
65	西黑海	West Black Sea	罗马尼亚、保加利亚	0.27	0.00	0.27
66	班达	North Banda	印度尼西亚	0.13	0.00	0.13
67	济良卡	Zyryanka		0.00	0.12	0.12
68	爱奥尼亚	Ionian	阿尔巴尼亚、希腊	0.11	0.00	0.11
69	凯尔德夫/芒德尔斯	Kardiff/Menders Massif	土耳其	0.10	0.00	0.10
70	呵叻	Khorat		0.08	0.02	0.10
71	西奈	Sinai	以色列	0.08	0.00	0.08
72	礼乐	Reed Bank	菲律宾	0.07	0.00	0.07
73	卡维尔沙漠	Dasht-I-Kavir	伊朗	0.07	0.00	0.07
74	阿纳德尔河	Anadyr	俄罗斯	0.06	0.00	0.06
75	北克里米亚	North Crimea	乌克兰	0.05	0.00	0.05
76	东西伯利亚海	East Siberian Sea		0.00	0.04	0.04
77	戈壁	Gobi	蒙古	0.03	0.00	0.03
78	东纳土纳	East Natuna	印度尼西亚	0.03	0.00	0.03
79	楚—萨雷苏河	Chu-Sarysu	哈萨克斯坦	0.03	0.00	0.03
80	多布罗加	Dobrogea Foreland	乌克兰、摩尔多瓦	0.02	0.00	0.02
81	色雷斯	Thrace	土耳其	0.01	0.00	0.01
82	阿尼瓦	Aniva	俄罗斯	0.01	0.00	0.01
83	哈特尔卡	Khatyrka	俄罗斯	0.01	0.00	0.01
84	特兰西瓦尼亚	Transylvania	乌克兰、罗马尼亚	0.00	0.01	0.01
85	上埃及	Upper Egypt	埃及	0.01	0.00	0.01
86	西堪察加	West Kamchatka	俄罗斯	0.01	0.00	0.01

续表

序号	盆地名称	盆地英文名称	所属国家	已发现可采储量（亿吨）	待发现可采资源量（亿吨）	总可采资源量（亿吨）
87	芬诺斯堪的亚—丹麦—波兰	Fennoscandian Border-Danish-Polish Margin	波兰	0.00	0.00	0.00
88	西里西亚—亚达那	Cilicia-Adana	土耳其	0.00	0.00	0.00
89	舍尔迈	Sharmah Rift	也门	0.00	0.00	0.00
90	钦敦	Chindwin	缅甸	0.00	0.00	0.00
91	里奥尼	Rioni	格鲁吉亚	0.00	0.00	0.00
92	默哈讷迪	Mahanadi	印度	0.00	0.00	0.00
93	伊斯肯德伦	Iskenderun	土耳其	0.00	0.00	0.00
94	图兹湖	Tuz Golu	土耳其	0.00	0.00	0.00
95	望加锡	South Makassar	印度尼西亚	0.00	0.00	0.00
96	米沙鄢	Visayan	菲律宾	0.00	0.00	0.00
97	黎凡特断裂系	Levant Fracture System	埃及、以色列	0.00	0.00	0.00
98	萨姆松	Samsun	土耳其	0.00	0.00	0.00
99	库兹涅茨克	Kuznetsk	俄罗斯	0.00	0.00	0.00
100	上布列亚	Upper Bureya	俄罗斯	0.00	0.00	0.00
101	鞑靼海峡	Tatar Strait	俄罗斯	0.00	0.00	0.00
102	乌克兰地盾	Ukrainian Shield	乌克兰、摩尔多瓦	0.00	0.00	0.00
103	中吕宋	Central Luzon	菲律宾	0.00	0.00	0.00
104	卡加延	Cagayan	菲律宾	0.00	0.00	0.00
105	科塔巴托	Cotabato	菲律宾	0.00	0.00	0.00
106	素叻—基恩萨	Surat-Khiensa	泰国	0.00	0.00	0.00
107	达莫德尔地堑	Damodar Graben	印度	0.00	0.00	0.00
108	温迪亚	Vindhyan Syneclise	印度	0.00	0.00	0.00
109	巴拉尔	Palar Basin	印度	0.00	0.00	0.00
110	米拉务	Meulaboh	印度尼西亚	0.00	0.00	0.00
111	尼亚斯	Nias	印度尼西亚	0.00	0.00	0.00
112	波尼	Bone	印度尼西亚	0.00	0.00	0.00
113	苏拉	Sula	印度尼西亚	0.00	0.00	0.00
114	南威洛彭	South Waropen	印度尼西亚	0.00	0.00	0.00

注：该表中统计的总资源量不包括储量增长部分。

数据来源：IHS，数据截至 2016 年 4 月；USGS. *An Estimate of Undiscovered Conventional Oil and Gas Resources of the World*，2012。

附表 5

"一带一路" 诸盆地天然气可采储量、资源量

序号	盆地名称	盆地英文名称	所属国家	已发现可采储量（亿立方米）	待发现可采资源量（亿立方米）	总可采资源量（亿立方米）
1	阿拉伯	Arabian	伊朗、科威特、沙特阿拉伯、卡塔尔、阿曼、也门、伊拉克、	718464	38776	757240
2	西西伯利亚	West Siberia	俄罗斯	492085	189763	681849
3	扎格罗斯	Zagros	伊朗、伊拉克、土耳其、叙利亚	170988	54354	225342
4	卡拉库姆	Amu-Darya	阿富汗、伊朗、土库曼斯坦、乌兹别克斯坦	136477	14732	151209
5	东巴伦支海	East Barents Sea	俄罗斯、挪威	40390	89922	130312
6	东西伯利亚	East Siberia	俄罗斯	38858	48840	87699
7	尼罗河三角洲	Nile Delta	埃及	19629	63215	82844
8	南里海	South Caspian Basin	阿塞拜疆	24719	55737	80457
9	滨里海	North Caspian	哈萨克斯坦、俄罗斯	56430	9373	65803
10	黎凡特	Levantine	埃及、以色列、塞浦路斯、黎巴嫩	10969	34654	45623
11	红海	Red Sea	沙特/苏丹、厄立特里亚	865	31079	31944
12	伏尔加—乌拉尔	Volga-Ural	俄罗斯	29658	673	30331
13	库特	Kutei Basin	印度尼西亚	16955	13026	29981
14	曾母	Greater Sarawak	马来西亚	15891	10781	26672
15	北库页岛	North Sakhalin	俄罗斯	12941	12405	25345
16	孟加拉	Bengal	印度、缅甸、孟加拉国	9381	15600	24981
17	第聂伯—顿涅茨	Dnieper-Donets	俄罗斯、乌克兰	23233	1342	24575
18	马来	Malay	越南、马来西亚、泰国、印度尼西亚	18979	3423	22402
19	文莱—沙巴	Brunei-Sabah	马来西亚	13920	7469	21389
20	印度河	Indus	巴基斯坦、印度	16583	4520	21103
21	克里希纳	Krishna	印度	9583	10525	20108
22	阿曼	Oman	阿曼、阿联酋	15097	2069	17166
23	季曼—伯朝拉	Timan-Pechora	俄罗斯	11911	2566	14477
24	孟买	Bombay	印度	9337	4366	13703
25	东纳土纳	East Natuna	印度尼西亚	13156	0	13156

续表

序号	盆地名称	盆地英文名称	所属国家	已发现可采储量（亿立方米）	待发现可采资源量（亿立方米）	总可采资源量（亿立方米）
26	东爪哇	East Java	印度尼西亚	3640	8917	12557
27	中里海	Middle Caspian	俄罗斯、乌克兰、哈萨克斯坦	9896	2451	12347
28	宾图尼	Bintuni	印度尼西亚	4431	7666	12097
29	西巴伦支海	West Barents Sea		3488	7424	10913
30	拉普捷夫海	Laptev Sea		0	10492	10492
31	泰国	Thai	泰国、柬埔寨	6128	4129	10257
32	伊洛瓦底	Irrawaddy	缅甸、印度尼西亚、印度	4062	5811	9873
33	特兰西瓦尼亚	Transylvania	乌克兰、罗马尼亚	9255	590	9845
34	北苏门答腊	Norht Sumatra	印度尼西亚、马来西亚	6315	3371	9686
35	南苏门答腊	South Sumatra	印度尼西亚	7263	1376	8638
36	科弗里	Cauvery	印度、斯里兰卡	995	7138	8134
37	莺歌海	Bac Bo-Yinggehai	越南、中国	4562	3473	8035
38	亚速海—库班河	Azov-Kuban	俄罗斯、乌克兰	6116	1159	7275
39	北喀尔巴阡	North Carpathian	波兰、捷克、乌克兰	5669	1430	7099
40	万安	Saigon	越南	2369	4134	6504
41	潘诺尼亚	Pannonian	乌克兰、匈牙利、罗马尼亚、塞尔维亚、克罗地亚、斯洛伐克、波斯尼亚和黑塞哥维那、奥地利	4567	1173	5741
42	西北爪哇	Northwest Java	印度尼西亚	3711	1339	5050
43	塔吉克	Tadzhik Basin	乌兹别克斯坦、土库曼斯坦、塔吉克斯坦、阿富汗	2792	2003	4795
44	西沙漠	Western Desert	埃及	4725	0	4725
45	打拉根	Tarakan	印度尼西亚	944	3589	4533
46	北乌斯秋尔特	North Ustyurt	乌兹别克斯坦、哈萨克斯坦	2924	1317	4241
47	北喀拉海	North Kara Sea	苏联北极	0	4240	4240
48	喀尔巴阡—巴尔干纳	Carpathian-Balkanian	罗马尼亚、保加利亚、摩尔多瓦	2918	900	3818
49	府庆	Phu Khanh		0	3693	3693
50	湄公	Mekong	越南、印度	1721	1245	2966
51	苏禄海	Sulu Sea	马来西亚、菲律宾	255	2456	2711
52	苏伊士湾	Gulf of Suez	埃及	2273	256	2529

续表

序号	盆地名称	盆地英文名称	所属国家	已发现可采储量（亿立方米）	待发现可采资源量（亿立方米）	总可采资源量（亿立方米）
53	北斯兰岛	North Seram	印度尼西亚	11	1912	1923
54	阿萨姆	Assam	印度	1441	441	1882
55	西纳土纳	West Natuna	马来西亚、印度尼西亚	1085	403	1488
56	库拉河	Kura	阿塞拜疆、格鲁吉亚	1475	0	1475
57	巴拉望	Palawan	菲律宾	1029	399	1428
58	班达	North Banda	印度尼西亚	1350	0	1350
59	中苏门答腊	Central Sumatra	印度尼西亚	1024	113	1137
60	呵叻	Khorat		512	550	1062
61	巴里托	Barito	印度尼西亚	72	814	885
62	北克里米亚	North Crimea	乌克兰	819	0	819
63	西黑海	West Black Sea	罗马尼亚、保加利亚	805	0	805
64	萨拉瓦提	Salawati	印度尼西亚	223	526	749
65	默哈讷迪	Mahanadi	印度	565	0	565
66	礼乐	Reed Bank	菲律宾	510	0	510
67	费尔干纳	Fergaba	乌兹别克斯坦、吉尔吉斯斯坦、塔吉克斯坦	493	0	493
68	亚喀巴湾	Gulf of Aqaba		0	479	479
69	楚—萨雷苏河	Chu-Sarysu	哈萨克斯坦	430	0	430
70	济良卡	Zyryanka		0	426	426
71	南图尔盖	South Turgay	哈萨克斯坦	386	0	386
72	泰国新生代	Thai Cenozoic	泰国	189	180	369
73	南威洛彭	South Waropen	印度尼西亚	311	0	311
74	色雷斯	Thrace	土耳其	239	0	239
75	普里皮亚季	Pripyat	白罗斯	189	14	203
76	东西伯利亚海	East Siberian Sea		0	175	175
77	西堪察加	West Kamchatka	俄罗斯	170	0	170
78	爱奥尼亚	Ionian	阿尔巴尼亚、希腊	151	0	151
79	波尼	Bone	印度尼西亚	144	0	144
80	北部湾	Beibu Gulf	越南、中国	134	0	134
81	阿纳德尔河	Anadyr	俄罗斯	96	0	96
82	尼亚斯	Nias	印度尼西亚	96	0	96
83	望加锡	South Makassar	印度尼西亚	82	0	82
84	芬诺斯堪的亚—丹麦—波兰	Fennoscandian Border-Danish-Polish Margin	波兰	82	0	82

续表

序号	盆地名称	盆地英文名称	所属国家	已发现可采储量（亿立方米）	待发现可采资源量（亿立方米）	总可采资源量（亿立方米）
85	卡维尔沙漠	Dasht-I-Kavir	伊朗	72	0	72
86	乌克兰地盾	Ukrainian Shield	乌克兰、摩尔多瓦	72	0	72
87	西奈	Sinai	以色列	53	0	53
88	鞑靼海峡	Tatar Strait	俄罗斯	36	0	36
89	萨姆松	Samsun	土耳其	34	0	34
90	阿尼瓦	Aniva	俄罗斯	26	0	26
91	哈特尔卡	Khatyrka	俄罗斯	25	0	25
92	米拉务	Meulaboh	印度尼西亚	16	0	16
93	多布罗加	Dobrogea Foreland	乌克兰、摩尔多瓦	9	0	9
94	伊斯肯德伦	Iskenderun	土耳其	9	0	9
95	苏拉	Sula	印度尼西亚	7	0	7
96	钦敦	Chindwin	缅甸	6	0	6
97	上布列亚	Upper Bureya	俄罗斯	5	0	5
98	卡加延	Cagayan	菲律宾	4	0	4
99	米沙鄢	Visayan	菲律宾	2	0	2
100	西里西亚—亚达那	Cilicia-Adana	土耳其	2	0	2
101	素叻—基恩萨	Surat-Khiensa	泰国	1	0	1
102	凯尔德夫/芒德尔斯	Kardiff/Menders Massif	土耳其	1	0	1
103	黎凡特断裂系	Levant Fracture System	埃及、以色列	1	0	1
104	中吕宋	Central Luzon	菲律宾	1	0	1
105	戈壁	Gobi	蒙古	1	0	1
106	科塔巴托	Cotabato	菲律宾	1	0	1
107	里奥尼	Rioni	格鲁吉亚	0	0	0
108	上埃及	Upper Egypt	埃及	0	0	0
109	巴拉尔	Palar Basin	印度	0	0	0
110	舍尔迈	Sharmah Rift	也门	0	0	0
111	图兹湖	Tuz Golu	土耳其	0	0	0
112	温迪亚	Vindhyan Syneclise	印度	0	0	0
113	库兹涅茨克	Kuznetsk	俄罗斯	0	0	0
114	达莫德尔地堑	Damodar Graben	印度	0	0	0

注：该表中统计的总资源量不包括储量增长部分。

数据来源：IHS，数据截至 2016 年 4 月；USGS. *An Estimate of Undiscovered Conventional Oil and Gas Resources of the World 2012*。

[1] 国土资源部. 2016 年全国石油天然气资源勘查开采情况通报〔R〕. 2017 年 7 月 10 日.

[2] 夏义善，陈德照. 中国能源环境气候外交大视野〔M〕. 北京：世界知识出版社，2012 年.

[3] 闫桂花，王立夫. 关于 2017 年国际局势 我们做了这十个预测〔N〕. 界面新闻.

[4] Bridges to our energy future〔C〕. Official publication of the 22nd world petroleum congress，July 2017.

[5] 国家发展改革委，国家能源局. 能源技术革命创新行动计划（2016—2030 年）〔R〕. 2016 年 3 月.

[6] U.S. Department of Energy. Quadrennial Technology Review——An Assessment of Energy Technologies and Research Opportunities，September 2015.

[7] 刘朝全，姜学峰. 2016 国内外油气行业发展报告〔M〕. 北京：石油工业出版社，2017 年 1 月.

[8] 国土资源部油气资源战略研究中心. 全球油气资源潜力与分布〔R〕. 2016 年 8 月.

[9] 国土资源部. 全国煤炭资源潜力评价（2013）〔R〕. 2013 年.

[10] 国土资源部. 中国矿产资源报告 2016〔M〕. 北京：地质出版社，2016 年 9 月.

[11] 国土资源部. 中国矿产资源年报 2015〔R〕. 2015.

[12] 国土资源部油气资源战略研究中心. 全国油气资源动态评价（2015）〔M〕. 北京：中国大地出版社，2017.

[13] International Monetary Fund. World Economic Outlook Database〔R〕. April 2016.

[14] USGS. An Estimate of Undiscovered Conventional Oil and Gas Resources of the World〔R〕. 2012。

[15] BP. Statistical Review of World Energy〔R〕. June 2016。

[16] OECD/NEA，IAEAU. Ranium 2016：Resources，Production and Demand〔R〕. 2016.

[17] World Energy Council. World Energy Resources〔R〕. 2016.

[18] 国土资源部油气资源战略研究中心. 主要产油国石油工业〔R〕. 2016.

[19] USGS. An Estimate of Undiscovered Conventional Oil and Gas Resources of the World〔R〕. 2012.

[20] 哈萨克斯坦能源协会. 国家能源报告〔R〕. 2015. http://www.world-nuclear.org/information- library/country-profiles.

[21] Coles C. Kazakhstan seeks wind power〔J〕. The Futurist，May-June，8-9，2009.

[22] 联合国开发计划署 / 地球环境基金. Prospective of Wind Power Development〔R〕. 2006.

[23] 联合国开发计划署，哈萨克斯坦（UNDP）. Lessons learnt from the Kazakhstan: wind power market development initiative ［R］. 2011.

[24] 哈萨克斯坦电网管理公司（KEGOC）. 见 http://www.kegoc.kz/en/company/national-power-system.

[25] Samruk 能源公司. 见 http://www.samruk-energy.kz/en/company/samruk-energo-today.

[26] 中华人民共和国商务部. 对外投资合作国别（地区）指南［M］. 2016.

[27] 安维华. 试论中亚—里海地区石油的新时代——兼评海湾—中亚—东亚石油"大陆桥"设想［J］. 西亚非洲，2009，（2）：10-18.

[28] 国家发展改革委，中国石油集团经济技术研究院. 世界油气投资环境指南［M］. 北京：中国统计出版社，2007.

[29] 联合国欧洲经济委员会. Assessment on Clean Infrastructure Development in Turkmenistan［R］. 2013.

[30] 世界能源理事会. Electricity in Central Asia Market and Investment Opportunity Report［R］. 2007.

[31] 中华人民共和国商务部. 对外投资合作国别（地区）指南——土库曼斯坦［R］. 2016 年.

[32] 中国石油新闻中心. 见 http://center.cnpc.com.cn/bk/system/2008/04/29/001173261.shtml.

[33] 世界核协会. 见 http://www.world-nuclear.org/information-library/country-profiles.

[34] 张延萍. 乌兹别克斯坦油气工业的现状与未来［J］. 国际石油经济，2010（1）：52-56.

[35] USGS，An Estimate of Undiscovered Conventional Oil and Gas Resources of the World，2012.

[36] 夏义善，傅全章. 中国国际能源发展战略研究［M］. 北京：世界知识出版社，2009 年.

[37] A-Hamid Marafia，Hamdy A. Ashour. Economics of off-shore/on-shore wind energy systems in Qatar［J］. Renewable Energy，2003，28（12）：1953-1963.

[38] D. Bachour. Ground-measurement GHI Map for Qatar［J］. Energy Procedia，2014（49）：2297-2302.

[39] Betak J，Suri M，Cebecauer T，Skoczek A. Solar Resource and Photovoltaic Electricity Potential in EU-MENA Region. Proceedings of the 27th European Photovoltaic Solar Energy Conference and Exhibition 2012，423-4626.

[40] 卡塔尔水电总公司，见 https://www.km.com.qa/AboutUs/Pages/VisionMission.aspx.

[41] 卡塔尔天然气公司，见 https://www.qatargas.com/English/AboutUs/Pages/default.aspx.

[42] 卡塔尔石油公司，见 www.qp.com.qa.

[43] 商务部. 对外投资合作国别（地区）指南——科威特（2015 年版），2015.

[44] W. E Alnaser，N. W Alnaser. The status of renewable energy in the GCC countries［J］. Renewable & Sustainable Energy Reviews，2011，15 (6)：3074-3098.

[45] 迪拜水电局，见 https://www.dewa.gov.ae/en/about-dewa/about-us/about-us/our-history.

[46] 国际可再生能源机构（IRENA）. 可再生能源展望：阿联酋［R］. 2015 年 4 月.

[47] 阿布扎比国家石油公司，见 https://www.adnoc.ae/en/about-us/who-we-are.

[48] 阿布扎比水电局，见 http://www.adwea.ae/en/about-us.aspx.

[49] 马斯达尔，见 http://masdar.ae/en/masdar/our-story.

[50] 马斯达尔，见 http://masdar.ae/en/masdar-city/detail/About-Masdar-City，Masdar City fact sheet.

[51] 阿联酋国家能源部，见 https://www.moenr.gov.ae/en/media-centre/news/10/1/2017/.aspx.

[52] 阿曼电力管理局，见 http://www.aer-oman.org/aer/RenewableEnergy.jsp?heading=0.

[53] Ahmed Said Al-Busaidi. Renewable Energy In Oman［C］. 4th Annual MENA Clean Energy Forum，2015.

[54] 阿曼水电采购公司（OPWP）. Solar Report［R］. 2012.

[55] 阿曼电力管理局. Study on Renewable Energy Resources［R］. 2008.

[56] Sultan AL-Yahyai，Yassine Charabi, et al. Assessment of Wind Energy Potential Locations in Oman Using Data from Existing Weather Stations［J］. Renewable and Sustainable Energy Reviews，2010，14：1428-1436.

[57] 阿曼石油开发有限公司，见 http://www.pdo.co.om/en/about/Pages/default.aspx.

[58] 阿曼液化天然气有限责任公司，见 http://omanlng.com/en/TheCompany/Pages/OmanLNGInBrief.aspx.

[59] 阿曼炼油和石油工业公司，见 http://www.orpic.om/about-us/our-company.

[60] 阿曼石油开发有限公司，见 http://www.pdo.co.om/en/news/press-releases/Pages/ Pdo-Announces-New-Hydrocarbon-Production-Record.aspx.

[61] 阿曼炼油和石油工业公司，见 http://www.orpic.om/orpics-business/projects/sohar-refinery-improvement.

[62] 阿曼观察者，见 http://omanobserver.om/sohar-refinery-improvement-project-99pc-complete/.

[63] 阿曼石油仓储公司，见 http://www.ottco.co/site/about.

[64] International Monetary Fund. World Economic Outlook Database，April 2016.

[65] 廖小健. 马来西亚能源发展与中马能源合作［J］. 亚太经济，2006（8）：49-52.

[66] 迟愚，安娜，王海涛，等. 缅甸油气勘探开发潜力及对外合作前景［J］. 国际石油经济，2014，22（11）：21-33.

[67] 埃及新能源和可再生能源管理局（NREA），见 http://www.nrea.gov.eg/english1.html.

[68] 中国商务部驻埃及经商参处，见 http://www.mofcom.gov.cn/article/i/jyjl/k/201512/20151201207432.shtml.

[69] 埃及石油部官网，http://www.petroleum.gov.eg/en/AboutMinistry/Pages/History.aspx.

[70] 埃及电力和能源部，http://www.moee.gov.eg/english_new/history2.aspx.

[71] 美国彭博资讯公司，http://www.bloomberg.com/research/stocks/private/snapshot.asp?privcapid= 5465078.

[72] 埃及电力控股公司官网，http://www.eehc.gov.eg/eehcportal/Eng/Company/History.aspx.

[73] 意大利埃尼石油公司，见 https://www.eni.com/en_IT/operations/stories-people/zohr.page?lnkfrm= asknow.

[74] 中国商务部驻埃及经商参处，http://eg.mofcom.gov.cn/article/jmxw/201611/20161101557121. shtml.

[75] 王金照. "一带一路"能源合作的思路和政策［J］. 国家治理，2016（26）：37-48.

[76] 杜伟. 中国油气行业"十二五"发展概况与未来供需管理探讨［J］. 国际石油经济，2016，24（1）：44-49.

[77] 姜学峰，徐建山. "一带一路"油气合作环境［M］. 北京：石油工业出版社，2016 年.

[78] 张伟. 中国石油企业海外并购历程及特点［J］. 当代石油石化，2013（4）：10-15.

[79] 常毓文，赵喆，王作乾，等. 关于"一带一路"区域内油气上游合作的探讨［J］. 国际

石油经济，2015，23（11）：7-14.

[80] 中国石油新闻中心. 周吉平这么看"一带一路"油气合作［EB/OL］. http://news.cnpc.com.cn/system/2017/03/07/001637465.shtml，2017-03-07.

[81] 孙依敏."一带一路"沿线油气合作进展与转变［J］. 国际经济合作，2017，2：42-45.

[82] 孙仁金，马杰，万学鹏. 新形势下石油企业"走出去"的战略选择［J］. 国际经济合作，2009（7）：14-18.

[83] 陆如泉. 评价央企海外油气并购，不是对与错那么简单［EB/OL］. 中国能源报，2017-02-27.

[84] 穆龙新. 新形势下中国石油海外油气资源发展战略面临的挑战及对策［J］. 国际石油经济，2017，25（4）：7-10.

[85] 冯保国. 加快"一带一路"油气合作机制建设［J］. 国际石油经济，2017，25（6）：1-6.

[86] 杨丽丽，徐小杰. 新形势下中国与中亚油气合作面临的挑战和前景展望［J］. 中国矿业，2016，25（增刊2）：12-16.

[87] 李学成，张霁阳. 哈萨克斯坦油气行业现状及合作前景［J］. 国际石油经济，2015（10）：75-79.

[88] 赵先良，潘继平. 以深化合作化解潜在风险——对中俄油气合作的思考与建议［R］. 全球油气资源战略与形势分析报告（2014年度），2014.

[89] 国土资源部油气资源战略研究中心. 世界主要国家能源战略演变及趋势（2014）［M］. 北京：地质出版社，2015年5月.

[90] 刘贵洲，徐刚. 关于中俄油气合作几个战略性问题的思考［J］. 国际石油经济，2016，24（10）：8-12.

[91] 刘中伟，唐慧远."丝绸之路经济带"构想下的中俄能源合作［J］. 全球化，2017（1）：73-87.

[92] 刘乾，徐斌. 中俄天然气合作的历史经验与未来发展［J］. 国际石油经济，2014（9）：4-10.

[93] 王保群，蒲明，李强，等. 进口油气管道技术谈判要点透析——基于《中俄东线管道供气购销协议》前期技术谈判经验［J］. 国际石油与经济，2017，25（2）：85-89.

[94] 许帆婷. 抓住"一带一路"战略机遇开创中东能源合作新格局——访上海外国语大学中东研究所研究员钱学文［J］. 中国石化，2016（5）：40-43.

[95] 吴思科. 中东大变局及其油气资源形势［R］. 2014年.

[96] 刘景. 中企对缅甸投资的机遇与挑战［J］. 中国有色金属，2015（16）：64-65.

[97] 王晓梅. 从中缅油气管道看中国能源安全战略选择［J］. 国际经济合作，2013（10）：38-43.

[98] 陆如泉，李晨成，段一夫. 中缅油气合作：新形势 新挑战 新思维［J］. 国际石油经济，2015（6）：63-67.

[99] 贾秀飞，叶鸿蔚. 中国海外投资水电项目的政治风险——以密松水电站为例［J］. 水利经济，2015，33（2）：32-42.

[100]周华林. 缅甸水电合作开发的机遇与风险［J］. 云南水力发电，2016，32（5）：168-172.

[101]加强国际合作 共建"一带一路"实现共赢发展——杨洁篪谈"一带一路"国际合作高峰论坛筹备工作［N］. 人民日报，2017-02-03.

[102]李毅. 中海油之殇［J］. 财经，2016年第61期.

[103]黄凯茜. 中石化国勘危局 [J]. 财新周刊, 2016 年第 43 期.

[104]中石油中亚天然气管道有限公司. 中亚管道项目当前工作进展 [EB/OL]. http://www.docin.com/p-434049602.html, 2012-07-02.

[105]常熟民企跨国能源合作获批 [EB/OL]. http://www.sfao.gov.cn/shownews.asp?id=5554, 2014-05-27.

[106]郭芳, 李凡桃, 王红茹. 中俄天然气 20 年博弈 [J]. 中国经济周刊, 2014 (21): 28-31.

[107]綦宇. 历经 8 年中缅输油管道正式投运 [N]. 21 世纪经济报道, 2017-04-13.

内容简介

  "一带一路"倡议提出以来，得到了国际社会的广泛关注和积极响应。"一带一路"是新形势下国际合作的大舞台，是推动世界经济共同发展的伟大构想。能源合作在"一带一路"建设中占有重要地位。"一带一路"既是世界重要的能源生产区，也是世界重要的能源消费区，其能源产量占世界总产量的近 3/5，能源消费量超过世界消费总量的 1/2。美国页岩油气革命获得成功，对全球能源供需格局产生了重大影响，在国际原油价格低位运行的情况下，如何深化"一带一路"能源合作，是政府、企业共同关注的话题。本书以能源为"主线"，重点介绍了"一带一路"能源合作的现状，总结了我国能源企业在"一带一路"能源合作中的经验和教训，提出了"一带一路"能源合作的构想和建议。

图书在版编目（CIP）数据

"一带一路"工业文明 . 能源合作 / 李富兵等编著 . —北京：电子工业出版社，2019.4

ISBN 978-7-121-30597-9

Ⅰ . ①一⋯　Ⅱ . ①李⋯　Ⅲ . ①资源产业 – 区域经济合作 – 国际合作 – 研究 – 中国

Ⅳ . ① F125.5

中国版本图书馆 CIP 数据核字（2016）第 296079 号

策划编辑：李　敏

责任编辑：李　敏

印　　刷：北京捷迅佳彩印刷有限公司

装　　订：北京捷迅佳彩印刷有限公司

出版发行：电子工业出版社

   北京市海淀区万寿路 173 信箱　　邮编：100036

开　　本：720×1000　1/16　印张：31.5　字数：604 千字

版　　次：2019 年 4 月第 1 版

印　　次：2019 年 4 月第 1 次印刷

定　　价：149.00 元

凡所购买电子工业出版社图书有缺损问题，请向购买书店调换。若书店售缺，请与本社发行部联系，联系及邮购电话：（010）88254888，88258888。

质量投诉请发邮件至 zlts@phei.com.cn，盗版侵权举报请发邮件至 dbqq@phei.com.cn。

本书咨询联系方式：limin@phei.com.cn 或（010）88254753。